国际体育传播译丛

主编：魏 伟　副主编：杨 珍

定义体育传播

Defining Sport Communication

[美] 安德鲁·C. 比林斯（Andrew C. Billings）　主编

魏　伟　主译

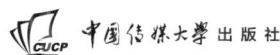

·北 京·

英文版序

定义体育传播:对于一个微妙领域的介绍

安德鲁·C.比林斯[①]

著名小说家大卫·福斯特·华莱士(David Foster Wallace,2008)此前讲过一个有趣的故事:

> 有两条年轻的鱼在一起游,一条年长的鱼朝他们游了过来。年长的鱼朝他们点点头,说:"早上好,小伙子们,水怎么样啊?"然后,两条年轻的鱼继续游了一会儿,直到其中一条看了看对方,问道:"到底什么是水?"(para. 1)

华莱士用这个寓言故事告诉我们,最为困难的概念是那些最普遍、最为弥散的,也是最显而易见的。总之,当一个概念变得如此具有沉浸感时,人们往往会忽略对它的拷问,认为它是普遍存在的且等同于其他事件的语境,而不是核心元素本身。

这个故事和本书的核心元素有什么关系呢?体育是现代生活中许多元素的语境,对于人类来说,体育就像我们畅游的"水"的一部分。这本书提供了体育与21个独特的传播学子领域之间的关系,单单这些就足以证明体育多么受欢迎。人们研究体育与其他相关学科结合产生的众多子领域也证实了这一点。

当决定是写一本书还是编辑一本书的时候,有一个核心问题应被首先考虑:一个人甚至几个人的研究是否足以涵盖该书希望解决的问题?如果答案是

[①] 美国亚拉巴马大学广播电视学罗纳德·里根讲席教授,体育传播项目主任。他于1999年获得美国印第安纳大学博士学位。他已出版20多本著作和论文集,发表学术论文200多篇,是SSCI期刊《传播与体育》的现任主编。他的研究兴趣主要在体育、媒介与社会的交叉领域。

肯定的,那么只需要一个人,有时需要加上一位合作者。如果答案是否定的,则须诉诸论文集的形式,以仔细地收集不同的声音和思想,并共同实现最终目标。对于这本书来说,那个核心问题相对容易回答,因为当体育和传播是核心要素,也就是研究议题时,没有人(当然也包括我自己)的知识广度和深度足以涵盖如此广泛的范围。因此,这本书是编辑而来的,即使全书有21个章节,也难以覆盖所有领域。

一开始,这本书的标题"定义体育传播"存在潜在的争议性。这种定义的尝试似乎有传承地指代了限制该领域研究范围的做法。然而,经过数十年的坚实研究,在"体育传播"与"传播与体育"这两个包容性名称之下,鲜有人试图找出该领域的独特之处或弄明白它是如何在关于传播的子学科中发展的。的确,"传播与体育,孰先孰后"(Wenner,2015)的问题仍是人们争论的焦点。"传播与体育"将学科基础置于研究语境之前;相反,"体育传播"提供了一种语境,在这种语境中,学科和理论基础是应被解码的语境。此外,一方可能声称"传播与体育"提供一个带有两个名词的标签,这些名词可以被认为具有相同的价值(尽管一个名词在另一个前面);而另一方可能认为"体育传播"将传播置于更中心的位置,"体育"仅作为限定传播这一学术探讨范畴的形容词。在我与同僚合著的教材中(Billings, Butterworth, & Turman, 2014),传播被置于体育之前,以强调研究而非实践。但是在阅读本书的时候,人们会发现研究与实践之间的相互作用是被区别对待的,有时一方比另一方更重要,更多时候是两者不可避免地交叉并互为补充。其实,本书原本可以用"定义传播与体育"作为标题,并仍以相似的体例为结构,但当前的标题反映了更简洁地定义这一全方位和快速上升领域的尝试。

卡兴等人的论文(Kassing et al., 2004)已发表十年有余,其仍提供了通过社群一窥传播与体育的研究领域,很多人仍认同其在《传播年鉴》(*Communication Yearbook*)中提出的"四管齐下"的方法。卡兴和他的同事们为传播与体育提供了四位一体的结构,分别是角色、(再)生产、消费和组织运动;以上元素渗透体育研究主体,并加深了我们对传播学这一覆盖面甚广的学科的认识。本书在21个不同的子学科内探讨体育如何拓展传播学,而传播学又如何延伸体育。

作为一个领域,传播学经常受益于缺乏正式的学科边界,这使得学者可以有更广阔的研究追求;跨课程传播学(CAC)计划至少部分是这种传播学研究和教育与其他辅助学科交换理解的意愿的结果。不过,定义亦有其价值,如是可以对传播学或体育传播学能带给我们什么进行批判性的思考。D. H. 劳伦斯（D. H. Lawrence）说过："除非找到你真正想成为的，否则你永远不会是自由的。美国人一直叫嚷着的是他们所不想成为的。"在定义体育传播时，其中一些边界似乎是一种限制，但是这种具体性正是现阶段将体育传播学建立为一门子学科的阶段所需要的。否则，如果采取的方法是"所有人都在胜者的赛道"，有人会敏锐地反问："那为什么要有赛道？"因此，笔者全心全意地承认一本非传播学导向的伟大著作也可以被引入体育传播学的学术拼图中。笔者也认为关注美国以外议题的著作可以让我们走得更远。但是作为一个美国的传播学者，笔者很可能不会成为促进以上讨论的人。

本书各章节不仅定义了21个不同的与体育相关的子学科，每位作者还被要求：(a)指出给定的传播学子学科如何与体育相联系；(b)界定在子学科领域内与体育相关的传播学理论；(c)概述体育学与传播学子学科相联系的开创性作品；(d)阐明体育学和传播学子学科未来的研究方向。为了实现这些崇高目标，只有具有正规传播学背景的学者才被邀请参与。这么做并不是贬低其他与传播学邻近的学科（例如社会学、管理学、运动学等学科）的巨大努力，相反，这是为了支持一种最佳的尝试。这种尝试在于呈现作为一门学科的传播学能为体育与传播这一合并概念在不同语境中带来些什么。

体育传播学的力量之一是体育在全球的体现，诸如奥运会和世界杯等体育重大事件（Eastman, Newton, & Pack, 1996）是理解超越严格国家界限传播的试金石。然而，大多数体育活动是在特定的——通常是独特的——国情下展开的。体育的核心要素，从举行的比赛到社会赋予体育的价值，再到众多多媒体平台的中介化的差异性目标，都因国家而异。本书专注于美国体育以及它如何在国家文化中展开。当然，李岑（Simon Ličen）关于国际传播领域的贡献（见本书第十三章）的章节超越了地理学范畴的美国，然而，安德森（Anderson, 1983）提出的"想象的政治共同体"概念（p. 6）强调了这些看似武断的边界在国家政府结构下仍然是正式化的。探索国际体育如何在传播过程和结构中展开是一项值得付出努力的工作，但因趄出了本书的范围而未多加叙述。

相反，本书探索了当前学术界的三个主要方向，其中每一个都有巨大的潜在扩张领域。单位结构可以说是从个人到大众，首先是体育传播的人文方法（第一部分），然后是组织/关系方法（第二部分），最后是基于媒体的方法（第三部分）。本书各章的作者是传播学方面真正的专家，他们中有些人长期专注于体育传播学的学术研究；有些人在其专业领域中享有很高的声望，却是第一次从事与体育相关的研究。所有人都对学术对话在这个子领域内的位置具有良好的意识,这使他们成为连接过去的研究和未来的创新性与整合性研究的桥梁。

该书的设计方式还可以使读者轻松地找到他们感兴趣的章节,并厘清该领域当前突出的主要学者、贡献和思想以及论据流派。因此,本书可被视为参考书。但是,这并非我所希望的读者使用它的方式。因为当本书被作为单一贡献时,一个人应该能够破译21个不同的子学科相交、融合的地方,并可能产生更多的学术成果。当将本书作为一个整体看时,人们会产生很多想法,这些想法通常不是对立的,而是存在微观与宏观以及认识论上的差异。

的确,关键问题的回答方式可以为未来提供很多的思辨和潜在的改进意见。许多作者试图提出自己对体育传播学的定义。例如,在第四章中,克里泽克(Robent L. Krizek)为体育传播提供了更为广泛的定义,他认为:

> 体育传播是指参与具身体育活动的个人(体力、脑力的发挥结合执行力)创造和分享意义的过程。体育传播学还包括观察该活动的个人以及该活动的管理、指导或评论的意义建构。作为一门学科,"体育传播学"考察与体育相关的传播实践对个体与社会的影响。

将此类概念与此前的定义结合起来,如J.鲍耶·贝尔(J. Bowyer Bell)认为体育是"一种可重复的、有规律的、产生明显赢家的身体竞赛"(Rowe,2004,pp. 12-13),或如古特曼(Guttmann,1978)以一种有益的方式区分玩耍、游戏、竞赛和体育,可以帮助我们理解传播在更广阔的体育文化领域中所处的位置。我们可以博采众长,找到定义之间的联系和相互协作的要点,建立一种有用的方法,以启发体育传播学学者今后的研究。

因此,读者在这本书中找到的各种说法和主张都可用以反驳体育传播学只涉及趣味和游戏而没有任何严肃含义的观点。在第三章中,文内尔(Lawrence A. Wenner)指出,"传播的作用至关重要,因为体育通过传播获取社会力量和文化意义"。这些概念有多复杂和普遍?在第十章中,图尔曼(Paul D. Turman)认为体育代表着一个复杂的、多层次的和无所不在的机构,它由运动员、教练员和父母/家庭组成,并塑造参与其中人们的体验。从中介化的角度来看,甘茨(Walter Gantz)和刘易斯(Nicky Lewis)在第十五章中声称:

> 体育受众与所有其他内容的受众一样重要。他们被买卖、被觊

觎、被引诱、被得意扬扬地吹捧并被爱护和关心。体育受众并不独立于其他受众;那些关注体育运动、比赛和研究的人也会受到家庭、同事和朋友的影响,并使用和浏览各种媒体平台和内容领域。

人文方法无疑在理解构筑现代体育综合体的意义层级中占据中心地位;巴特沃斯(Michael L. Butterworth)在第一章中声称修辞学、体育和民主是相互关联的,并且在历史上一直是以实质性的方式相互关联。在每一章中,人们都会发现一种感觉,就像纳斯鲍姆(Jon F. Nussbaum)和沃兴顿(Amber K. Worthington)等学者在第十一章中指出的"我们两个家庭的身份的核心都基于体育"。这些不是不寻常的故事。实际上,每个领域都可以对体育传播进行实质、深入的审视,因为这整本书都阐释了,也是雷尼(Arthur A. Raney)在第十六章中特别指出的,体育不仅仅是娱乐。

因此,读者被邀请进入体育传播学的世界,它是由 31 位作者、合著者和编辑者共同定义的。该书具体分为三个理解单元,尽管可以肯定地说这是人为造成的区别。然而,这种设计从微观到宏观,或者从具体到一般,本书开头更加强调批评的/文化的范式;中间有更多质性研究;结尾章节更多使用定量的经验研究。这样安排的目标是不再让这些方法处于对立的位置,相反,它们至少在核心要素之内相互配合。

在第一部分中,我们可以一窥体育传播学的人文主义研究方法。前两章的方法互为补充。其中,迈克尔·巴特沃斯展现出修辞学研究方法,丹尼尔·格拉诺(Daniel A. Grano)提供了批判性文化的洞见。第三章介绍了全球最成熟的体育传播学学者劳伦斯·文为尔透过污垢理论和伦理学视角,阐述从语境和社会结构获取意义的其他混合方法。第四章探讨了由罗伯特·克里泽克和一小部分学者开拓的领域:体育作为民族志的诘问。下一章的作者——戴维斯·霍克(Davis W. Houck)专注于政治传播中的多种形式,包括从语言到正式结构中体育的行为。本部分的最后两章提供关于认同问题的人文研究方法。显而易见,身份是所有对于体育的社会影响的研究中的核心要素。林茜·米恩(Lindsey J. Meân)提供了有关性别与女性主义研究的洞见,亚伯拉罕·汗(Abraham I. Khan)专注于种族和民族问题。

第二部分的各章是体育传播的组织和关系研究方法的五重奏。可以说,这些章节代表了需要进行大量研究的领域,因为从某些特定角度出发,尽管承认了体育对这些类型的关系产生了巨大影响,但在某些方面,尤其是群体间和家庭传播,在很大程度上被忽略了。第八章由杰弗里·卡兴(Jeffrey W. Kassing)和罗宾·马修斯(Robyn Matthews)撰写,他们专注于作为组织的体育和以体育为棱镜透视传播。接下来,霍华德·贾尔斯(Howard Giles)和迈克尔·斯托尔(Michael Stohl)提供了有用的指引,以推进群体间传播的研究。保罗·图尔曼(Paul D. Tarman)在第十章中探索体育人际传播的有趣机制,包括从教练员/运动员到父母/儿童这两对关系。乔恩·纳斯鲍姆和安柏·沃兴顿所撰写的第十一章极为个人化。作者从自己的成长经历出发,强调了作为家庭传播的体育。最后,本部分在第十二章进行了广泛的总结,金·比塞尔(Kim Bissell)着重强调了体育在帮助我们保持健康的过程中发挥的关键作用。

最后几章探讨了媒介化领域中的体育传播。西蒙·李岑所著的开篇是对如何调和跨越国界的体育研究的独特考察。第十四章彻底揭露了体育新闻业是媒体机构的"玩具店",例如,史蒂夫·比安-艾梅(Steve Bien-Aimé)、艾琳·怀特塞德(Erin Whiteside)和玛丽·哈丁(Marie Hardin)共同回顾了新闻中的体育和作为新闻的体育。接下来,沃尔特·甘茨和尼基·刘易斯在第十五章中就受众如何在媒介化语境中对体育传播学做出回应进行了深入讨论,并为未来的研究提供了潜能卓著的论域。阿瑟·雷尼基于上一章的核心原则,在第十六章中探讨了媒介中的娱乐研究,格伦·卡明斯(R. Glenn Cummins)在第十七章中专门对传播的视觉和听觉方面进行研究。接下来的两章代表了体育传播新兴的研究领域,吉米·桑德森(Jimmy Sanderson)在第十八章中探索了社交媒体网络,尼古拉斯·鲍曼(Nicholas D. Bowman)和安迪·博彦(Andy Boyan)试图在第十九章中发起对人们尚不熟悉的体育和游戏世界的研究。最后一部分以两种针对体育传播学领域的贡献作为结尾,每种贡献不仅对学者而且对这些应用领域的从业者都有莫大的启示。迈克尔·德福林(Michael B. Devlin)在第二十章中对体育如何渗透广告领域进行了回顾,肯浓·布朗(Kenon A. Brown)和托马斯·伊萨克松(Thomas E. Isaacson)的最后一章着重于公共关系,特别是针对危机传播和形象修复展开论述。

当然,即使是像这样的一本书也可能有更多的分支学科,更多的体育传播学研究方法出现在学术领域,似乎数量每年都在增加。体育是现代美国文化的一部分,这本书提供了对机制、结构、话语、认知和行为的深入探究,这可能会让学者们在未来几十年内着迷。

参考文献

Anderson, B. (1983). *Imagined communities*. New York: Verso. ①

Billings, A. C., Butterworth, M. L., & Turman, P. D. (2014). *Communication and sport: Surveying the field* (2nd ed.). Thousand Oaks, CA: Sage.

Eastman, S. T., Newton, G. D., & Pack, L. (1996). Promoting primetime programs in megasporting events. *Journal of Broadcasting & Electronic Media*, 40, 366-388.

Guttmann, A. (1978). *From ritual to record: The nature of modern sports*. New York: Columbia University Press.

Kassing, J. W., Billings, A. C., Brown, R. S., Halone, K. K., Harrison, K., Krizek, B., Meân, L., & Turman, P. D. (2004). Communication in the community of sport: The process of enacting, (re)producing, consuming, and organizing sport. *Communication Yearbook*, 28, 373-410.

Rowe, D. (2004). *Sport, culture, and media*. Buckingham, UK: Open University Press.

Wallace, D. F. (September 20, 2008). Plain old untrendy troubles and emotions. *The Guardian*. Retrieved June 6, 2016, from http://www.theguardian.com/books/2008/sep/20/ction.

Wenner, L. A. (2015). Where art thou? *Communication & Sport*, 3(3), 247-260.

---

① 原书中的参考文献按原格式列出，下同。——译者注

中文版序

在这本书出版之前的几十年里，人们一直在讨论和研究体育与传播之间的联系，但我想说的是，这样一本书从来没有像现在这样必要。各种传统媒体、数字媒体、用户生成媒体、社交媒体和移动媒体的融合，不仅改变了体育媒体，也改变了我们与体育的互动方式和对体育的认识。

你在这里读到的是 21 次真诚的尝试，旨在定义体育传播领域，或者称之为传播与体育。这是一本专门针对美国人的书，但我相信这本中文版书稿的作用是相当有益的：它应该开启一场跨文化对话。也许这场对话将包括北美和中国体育文化的共同点；也许这场对话涉及两种文化的差异，即体育如何渗透我们的政治、性别观念和广告等各个方面。然而，通过尝试探索美国语境中的体育传播，笔者希望中国学者能够响应号召，更多地理解体育如何影响中国，以及中国如何影响体育。因此，笔者必须感谢魏伟教授和北京外国语大学启动了这本书的翻译工作。我代表《定义体育传播》中各章的作者，欢迎有机会在未来形成跨越国界的更复杂的观点和研究。

安德鲁·C. 比林斯

译　序
体育新闻传播学学科的发展脉络与未来

体育传播学和体育与媒介研究在北美地区分别有着较为显著的体育社会学和体育管理学传统,这从早期从事体育传播学和体育与媒介研究的研究者主要集中在北美体育社会学学会和北美体育管理学学会就可见一斑。但在这两大学会里,体育传播学和体育与媒介研究学者的"声音"并不突出①。与此同时,在20世纪内,体育传播学和体育与媒介研究几乎很难进入主流传播学领域的视野。进入21世纪之后,体育传播学在传播学领域几乎是"一夜成名",其学理的特殊性和重要性得到了广泛认可,短短20多年内不仅在全球重要的传播学和媒介研究学术机构中都占据一席之地,还出版、发表了3000多本学术著作、论文集以及数以万计的学术论文。美国学者劳伦斯·文内尔(Lawrence Wenner)在分析体育传播学和体育与媒介研究爆发式的"一夜成名"现象的原因时指出,传播学自创立以来一直努力通过使用实证社会科学方法来研究传播和媒介的过程及影响,从而建立自己身份的合法性。为了实现这一目标,优先考虑的是比体育更"合适"的"严肃"议题(例如媒体效应、社会化、政治影响、议程设置、涵化理论、刻板成见、心理和群体过程等),作为传播学者更快速推进其合法性的一种方式②。因此,在很长一段时间里,体育是被传播学和媒介研究漠视甚至直接无视的领域③,体育新闻传播学研究在体育学和新闻传播学中同时

---

① WENNER A L. Communication and sport, where art thou?: epistemological reflections on the moment and field(s) of play [J]. Communication & sport, 2015, 3(3): 247-260.
② WENNER A L. Sport and media [M]//GIULIANOTTI R. Routledge handbook of the sociology of sport. London: Routledge, 2015: 377-387.
③ KASSING J, BILLINGS C A, BROWN R, et al. Communication in the community of sport: the process of enacting, (re)producing, consuming, and organizing sport [M]// KALBLEISCH P. Communication Year 28. Mahwah: Lea Publishers, 2004: 373-409.

处于边缘地位①。

但这种边缘特性随着全球化时代的不断深入和体育媒介化程度的不断提升正在实现翻转。美国学者迈克尔·巴特沃斯(Michael Butterworth)认为,20世纪末21世纪初产生的一些新现象和新问题促使体育(新闻)传播学研究"不得不"成长为体育学研究和传播学研究的核心。这些现象和问题包括:(1)奥运会、国际足联世界杯等体育重大事件的持续扩张;(2)媒体行业的重组,以适应互动和社交媒体的到来;(3)在全球体育市场中,国家的从属关系和身份的流动性;(4)利用体育作为政治候选人和官员的一种识别手段;(5)多年来体育媒体合同的激增,通常价值数十亿美元;(6)体育相关产业的合法化,包括合法的体育博彩、梦幻体育(体育经纪人游戏)和电子竞技;(7)世界范围内青年体育的转变,这在很大程度上取决于经济变化,而经济变化加剧了贫富之间的机会差异②。这些新现象和新问题的出现让体育传播学和体育与媒介研究拥有大量其他传播学和媒介研究类型所不具备的论据和理论的独特性,因而逐渐成为母学科研究中的一个重要场域。

体育新闻传播学学科的确立

文内尔认为,体育传播学学科的合法性需要从研究的独立性、学术组织的建立、专业学术期刊的发展和研究者规模等层面来考量③。笔者借鉴这种思路,从以上几个层面分别展开论述。

研究的独立性

体育新闻传播学学科确立的一个重要特征当然是研究的独立性。体育新闻传播学研究与两个母学科——体育学和新闻传播学之间的区隔几乎从其理论研究开始时就已经明确。全球范围内有关体育新闻传播学的系统研究是从20世纪80年代之后开始勃兴的,但在此之前也不乏零散的碎片化研究。1934年,美国学者维拉德·里丁斯(Willard Ridings)的论文《报纸体育报道中的俚语

---

① 魏伟. 重访体育新闻学研究的基本特性[J]. 成都体育学院学报,2019,45(1):21-27,41.
② BUTTERWORTH M L. Communication and sport: an emergent field [M]//BUTTERWORTH M. Communication and sport. Berlin: De Gruyter,2021:3-21.
③ WENNER A L. Playing on the communication and sport field: dispositions, challenges, and priorities [M]// BUTTERWORTH M. Communication and sport. Berlin: De Gruyter,2021:23-42.

运用》①,是世界范围内可考的最早的体育新闻传播研究之一,这一研究已具备典型的体育新闻学研究特色。

职业体育和足球世界杯赛等体育重大事件的逐渐成熟让体育新闻传播学研究在全球范围内得以发展。英国学者爱德华·巴斯康姆比(Edward Buscombe)1975年编纂的论文集《电视中的足球》②是多国学者对1974年西德足球世界杯赛电视转播的跨国研究,其中已经不乏"跨文化传播"的元素。同年,被现任国际奥委会主席托马斯·巴赫(Thomas Bach)誉为"体育新闻学和出版学泰斗"③的德国学者约瑟夫·哈克福特(Josef Hackforth)的著作《电视中的体育:1952—1972年期间ARD和ZDF的节目对德国体育新闻学的特殊贡献》④出版,该著作是对德国ARD和ZDF两家电视台从1952年到1972年电视体育转播的对比研究,这是德国乃至欧洲体育新闻传播学早期研究的重要作品。同样是在1975年,美国学者迈克尔·里尔(Michael Real)在国际传播学会会刊《传播学刊》上发表的《超级碗:神话奇观》⑤让体育传播学研究第一次进入主流传播学界的视野,这一研究也奏响了接下来几年《传播学刊》和《传播季刊》上连续发表多篇体育传播学实证研究文章的序曲,后来曾担任国际传播学会会长的体育传播学研究"亚拉巴马学派'泰斗詹宁斯·布莱恩特(Jennings Bryant)和道夫·兹尔曼(Dolf Zillmann)等学者对一系列关于美国职业体育赛事电视解说的内容分析和话语分析是后续相关研究的重要基础。

根据吴丹等的研究,2000—2020年,我国体育传播类论文在CSSCI来源期刊共发表1074篇论文。其中,体育类期刊为966篇,新闻传播类期刊为108篇,出版体育传播类著作、译著和教材141种。体育传播类论文在《新闻与传播研究》《国际新闻界》《新闻大学》《现代传播》等新闻传播类重要期刊中都占有一席之地⑥。这在一定程度上也佐证了体育新闻传播学研究的独立性和特殊性。

---

① RIDINGS J W. Use of slang in newspaper sports writing[J]. Journalism quarterly,1934,11(4):348-360.
② BUSCOMBE E. Football on television [M] London:British Film Institute,1975.
③ BACH T. Lieber Josef Hackforth [M]// SCHAFFRATH M. Sport ist Kommunikation. Berlin:LIT,2009:3-4.
④ HACKFORTH J. Sport im fernsehen ein beitrag zur sportpublizistik unter besonderer berücksichtigung des deutschen fernsehens (ARD und ZDF) in der zeit von 1952-1972 [M]. Münster:Regensberg Verlag,1975.
⑤ REAL M. Super bowl:mythic spectacle [J]. Journal of communication,1975,25(1):31-43.
⑥ 吴丹,万晓红,彭羽丰.21世纪以来我国体育传播研究的发展进路与未来展望(2000—2020)[J].体育科学,2022,42(1):45-58.

学术组织的建立

体育新闻传播学学科建立的另一个指标是学术组织的建立和地位的确定。一旦有相应的专业学术组织成立,其对于学者的聚拢效应与学术合作普遍而言是有益的。

20世纪90年代初,国际三大传播学组织之一的国际媒介与传播研究学会(IAMCR)就开始有成立与体育内容相关的分论坛的动议,并且在20世纪90年代末以"媒介与体育"工作组的形式运作。今天,"媒介、传播与体育部"(media, communication and sport section)作为国际媒介与传播研究学会下的一级组织机构存在,截至2023年底有来自全球各地的会员80多人[1]。2008年4月,广播电视教育学会(BEA)成立体育组(sports division)[2]。2010年,新闻学与大众传播教育学会(AEJMC)成立体育兴趣组(sports communication interest group)[3]。2013年,全世界最大的传播学组织——国际传播学会(ICA)正式成立"体育传播"兴趣组(the sport communication interest group)[4]。美国全国传播学会(NCA)也在2015年成立了传播与体育组(communication and sport division)[5],截至2023年底拥有250名会员。

不过,体育传播学真正意义上具有合法性地位的国际独立组织只有成立于2012年的国际传播与体育学会(IACS)。这个学会的前身是2002年在美国亚利桑那州立大学举行的传播与体育高峰论坛,8位与会学者议定每年定期举行学术论坛,论坛发展到2012年左右已经有百余位学者参与,国际传播与体育学会在这种背景下应运而生。该学会有着浓郁的美国学术传统,占压倒性多数的会员是美国学者和在美国从事科研工作的国际学者。21世纪10年代末,学会开始向全球学者发出邀请,并将两年一届的执委会席位向来自其他国家和地区

---

[1] IAMCR. Media, communication and sport section members [EB/OL]. [2024-03-15]. https://iamcr.org/s-wg/s-msport.
[2] BEA. Sports division [EB/OL]. [2024-03-15]. https://www.beaweb.org/wp/sports-division/.
[3] AEJMC. Sports communication interest group [EB/OL]. [2024-03-15]. https://community.aejmc.org/sportscommunicationinterestgroup/home.
[4] ICA. Interest groups: sport communication [EB/OL]. [2024-03-15]. https://www.icahdq.org/group/sports.
[5] NCA. Communication and sport division [EB/OL]. [2024-03-15]. https://www.natcom.org/communication-and-sport-division.

的学者开放①。

国内目前体育新闻传播学的官方组织是中国体育科学学会体育新闻传播分会。该分会成立于2004年11月,秘书处设在成都体育学院,2022年9月完成第四届委员会换届。从2005年5月起,学会每年举行一次年度学术研讨会(全国体育科学大会举办当年视为分论坛举行,从2021年起全国体育科学大会从以往的四年一届变为两年一届)。此外,分会主办的主要会议还有从2016年开始创办的、两年一届的全国体育传播青年论坛和2011年开始创办的、两年一届的国际体育传播高端会议(论坛)。中国高校影视学会体育影视专业委员会成立于2015年3月,是中国高校影视学会成立的第二个分会(于2023年12月退出),秘书处设在上海体育大学。该分会每年举办一次学术研讨会,另外,在一级学会举办年会时,也有相应的学术研讨活动。中国新闻文化促进会传播学分会(简称中国传播学会)是中国社会科学院承办的国家二级学会,其下属的体育传播专业委员会成立于2006年12月,秘书处设在北京体育大学(已退出)。

专业学术期刊的发展

体育新闻传播学学科建立的另一个标志是专业学术期刊的诞生和成长。专业学术期刊对于促进学术专业化发展是具有重要意义的。

2004年,新闻学与大众传播教育学会(AEJMC)年会在加拿大多伦多举行,众多对体育传播研究感兴趣的学者商议后,决定筹办一本专业的学术期刊。2006年,全世界第一本体育传播专业学术期刊《体育媒介学刊》(*Journal of Sports Media*)由内布拉斯加大学出版社出版,电视体育业界出身的密西西比大学学者布拉德·舒尔茨(Brad Schultz)成为创刊主编。《体育媒介学刊》具有浓郁的体育媒体业界色彩,尤其是广播电视体育类论文的刊发比例较高。2008年起,《体育媒介学刊》从年刊变为半年刊。2011年起,哥伦比亚学院(芝加哥)学者霍华德·施洛斯伯格(Howard Schlossberg)成为继任主编,这位有着数十年体育编辑和报纸记者经历的"实践型"学者将期刊发展的定位锚定于体育媒介本体,在注重传统体育媒体发展的同时,尤其对包括社交媒体在内的新媒体体育发展给予关注。该期刊对论文的"故事性"有较高的要求,对学术性和理论纯粹性的要求并不绝对。因此,除了专门从事体育传播的学者之外,体育媒体从业

---

① IACS. International Association for Communication and Sport[EB/OL].[2024-03-15]. https://www.communicationandsport.com/.

者也时常在该期刊撰文。2015年,南密西西比大学的玛丽·卢·谢菲尔(Mary Lou Sheffer)在担任新闻学与大众传播教育学会体育兴趣组主席后出任《体育媒介学刊》主编。虽然她也有10年以上的广播电视业界经历,具有丰富的体育纪录片拍摄经验,但她毅然将学刊重新定位为纯学术期刊,聘任了一批学界精英担任编委会委员,期刊开始更多聚焦体育新闻学和公共关系实践方向的论文。今天,《体育媒介学刊》依然是体育媒介与传播研究领域的一本高质量的期刊,但由于出版周期长,提前见刊的电子版经常延迟达半年以上,年度刊载量在2022年为290页左右,这让期刊的专业性和重要性饱受质疑。根据笔者团队的统计,2016—2020年,《体育媒介学刊》的SSCI和A&HCI期刊他引量只有109次,不到《国际体育传播学刊》的四分之一[①],与《传播与体育》相比更是相去甚远。

2008年,学术季刊《国际体育传播学刊》(International Journal of Sport Communication)正式创刊,由美国人体动力学出版社发行。美国印第安纳大学布鲁明顿分校的保罗·彼得森(Paul M. Pedersen)教授担任创刊主编至今。《国际体育传播学刊》从创刊起就格外重视期刊的"国际特色",其编委会成员有超过半数是美国之外的国家和地区的学者。由于彼得森教授本人是体育管理专业博士,他的代表作《体育战略传播》[②]较为显著地受到体育管理学研究范式的影响,这对期刊论文刊载的风格也带来一定的影响。《国际体育传播学刊》从创刊伊始就实现了同行三盲评机制。与其他学术期刊相比,《国际体育传播学刊》比较重视与体育传播业界的关联,"业界访谈"版块曾经采访了百余位体育媒体、体育产业界和体育团体的重要人物。根据统计,《国际体育传播学刊》在2016—2020年期间被SSCI和A&HCI期刊引用量达到475次[③]。2023年,《国际体育传播学刊》首次被科睿唯安公司赋予影响因子1.8,这对于期刊的未来发展可以说是具有决定性意义的。

2013年起,《传播与体育》(Communication & Sport)由萨奇出版社以季刊方式出版,同时成为国际传播与体育学会的会刊。曾担任萨奇出版社另外两本学

---

① 魏伟,马博文,张帅.国际体育传播研究的趋势与展望:基于SSCI和A&HCI期刊的计量分析(2016-2020年)[J].武汉体育学院学报,2022,56(3):15-22.
② PEDERSEN P M, LAUCELLA P C, KIAN E M, et al. Strategic sport communication[M]. 4th ed. Champaign: Human Kinetics, 2024.
③ 魏伟,马博文,张帅.国际体育传播研究的趋势与展望:基于SSCI和A&HCI期刊的计量分析(2016-2020年)[J].武汉体育学院学报,2022,56(3):15-22.

术期刊《国际体育社会学评论》(International Review for the Sociology of Sport)和《体育与社会议题学刊》(Journal of Sport & Social Issues)主编的文内尔教授担任《传播与体育》的创刊主编。期刊在全球范围内聘请了数十位编委会委员和一百多位审稿人,主编创新了单篇稿件五盲评机制,综合率先审完的三位专家的意见给出结果,这给审稿节奏较慢和态度不够认真的审稿人带来很大的压力,也在一定程度上提升了期刊的审稿效率。

由于《传播与体育》刊载的部分女性主义议题的论文从2015年起连续几年都有相当高的他引率,期刊在创办5年后的2018年顺利进入SSCI期刊矩阵,其影响因子曾排进传播类期刊1区和体育休闲类期刊2区。2022年,期刊影响因子为2.7,位列传播类期刊2区和体育休闲类期刊3区。《传播与体育》从2017年起成为双月刊,从2021年起年度刊文页码突破1000页,2023年突破1200页。2022年起,美国亚拉巴马大学的安德鲁·比林斯(Andrew Billings)教授和宾州州立大学的玛丽·哈丁(Mary Hardin)教授出任《传播与体育》主编。与前任主编的哲学与伦理学学术背景不同的是,两位新任主编的学术研究带有典型的美国实证主义特色,因此,期刊用稿中的量化研究比例有一定幅度的提升,国际化程度进一步得到提升。

2020年,《国际电子竞技学刊》(International Journal of ESPORTS)正式创刊。这一同行评审的开源电子期刊使体育传播类期刊的专业性和独特性继续得到提升。该期刊尽管创刊不久,但已经得到了包括管理学、计算机学、体育学和新闻传播学等多个学科学者们的高度重视。尤其是新冠疫情背景下多个国际体育组织纷纷尝试虚拟赛事,电子竞技继2018年雅加达亚运会成为表演项目,在2023年举办的杭州亚运会上首次以正式比赛项目亮相,有关电子竞技入奥的学术讨论已经兴起,因此,该学术期刊的前景被普遍看好。

综上所述,国际体育传播类学术期刊都带有较为显著的西方色彩,尤其是美国研究特色,这对于来自第三世界国家和地区的学者群体"发声"显然是不利的。国内目前缺乏体育新闻传播学的专业学术期刊。笔者曾以书代刊编纂过中英文辑刊《现代体育传播》,国际部分的稿源比较充裕,但由于学术资源有限,国内学者很难持续提供高质量稿件,该辑刊难以为继。但从学科发展的未来考量,专业学术期刊(辑刊)的发展势在必行。

研究者规模

由于绝大多数国家和地区并没有单独的体育大学建制,所以体育新闻传播学研究被配置在传播与媒介学院、体育管理学院和休闲旅游学院的为多。在美国亚拉巴马大学、印第安纳大学、得州大学奥斯汀分校、佛罗里达大学、佛罗里达州立大学、亚利桑那州立大学等高校，相对长期稳定地从事体育传播研究的学者都有数十人之众，国际传播与体育学会有超过600名会员。欧洲从事体育新闻传播研究的学者比美国的更多，学科分布面更广。尽管各个国际学术组织都有相对明确的会员数字，但如果仅仅根据会员数来推算从事体育新闻传播学研究的学者规模可能并不准确，因为有相当比例的学者没有参加任何学术组织。此外，"研究者"的内涵也值得探讨。例如，长期从事体育新闻传播学研究（甚至只从事该领域研究）的学者，与偶尔从事体育新闻传播学研究（比如只有一次研究经历）的学者，是不是都应该被统计为这一领域的研究者？没有学术论文发表经历的硕士生/博士生是否也应被统计进来？因此，诸多变量下，研究者的规模可能有较大的出入。

笔者曾经与任职于国际学术组织的德国籍体育传播学者探讨这一问题。他提出，全球专门从事体育新闻传播教学和科研的学者应该不少于4000人。如果推广到曾经做过体育新闻传播学相关研究的学者，这个数字很可能超过30000人。在中国内地，长期从事体育新闻传播研究的学者数以百计，中国体育科学学会体育新闻传播分会的会员达到283人（截至2023年底），分会之外的体育新闻传播学研究者的人数可能数倍于这个数字。

当然，由于国内特殊的学术环境，还有一些特别的指标不得不被纳入考量，例如重要学术项目和学科分布等。2021年，体育新闻传播学史上第一个国家社科基金重大项目——"新时代体育全媒体传播格局构建研究"由武汉体育学院张德胜教授和上海体育大学张盛教授同时竞标成功，这是一个具有重要指标意义的事件。它代表国内体育新闻传播学研究已经迈入新的研究层次。与此同时，北京体育大学、武汉体育学院、成都体育学院等高校先后在体育学一级学科下设了体育新闻传播学二级学科博士点，上海体育大学从2023年起招收体育传播学二级学科博士生。除此之外，南京师范大学、北京外国语大学等非体育院校也在招收和培养体育新闻传播学研究的博士和博士后。目前，已经有几所体育院校正力争新闻传播学一级学科博士点，希望通过此路径培养体育新闻传播学博士生。

从学科建立的视角来考量，体育新闻传播学科在经历了几十年的发展之后，在研究的独立性、学术组织的归属、专业学术期刊的发展和研究者规模等层面逐渐趋于成熟。

译序：体育新闻传播学学科的发展脉络与未来

体育新闻传播学诸理论的内涵与外延

按照早期的学科布局，体育新闻传播学学科下设体育新闻学、体育传播学两个子学科。《中国大百科全书》第三版首次将"体育新闻学"和"体育传播学"作为学科词条发布。薛文婷在梳理中国体育新闻传播学学科发展和建设时，依据国内现有研究和框架使用了"体育新闻传播学"①这个概念。但整体而言，在国内，体育新闻学作为一门学科的发展是相对独立的。

体育新闻学

国内学者对于体育新闻学学科的认知有着显著的差异。在第三版《中国大百科全书》中，笔者提出，体育新闻学是"以体育新闻现象与规律为研究对象的学科"。体育新闻学的研究对象是包含体育平面媒体、体育电子媒体和体育数字媒体在内的现代大众传媒的体育新闻活动与现象。体育新闻学的研究内容，主要包含体育新闻史、体育新闻理论与实务三个部分。体育新闻学既是新闻学在体育报道这一特殊领域中的渗透与拓展，又是体育这一人类社会文化活动在新闻传播业中的体现与延伸，因而体育新闻学是一门具有较强实践性和应用性的交叉学科②。

事实上，早在2006年，学者易剑东等就指出，体育新闻学的学科属性是新闻学的分支学科和体育学的应用学科，它是最专业的分支新闻学和最庞杂的应用体育学③。在这里，体育新闻学与上位的两个母学科——体育学和新闻学的双重隶属关系是确定的。从偏正性构词的角度，体育新闻学"偏重"于新闻学，但它是一种相当特殊的新闻学。当代体育新闻学为什么如此重要？英国学者罗布·斯蒂恩（Rob Steen）言简意赅：“因为体育足够重要。”④在新媒体语境下对体育新闻学重新考察后，笔者提出"新闻专业主义是体育新闻学研究的基本

---

① 薛文婷.中国体育新闻传播学学科发展和建设的历史回顾与展望[J].北京体育大学学报，2020，43(6)：20-34.
② 魏伟.体育新闻学，中国大百科全书(第三版)[EB/OL].[2024-03-15]. https://www.zgbk.com/ecph/words? SiteID =1&ID =141430&Type =bkzyb&SubID =61548.
③ 易剑东，蔡文菊.北京体育大学新闻学本科专业建设研究[J].北京体育大学学报，2006，29(10)：1392-1396.
④ STEEN R. Why sports journalism matters? [M]// STEEN R, NIVICK J, RICHARDS H. Routledge handbook of sports journalism. Abingdon：Routledge，2021：1.

特性,新媒体和媒介融合是体育新闻学未来研究的核心特性"[1],"名流保护主义是体育新闻学研究的焦点特性,反新闻专业主义和去新闻专业主义是体育新闻的两种极端倾向"[2]。

全球范围来看,有关体育新闻学的定义和内涵外延在多元发展中不断丰富。从国外的学科发展状况来考量,尽管20世纪80年代起美国有多本与"体育新闻报道"和"体育新闻采访与写作"相关的著作和论文集问世,但美国体育传播研究体系中很少提及"体育新闻学"这个概念,而是将其列为专业实践技能,因人而异、因事而异、因时而异,而非纯粹的学术研究。所以他们大量使用"体育报道"(sports reporting)和"体育写作"(sports writing)等概念。

欧洲以及部分英联邦国家和地区坚持使用"体育新闻学"这一概念。但各个国家语境下的"体育新闻学"在一定程度上受到了国家新闻体制和法律法规、商业化程度、体育的职业化程度等元素的影响,因此英国学者雷蒙德·鲍耶(Raymond Boyle)在自己的著作《体育新闻学:语境与事件》(*Sports Journalism: Context and Issues*)中反复强调他"是在英国语境下展开的体育新闻学研究"[3]。2021年出版的《劳特里奇体育新闻学手册》[4]在很大程度上展现了这种因语境而异的研究格局,30位作者基本上来自英国、澳大利亚、南非等英联邦国家,绝大部分作者有体育新闻采访与写作的业界经验。法国学者卡里姆·苏阿内夫(Karim Souanef)对体育新闻学重要性的独特归纳在其著作名上就直言不讳:《体育新闻学:占主导地位的专门社会学》(*Journalisme Sportif: Sociologie D'une Spécialité Dominée*)[5]。从近20年来出版的有关体育新闻学的著作、论文集和学术论文来考察,英国、澳大利亚、法国、印度、德国和意大利等国家所占的比例较高。相较而言,美国学者和在美的其他国家学者似乎刻意回避使用"体育新闻学"这一概念,因此"体育新闻学"是一个高度去美国化的学术用语。

有关体育新闻学的分类,《劳特里奇体育新闻学手册》提供了一个看似杂乱

---

[1] 魏伟.重访体育新闻学研究的基本特性[J].成都体育学院学报,2019,45(1):21-27,41.
[2] 魏伟.去专业主义和反专业主义:体育新闻的两种极端倾向[J].武汉体育学院学报,2019,53(6):28-37.
[3] BOYLE R. Sports journalism:context and issues [M]. London:Sage,2006:1-3.
[4] STEEN R,NOVICK J,RICHARDS H. Routledge handbook of sports journalism [M]. Abingdon:Routledge,2021.
[5] SOUANEF K. Le Journalisme Sportif:Sociologie D'une Spécialité Dominée [M]. Rennes:Presses Universitaires de Rennes,2022.

无章,但也有些许内在联系的分类思路。手册将体育新闻学分为职业、事务、开拓者和未来四个部分。其中,职业部分有体育新闻史、体育写作技巧、报纸、通俗小报、通讯社、地区报纸、体育迷群、多平台体育新闻、广播电视、推特、公共关系、体育编辑、幽默、数据与纪录等章节;事务部分包含了种族、性别、恐同、财富、国家认同、奥运会、足球流氓、足球教练与媒体的关系等。这种章节划分与作者的研究领域相关,但也部分展现了手册编者对于学术谱系的划分并不系统科学的问题。

近年来,体育新闻学研究越来越朝着拥抱新兴技术、颠覆传统理念的方向发展。西蒙·麦克恩尼斯(Simon McEnnis)的《颠覆体育新闻学》就从数字技术对传统体育新闻学实践和规范的解构入手,指出今后体育新闻的专业独特性将取决于其制作严谨新闻作品的能力,目前越来越具备这种能力的反而是博客和团队体育新媒体①。查尔斯·兰伯特(Charles M. Lambert)从电视业界从业者的视角勾勒了新媒体体育时代"数字体育新闻学"的实践,并且提出了数字体育新闻学的新逻辑②。爱德华·基安(Edward Kian)等提出了"多媒体体育新闻学"的概念,尤其指出了体育媒体从业者同时具备多种媒体工作的跨媒体能力,结合推特、脸书和照片墙等社交媒体进行了较为详尽的阐述③。汤姆·布拉德肖(Tom Bradshaw)等的体育新闻学研究聚焦新时期体育新闻从业者角色的变化以及媒体性质的变化带来的体育新闻伦理和道德层面的问题④。雷蒙德·鲍耶主编的论文集《变化中的体育新闻学:数字媒体时代的实践》关注区域国别视野下的体育新闻学发生的变化,主要聚焦新技术、新内容、新关系带来的新变化⑤。

体育传播学

体育传播学与体育新闻学是容纳与被容纳的关系。在体育传播学领域,也存在着不同体制之间的差异,这些差异从内涵到外延均有体现,甚至包括名称。

1. 中国特色浓郁的"体育新闻传播学"

"新闻传播学"作为一级学科的名称既有时代特色,也有"中国特色"。当

---

① MCENNIS S. Disrupting sports journalism [M]. London: Routledge, 2022.
② LAMBERT C M. Digital sports journalism [M]. London: Routledge, 2019.
③ KIAN E, SCHULTZ B, CLAVIO G, et al. Multimedia sports journalism: a practitioner's guide for the digital age [M]. New York: Oxford University Press, 2019.
④ BRADSHAW T, MINOGUE D. Sports journalism: the state of play [M]. London: Routledge, 2020.
⑤ BOYLE R. Changing sports journalism: practice in the age of digital media [M]. London: Routledge, 2020.

下国内相当一部分新闻院系是以"新闻传播学院"或者"新闻与传播学院"命名的。由于历史原因,国内体育新闻传播学研究是以"体育新闻传播分会"的名义进入中国体育科学学会的,从那时起,"体育新闻传播学"这一有着浓郁中国特色的学科名称就一直伴随两个学科的成长。学者贾静等运用文献计量分析法,多维度、多视角论证了"体育新闻传播学是一门独立学科"①。宋扬等还提出了新文科语境下体育新闻传播学学科发展的新思路②。但由于体育新闻学和体育传播学之间显著的包容关系,"体育新闻传播学"这一提法在中国内地学术领域之外较为罕见。

2."传播与体育"vs."体育传播"

随着国际体育传播学研究近十几年来的高速发展,学界对于体育传播学的学科定位已经有了显著的发展。不同的研究取向与学术理解首先体现在学科名称上,体育传播学与"传播与体育"哪一个更加恰当?国际传播与体育学会及其会刊《传播与体育》都采用的是"传播与体育"这个名字,比林斯等学者出版的教材也是以《传播与体育》③为名而非"体育传播"。国际传播与体育学会首任会长、美国得州大学奥斯汀分校的迈克尔·巴特沃斯在自己主编的论文集《传播与体育》(*Communication and Sport*)中提出,"传播与体育"和"体育传播学"在学理上都是可行的,并且在现实中同时存在,"体育传播学"甚至被更多人使用。但他本人更喜欢"传播与体育"这样的语序,因为它揭示了学科属性、框架而不是研究的侧重点④。尽管巴特沃斯本人是修辞学出身,修辞学本身带有更浓郁的人文学科而非社会科学特色。"传播与体育"是在美国语境下,一开始从事体育传播学研究的学者较常使用的名称,他们多数具有传播学背景或在研究中主要采用传播学的研究范式。

《国际体育传播研究》期刊主编保罗·彼得森坚持使用"体育传播",他编纂的《劳特里奇体育传播手册》⑤同样受到学科内的广泛关注。值得一提的是,雷蒙德·鲍耶在编纂四卷本的体育传播论文集时选用的书名是"体育与传播"

---

① 贾静,蔡文菊.中国体育新闻传播学学科体系研究[G]//2015第十届全国体育科学大会论文摘要汇编(三).北京:中国体育科学学会,2015:4868-4869.
② 宋扬,李岭涛,邱珂.新文科语境下体育新闻传播学学科发展新思路[J].出版广角,2021(6):31-34.
③ BILLINGS A C, BUTTERWORTH M L. Communication and sport: surveying the field[M]4th ed. Los Angeles: Sage, 2021.
④ BUTTERWORTH M L. Communication and sport: an emergent field[M]// BUTTERWORHT M L. Communication and sport. Berlin: De Gruyter, 2021: 3-21.
⑤ PEDERSEN P. Routledge handbook of sport communication[M]. London: Routledge, 2015.

(Sport and Communication)①,这一命名方式为理解学科提供了另一种可能性。

3. 一门学科 vs. 一片研究场域

国内学者对体育传播学的认知比体育新闻学稍晚一些。郝勤和郭晴在论述体育传播学的性质和理论架构时借鉴了体育新闻学的框架,认为"它既是传播学在体育领域的表现和运用,又是体育学在传播学的延伸和拓展,是传播学与体育学相互渗透的结果"②。此后国内出版的各种著作、教材和发表的论文基本上都没有脱离这个框架。郭晴在《中国大百科全书》中提出,体育传播学是"以体育传播活动及其规律为研究对象的学科",体育传播学是体育学的分支学科之一,也是体育学与传播学的交叉学科,是新兴的研究领域③。传播学可以完整地容纳新闻学,两者的侧重点有所不同,体育传播学的内涵和外延完整地包含体育新闻学的相应范畴。

2013 年是体育传播研究领域发生重大学术转向的年份。《传播与体育》在这一年创刊,《体育、媒介与重大事件》和《定义体育传播》等重要的学术论文集都在这一年出现。《传播与体育》主编文内尔在创刊号上大胆地提出要向跨学科的方向发展的目标,为此他甚至直接点出了十几个人文和社会学科的名字。2017 年,他在国际传播与体育学会年会上发表的主旨演讲中提出了传播与体育发展的三个倾向。他指出,从哲学认识论的角度,传播与体育研究呈现出三种倾向:(1)媒介、体育与社会倾向;(2)作为职业的体育传播倾向;(3)传播学研究与体育倾向④。

随后,文内尔继续深入探讨了这三种倾向"在维恩图中肯定存在一些重叠点,但它们在认识论上足够不同,足以对更广泛的对话和学科一致性构成风险"⑤。他认为,媒介、体育与社会倾向有着三个表征传播过程:(1)发送者/机构/生产/编码;(2)消息/内容/文本/表示/意义;(3)接收者/观众/粉丝/消费/解码。媒介、体育与社会倾向有两种经典研究范式,其一是以欧洲大陆的文化研究、媒介研究和社会学研究为基础,以质性研究为主;其二是以美国实证研究

---

① BOYLE R. Sport and Communication:4 volumes [M]. Los Angeles:Sage,2016.
② 郝勤,郭晴. 论体育传播学的性质特点及其理论架构[J]. 体育文化导刊,2003(9):27-30.
③ 郭晴. 体育传播学,中国大百科全书(第三版)[EB/OL]. [2024-03-15]. https://www.zgbk.com/ecph/words? SiteID=1&ID=141512&Type=bkzyb&SubID=61548.
④ WENNER A L. Anniversaries,trajectories,and the challenges for the communication of sport [J]. Communication & sport,2017,5(4):399-406.
⑤ WENNER A L. Playing on the communication and sport field:dispositions,challenges,and priorities[M]// BUTTERWORTH M L. Communication and sport. Berlin:De Gruyter,2021:23-42.

中的大众传播学和社会心理学为基础,以量化研究为主。两者看似有较大出入,但实际上可以在很多研究层面达成共识,并且互相融通。媒介、体育与社会倾向是传播与体育研究领域占比例最大的一种类型。作为职业的体育传播倾向,更加注重在体育市场中的实践、策略和有效性,时刻以市场为导向。传播学研究与体育倾向通过高度关注体育环境中的语言和符号的使用,以及构建关于体育及其意义的文化主张和社会理解,将自己与其他两种倾向区分开来①。文内尔认为,《体育媒介学刊》和《国际体育传播学刊》是作为职业的体育传播倾向的学术期刊,《传播与体育》是更趋近于媒介、体育与社会倾向的期刊。区分三种倾向最直观的是对研究对象的区分。媒介、体育与社会倾向的研究对象是"公民",作为职业的体育传播倾向的研究对象是"消费者",传播学研究与体育倾向的研究对象是"作为个体的人"②。

因此,体育传播学与其说是一门学科,不如说是一个跨学科的学术场域。这一学术场域是由上述三种倾向相互作用而成,三者之间有相互交叉之处,但又显现出各自明显的特征。按照文内尔的观点,传播与体育(体育传播学)研究需要建构一个能够兼收并蓄的"大帐篷"③,这个"大帐篷"既需要容纳传播学和媒介研究的学者,也需要容纳体育学研究的学者,还需要容纳其他不同学科的学者来贡献智慧。

这种融合与杂糅的特性可以从最近几年连续出版的几本大部头的论文集中找到共同之处。安德鲁·比林斯在他编纂的《定义体育传播》一书中,将体育传播研究分为体育人文学路径、体育组织与关系路径和体育媒介化路径三个类型。其中,体育人文学路径包括修辞学、批判与文化研究、传播伦理、民族志、政治传播、性别与女性主义研究、种族研究;体育组织与关系路径包括组织传播、组内传播、人际传播、家庭传播和健康传播;体育媒介化路径包括国际传播、新闻学视角、受众研究、娱乐研究、广播电视研究、社交媒体网络研究、游戏研究、广告学以及公共关系研究。④ 迈克尔·巴特沃斯在编纂《传播与体育》时,在前者基础上又增添了运动员与教练员关系传播、环境传播、制度与法律传播、多元

---

① WENNER A L. Playing on the communication and sport field: dispositions, challenges, and priorities[M]// BUTTERWORTH M L. Communication and sport. Berlin: De Gruyter, 2021: 23-42.
② WENNER A L. Playing on the communication and sport field: dispositions, challenges, and priorities[M]// BUTTERWORTH M L. Communication and sport. Berlin: De Gruyter, 2021: 23-42.
③ WENNER A L. Playing on the communication and sport field: dispositions, challenges, and priorities[M]// BUTTERWORTH M L. Communication and sport. Berlin: De Gruyter, 2021: 23-42.
④ BILLINGS A C. Defining sport communication [M]. New York: Routledge, 2017.

文化主义等内容。保罗·彼得森在编纂《劳特里奇体育传播手册》时还提供了后结构主义、符号学、危机传播、社会正义与责任等路径和方法。尽管这样的分类可能存在交叉重叠,也不完全科学准确,但大体上涵盖了当下体育传播研究的基本路径、方法和理论体系。今后的体育传播学研究还将继续围绕各种体育与新闻传播(媒介)的关系、媒介新技术、由技术带来的新社会关系等,运用各种学科理论知识展开研究。

体育与媒介研究

魏伟在《当代体育传播研究中的几个议题》一文中,提出体育新闻学隶属于体育与媒介研究,体育与媒介研究隶属于体育传播研究的论断[1]。这一论断并未引起学界的重视,原因是在普遍认知的体育新闻学和体育传播学之间加入体育与媒介研究看似多余,也缺少充分的理论支撑。为什么要在体育新闻学和体育传播学之间添加体育与媒介研究?近年来,以媒介化研究(早期以北欧和德国学者为主)、媒介学研究(早期以法国学者为主)、媒介考古学研究(早期以欧洲学者为主)、媒介现象学研究(早期以欧洲学者为主)、媒介环境学研究(早期以加拿大和美国学者为主)为代表的一系列媒介研究是传播学领域的一股不可忽视的力量。以媒介化研究为例,偏向媒体实践的中介化研究与偏重较长时间内社会和文化体制变迁的媒介化研究是两种截然不同的研究路径[2]。体育媒介化研究往往是针对较长历史时间内对体制、社会和文化的宏观和超宏观研究,当然也可以提供中观和微观研究视角,因此有可能够带来完全不同于以往研究视角的结果。丹麦学者科斯滕·弗兰德森(Kirsten Frandsen)的著作《体育与媒介化》[3]标志着这一领域的研究正在走向成熟。因此,体育与媒介研究不仅有必要存在,而且在较长一段时间内还有可能是体育新闻传播学研究中的热点。

学者贺幸辉在撰写《美国学者劳伦斯·文内尔学术思想史研究:从"媒介体育"拓展为"传播与体育"》一文[4]时,通过采访文内尔教授,证实了笔者之前的论断。文内尔被誉为"体育传播研究领域的世界领军人物"。作为国际传播与

---

[1] 魏伟.当代体育传播研究中的几个议题[J].武汉体育学院学报,2013,47(2):5-11.
[2] 魏伟,尚希萌.体育媒介化:从媒介体育到体育重大事件[J].上海体育学院学报,2021,45(7):44-57.
[3] FRANDSEN K. Sport and mediatization[M]. Abingdon:Routledge,2020.
[4] 贺幸辉.美国学者劳伦斯·文内尔学术思想史研究:从"媒介体育"拓展为"传播与体育"[J].体育与科学,2020,41(1):34-42.

体育学会的创始人之一、《传播与体育》的创刊主编,他在1989年主编的《媒介、体育与社会》①和1998年主编的《媒介体育》②在国际体育传播学领域起到了开创性和引领的作用,他本人也是体育与媒介研究的忠实拥趸。从2022年起,国际传播与体育学会的年度学术奖以他的名字命名。虽然身为美国传播学者,但他敏锐地意识到传播学固有的美国量化研究传统及其美国民主选举的理论起源可能带来的一系列局限性,在他担任《传播与体育》主编的最后几年,这份刊物连续推出了跨越以美国学术传统为核心的多个特刊。例如,2022年第5期的"体育与媒介化"特刊就充分考虑到全球研究的区域平衡,考虑到媒介化这一理论直到现在都没有引起美国传播学界的充分重视,这一特刊尤其具有价值。特刊的联席主编团队没有一位学者的母语是英语,最终遴选出的论文也包含中国、尼日利亚、马拉维、巴西、新西兰、芬兰、克罗地亚等国家的学者的研究,最大限度地展现了体育与媒介化理论的全球分布和特色③。另一期"2018—2022东亚奥运会"特刊聚焦连续三届在东亚举行的夏季和冬季奥运会,联席主编以日裔和韩裔学者为核心④。这种去美国中心化的学术编排体现了体育传播研究领域的新动向。

在《媒介体育》出版近20年后,文内尔发展了自己的理论,提出了"媒介体育"演进的时间表⑤。他指出,从1975年几个有标志意义的研究到1989年论文集《媒介、体育与社会》的出版是媒介体育1.0儿童时代,论文集让美国与欧洲和大洋洲的学者开始关注同样的学术议题,这一阶段美国学者迈克尔·里尔、英国学者加里·万内尔(Garry Whannel)、美国学者詹宁斯·布莱恩特、美国学者文内尔、澳大利亚学者大卫·洛弗(David Rowe)等早期投入媒介与体育研究的学者后来都成为体育传播学研究领域的支柱力量。

1990年开始,一直到1998年论文集《媒介体育》的出版,这一时期为媒介体育2.0青春期,这一阶段的主要研究议题是制度与生产、全球化-奇观-国家联合体、认同再现和体育名流等,美国学者比林斯,新西兰学者史蒂夫·杰克逊

---

① WENNER A L. Media,Sports and Society [M]. Newbury Park:Sage,1989.
② WENNER A L. Mediasport [M]. New York:Routledge,1998.
③ LIČEN S,FRANDSEN K,HORKY T,et al. Rediscovering mediatization of sport [J]. Communication & sport,2022,10(5):795-810.
④ KOBAYASHI K,HORNE J,YOUNGHAN C,et al. Introduction to the special issue:mediating the East Asian era of the Olympic Games (2018-2022) [J]. Communication & sport,2024,12(1):3-18.
⑤ WENNER A L. Sport and media [M]//GIULIANOTTI R. Routledge handbook of the sociology of sport. London:Routledge,2015:377-387.

(Steve Jackson)、托尼·布鲁斯(Toni Bruce),英国学者雷蒙德·鲍耶和理查德·海恩斯(Richard Haynes)等在这一时期加入了媒介与体育研究的队伍,并且成为日后研究的中坚力量。

1999年到2006年论文集《体育与媒介手册》①的出版,这一时期为媒介体育3.0成年期,这一阶段开始出现大量在"媒介体育"理论引导下的著作、论文集和论文。这一阶段的研究议题主要集中在体育-媒介关系的多元化和体育与媒介体制研究两个层面。美国学者阿瑟·雷尼(Arthur Raney)和詹宁斯·布莱恩特主编的《体育与媒介手册》标志着体育与媒介研究真正走向成熟,已经形成了较为完备的学科体系和相对稳定的议题。

2007年至今是媒介体育4.0中年时代,媒介与体育研究进入高速发展期,这一时期的议题更加丰富和多元化,学科互鉴更为明显。一系列重要的著作和论文集问世,各个媒介与体育研究的子议题又派生出了子子议题,学术研究更加专业精深。文内尔点出了3本标志性的论文集,分别是比林斯主编的《体育媒介》②、彼得森主编的《劳特里奇体育传播手册》、比利斯与哈丁主编的《劳特里奇体育与新媒体手册》③。在那之后,文内尔与比林斯主编的《体育、媒介与重大事件》④、比林斯主编的《定义体育传播》,巴特沃斯主编的《传播与体育》等也为学科的发展作出了贡献。在媒介体育4.0时期,一部分重要的媒介体育研究很大程度上提升了媒介体育研究的深度和锐度。除了弗兰德森的《体育与媒介化》之外,杰森·洛佩斯(Jason Kido Lopez)从文化研究的视角重新定义了体育媒体在当代的价值和功能,将体育媒体的产品、消费与体育赛事的现场性和真实性做了前所未见的梳理和研究⑤,是这一领域的一部力作。

体育与媒介研究是体育新闻学和体育传播学之间的一座桥梁,在很长一段时间内,它可能还会是体育新闻传播学研究的主体部分,因此,它应当得到国内体育新闻传播学研究者的重视。

中国体育新闻传播学的发展路径

中国体育新闻传播学的发展依托于体育学和新闻传播学两个母学科,但它

---

① RANEY A A,BRYANT J. Handbook of sports and media [M]. Mahwah:Lawrence Erlbaum,2006.
② BILLINGS A C. Sports media:transformation,integration,consumption [M]. New York:Routledge,2011.
③ BILLINGS A C,HARDIN M. Routledge handbook of sport and new media [M]. Abingdon:Routledge,2014.
④ WENNER A L,BILLINGS A C. Sport,media and mega-events [M]. Abingdon:Routledge,2017.
⑤ LOPEZ J K. Redefining sports media [M]. New York:Routledge,2023.

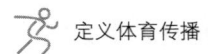 定义体育传播

的起始时间很早,并且从一开始就与实践密切相关,有着鲜明的中国实践特色。

改革开放之前的体育新闻传播学研究

体育新闻传播学研究在中国的发展可以回溯到1949年之前。虽然那时的研究还只是不成体系的个例,但其对中国新闻学和体育学的贡献依然不可小觑。

1. 1949年以前的体育新闻传播学研究

中国体育新闻传播学研究的历史相当久远。不过那时的研究不仅稀疏,而且理论特色不够典型,与新闻写作的差距不大。1934年,曾到现场报道1936年柏林奥运会、后来担任中央社社长的记者冯有真在《时事月报》上发表的有关远东运动会的总结性评论《第十届远东运动会纪详》①记录了比赛成绩、赛事历史、赛场战报和花絮以及各国报道等,具备了体育新闻学研究的雏形,但理论特色还不鲜明,还很难被归为真正的体育新闻学研究。1936年《电声周刊》上的佚名文章《播音人描绘有如目睹:从无线电参观世运会》②对1936年柏林奥运会各国的奥运广播进行了总结和梳理,尤其是把德国、美国和中国的播音进行了对比,虽然语言中还有戏谑的成分,但其体育新闻学的特色已经比较鲜明。但由于缺乏明确的作者,因此,它也很难被视为体育新闻学研究。1946年,中国儿童文学先驱者之一的米星如在《世界月刊》上发表的学术论文《体育新闻的采访和报导》③已经具备体育新闻学学术研究的基本特征,是迄今能够找到的最早的中国体育新闻学研究之一。1947年,潘怀伟的论文《谈体育采访》④不仅专业性强,而且逻辑清晰、语言缜密,已经具备相当的学术价值。

2. 新中国成立之初29年的体育新闻传播学研究

新中国成立后,体育新闻传播学的研究紧跟时代的脚步。1949年10月16日,《人民日报》《光明日报》就报道了北京人民体育大会,拉开了新中国体育新闻报道的序幕。1950年7月1日,《新体育》杂志创刊。目前可考的最早的研究是1956年3月姚平芳的论文《一条出色的体育新闻》⑤。这篇论文针对新华社记者关于苏联篮球运动员阿赫塔耶夫的报道展开评论。虽然无法用今天的学

---

① 冯有真.第十届远东运动会纪详[J].时事月报,1934,11(1):33-44.
② 佚名.播音人描绘有如目睹:从无线电参观世运会[J].电声周刊,1936(33):1-2.
③ 米星如.体育新闻的采访和报导[J].世界月刊,1946,2(11):10-12.
④ 潘怀伟.谈体育采访[J].申报馆内通讯,1947(8):356-358.
⑤ 姚平芳.一条出色的体育新闻[J].新闻业务,1956,1(6):34-36.

术框架和标准来考察当时的这篇具有总结属性的业界探讨,但这个作品刊载在人民日报社主办的期刊《新闻业务》(今《新闻战线》)上,显然已经可以被视为一篇体育新闻学领域的研究型论文。自此,《新闻业务》《新闻战线》等期刊不定期刊发体育新闻和体育宣传类的研究。到20世纪70年代末,该类型研究已经接近100篇。这些研究为改革开放之后的体育新闻传播学发展奠定了基础。

体育新闻传播学学科萌芽与初始发展阶段(1978—2000年)

1978年十一届三中全会召开,党中央作出了改革开放的重大决策。我国体育新闻事业突飞猛进。随着1979年中国重返奥运大家庭和绝大多数世界体育单项组织,各类世界级和洲际赛事大幅增加,一些因为"文革"遭到破坏的体育报刊纷纷复刊,体育广播和体育电视的发展呈现出欣欣向荣的景象。随着体育新闻传播实践的快速发展,体育新闻传播研究也开始得到相应的发展。到20世纪80年代初,各类体育新闻传播研究已经接近100篇。创刊于20世纪80年代初的《国际新闻界》《新闻大学》《新闻与写作》等专业学术类期刊开始不定期地刊发体育新闻传播类的研究。作为一门学科的体育新闻传播学已经呼之欲出。

1985年,《体育报》副主编马信德出版的《体育新闻学 ABC》①是国内最早的"介绍体育新闻"的作品,不仅对体育新闻的历史进行了回顾,还对体育新闻的功能和特征进行了界定,并且首次提出了"体育新闻学"这个概念,认为理论应该跟上快速发展的体育新闻实践。这部具有开拓性的作品由时任中宣部新闻局局长钟沛璋亲自作序。上海体育大学在1989年创办新闻专业(体育新闻方向)之后,一直在探索体育新闻学的特色发展之路。1993年,单承芳主编的《体育新闻写作》②成为我国目前可考的最早的体育新闻传播学教材之一,其中下编《体育新闻写作》部分在《体育新闻学 ABC》的基础上更加体系化和学术化。

在本科教育层面,1985年,上海体育大学从1983年入校的体育教育专业三年级学生中选出16人,开办体育新闻写作专项班。这是国内专门培养体育新闻人才的"摇篮"。1987年,上海体育大学在此基础上又开办体育新闻专业试点班——体育教育专业体育新闻方向。1989年,上海体育大学正式设置新闻专

---

① 马信德.体育新闻学 ABC [M].北京:中国新闻出版社,1985.
② 单承芳.体育新闻写作 [M].上海:上海体育学院,1993.

业(体育新闻方向)。1994年5月,上海体育大学体育新闻系挂牌成立,这是我国第一个体育新闻院系。这一系列创举在很大程度上奠定了上海体育大学在中国体育新闻传播学中的重要地位。

在研究生教育层面,1996年,成都体育学院率先在体育人文社会学专业下设立体育新闻方向硕士研究生,并于1997年开始正式招生。2000年后,上海体育大学、广州体育学院和北京体育大学等体育院校纷纷开始体育新闻传播学的研究生招生和培养工作。如果说本科教育是为体育新闻业界输送人才的话,那么早期的体育新闻方向研究生培养是在为学科建设培养专业人才。

但这一时期的体育新闻传播学研究基本上以新闻传播学基础之上的体育内容和对体育新闻实践的经验总结为主。在学术领域,体育学和新闻传播学都以"无学"著称,两门学科下属的体育新闻传播学自然也难逃紧跟业界发展、学术含量低和缺乏特色等,加之没有专门的学术机构、相对固定的学术会议和期刊统领,甚至没有固定的研究人员,因此体育新闻传播学在初始发展阶段的发展相对缓慢,在体育学研究中相对滞后。

体育新闻传播学学科快速发展阶段(2001—2011年)

随着国家教委在1998年将"体育新闻"设为新闻学专业下属的一个方向,不少综合性院校纷纷开设体育新闻学方向,体育类院校更是在短时间内都开办了新闻系、新闻传播系(传媒系)和相关方向。2004年,第七届全国体育科学大会上,张江南等人提出了"体育新闻传播学"这一概念。同年11月,中国体育科学学会体育新闻传播分会正式成立,这标志着学科发展得到了体育学的官方认可。

学科快速发展的标志是学术成果的推陈出新。一系列标志性的成果在这一阶段纷纷出现。2002年,由郝勤翻译的《体育新闻报道》[①]出版,这本20世纪80年代美国体育新闻学的经典教材集纳了美国体育新闻实践的重要经验和研究成果,有很强的借鉴意义。2004年出版的《美联社体育新闻报道手册》[②]将国际上最重要的通讯社之一对体育报道的各种要求、规范和实践做了清晰的解读。这两本译著的问世让中国体育新闻学研究驶上了"国际化"和"全球化"研究的快车道,是中国体育新闻传播学研究的"里程碑"。2004年由高等教育出

---

① 加里森,塞伯加克.体育新闻报道[M].郝勤,译.北京:华夏出版社,2002.
② 威尔斯坦.美联社体育新闻报道手册[M].郑颖,译.北京:中央编译出版社,2004.

版社出版的两本教材《体育新闻学》①和《体育传播学》②让中国体育新闻传播学领域吸收了中西方业界实践和学界研究的精粹,为下一阶段的学科发展奠定了坚实的基础。其中,《体育新闻学》从体育新闻采访、体育新闻写作、体育新闻评论、体育新闻编辑等方面对体育新闻实践和理论维度进行了阐释。《体育传播学》在定义的同时,还涉及体育传播与平面媒体、电子媒体、网络媒体的关系,体育传播心理等议题。与此同时,柯惠新等学者出版的《媒介与奥运:一个传播效果的实证研究(北京奥申篇)》③《媒介与奥运:一个传播效果的实证研究,雅典奥运篇》④和《媒介与奥运:一个传播效果的实证研究,北京奥运篇》⑤系列三部曲让中国体育传播学研究开始具备实证色彩和量化研究的特性,这也是这一阶段研究中的一大亮点。

　　根据学科发展报告提供的数据,2004年到2007年,新闻传播类期刊刊载的研究占这一时期体育新闻传播学研究总量的64%,体育类期刊占36%⑥。2008年到2011年,新闻传播类期刊刊载的比例降到63%,体育类期刊降到32%⑦。在这一时期,一批探讨体育新闻传播学学科属性和教育发展的论文也相继出炉,为本已蓬勃发展的学科建设添砖加瓦。陈伟和郝勤的研究向体育传播学研究引入信息符号理论⑧。肖焕禹等对中国体育新闻传播实践的百年发展史进行了回顾和梳理⑨。孟文娣等的研究⑩和易剑东等的研究⑪概述了体育新闻传播学教育的"北体大"特色。

---

① 郝勤.体育新闻学[M].北京:高等教育出版社,2004.
② 任广耀.体育传播学[M].北京:高等教育出版社,2004.
③ 柯惠新.媒介与奥运:一个传播效果的实证研究:北京奥申篇[M].北京:中国传媒大学出版社,2004.
④ 柯惠新,王兰柱.媒介与奥运:一个传播效果的实证研究,雅典奥运篇[M].北京:中国传媒大学出版社,2006.
⑤ 柯惠新,王兰柱.媒介与奥运:一个传播效果的实证研究,北京奥运篇[M].北京:中国传媒大学出版社,2010.
⑥ 郝勤.中国体育新闻传播学发展现状及趋势(2004-2007)[J].北京体育大学学报,2008,31(3):289-291.
⑦ 郝勤,郭晴,周雪蕾,等.中国体育新闻传播学发展报告(2008-2011)[J].成都体育学院学报,2012,38(3):1-6.
⑧ 陈伟,郝勤.体育传播学的学科特征与研究现状:兼论体育的传播特征及其信息符号理论[J].体育科学,2006,26(6):6-11.
⑨ 肖焕禹,刘静.我国体育新闻传播百年回顾与展望[J].上海体育学院学报,2004,28(6):20-25.
⑩ 孟文娣,毕雪梅,张锐,等.对体育新闻专业办学模式的研究[J].北京体育大学学报,2004,27(8):1086-1088.
⑪ 易剑东,蔡文菊.北京体育大学新闻学本科专业建设研究[J].北京体育大学学报,2006,29(10):1392-1396.

中国体育新闻传播学研究的快速发展阶段穿插了2008年北京奥运会这一体育重大事件。北京奥运会就像催化剂一样激发了中国体育新闻传播学研究,不仅有多项与之相关的国家社科基金项目和省部级项目问世,一些相关著作和论文也批量产生,这是体育新闻传播学研究的第一个高峰期。郭晴的《北京奥运与舆论引导》[1]梳理了政府和媒体在大型媒介事件舆论引导中的关系,总结了政府和媒体在北京奥运会舆论引导中的经验。陆虹的《从体育竞技到体育文化:奥运会体育现场展示整合传播》[2]系统阐述了关于体育展示的基本理论、基本模式和运作规律,并对体育展示的发展趋势及在发展中必须面对的问题做了深入的分析和讨论。杜婕等的《奥运传播与文化》[3]从传播学的学科角度拓宽奥林匹克研究,力图从文化的视角建立一种对奥运传播的分析体系,对奥运传播的整体过程进行归纳和梳理。庹继光的《奥林匹克传播论》[4]阐述了体育在人类发展进程中的重要价值,以及无论是运动层面的体育,还是文化层面的体育,都需要借助于传播而对人类的发展和进步起作用,并依赖传播而促进自身的发展和完善。

依托于中国体育科学学会体育新闻传播分会的中国体育新闻传播学术研讨会每年召开,这让体育新闻传播学研究逐渐制度化和体系化。一大批中青年骨干教师与体育新闻传播学硕博士生一道,向体育新闻传播学理论和实践课题发起冲击,并且取得了可喜的成果。陈伟主编的《体育新闻传播新视野》[5]、易剑东主编的《奥运传播暨体育新闻传播史研讨会论文集》[6]、周亭主编的《奥林匹克的传播学研究》[7]、王大中主编的《后奥运时代的体育传播》[8]、张玉田主编的《新媒体时代的体育新闻传播与教育:创新·融合·前瞻》[9]都依托学术会议,将大量体育新闻传播学研究集纳成册,为中国体育新闻传播学研究留下了

---

[1] 郭晴.北京奥运与舆论引导[M].北京:人民体育出版社,2011.
[2] 陆虹.从体育竞技到体育文化:奥运会体育现场展示整合传播[M].北京:北京体育大学出版社,2011.
[3] 杜婕,张秀萍.奥运传播与文化[M].北京:北京体育大学出版社,2006.
[4] 庹继光.奥林匹克传播论[M].成都:巴蜀书社,2007.
[5] 陈伟.体育新闻传播新视野[M].北京:人民体育出版社,2007.
[6] 易剑东.新闻春秋.第十辑.奥运传播暨体育新闻传播史研讨会论文集[M].北京:中国广播电视出版社,2009.
[7] 周亭.奥林匹克的传播学研究[M].北京:中国传媒大学出版社,2009.
[8] 王大中.后奥运时代的体育传播[M].北京:中国传媒大学出版社,2010.
[9] 张玉田.新媒体时代的体育新闻传播与教育:创新·融合·前瞻[M].北京:北京体育大学出版社,2010.

宝贵的时代记忆。

学科建设在这一阶段也取得了显著的成绩。2004年，北京体育大学、上海体育大学率先开始了体育人文社会学二级学科下体育新闻传播类研究方向博士生的招生培养工作，成都体育学院郝勤教授成为首位体育新闻传播学领域的博士生导师，吴文峰成为国内第一位体育新闻传播方向的博士研究生。2010年，北京体育大学教师薛文婷撰写的博士论文《中国近代体育新闻传播历史研究（1840-1949）》被评为中国百篇优秀博士论文，这是国内新闻传播学第四篇，也是最后一篇百优博士论文，同时还是国内体育新闻传播学领域唯一的一篇百优博士论文。同名著作在当年由北京体育大学出版社出版①，全书以中国近代体育新闻传播为研究对象，运用新闻传播学、体育学、历史学的基本理论与方法构架理论体系，系统地勾勒出中国近代百年间体育新闻传播的发展脉络和演进路线。这一成果成为国内体育新闻传播史研究的经典著作。

在这一阶段，体育新闻传播学的国际合作向着纵深方向发展。2007年9月，中国传媒大学亚洲传媒中心举办了以"全球化体育事件与体育传播"为主题的"2007亚洲传媒论坛"国际学术活动周，邀请了来自美国、西班牙、希腊、澳大利亚、英国、德国、韩国等多个国家的高端学者与会，这是中国体育新闻传播学研究者第一次近距离地聆听并学习国外学者的研究，研究成果以两辑《亚洲传媒研究》的形式发布。2011年11月，首届国际体育新闻传播高端论坛（成都）举行，论坛的议题是"融合、变迁与超越——全球化背景下的体育与传媒关系研究"，论坛邀请到当时国际顶尖的体育传播学者与会，国外学者的研究成果被译为中文在《成都体育学院学报》上发表。这两次国际学术会议打开了国内体育新闻传播学研究者的视野，让中外研究第一次面对面发生碰撞，为下一阶段的合作和发展奠定了良好的基础。

体育新闻传播学学科成熟与稳定发展阶段（2012—2024年）

进入2012年之后，中国体育新闻传播学研究迎来了发展的新时代。这一时期，学科逐渐成熟，学术研究逐渐走向全面发展，类型化、体系化的特点逐渐显现，学科发展中的亮点比较突出，学术代表人物不断涌现。

1. 研究类型日渐丰富

在这一时期，体育新闻传播学研究的类型化趋势日益明显。平面媒体、广

---

① 薛文婷.中国近代体育新闻传播史论：1840~1949[M].北京：北京体育大学出版社，2010.

播、电视、门户网站、短视频等不同形态的体育媒体被分门别类地加以更加细致的研究。

(1) 体育平面媒体研究

肖鸿波对于《申报》体育报道的研究①沿袭典型的体育新闻史路径,注重史料与时代背景的结合,并且紧紧结合上海特色,勾勒了《申报》70多年发展历程中体育报道的重要线索。廖慧平的著作《媒介舆论与中国体育近代化研究》②以中国体育近代化进程中媒介舆论的建构为逻辑起点,下延到1927年南京国民政府成立前,采用媒介与体育建构的理论分析框架,解析1840年至1927年中国体育近代化发展历程。

(2) 体育广播电视研究

在广播电视方面,张矛矛的著作《新中国体育广播发展研究》③对新中国体育广播的发展历程展开了回顾和梳理,对体育广播的发展现状进行归纳和分析,对体育广播的发展战略进行预测和探讨,这一研究填补了体育广播领域的研究空白。王庆军的《消费时代的电视体育批判与重构》④是一部厚重的批判性研究,包含理解电视与体育:一个文化史的视角;与消费共舞:消费时代的电视体育;凝视的快感:电视体育的文本诉求;为消费而生产:电视体育的文化策略;消费时代的电视体育:在批判中审视和消费时代中国电视体育的理性重建。姚治兰主编的《电视体育节目实务》⑤对电视体育节目进行类型划分,分别从体育新闻节目、专题节目、赛事节目、谈话节目、游戏节目等类型来展开研究。余艳青的专著《体育、身体比赛与电视传播》⑥以身体媒介为中轴,观照身体与世界的关联、身体与电视传播媒介的关联,从身体地位变迁角度审视人类大型体育比赛史,从宏观和微观层面研究作为身体符号延伸的体育影像世界及身体符号表征、作为观看主体的身体对体育比赛中身体影像符号的崇拜与幻想。

(3) 体育新媒体研究

关注门户网站、短视频发展的研究在这一时期层出不穷。李芳的专著《大

---

① 肖鸿波.《申报》(1872—1949)体育报道研究[M].上海:复旦大学出版社,2013.
② 廖慧平.媒介舆论与中国体育近代化研究[M].北京:北京体育大学出版社,2018.
③ 张矛矛.新中国体育广播发展研究[M].北京:新华出版社,2017.
④ 王庆军.消费时代的电视体育批判与重构[M].北京:光明日报出版社,2020.
⑤ 姚治兰.电视体育节目实务[M].北京:中国传媒大学出版社,2012.
⑥ 余艳青.体育、身体比赛与电视传播[M].北京:中国广播影视出版社,2017.

型体育赛事移动化传播研究》①以传播学媒介环境范式研究为逻辑起点,以新浪、腾讯、搜狐和网易四大门户网站的微博、微信和新闻客户端上有关2014年巴西世界杯和2015年足球亚洲杯的报道为主要研究内容,调查解析大型体育赛事移动化传播现况、困境并思考健康持续发展的现实路径。她的另一本著作《门户网站里约奥运会传播发展研究》②对2016年里约奥运会展开了门户网站的横向比较研究,试图找出门户网站大型体育赛事传播的突围路径。高萍的著作《四大商业门户网站体育新闻叙事研究:1996—2015》③以历史网页、体育新闻文本及近年来微博、微信体育新闻报道抽样为研究内容,并将四大商业门户网站体育新闻20年的发展分为"论坛叙事"时代、叙事模式初成、综合叙事顶峰、个体移动叙事时代来临四个发展阶段进行分析。张伟、刘媛媛的《网络体育新闻传播概论》④包含了网络新闻传播与体育新闻、网络体育新闻采写编辑、新闻网站的体育新闻传播、网络体育视频、体育博客、新媒介环境下的重大体育新闻事件报道等内容,是网络体育新闻研究的一部实用价值较大的教材。徐春峰的著作《夏季奥运会体育视频在中国网站的传播发展研究》⑤从体育新闻传播的视角概述了我国的新浪、搜狐、网易、腾讯等门户网站和央视网的体育频道在传播夏季奥运会视频内容过程中网络体育视频的传播发展状况,并揭示了5G时代体育短视频传播的发展趋势。

(4)体育融媒体研究

此外,随着媒体融合国家战略的深入推进,对于体育融媒体的研究也不在少数。王瑜的专著《媒介融合背景下的体育赛事传播:体系构建、资源整合与品牌建设》⑥系统分析了媒介融合影响,系统性构建了体育赛事传播体系,并且创新性地提出了体育赛事的各类传播资源。洪建平的个人论文集《体育的媒介化生存:体育营销与传播论稿》⑦涵盖了新媒体重塑世界杯商业生态、新媒体新奥运新营销、体育营销七论、北京奥运背景下的埋伏营销研究、明星代言广告、赔本赚吆喝还是打造金招聘等热点问题,兼具理论特性和实践导向。李川、房新

---

① 李芳.大型体育赛事移动化传播研究[M].北京:北京体育大学出版社,2015.
② 李芳.门户网站里约奥运会传播发展研究[M].北京:北京体育大学出版社,2016.
③ 高萍.四大商业门户网站体育新闻叙事研究:1996—2015[M].北京:北京体育大学出版社,2016.
④ 张伟,刘媛媛.网络体育新闻传播概论[M].广州:暨南大学出版社,2017.
⑤ 徐春峰.夏季奥运会体育视频在中国网站的传播发展研究[M].南京:东南大学出版社,2023.
⑥ 王瑜.媒介融合背景下的体育赛事传播:体系构建、资源整合与品牌建设[M].上海:上海交通大学出版社,2013.
⑦ 洪建平.体育的媒介化生存:体育营销与传播论稿[M].北京:北京体育大学出版社,2015.

宁的著作《融合与重构：全媒体时代的体育新闻报道》①以全媒体时代的体育新闻报道为主题，将体育新闻报道置于全媒体、大传播的时代背景下进行考察。同时，该书从融合与重构的角度，探讨了全媒体体育新闻报道新理念的形成、特点以及传统媒体的全媒体转型发展、体育新闻采写编评业务模式的创新、全媒体体育记者的素养要求、与全媒体传播相适应的体育新闻报道治理和教育等内容。赵晓琳的著作《媒体融合影响下的体育电视传播与价值开发策略研究：以世界杯/NBA为例》②分析了媒体融合背景下的体育传播与价值开发问题，并在此基础上对体育版权产业、品牌传播策略、关联产业开发等进行研究。研究在梳理体育电视传播与产业价值开发的基础上，对媒体融合为体育产业和传媒产业带来的双向"红利"及实现策略进行了分析。徐欢欢的著作《全媒体时代我国体育传播转型研究》③提出了体育传播体系及媒介融合、体育传播的环境、网络体育新闻传播及其优化、全媒体时代传播技术与效果评估等内容，是体育媒体融合研究的另一部值得一提的作品。

2. 研究体系化日渐突出

在这一阶段，体育新闻传播学研究的体系化特色越来越鲜明。系列著作、教材等丰富了体育新闻传播学研究的层次和内容。不少译著的问世丰富了学科发展的多样性。

不少高校出版了体育新闻传播学系列专著和教材，系列作品的影响力如同"组合拳"，形成了规模效应。成都体育学院先后推出了"体育新闻与传播研究丛书"和"当代体育新闻传播系列教材"。其中，研究丛书包括郭晴主编的《体育组织与媒体关系运行》④，这部作品包含体育组织与媒体关系运行概述、体育组织与媒体关系管理、体育危机管理中的媒体应对、体育组织的形象传播、体育赛事的宣传与推广、体育赛事的媒体运行、体育赛事转播权、体育组织与媒体关系运行中的法律与伦理问题等内容。龚莉萍的《体育影像传播》⑤包括体育影像传播的语境与特征、体育故事片的发展与传播、体育纪录片的发展与传播、奥运官方电影的发展与传播、体育科教片的发展与传播、体育动漫影像与体育精

---

① 李川,房新宁.融合与重构:全媒体时代的体育新闻报道[M].北京:中国轻工业出版社,2022.
② 赵晓琳.媒体融合影响下的体育电视传播与价值开发策略研究:以世界杯/NBA为例[M].北京:中国水利水电出版社,2022.
③ 徐欢欢.全媒体时代我国体育传播转型研究[M].北京:中国商业出版社,2022.
④ 郭晴.体育组织与媒体关系运行[M].北京:人民体育出版社,2013.
⑤ 龚莉萍.体育影像传播[M].北京:人民体育出版社,2017.

神传播等内容。系列教材包括谭康的《体育电视转播教程》、魏伟的《体育解说教程》、瞿巍的《体育电视教程》、罗兰秋等的《体育广告教程》等。

武汉体育学院的新闻传播学重点学科建设丛书先后出版了付晓静的《1990年代以来媒介体育传播中的民族主义话语建构》、万晓红的《奥运传播与国家形象建构:以柏林奥运会、东京奥运会和北京奥运会为样本》、张德胜的《媒体体育与体育媒体》、周细琴的《城市景观体育研究:以上海为例》、李峰的《地方报马拉松赛事报道的叙事学研究:以武汉马拉松报道为例》和王子也的《媒介融合背景下的体育赛事解说》等著作,这些研究在很大程度上拓展了体育新闻传播学研究的广度和深度,在同类研究中独树一帜。

天津体育学院的系列教材包括李鹏主编的《体育新闻采访与写作实务教程》、吴文峰主编的《体育新闻传播导论》和杨珍主编的《体育新闻英语实用教程》等,这一套教材的实用性较强,案例贴合中国新闻传播学的实践。

首都体育学院的系列教材包括刘斌的《体育新闻学》和姚治兰的《电视体育节目实务》等,刘兰的《电视摄像编辑案例与实训指导》,张宏伟、刘斌的《体育新闻编辑案例与实训教程》以及张宏伟和陈岐岳的《体育新闻传播译丛》等。

广州体育学院的系列教材包括肖沛雄等的《广播电视体育新闻》、陈晓英的《大型赛事媒体运行理论与实务》、姜晓红的《大型赛事媒体运行原理与新闻服务体例》、张伟和刘媛媛的《网络体育新闻传播概论》、赵瑞华的《大型赛事新闻服务英文报道体例及翻译》和崔俊铭的《体育赛事现场直播技术与应用》等。

这一时期从国外译介来的著作也在一定程度上继续拓展了体育新闻传播学的广度和深度。杨珍主译的《权力游戏:体育、媒介与大众文化(第二版)》①是她在格拉斯哥大学访学时的合作导师雷蒙德·博伊尔(Raymond Boyle)与理查德·海恩斯的经典作品。该书揭示了21世纪的三个关键问题——媒介、体育和流行文化之间的联系,追溯了体育和媒体之间关系的演变,关注了新媒体环境下体育运动赞助商和各类媒体之间错综复杂的联系。魏伟主译的劳伦斯·文内尔主编的论文集《坠落的体育英雄、传媒与名流文化》②以不同的框架来分别建构坠落的体育名流、坠落的个体体育名流、坠落的团队体育名流、坠落的边线体育名流,该书主要针对的是体育危机传播。张俊等译介的吉姆·欧文

---

① 博伊尔,海恩斯.权力游戏:体育、媒介与大众文化(第二版)[M].杨珍,译.北京:中国传媒大学出版社,2022.雷蒙德·博伊尔即前文中的雷蒙德·鲍耶,译名不同。
② 文内尔.坠落的体育英雄、传媒与名流文化[M].魏伟,梅林,译.成都:四川大学出版社,2015.

斯的经典教材《体育节目转播与制作（第6版）》①图文并茂地提供了美国电视体育节目制作的各个层面的知识和技巧，兼具前沿性和实用性。陈岐岳等译介的丹尼斯·德尼格尔的著作《电视体育节目制作与转播》②讲述了美国电视体育节目制作与转播的渊源、影响、范围、现状和未来，主要探讨与电视体育节目相关的决策及过程，涉及节目编排、内容、制作以及体育电视的多平台传播。澳大利亚学者布雷特·哈金斯和大卫·罗维的著作《新媒体与体育传播》③由张宏伟译介，该书主要对新媒体技术环境下的网站、博客、脸书、推特、游戏、在线社区等平台的体育传播现象进行了深入研究，并着重分析了体育赛事的数字版权、网络关注度测评、网络社群等问题。

3. 学科亮点较为突出

在这一时期，体育新闻传播学研究摆脱了以往一味跟随业界发展的掣肘，在发展中有不少亮点出现。2021年底，由张德胜和张盛担任首席专家的团队，获批国家社科基金重大项目《新时代体育全媒体传播格局构建研究》，这是体育新闻传播学首次在国家人文社科类最高级别科研项目中立项。2022年底，由魏伟担任首席专家的团队，获批国家社科基金重大项目《新时代媒体融合推进北京冬奥精神传播研究》，这是体育新闻传播学首次在新闻传播类国家社科基金重大项目中立项。这两个重大项目的获批是体育新闻传播学学科建设的标志性事件，它意味着学术研究在服务国家重大战略方面的突破。

在教学层面，这一阶段也实现了突破。在国家级一流专业建设点名单中，北京体育大学、武汉体育学院、成都体育学院、首都体育学院4所院校的新闻学专业入选。2020年，在教育部公布的首批国家级一流本科课程中，上海体育大学朱俊河副教授负责的《电竞赛事现场解说虚拟仿真实验》获评国家一流虚拟仿真实验教学一流课程，武汉体育学院张德胜教授负责的《体育解说评论》获批线下一流本科课程，西安体育学院严峰副教授的课程《体育新闻摄影》位列其中。在2023年公布的第二批国家级一流本科课程中，北京体育大学李岭涛教授的《体育赛事传播》与武汉体育学院张德胜教授的《体育与社会》获得立项。这是体育新闻传播学学科建设的又一个可见成果，它标志着学科理论与实践结

---

① 欧文斯.体育节目转播与制作（第6版）[M].张俊,王皖斌,赵梦宁,等译.北京：人民邮电出版社，2023.
② 德尼格尔.电视体育节目制作与转播[M].陈岐岳,郭唯格,姚治兰,译.北京：中国传媒大学出版社，2017.
③ 哈金斯,罗维.新媒体与体育传播[M].张宏伟,译.北京：中国传媒大学出版，2016.

合的特点得到了国家层面的充分认可。北京体育大学毕雪梅主编的教材《体育新闻学概论》(2021年版)获北京市优质本科教材、国家级一流本科专业建设点精品教材、高等教育体育学精品教材。

此外,在人才培养方面,北京体育大学创新培养模式,将体育赛事解说实验班和体育赛事制作实验班的部分学生先后送到西班牙和加拿大的高校进行学习交流,这对体育新闻传播学的国际化发展是有利的。截至2023年,全国14所体育院校中,除吉林体育学院之外都有新闻传播学或艺术学本科专业,除哈尔滨体育学院、吉林体育学院、河北体育学院和山东体育学院外都有与体育新闻传播学相关的研究生培养,北京体育大学、上海体育大学、武汉体育学院和成都体育学院还设置博士生培养①。

在学科服务社会层面,体育新闻传播学也在向前推进。2016年底,《中国大百科全书》第三版开始征集条目和撰写内容,"体育新闻""体育传播""体育新闻学""体育传播学"等条目第一次被列入大百科全书。这意味着体育新闻传播学的主体内容已经成为被社会广泛认可的社会公众事务,也是学科得到认可的另一种途径。

在学术交流层面,除了常规的体育新闻传播学年会和体育传播高端国际论坛双年会以外,2016年6月,首届中国体育传播青年学者论坛在成都体育学院举办,论坛邀请国内45岁以下体育传播青年学者参与。这一双年会正吸引越来越多的在校研究生和青年学者参与。此外,北京体育大学举办的"媒介与体育"论坛和广州体育学院举办的"体育传播广州论坛"都以年会的形式召开,让体育新闻传播学研究者有更多交流学习的机会。

在研究论丛方面,体育新闻传播学在这一阶段也不乏亮点。张盛主编的《中国体育全媒体传播发展报告》②于2023年问世。这一报告立足我国建设体育强国和推进媒体深度融合的背景,聚焦体育全媒体传播的生动实践,对我国体育全媒体传播技术创新、行业变革和生态变迁等进行了系统研究,以兼收并蓄的视野审视欧美体育传媒业现状,积极推动学界与业界对话,为促进我国体育全媒体传播格局构建、业态更新和发展模式创新提供经验借鉴与理论启示。该报告计划以年度蓝皮书的形式持续发布。

---

① 石磊,等.体育新闻传播学学科发展报告(2020—2023年)[R].天津:中国体育科学学会体育新闻传播分会,2023.
② 张盛.中国体育全媒体传播发展报告[R].北京:社会科学文献出版社,2023.

4. 学科代表人物逐渐涌现

作为体育新闻传播学研究的核心力量,研究者在学术领域中的可见度和理论贡献自然是学科发展不可或缺的部分。在这一时期,体育新闻传播学研究者在各自的领域深耕,并逐渐走向成熟。他们的研究大都自成体系,并且前后研究越来越具备系统性和自洽性。例如,薛文婷在《中国近代体育新闻传播历史研究(1840~1949)》出版之后,又先后出版了《体媒人物:新中国体育新闻传播口述史》①和《新中国体育新闻传播发展研究》②。这三本著作基本上完整地勾勒了近代以来中国体育新闻传播发展的历史变迁及其与政治、经济、文化、社会等方面的关联,具有很高的理论价值和现实意义。由她和李晶担任主编的《媒介融合时代的体育解说实践与思考:与知名解说员面对面》③也属于较为典型的口述史研究,有较强的参考价值。

郭晴在体育传播学和体育公共关系与舆论引导方面著述丰盈。除了《北京奥运与舆论引导》《体育组织与媒体关系运行》以外,她的著作《反思与重构:体育传播研究学术史及研究地图》④梳理了我国体育传播研究的历史及现状、西方体育传播研究的历史与范式、我国体育传播研究的认识论与方法论、我国体育传播研究的学术地图、我国体育传播研究的主要议题,是同类型研究中不可多得的理论著述。由她和曾文莉主编的《记录·呈现:中国体育新闻传播精选硕士论文集(2008—2018年)》⑤是近年来国内体育新闻传播学优秀硕士论文的集萃,展示了教学与科研相结合的成果。

万晓红从体育新闻学中的《体育新闻评论》⑥入手,进入新时期以后又结合新媒体的特点,从本体篇、创作篇、媒体篇入手发展出了《新媒体体育新闻评论》⑦。后期她的研究撰写体育传播与公共外交和国家形象之间的关系,她的著作《基于CIS理论的我国体育国际形象传播路径研究》⑧梳理了中国体育国际形

---

① 薛文婷.体媒人物:新中国体育新闻传播口述史[M].北京:清华大学出版社,2015.
② 薛文婷.新中国体育新闻传播发展研究[M].开封:河南大学出版社,2021.
③ 薛文婷,李晶.媒介融合时代的体育解说实践与思考:与知名解说员面对面[M].北京:中国传媒大学出版社,2023.
④ 郭晴.反思与重构:体育传播研究学术史及研究地图[M].北京:人民体育出版社,2020.
⑤ 郭晴,曾文莉.记录·呈现:中国体育新闻传播精选硕士论文集(2008—2018年)[M].北京:人民体育出版社,2021.
⑥ 万晓红.体育新闻评论[M].北京:北京体育大学出版社,2007.
⑦ 万晓红,方俊.新媒体体育新闻评论[M].北京:中国传媒大学出版社,2022.
⑧ 万晓红,周榕.基于CIS理论的我国体育国际形象传播路径研究[M].北京:人民体育出版社,2020.

象 CIS 传播的历史与现状,分析了中国体育国际形象 CIS 传播问题及原因。该研究科学评估了过往我国体育国际形象 CIS 传播效果,提出了优化中国体育国际形象 CIS 传播路径,完成了从理论建构、历史梳理、实证调查到对策提出的逐层递进、逻辑严谨的系统性研究。

毕雪梅长期从事体育新闻学一线教学工作,不仅完成了 2007 年和 2021 年两版《体育新闻学概论》的撰写,还从体育参与、体育关系网研究实质是体育参与、传播学视角下的体育关系网、虚拟网及虚实转换、现实网络结构和社会资本研究等维度出版了专著《体育关系网:基于体育参与的社会网络传播》①,以及从传媒业与体育文化创意产业、体育媒介产品、体育媒介产品与公用信号、叙事研究与产品内容构成等视角出发,出版了著作《体育赛事公用信号产品及营销推广研究》②。

李金宝的研究集中在体育影像方面,尤其是体育影视研究。他的专著《体育影像传播:百年中国体育电影研究》③包括体育电影的类别与功能、运动之美与影像之流、体育影像与国家形象传播、历史之光:旧中国的体育影像等内容。他对奥运知识产权的研究以《公共与垄断:奥运传播中的知识产权研究》④和《经济与技术:奥运传播中的知识产权研究》⑤两部专著的形式呈现,是这一领域的重要研究成果。

鲁威人的研究分为体育新闻学和体育传播学两条线索。在体育新闻学方面,他在 2005 年出版《体育新闻报道》的基础上发展出《体育新闻报道:基础教程》⑥和《体育新闻报道:媒体实务》⑦两本教材,这两部分正好是体育新闻学研究的核心内容。在体育传播学方面,他的《体育传播学》⑧和《体育与运动传播史》⑨分别解决了理论基础和发展沿革的问题,对体育新闻传播学学科有独特的贡献。

杨珍在专著《当代中国文化身份建构:基于奥运传播的视角》出版之后,又

---

① 毕雪梅.体育关系网:基于体育参与的社会网络传播[M].北京:北京体育大学出版社,2018.
② 毕雪梅,乔东光,黄芦雷娅.体育赛事公用信号产品及营销推广研究[M].北京:光明日报出版社,2018.
③ 李金宝.体育影像传播:百年中国体育电影研究[M].南京:东南大学出版社,2013.
④ 李金宝.公共与垄断:奥运传播中的知识产权研究[M].南京:东南大学出版社,2017.
⑤ 李金宝.经济与技术:奥运传播中的知识产权研究[M].南京:东南大学出版社,2020.
⑥ 鲁威人.体育新闻报道:基础教程[M].北京:中国国际广播出版社,2017.
⑦ 鲁威人.体育新闻报道:媒体实务[M].北京:中国国际广播出版社,2017.
⑧ 鲁威人.体育传播学[M].北京:清华大学出版社,2013.
⑨ 鲁威人.体育与运动传播史[M].北京:中国传媒大学出版社,2013.

在这一时期出版了著作《英国体育文化与传播研究述评》①,该研究系统梳理了20世纪80年代以来英国体育文化与传播研究的发展脉络,选取5位有代表性的学者作为研究对象,通过文献搜集、访谈和实地调研,译介整理他们的研究成果。之后,她还出版了教材《体育新闻英语实用教程》和译著《权力游戏:体育、媒介与大众文化》。

贺幸辉的研究集中在体育影像和仪式研究方面。在这一阶段,她先出版了教材《体育新闻摄影教程》,随后,著作《奥运官方电影史》②从奥运官方电影的历史溯源,从多个学科和多视角观照了奥运官方电影的历史沿革,是一部有丰富内涵的学术作品;专著《视觉媒介、奥运仪式与文化认同》③考察了国际奥委会在奥运会开幕式的符号设计中建构了何种文化认同,并且针对全球化的发展趋势,提出未来在奥运会开幕式的视觉传播中,应当如何塑造现代人在个体、国家和全球三个层面上的文化认同;著作《体育纪录片经典全案》④区分了三种体育纪录片的类型,并且对这三种类型的体育纪录片进行了较为详尽的案例分析。这几部有关体育影像的研究在一定程度上丰富了国内体育影像研究的内容。

在中国体育新闻传播学研究者队伍中,有一群特殊的人不应被忽视。他们有着丰富的体育媒体从业经历,经过系统学术训练后进入体育新闻传播学学界。他们往往同时具备对体育新闻业界的敏感和对体育新闻传播学术的精准把握。例如,中国体育新闻传播学创始人之一郝勤曾在多家纸质媒体担任体育部领导职务。体育平面媒体工作者张德胜早期曾以笔名"水一方"出版了《迷球时代》,这本书还带有浓郁的业界色彩。在进入学界以后,他早期的著作《体育媒体通论》《体育观赏概论》仍然通过传统的体育新闻传播学研究路径来观照业界的发展。专著《媒体体育与体育媒体》⑤指出媒体体育是体育新闻传播发展到成熟阶段的产物,是体育在媒体文化和消费社会交互背景下的多元化传播方式,并由浅入深呈现出媒体建构体育、媒体介入体育、媒体控制体育三种传播模式,这一作品是作者从业界成功转型学界并开创重要学术领域的标志性作品。

---

① 杨珍.英国体育文化与传播研究述评[M].北京:中国广播影视出版社,2016.
② 贺幸辉,徐洁勤.奥运官方电影史[M].北京:北京体育大学出版社,2017.
③ 贺幸辉.视觉媒介、奥运仪式与文化认同[M].北京:北京体育大学出版社,2018.
④ 贺幸辉.体育纪录片经典全案[M].北京:北京体育大学出版社,2020.
⑤ 张德胜.媒体体育与体育媒体[M].武汉:华中科技大学出版社,2015.

著作《体育解说评论》①是该领域的集大成研究,内容涵盖体育解说评论的本质特征、体育解说评论的基本原则、体育解说评论的基本方法、体育解说评论员和电视体育解说评论等。著作《口述体育:现代体育与社会进步》②是关于其对体育新闻传播教育的实践、认识与见解,内容涉及体育与人生、体育与观众、体育与媒体、体育与城市、体育与青少年、体育与政治、体育与外交、体育与游戏等体育与社会的方方面面。著作《大型赛事媒体运行研究》③介绍了以奥运会为代表的大型赛事媒体运行与新闻服务的发展历程、组织架构和工作机制,系统分析了我国大型赛事媒体运行与新闻服务的基本现状、突出问题和创新策略。他和童铸归纳总结体育新闻传播学"武体特色教育"特色的论集④真实再现了武汉体育学院新闻传播教育20年的发展沿革,对于体育新闻传播教育有重要意义。

曾任职于电视体育媒体的魏伟在进入学界以后,以体育新闻史作为自己研究的起点。其专著《国际广播电视体育史》⑤从广播体育和电视体育两条线出发,对国内外广播电视体育发展历程做了区域国别和断代史的研究。他的教材《体育解说教程》和专著《体育解说论》⑥从实践和理论两个层面对体育解说的内涵和外延、社会功能进行了阐释,并对未来发展提出了自己的见解。他曾编纂两本中英文辑刊《现代体育传播》,也曾出版译著《坠落的体育英雄、传媒与名流文化》。近期他的研究逐渐转向体育国际传播、全球传播、跨文化传播与体育外交研究。

曾在中央广播媒体担任记者的杨剑锋在进入体育新闻传播学学界以后扎根体育传播基础理论研究,他的专著《后现代的体育传播图景:体育、媒介与文化研究》⑦借鉴西方文化研究和媒介体育研究的经典理论与研究方法,对中国本土各种类型的媒介体育文本进行解读与阐释,以此追踪媒介体育文本与社会意识形态的双向流动,并且探讨了体育与媒介、体育与文化、媒介与文化之间的双向互动模式,从而进一步揭示后现代语境下体育、媒介和文化三者之间的关系。

---

① 张德胜,武学军.体育解说评论[M].武汉:华中科技大学出版社,2017.
② 张德胜.口述体育:现代体育与社会进步[M].武汉:华中科技大学出版社,2017.
③ 张德胜,王佐臣,姜晓红.大型赛事媒体运行研究[M].北京:中国传媒大学出版社,2019.
④ 张德胜,童铸.坚守本色与彰显特色:武体新闻传播教育20年的改革与创新[M].武汉:华中科技大学出版社,2021.
⑤ 魏伟.国际广播电视体育史[M].北京:中国广播电视出版社,2012.
⑥ 魏伟.体育解说论[M].北京:中国广播电视出版社,2013.
⑦ 杨剑锋.后现代的体育传播图景:体育、媒介与文化研究[M].上海:上海人民出版社,2023.

他的另一部著作《体育的游戏传播：体育电子游戏研究》①包含体育电子游戏的发展历程、体育电子游戏的作用与功能、一个体育电子游戏玩家的自我民族志、体育的拟象、体育电子游戏的镜头语言等内容。

中国体育新闻传播学研究存在的主要问题

经过数十年耕耘，中国体育新闻传播学的发展取得了较为显著的成效。由于国内新闻传播院系中往往还有隶属艺术学门类的影视艺术和极具中国特色的播音与主持艺术专业，因此在与体育结合之后，中国体育新闻传播学研究体系比国外同类型学科多出了体育影视艺术研究、体育播音主持与解说（电竞解说）等专业和方向，这可以被视作中国体育新闻传播学对于全球体育传播学研究的特殊贡献。但对照母学科体育学和新闻传播学的发展，再与同时期国际体育新闻传播研究的发展进行对比，当下中国体育新闻传播学研究存在以下问题。

研究内容窄化

从体育新闻传播学三个研究范畴来考察，国内的体育新闻传播学研究大都还停留在体育新闻学和体育与媒介研究这两个范畴，尤其是传统体育媒体和体育新媒体研究的比例过大，用郭晴和唐雨晴的话语来说，在宏观上是一种"大众传播+体育"的研究框架②。体育传播学研究尚有很多领域有待开发和突破。例如，美国学者达里埃拉·罗德里格斯（Dariela Rodriguez）提出的"体育人际传播"③，尤其是教练员与运动员之间、运动员与家庭之间④，体育群体传播，体育领袖传播和美国学者阿伦·扎伦巴（Alan Zaremba）特别强调的体育机构传播⑤在国内鲜有研究者涉及。美国著名危机传播学者蒂莫西·库姆斯（Timothy Coombs）等的《战略体育传播：全球体育市场的传统与跨媒介策略》中更是突出

---

① 杨剑锋.体育的游戏传播：体育电子游戏研究[M].北京：九州出版社，2023.
② 郭晴，唐雨晴.改革开放40年我国体育新闻传播学回顾与展望[J].上海体育学院学报，2018，42（5）：30-37.
③ RODRIGUEZ D. Sport communication: an interpersonal approach[M]. Dubuque: Kendall Hunt Publishing, 2016.
④ TUCKER D, WRENCH J S. Casing sport communication[M]. Dubuque: Kendall Hunt Publishing, 2015.
⑤ ZAREMBA A. Sports communication: dimensions, theory, applications, and culture[M]. Dubuque: Kendall Hunt Publishing, 2019.

译序:体育新闻传播学学科的发展脉络与未来

展现了体育危机传播的特性,并且补充了过往的情境式危机传播理论(Situational Crisis Communication Theory)和"运动员名誉危机"(Athlete Reputational Crisis)①,这些内容恰恰是当代体育传播不可或缺的重要组成部分。

此外,国内体育新闻传播学研究目前还处在宏大叙事阶段,出版的论著、教材大多还处在学科笼统框架的建构中,精细化、专门化的体育新闻传播学研究还缺少建树。近几年来,国外体育传播学研究已经细化到了诸如女性格斗运动员的媒介研究②、边缘群体运动员的媒介再现③、针对体育迷和迷群的系统研究④和针对体育管理者的体育赛事转播研究⑤,无论从研究的广度还是深度来说都更胜一筹。因此,国内的体育新闻传播学研究还需要在细分化的基础上从更微观的研究入手。

研究深度缺失

赵毅衡认为,体育经由自我崇高化和商品化之后,由纯粹的实践逐渐走向学理化和学院化,但这恰恰是它的本质归宿⑥。体育新闻传播学研究如果长期追逐对体育新闻传播现象的浅表研究,对于学科的发展是不利的。当下国内体育新闻传播学研究的绝大部分属于文内尔提出的体育传播学三种倾向中的体育职业倾向,少数研究属于媒介、体育与社会倾向,隶属于传播学与体育倾向的寥寥无几。长期热衷于对市场化和商品化逻辑下的体育新闻传播现象的探究很可能会导致批判性和理性的缺失,以及对人物、事件和现象挖掘的深度消解。这是当下许多体育新闻传播学著作结构雷同,许多论文内容甚至连案例都近似的根本原因,也是其无法得到业界认可和尊重的主要原因。值得关注的是,美国体育传播学界在过去二十年的发展中越来越重视理论的深度和批判性特质,逐渐开始引领业界的发展。例如,3D体育转播就是从高校体育传播研究这里开始的,安德鲁·比林斯团队对于奥运转播性别的持续研究甚至改变了NBC

---

① COOMBS T, HARKER J L. Strategic sport communication: traditional and transmedia strategies for a global sports market[M]. New York: Routledge, 2022: 150-164.
② MCCLEAREN J. Fighting Visibility: sports media and female athletes in the UFC[M]. Urbana: University of Illinois Press, 2021.
③ MAGRATH R. LGBT Athletes in the sports media[M]. Cham: Palgrave Macmillan, 2019.
④ COOMBS D S, OSBORNE A C. Routledge handbook of sport fans and fandom[M]. Abingdon: Routledge, 2022: 1-5.
⑤ FUJAK H, FRAWLEY S. Sport broadcasting for managers[M]. Abingdon: Routledge, 2022.
⑥ 赵毅衡. 哲学符号学:意义世界的形成[M]. 成都:四川大学出版社, 2017: 42-49.

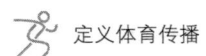 定义体育传播

电视转播中的性别比,从过去的男性主导逐渐变为平等甚至女性略微占优。这对于中国体育新闻传播学研究而言,不能不说是一种鞭策。

研究范式和维度单一

国内体育新闻传播学研究正逐渐从过往的单纯描述性研究向实证主义研究过渡。过往研究依赖于研究者的个人体验和感知,往往会使相对复杂的问题简单化;实证主义研究则囿于大数据的搜集和固有研究范式的禁锢,让本身可以简化的问题复杂化,不免陷入"精致的平庸"。薛文婷认为,中国体育新闻传播学的叙事模式是"政治维度的宣传模式、本体维度的专业模式、经济维度的娱乐模式和文化维度的人文模式"[①],这些模式的条条框框在一定程度上禁锢了学者们的思维和理论创新。当下,体育新闻传播学研究正面临从一个极端转入另一个极端,部分青年学者离开数据抓取和分析、离开假说的证实和证伪几乎不知道如何展开研究,部分实证研究更因为自变量和因变量的确定不当导致逻辑关系混乱。"法无定法",体育新闻传播学研究有前述多种研究范式、路径和方法,应根据具体情况具体分析,而不是被某一种研究范式主宰。

此外,研究维度的单一使得对某些问题的研究顾此失彼。体育新闻学研究在一定程度上是在媒介(新闻)专业主义和体育专业主义中寻求平衡点。两种专业主义对于从业者和研究者的要求随着时代发展和语境不同都有较大的变化。例如,谷爱凌在2022年北京冬奥会上获得的自由式滑雪大跳台金牌是该项目在冬奥会历史上的首枚金牌。从事ESPN冬季极限运动会、自由式滑雪世界杯赛和冬奥会该项目的报道会在专业性方面存在很大不同,冬奥会的报道需要尽量顾及更多普通受众的接受能力,因此对于报道的研究也需要在媒介(新闻)专业主义和体育专业主义中寻找恰当的平衡点。

研究思路狭窄

研究思路狭窄、困顿于传统学科的桎梏是国内体育新闻传播学研究的又一大痼疾。今天,体育新闻传播学研究的一大掣肘是学科独立话语体系的阐释力不够。一些年轻学者试图运用单一的新闻传播学理论来解析当下的各种体育新闻传播现象。但影响社会发展和科技进步的变量很多,单纯以实验结果为导向进行的阐释其实是缺乏说服力的,它需要借用哲学、社会学、美学、法学、经济

---

① 薛文婷.体育新闻传播叙事模式的嬗变与共存[J].北京体育大学学报,2018,41(8):33-40,52.

学和文化研究等学科的理论来进行宏观、中观的背景阐释,有时还需要辅以历史学的观照。例如,在 2022 年 6 月 23 日举行的世界男排联赛中,刚刚摆脱疫情困扰、能够重新组队参赛的中国男排在比赛现场遭遇德国男排退赛的尴尬场面。德国队在当晚解释了退赛原因,但真实的原因可能并非如德国队发表的声明那般简单,人们不得不从默克尔时代结束后中德两国的政治和经贸关系,以及德国主流媒体在 2021 年 10 月默克尔卸任后,尤其是 2022 年北京冬奥会期间异乎寻常的群体极端负面报道等因素中寻求答案。这种阐释能力可能是只具备单一学科背景的学者所欠缺的。

此外,体育新闻传播学研究的选题还可以更加开阔。近十几年来,国内有关体育迷研究的著作就有几十本之多,但国内相关研究大多只在硕士论文这一层面,以著作的形式呈现的只有路云亭的《球迷人类学:足球观众的行为解读》和耿志伟、段斌的《职业体育球迷消费行为研究》①,两本著作的研究路径和方法基本上还是人类学和体育营销学的,这不能不说是一种遗憾。此外,研究运动员之间,运动员与教练员,运动员、教练员与裁判员之间、体育界人士与媒体人之间的传播关系的著作和论文更是乏善可陈,这是经典传播学中体育人际传播的重要组成部分。

迷恋技术垄断

美国学者尼尔·波斯曼(Neil Postman)认为,人类社会正由技术统治时代进入技术垄断时代②。近年来,体育媒介技术的革新速度太快,与以往不同的是,很多技术一出现就具备颠覆过往媒介逻辑的特性。例如,鹰眼技术运用于体育赛事转播是从板球比赛开始的,2006 年起运用于美国网球公开赛的电视转播。5 年后,该技术就已被足球项目用于判定禁区内犯规和是否进球,成为判断比赛胜负的"反哺"型技术。紧接着,网球、羽毛球、乒乓球、排球等项目纷纷引入鹰眼判罚。这些技术的使用从根本上变革了运动项目的实质,使其成为与原来完全不同的体育赛事。VR 技术在体育赛事转播中刚刚亮相,就彻底革新了受众观赏体育赛事的观念,让 VR 体育赛事转播创造了完全不同于以往的观赛体验。这些具有革命性意义的技术创新根本无法从既有的体育新闻传播学学理知识中找到答案,不得不借鉴媒介考古学、符号现象学、

---

① 耿志伟,段斌. 职业体育球迷消费行为研究[M]. 南京:江苏大学出版社,2020.
② 波斯曼. 技术垄断:文化向技术投降[M]. 何道宽,译. 北京:北京大学出版社,2007:23-32.

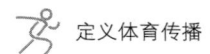 定义体育传播

技术哲学等其他学科的观照。

然而,当下不少国内体育新闻传播学研究沉浸在对新技术的"顶礼膜拜"中,被"技术垄断"所吸引,忽视了技术背后的商业逻辑、政治考量和社会效应。近年来,媒体融合、区块链、元宇宙等概念层出不穷,迭代速度令人惊叹。体育新闻传播学也不得不"随波逐流"。2018年俄罗斯足球世界杯赛前夕,国际足联宣布VAR技术将被首次运用于世界杯比赛的关键判罚。2018—2020年,国内有多篇学术论文和学位论文都紧盯这一技术的运用以及其可能带来的"绝对公正性",却有意无意地回避了国际足联急于与前任领导的贪腐事件切割,在该技术远未成熟之际就匆匆上马的政治考量。与此同时,该技术更是沉重地打击了足球比赛传统意义上的终极执法者——主裁判,导致体育赛事人本主义的沦陷。技术是一把"双刃剑",如果只看到它的进步而忽略了其背后隐含的意识形态和立场①,相关研究也很难经得起时间的检验。

中国体育新闻传播学研究的前景展望

中国体育新闻传播学的未来发展可能呈现出中外互鉴、学科互鉴和研究方法多元化等趋势。

体育新闻传播学与其他学科互鉴是必由之路

体育新闻学、体育传播学、体育与媒介研究各自已发展出一系列成熟的研究体系、路径和方法,但这些学科体系各有各的问题。例如,体育新闻学源自体育学和新闻学两门实践性较强的母学科,"体育无学"和"新闻无学"的交融使得体育新闻学从诞生伊始就被哲学、社会学和经济学等学科诟病。直到今天,仍然有很多业内人士认为,体育新闻学的绝大部分理论都来源于有从业经历的专家学者的个体经验,很多理论不具备可重复性和可验证性,因而无法得到其他学科的认同。传播学理论一部分源于西方民主选举制度,其经典理论早在20世纪六七十年代就已定型,距离当下最近的传播学理论之一——"第三人效应"也在20世纪80年代就已出现。最近40年的传播学研究基本上是在不同语境下反复证实或证伪经典理论,学科的创新性因此受到较大的限制。在此基础上衍生出的体育新闻传播学研究自然也无法回避类似的问题,这也是21世纪10

---

① 魏伟.后深度体育媒介化时代的符号现象学之思[J].符号与传媒,2022,13(2):101-114.

译序：体育新闻传播学学科的发展脉络与未来

年代之后大批国际体育传播学者疾呼开放学科交融的重要原因。从近10年来考察，学科开放与交融，多渠道、多方法的研究正是国际体育传播研究的五大转向之一①。

学科交融与互鉴还有一个重要的原因是，今天我们对于许多体育重大事件的探讨，并非源于体育事件本身，而是体育事件与政治干预、媒介报道、社交媒体传播、学术反思等相互博弈后的结果。这种结果的"再现"，与事件本身和事件的一次呈现，可能已经存在距离。这是体育事件初度媒介化或再度媒介化的结果，也是当代体育产业与传媒产业联动的结果。所有这些内容，如果不从跨学科的视角和跨时空的维度来综合思考，都难以得出令人信服的结果和结论。

体育国际传播研究将成为体育新闻传播学研究的热点

学者郭晴指出，体育健康传播和体育国际传播是现阶段我国体育新闻传播学的两大亮点。两者分别服务于"健康中国"战略和加强国际传播能力建设②。体育健康传播不仅与运动员等体育人的健康直接相关，也与公众健康、社会对体育的认知密切相关③。与体育健康传播相比，体育传播学领域的体育国际传播研究底子更薄，研究的空间更广阔。国际传播/跨文化传播/全球传播（简称"国际传播"）与经典传播学有较大的差异，前者是以传播为途径，与政治学、国际关系学、政治经济学有不少交融。由于国际传播在今天承担着服务国家战略的重要作用，而且其学科发展脉络与经典传播学差异较大，虽然共享一些研究方法，但国内有关国际传播脱离新闻传播学的论证正在展开。由于当下正处于世界百年未有之大变局，类似新冠疫情和俄乌冲突这样的"黑天鹅"与"灰犀牛"事件的频发加剧了变局的不确定性。在这种大环境下，体育新闻传播学与国际传播的结合——体育国际传播研究就不得不提上议事日程，体育国际传播能力的发展更是当下体育国际传播研究的核心内容④。卢兴的著作《中国体育文化国际传播能力精准提升研究》⑤就从中国体育文化国际传播能力指标设计、中国体育文化国际传播的现实格局、中国体育文化国际传播力精准提升实证检

---

① 魏伟.近年来国际体育传播研究的转向和趋向[J].体育科学,2016,36(5):10-17.
② 孙美娟.体育新闻创新传播彰显中国精神[N/OL].中国社会科学报,2021-08-16[2024-05-10].http://sscp.cssn.cn/xkpd/xszx/gn/202108/t20210816_5353507.html.
③ SANDERSON J,WEATHERS M R. Introduction [M]// SANDERSON J,WEATHERS M R. Health communication and sport:connections, applications, and opportunities. Lanham:Lexington Books,2022:vii-xiv.
④ 魏伟.提升中国体育国际传播"五力"的路径[J].成都体育学院学报,2022,48(1):21-25.
⑤ 卢兴.中国体育文化国际传播能力精准提升研究[M].沈阳:辽宁大学出版社有限责任公司,2022.

验、中国体育文化国际传播力精准提升路径等方面对体育国际传播做了初步的解析。2022年北京冬奥会和2023年杭州亚运会前后,多家体育类和新闻传播类学术期刊纷纷组稿体育国际传播这一题材,让这一领域的研究在短时间内成为学术热点。

体育国际传播研究对于跨学科和跨文化能力的要求更高。例如,"跨文化传播"(communication-between-cultures)一个中文词就对应Cross-Cultural Communication(CCC)、Intercultural Communication(ICC)、Transcultural Communication(TCC)这三个英文词组,有传播学者将这三个词组分别译为"跨文化传播""文化间传播"和"转文化传播",三种"跨文化传播"的方式和过程、主客体以及语用学环境都有不容小觑的差异,其间涉及文化研究、媒介文化研究、后殖民主义理论、后现代主义等多重理论体系,但经常被体育学者混用①。尼日利亚裔美国学者楚卡·昂乌梅奇利(Chuka Onwumechili)的著作《体育传播:国际路径》②虽有来自第三世界国家的体育国际传播视角,但在美国职业体育运动的国际传播论述中还是带有显著的文化帝国主义色彩,因此还不能隶属于史安斌所说的"转文化传播"③研究视角。

近年来,体育国际传播研究呈现出的一个重要特性是跨国跨文化研究日渐增多。许多不同国家和地区的学者组成"国际纵队",从共时性的角度来研究同一项体育重大事件在不同语境中的传播差异。由于历史原因,中国学术界在体育国际传播研究领域长期处于"失位"和"失语"状态。例如,在冷战时期,国际学术界不得不开始关注两届被抵制的奥运会对于世界和平与发展的影响问题。1982年7月7日至10日,以促进体育与国际合作和理解为主题的大会在芬兰赫尔辛基举行。会议出版了论文集④,这是学术界首次就体育理解与跨文化传播展开的国际合作,遗憾的是,无论是会议还是论文集中都没有任何中国元素。1985年,以迈克尔·里尔为首的近20位各国学者以联合国教科文组织的名义把对莫斯科和洛杉矶两届被"政治抵制"的奥运会的研究结集成册,并以"全球

---

① WEI W, SHAN X M, CHEN C J, et al. Intercultural, cross-cultural and trans-cultural sport communication [M]//PEDERSEN P M. Routledge handbook of sport communication. 2nd ed. New York: Routledge, 2024.
② ONWUMECHILI C. Sport communication: an international approach[M]. Abingdon: Routledge, 2018.
③ 史安斌. 从"跨文化传播"到"转文化传播"[J]. 国际传播, 2018(5):1-5.
④ IIMARINEN M. Sport and international understanding: proceedings of the congress held in Helsinki, Finland, July 7-10, 1982[M]. Berlin: Springer Verlag, 1984.

仪式:奥林匹克媒介报道与国际解读"为题出版①。这也是体育传播研究领域较早的跨国跨文化研究之一,其中有关中国的部分是美国学者威廉·梅(William May)和日本学者铃木茂树(Mamoru Suzuki)以中国媒体《人民日报》、日本媒体《朝日新闻》和韩国媒体《东亚日报》对1984年萨拉热窝冬奥会和1984年洛杉矶奥运会报道对比研究的形式呈现②,由于站位、视角和叙事方式等原因,最终的研究结果可想而知。直到1992年巴塞罗那奥运会的跨国跨文化研究才结束了中国学者失位的遗憾。1992年巴塞罗那奥运会的电视转播被巴塞罗那自治大学奥林匹克研究中心以英文著作《奥运中的电视》③出版,其中的中国部分由复旦大学李良荣教授和天津体育学院孔祥安教授研究并撰写。近年来,体育跨国跨文化传播的趋势有增无减。由于中国在国际体育舞台上的地位越发重要,因此几乎在每一次体育重大事件展开时,这类研究都会有中国语境的观照。

不得不注意的是,这种跨国跨文化研究往往聚焦国际传播中的全球化、民族主义和性别主义等议题。这类研究存在着潜在的风险,尤其是在东西方文明和价值观差异重新被"强化"后,由体制与商品化带来的体育运动本身的差异和体育赛事再现的差异被直接无视。例如,美国受众"目睹"的奥运会是拥有与BOB平权的NBC自己采集制作的图像信号和体育解说员呈现,中国内地受众眼中的奥运会经历了四个阶段。第一个阶段是从亚洲太平洋广播联盟(以下简称"亚广联")购买统一信号,在香港对着画面解说比赛;第二个阶段是从亚广联购买信号,直接到比赛地解说比赛;第三个阶段是单独购买信号,使用的是BOB提供的画面;第四个阶段是单独购买信号,但添加了大量自采信号。在这四个不同阶段,中国受众眼中的奥运会是截然不同的。例如,在2020年东京奥运会男子4×100米接力转播中,中国观众可以目睹专属于中国队的机位,机位从中国运动员第一棒到最后一棒,这更加有利于观众的"沉浸式"收视体验,对于爱国主义的弘扬应当是有正面意义的。但如果直接跟其他国家的比赛转播展开图像和解说对比研究,其在内容和话语呈现上都缺少直接可比的点。

与体育国际传播和体育跨文化传播不同的是,全球体育传播遵循的是另一种研究逻辑和路径。全球体育传播是20世纪90年代勃兴的全球化浪潮下,全

---

① REAL M. Global ritual:Olympic media coverage and international understanding [M]. Paris:UNESCO,1985.
② MAY W,SUZUKI M. A glimpse from East Asia:Olympic coverage in China,Korea and Japan [M]// REAL M. Global ritual:Olympic media coverage and international understanding. Paris:UNESCO,1985:1-15.
③ SPÀ M M,RIVENBURGH N K,LARSON J F. Television in the Olympics [M]. London:John Libbey,1995.

球体育媒介化、商品化的特殊形式。研究者将其分为奥林匹克运动模式和职业体育模式①,又将职业体育模式划分为美国中心化模式、欧洲中心化模式和其他模式。进入新冠疫情时期以后,全球体育传播开始呈现出去全球化、去商品化和半媒介化等全新特征②。如果不对这些体育文化传播现象展开深入研究,学术界对于全球体育传播的认知只能是平面化和单向度的。

薛文婷认为,作为体育学和新闻传播学的交叉学科,体育新闻传播学具备成为独立学科的条件③。这一观点在理论上显然是成立的,在现实中也有据可循,国际传播与体育学会就不隶属于任何新闻传播学和体育学的学会。但现有体育新闻传播学的理论建设与成熟的学科相比,显然还有很大的差距,尤其在国内,相当一部分研究者仍然在"仰望"和追随体育新闻业界的实践。体育新闻传播学需要继续寻找自身的逻辑内核,发展出真正独立和区别于其他学科的内涵和外延,提出更多能够指导和引领业界发展的路径,这是《传播与体育》《国际体育传播学刊》等专业学术期刊正在努力的方向,也是一项仍然没有完成的任务。

魏伟
2024 年 12 月于奥克兰

---

① 魏伟,王铮朗.奥运全球传播的发展、困境与前景[J].沈阳体育学院学报,2024,43(1):121-128.
② WEI W, LI S Y. De-globalization, de-commercialization, and semi-mediatization: the influence of COVID-19 on global sport communication [M]// PEDERSEN P M. Research handbook of sport and COVID-19. Cheltenham: Edward Elgar, 2022: 87-97.
③ 薛文婷.中国体育新闻传播学学科发展和建设的历史回顾与展望[J].北京体育大学学报,2020,43(6):20-34.

目 录

第一部分 体育的人文主义研究方法

第一章 体育作为修辞艺术品
　　　——媒介、媒介化与开创性的体育事件 ／3
第二章 体育作为批判／文化研究 ／19
第三章 体育与传播伦理 ／33
第四章 体育与民族志：具身实践与具身方法的结合 ／54
第五章 体育与政治传播／攻治传播与体育：接过火炬 ／74
第六章 体育作为性别／女性主义研究 ／89
第七章 体育与种族：学术史与训诫 ／105

第二部分 体育的组织／关系研究方法

第八章 体育与组织传播 ／123
第九章 体育作为群际传播：体育迷、竞争、社群与国家 ／136
第十章 体育作为人际传播 ／154
第十一章 体育作为家庭传播 ／167
第十二章 体育作为健康传播：交叉、理论和隐含义 ／180

第三部分　体育的中介化研究方法

第十三章　体育作为国际传播　/ 199
第十四章　体育作为新闻镜头　/ 215
第十五章　体育作为受众研究　/ 229
第十六章　体育作为娱乐研究　/ 248
第十七章　体育作为转播研究　/ 264
第十八章　体育作为社交媒体网络研究　/ 279
第十九章　体育与游戏研究：作为体育传播研究领域的电子游戏　/ 295
第二十章　体育与广告　/ 312
第二十一章　体育与公共关系　/ 327

译后记　/ 342

第一部分
体育的人文主义研究方法

第一章 体育作为修辞艺术品

——媒介、媒介化与开创性的体育事件

迈克尔·L.巴特沃斯[①]

修辞学可以说是最古老的学科,其起源可以追溯到公元前6世纪(Ricouer,1997)。修辞学在古希腊真正兴起,后来与语法和辩证法一起被制度化,成为最初的三门文科的一部分,这三者共同被称为"三艺"(Booth,2004)。在21世纪,修辞学在传播学和英语两个领域中都保持着强大的学科认同,前者以公共演讲为基础,后者以写作为传统。然而,尽管有如此丰富的历史和持续的流行度,修辞学者直到最近才开始认真地将体育作为一个研究领域。

一方面,这并不令人惊讶。考虑到修辞批评作为一种方法,它在20世纪的发展是以政治演说家和演讲为中心的。从这个角度来看,学术界在努力评估"修辞话语对直接受众的影响"时,很大程度上借鉴了亚里士多德的词汇,其次是西塞罗的词汇(Black,1978,p.31)。这种研究方法必然偏向更正式的政治领域和话语,往往以牺牲存在于流行或方言中的交流形式为代价。

另一方面,政治和大众之间的分歧忽略了它们之间相互牵连的各种方式,尤其当主题是体育时,这一点就更为明显。事实上,从修辞学作为一种古代说服性话语形式出现开始,它就与体育有着明确的联系。修辞学最早的从业者——诡辩家(sophists),参与了一个以"双重论证"(dissoi logoi)为特征的活动,这一原则突出了任何话语都包含的"双重论证"。正如克里克(Crick,2014,

---

[①] 美国得州大学奥斯汀分校传播研究系教授,体育传播与媒体中心主任,得克萨斯州安·W.理查兹体育与媒体项目首席专家。他于2006年博士毕业于美国印第安纳大学。他的研究探索修辞、民主与体育之间的联系,尤其对体育国家认同、军国主义和公共记忆感兴趣。巴特沃斯教授目前担任国际传播学会(ICA)体育传播兴趣小组主席,还曾担任美国国家传播学会(NCA)传播与体育分会主席,是国际传播与体育协会(IACS)的创始主席。

p.187)所解释的:"双重论证不仅仅是一个说人们意见不一致的陈述;它强调,在采取富有成效的行动之前,必须进行深思熟虑的辩论、批评和宣传,利用现有的丰富知识提出有理有据的主张。"换句话说,修辞学的定义包含一种竞争的态度,可以被理解为一种竞赛或竞争。普拉科斯(Poulakos,1995)将这种态度与当时的体育语境明确地联系起来:

> 通过奥运会的组织,这种文化活动的制度化形式得以规范化和内化,在其形象上塑造了诡辩的修辞,这使得公共话语成为一种竞争。反过来,诡辩的修辞将竞争推到了体育场之外,使之进入法庭和议会等修辞论坛中。
>
> (pp.32-33)

华曦(Hawhee,2005)进一步阐述了这种联系,再次强调修辞与体育的关系,用她的话说,就是竞技,共同投身于竞争:

> 关于修辞和竞技之间的较量,高尔吉亚斯的一篇评论强调了笔者关于与竞争(agōn)"邂逅"的重要性。在一篇发表于奥运会上的演讲的现存片段中,高尔吉亚斯明确地将体育与修辞放在一起;我们所拥有的这种竞争(agōnisma)需要双重的优秀表现(dittōn areitōn):勇气(tolmēs)和技能(sophia)。勇气是需要去抵御危险,技能是懂得如何击倒对手(pligma)。当然,演讲就像奥运会的召唤一样,召唤有意愿的人,为有能力的人加冕。
>
> (pp.29-30)

重要的是,华曦指出竞争本身不是目的。相反,竞争主义更看重比赛所培养的群体意识。正如她所指出的,"奥运会……同样依赖于运动员、裁判员和观众的聚集。'市场'(Agora)与'竞争'(agōn)具有相同的词源,并且具有非常相似的含义,众所周知,市场是古代卓越者的聚集地"(Hawhee,2005,p.15)。后来,罗马皇帝尼禄(Nero)和多米提安(Domitian)受到希腊奥林匹克运动会的启发,将演讲比赛纳入体育节庆活动中(Kyle,2014)。

修辞学和体育与古希腊社会的第三个重要贡献——民主发展于同一时代。蒂默曼和麦克道曼(Timmerman & McDorman,2008,p.xiii)声称修辞学与民主之间"是一种必要的关系。从这个意义上来说,没有公民之间的公共话语和对话实践,民主是不可能实现的"。此外,用修辞术语来定义民主再一次表明了争论和竞争的存在。所有这一切都意味着,修辞学、体育和民主是相互关联的,并且在历史上一直以实质性的方式相互关联。修辞学、体育与民主共享的竞争主义对当代修辞学研究具有启示意义。修辞评论家不再囿于以演讲者和演讲稿为对象的学术传统,他们现在关注一系列的话语形式,从社会活动到电影,再到纪念馆和纪念碑。在过去的十几年里,体育也被列入了这个名单。有鉴于此,我们可以概述当代修辞理论的一般约定,尤其是当它们与我在上文详述的经典实践相呼应时。这样,我们就可以开始勾勒将体育视为修辞艺术品的最新学术研究轨迹。

卢凯特斯和康迪特在《当代修辞学理论》(Contemporary Rhetorical Theory)一书中指出,当代修辞学者在四个重要方面借鉴了古典传统。第一,修辞被理解为具有说服力的话语。古代哲学家认为"真理"是与生俱来的属性,文字只是交流的工具,与之相反,古典修辞学家认为"特别是在社会和政治事务的语境中,话语方式和形式与所描述事物的'真理'密不可分,并在塑造集体认同和行动中发挥着核心作用"(Lucaites & Condit,1998,p.3)。换句话说,修辞学承认符号是为了某种特定的效果而被操纵的。第二,修辞发生在公共场合。鉴于古希腊社会的民主语境,公民需要一种他们可以思考并决策的方式。因此,"对公共话语的强调将注意力集中在影响整个社群的传播行为上"(Lucaites & Condit,1998,p.3)。第三,修辞在应急情况下发挥作用。鉴于人和语言都不是完美的,修辞学允许对可能性进行评估,而非对确定性进行评估。正如卢凯特斯和康迪特(1998,p.2)得出的结论那样:"我们所能做的最好的事情是根据我们对过去的了解和未来的可能性来做出合理的决定。"第四,修辞是有语境的,这意味着在特定时间点对一个受众有说服力的东西,可能在不同时间点对另一个受众是没有说服力的。因此,"任何语言用法的意义能力几乎都会发生变化和调整"(Lucaties & Condit,1998,p.4)。

尽管很少有当代的修辞批评家明确地将他们的学术研究列入我在上文提到的四个特征之中,然而,他们可能会受到这些核心概念的影响。考虑到这些原则,笔者想关注学者们是如何将体育概念化为一种修辞现象的。在这里,笔者不能说得很详尽,但笔者认为体育修辞学研究可以围绕四个主要的主题展开:(1)体育中的公共演讲,特别是通过形象修复的实例进行的;(2)作为隐喻的体育以及隐喻在体育中的使用;(3)体育中介化表征的修辞方法;(4)对体育所传达的神话的修辞阐释。

体育公共演讲

对公共演讲的研究可能不再是修辞学研究的主要形式,但它们仍然在该领域保持着突出的地位。对于对体育感兴趣的学者而言,公共演讲最常从道歉和形象修复的角度来进行研究(见本书第二十一章)。道歉作为一种修辞的体裁,被定义为"自我辩护的公开演讲"(Ware & Linkugel, 1973)。早期研究(Kruse, 1981; Nelson, 1984)侧重于那些试图从公共关系失误中恢复的知名运动员。这些研究的语境与当时的年代——20世纪70年代和80年代——有许多共同之处。例如,体育"对许多人的生活产生了如此广泛的影响"(Kruse, 1981, p.283)的说法仍然是进行体育传播学研究的主要原因之一。然而,这句话的意义也体现在如今体育运动的规模呈指数级增长,声音越来越大,越来越普遍上。因此,我们发现自己身处一个对运动员进行严格审视的时代,无论是在他们各自的运动项目中,还是在他们所在更大的社群之中。因此,近年来,人们对这一领域的研究越来越感兴趣,特别是当它与形象修复理论(image repair)相结合时。

形象修复,以前被称为形象复原(image restoration),很大程度上归功于贝诺伊特的研究,它成为一种道歉话语的方法(Benoit, 1997, 2015)。贝诺伊特的框架建立在道歉理论的基础上,并建立了一套可能的危机应对策略。正如他所定义的,"形象修复话语是对攻击或引起对形象修复源的负面态度的怀疑做出响应的一条或一组有说服力的信息"(Benoit, 2015, p.10)。对传播与体育领域的学者而言,他的方法具有高度的生成性。一套完整的论文集《修复运动员的形象》(*Repairing the Athlete's Image*)就是最好的例证(Blaney, Lippert, & Smith, 2013)。正如布莱尼(Blaney, 2013)所详述的,形象修复可以通过五种一般的策略实现:否认错误行为;逃避责任;减轻罪行的严重性;提供纠正措施,或请求原谅。近年来,一系列知名运动员,如兰斯·阿姆斯特朗(Lance Armstrong)、科比·布莱恩特(Kobe Bryant)、霍普·索洛(Hope Solo)、塞雷娜·威廉姆斯(Serena Williams)、泰格·伍兹(Tiger Woods)等,都卷入过需要修复形象的行动或事件中。

布拉泽尔对塞雷娜·威廉姆斯(后简称小威)的研究(Braseal, 2013)为修辞批评家如何进行形象修复提供了一个很好的例子。在2009年的美国网球公开赛上,小威在"球场上崩溃"(on-court meltdown)后发现自己需要道歉,在那次比赛中,她严厉斥责了一名线审,结果被扣分,这最终让她的半决赛对手金·克里斯特尔斯(Kim Clijsters)获得了胜利(Brazeal, 2013, p. 239)。小威爆发的凶猛程度值得道歉,但在赛后的新闻发布会上,当被问及此事时,她却不愿意承担责任。小威发布了两份书面声明表示道歉,当时她已面临相当多的批评。基于这个形象修复不恰当的案例,布拉泽尔得出结论:"道歉的时机对成功至关重要","运动员必须了解他们所从事的特定运动的文化,并愿意接受其价值观",以及"运动员应坚定立场,以防在媒体面前重蹈覆辙"(Brazeal, 2013, pp. 249-250)。

形象修复研究很大程度上遵循传统的修辞学批评模式,主要关注单个演讲者、演讲(或者正式声明)以及对特定受众的潜在影响。在某种程度上,将形象修复放在本章的语境中是合适的。与此同时,形象修复研究可能会与公共关系学紧密结合,公共关系学通常对修辞学中的民主承诺不太感兴趣,而对其工具性能力更感兴趣。因此,更常见的是,当代理论家致力于修辞学的建构能力。这种方法通常与查兰德的研究(Charland, 1987)联系在一起,认为修辞的效果不那么直接,而更具有意识形态色彩。从这个角度看,关于体育的学术研究通常涉及隐喻的使用、表征问题以及与常见神话的联系。这些主题必然与其他领域交叉和重叠,包括本书中涉及的许多其他领域。笔者的目标是在特定情况下突出这些主题,明确承认没有一种方法可以对这些复杂而重要的问题拥有所有权。

体育中的隐喻/作为隐喻的体育

尼采(Nietzsche, 1989, p. 250)有一句名言:"真理是什么?它是一支由隐喻、转喻和拟人化组成的流动大军,简而言之,是人与人之间关系的总和,这些关系经过诗歌和修辞的烘托、转移和装饰,在长期使用后显得稳固、规范,并对一个国家具有约束力。"这一段本身就是隐喻——"一支流动大军"——它提醒我们,人类语言随着时间的推移从模糊演变为确定。隐喻作为伯克提出的"四体演进"中的四大格之一,是一种强大的修辞资源,因为反复使用隐喻性语言会导致其自然化,使人相信意义已经固定在术语本身之上。一方面,隐喻是一个相对简单的概念。伯克(Burke, 1941, p. 421)将其定义为"用其他事物来看待事物的一种手段"。这种理解是有帮助的,特别是在隐喻被用来使语言更有趣和充满活力这个层面。另一方面,隐喻的创造性有助于构建论点(Foss,2009)。

将隐喻视为一种论证的修辞手段,让我们回到了修辞的构成功能上来。在美国文化中,以体育为特色的隐喻尤其如此。正如塞格雷夫(Segrave, 2000)所指出的,"体育作为生活隐喻的观点……在美国和美国文学中非常普遍,已经成为我们传统智慧的一部分"。他特别指出,棒球、拳击和美式橄榄球等体育运动是人们最熟悉的描述"战争、政治、商业和性关系"等领域的工具(p.48)。他的研究既是描述性的,也是评价性的。例如,他确定了在商业或性关系方面常用的短语,比如"抓住公牛的角"(take the bull by the horns)、"到达一垒、二垒或三垒"(get to first, second, or third base)。使用这些短语的目的是增加多样性,或提供一种谈论在礼貌场合可能会被鄙视的话题的方式。在超越这个初级层次之后,塞格雷夫(Segrave,2000)也承认了隐喻的局限性,指出体育与战争的交集可能"会淡化战争的残酷性"(p.50),或者将性简化为体育会将"一个深刻而微妙的人际关系问题转化为一个战略问题"(p.56)。

其他修辞学研究对这些隐喻在政治等领域的局限性进行了深入分析。安德森(Anderson,2011,p.329)指出:"政治竞选最常见的程序框架是游戏或战略框架,它使用竞争隐喻,尤其是那些调用游戏、体育和战争的隐喻来构建的竞选新闻。"更具体地说,对《纽约时报》报道的纵向分析显示,赛马的隐喻是"有关总统竞选的报纸报道中最常见的主题"(Benoit, Stein, & Hansen, 2005, p.359)。尽管这种隐喻可能引起公民的注意,帮助他们理解漫长的总统竞选活动,但这种视角也存在一些问题。特别是,批评者担心将选举视为体育比赛会将公民贬低为旁观者。正如杰米森(Jamieson,1992,p.165)所总结的:"赛马和战争的词汇如此深入我们对政治的思考,以至于我们没有意识到'赛马'是一个隐喻,'旁观'(spectatorship)是选民不恰当的角色。新闻界对战略语言的依赖降低了候选人和公众的责任感。"

战争是另一个隐喻可能削弱批判性反思的领域。赫尔贝克(Herbeck, 2004)研究了1991年"沙漠风暴"军事行动期间公共官员和主要媒体机构使用美式橄榄球隐喻的情况。他的结论是,体育隐喻远不止于用巧妙的术语来描述冲突。正如他所观察到的,"与其简单地声称战争可以被理解为美式橄榄球,不如说一整套复杂的美式橄榄球隐喻被用来描述沙漠风暴的各个方面"(Herbeck,2004,p.125)。例如,每个国家通常被描述成一支"球队",军事战略经常与美式橄榄球战术进行比较。或许最重要的是,就像"赛马"削弱了批判性参与一样,使用美式橄榄球来描述战争"通过将美国公众置于球迷的从属地位,阻碍了对替代方案的实质性讨论"(Herbeck,2004,p.129)。在9·11事件后的几年里,军队在体育赛事中的持续存在和无处不在使这一隐喻正常化,其效果是"使战争文化正常化并阻碍民主异议"(Butterworth,2014,p.206)。

如果这些事件是孤立发生的,也许就不会引起如此大的反响。然而,体育与国家政治如此频繁地联系在一起,以至于在某些情况下,人们很难想象会有人说它们是分开的。例如,50年来的奥运会和媒体报道证明,国际体育是冷战的隐喻(Wagg & Andrews,2007)。即使在20世纪90年代初冷战结束后,国际足联世界杯等国际赛事仍然作为一种善意和共同目标的表达而广受赞誉。然而,正如德尔加多(Delgado,2003)在他对1998年世界杯美国队与伊朗队之间比赛的研究中所详细描述的那样,媒体试图将这一事件作为全球政治隐喻,但未能考虑到各个国家的意识形态承诺和国际关系的复杂性。巴特沃斯(Butterworth,2007a)对2004年美国总统大选的批评也是如此,乔治·W.布什的竞选团队将伊拉克国家足球队能够参加夏季奥运会归功于布什。尽管伊拉克队的许多球员都表示反对,但布什还是利用这一观点,即伊拉克队出现在奥运会上就隐喻着美国主导的伊拉克战争获得了假定的胜利。

正如这些例子所表明的,隐喻经常被用于政治或意识形态目的。事实上,正是出于这些原因,修辞学批评家应该认真对待体育,将其视为构成政治文化和政治文化竞争的场所。关于表征的修辞学研究,也可以提出类似的观点。

修辞表征

传播学学科通常将学科领域划分为不同的部分,包括将修辞学与媒介研究区分开来。然而,考虑到体育商业化通过媒介资源得以传播和理解的程度,将这两种研究方法结合起来考虑可能会有所帮助。只要媒介产品是能够影响态度、价值观和行动的公共信息,它们就可以被理解为修辞文本。因此,尽管本书的后续章节将关注性别(第六章)和种族(第七章)等问题,但笔者还是要在这里简要讨论修辞学者关注媒体表征的方式。

福勒(Fuller,2006,p.7)观察到,"作为一种主要由男性主导的话语,体育话题往往具有军国主义色彩、性色彩,甚至暴力色彩"。因此,关于性别和体育的修辞学研究通常尝试解构这些语言选择，以重新构想非异性恋男性在体育社群中的形象。例如，舒嘉特（Shugart，2003）指出，媒体对国际足联1999年女子世界杯冠军球队的报道默认了"对女性主义情感的挪用"（Shugart，2003，p. 28），其中赋权和女性运动成就的主题实际上成为将女性在更广泛文化中的角色最小化的机制。在其他方面，拉维尔（Lavelle，2015）将注意力转向了ESPN备受赞誉的《30年30部纪录片》（30 for 30）系列中女性的存在或相对缺失。她的研究揭示，在马里安·琼斯（Marion Jones）①、克里斯·埃弗特（Chris Evert）②和玛蒂娜·纳芙拉蒂诺娃（Martina Navratinova）③的案例中，纪录片高估了女性特质、家庭关系和情感表达。通过这样做，即使是试图以积极方式呈现女性运动员的努力，也很容易陷入关于女性的常见刻板印象。正如拉维尔（2015，p. 137）总结的，纪录片"通过关注这些有成就的女运动员如何符合传统的女性观念，表明成功的女性运动员必须遵循这些规范才能成功"。其他研究（Butterworth，2006；Cherney & Lindemann，2010；Mozisek，2014）证实，打破性别规范的运动员——通过质疑异性恋、挑战能力主义观念或侵入传统的男性领域——常常被视为对文化秩序的威胁。

类似的主题也出现在对体育运动中的种族问题的修辞学研究中，这是一个特别活跃的研究领域。例如，汗（Khan，2012）的著作《媒体中的柯特·弗拉德》（*Curt Flood in the Media*）为评估体育媒体的修辞研究提供了一个极好的基准（更多内容参见本书第七章）。在这本书中，他对1969年非裔美国棒球明星柯特·弗拉德（Curt Flood）拒绝接受交易并对美国职业棒球大联盟提起法律诉讼的事件进行了语境化分析，这一事件最终催生了当代体育界的自由球员制度。然而，弗拉德本人并未从他的努力中获得好处，当时的主流媒体大多把他描绘

---

① 美国著名田径运动员和职业篮球运动员。她在2000年悉尼奥运会上获得3枚金牌和2枚铜牌，但随即因为与她的丈夫、铅球运动员亨特一起陷入兴奋剂丑闻而声名狼藉。她在2000年之后获得的所有奥运会、田径世锦赛和世界杯奖牌都被取消。2008年，她因为在兴奋剂调查中作伪证入狱，2009年出狱后，她加盟了WNBA球队圣安东尼奥银星队。——译者注
② 美国著名网球运动员，网球公开赛年代一系列纪录的创造者，她曾18次获得大满贯单打比赛冠军，其中包括7次法网冠军和6次美网冠军。她占据女子排名世界第一位达到260周，与纳芙拉蒂诺娃一道，统治了20世纪70年代和80年代的国际女子网坛。——译者注
③ 前捷克斯洛伐克著名网球运动员，被公认为历史上最伟大的女子网球运动员之一。她曾18次获得大满贯单打比赛冠军，31次获得大满贯女双冠军，10次获得大满贯混双冠军，她占据女子排名世界第一达到332周，仅次于格拉芙。她与埃弗特一道，统治了20世纪70年代和80年代的国际女子网坛。1981年，她成为美国公民，但职业生涯晚期因为性取向问题备受争议。——译者注

为不尊重比赛和球迷的人。汗描绘了弗拉德与杰基·罗宾逊（Jackie Robinson）①之间的关系，区分了黑人媒体与主流媒体，并质疑当代评论家的逻辑，这些评论家援引弗拉德的回忆来训斥那些在发表政治言论时显得犹豫不决的当代运动员。通过这个讨论，汗能够证明非裔美国运动员常常陷入两难境地，他们既要向前辈先驱致敬，又要赞美体育文化和资本主义的现状。正如他总结的那样（2012），"我们没有对我们的政治文化框架提出更多要求，而是对迈克尔·乔丹和泰格·伍兹展开抨击，因为他们拒绝成为杰基·罗宾逊和柯特·弗拉德，他们或许正是自由主义希望他们成为的人"（p.25）。

由于非裔美国运动员经常受到赞誉并得到高额报酬，所以很难理解为什么仍然有些人认为竞争环境远未达到公平。有大量的社会学研究揭示非白人在领导岗位上的不平衡，无论在赛场上还是在管理层。修辞学研究提供了不同类型的证据，确定了为强化特定种族期望而做出的符号性选择，强调了为什么评估"品格"等术语常用于赞美白人运动员和谴责非裔美国运动员很重要（Butterworth, 2013; Grano, 2010）。在此，格里芬和卡拉费尔（Griffin & Calafell, 2011）通过对美国职业篮球联赛（NBA）2005年推出的有争议的着装规定的研究，提供了一个有用的实例。在这两位作者看来，着装规定在很大程度上可以理解为对2004年发生在印第安纳步行者队（Indiana Pacers）与底特律活塞队（Detroit Pistons）队员以及部分现场球迷之间臭名昭著的斗殴事件的回应。这一事件震惊了NBA和体育媒体，对涉事球员的批评者毫不掩饰地暗示这些球员是暴力的象征，这是对非裔美国人的刻板印象。格里芬和卡拉费尔（Griffin & Calafell, 2011）强调了一种重要的紧张关系，指出篮球和美式橄榄球等运动中特有的奇观式的攻击性是用来吸引白人中产阶级观众的特征之一。用他们的话说，"这些体育赛事主要包括白人球迷和黑人球员，在一个部分由种族等级组织起来的社会中，这不可避免地会引起文化冲突"（p.126）。

格拉诺的分析（Grano, 2007）强调了这一点，他认为这场打斗，俗称"宫殿恶斗"（Malice at the Palace）破坏了球迷和球员之间隐含的社会契约。然而，这一契约隐含地强化了基于种族和阶级的文化规范，使赛场内的暴力更加具有威胁

---

① 美国著名棒球运动员，首位进入美国职业棒球大联盟（MLB）的非裔运动员。作为布鲁克林道奇队的一垒，罗宾逊挑战了职业联盟中的顽疾——种族问题。1947年，他荣获最佳新人称号。1949年，他成为荣膺最有价值球员的第一位非裔球员。1955年，他跟随道奇队获得MLB总冠军。1962年，他成功进入棒球名人堂。1997年，在他去世25年后，MLB宣布在联盟所有球队退役他的42号球衣，这在职业体育联盟中是第一次。——译者注

性。用他的话说，"虽然NBA斗殴事件中明显的侵犯边界行为特别揭示了野蛮与文明的空间和人群之间的非理想差异，但这一事件也被理解为更严重的文化衰落的标志，因为边界两侧都存在混乱"（Grano, 2007, p. 462）。此外，格拉诺（Grano, 2014；也见于Grano & Zagacki, 2011）已经证明了非裔美国人社区是如何轻易地被视为是离经叛道的或犯罪的。因此，当像美式橄榄球运动员迈克尔·维克（Michael Vick）这样的运动员因实际犯罪行为而面临公众反感时，他随后的宽恕请求必须通过"真诚、治疗和救赎"的语言来"使种族和其他不平等自然化"（Grano, 2014, p. 95）。这并不是在暗示维克不应该为与斗狗活动相关的犯罪行为负责，而是说他能够与公众和解的标准是通过种族化的视角过滤的。

将如此多的注意力集中在白人和非裔美国运动员代表之间的差异上的一个风险是，它有可能将对种族的理解简化为简单的白人与非白人族群的二元对立。然而，这些修辞学研究告诉我们很多关于当代体育运动中种族关系的信息，并为理解其他身份立场提供了类似的例子。此外，正如体育文化研究学者（Birrell & McDonald, 2000）一直强调批判性分析应关注身份交叉性一样，修辞学者也可以帮助我们理解种族、性别、性和阶级如何相互关联。

通常情况下，这些表述是在更广泛的文化叙事中进行的。这些叙事通常采用神话的形式，这是本章的最后一个主题。

体育神话

尽管俗语倾向于将"神话"与"现实"对立起来，但修辞学者认为神话是社会中重要的象征资源。里尔（Real, 1975, p. 36）断言，神话"反映并神圣化了一种文化的主导趋势，从而维持了社会制度和生活方式"。因此，神话并不一定要"真实"才能有效；相反，它们必须忠实于经验，并帮助人们理解自己在世界中的位置。具体到美国，神话通常根植于美国例外主义、美国梦和边疆探险等主题。这些主题通过体育得以实现，体育通过强调"表现、征服未知领域的能力以及个体伟大行为的突显"来演绎美国神话（Butterworth, 2007b, p. 232）。奥鲁克（O'Rourke, 2003, p. 68）补充说："英雄故事和替罪羊神话在我们集体生活的无休止对话中持续存在……正是在这片肥沃的神话土壤中，体育叙事可以茁壮成长。"

英雄在神话叙事中的中心地位吸引了修辞学批评家的注意，尤其是因为这些人物成了"其国家神话的制定者"(Milford,2012,p.486)。米尔福德证明,像杰西·欧文斯(Jesse Owens)这样的标志性运动员,他最为人们铭记的是在1936年柏林奥运会上赢得4枚金牌,从而削弱了阿道夫·希特勒(Adolf Hitler)对雅利安人优越性的主张,因为他的成就象征着美国自由民主价值观的胜利。正如米尔福德所观察到的,"通过将个体框定为社群英雄,社群能够赋予英雄的活动意识形态意义。英雄成为社群理想的代表,英雄的每一次出现都起到了强化意识形态和/或反驳反对意见的作用"(Milford,2012,p.499)。一方面,这个修辞过程提供了一种手段,使得社群能够肯定价值观并培养彼此间的积极认同。遗憾的是,这种认同往往并不仅仅围绕着有品德的个体构建,也通过"他者"构建,这些"他者"不与社群共享价值观。一旦出现这种情况,体育有可能强化"我们"与"他们"的话语,并将共同神话转变为令人担忧的民族主义话语(Butterworth,2010)。

  这些国家神话经常依赖怀旧修辞来唤起选择性的记忆形式。例如,阿登(Aden,1995)将1991年的纪录片《当它是一场游戏》(When It Was a Game)视为一种修辞文本,将观众带回一个"安全的对立面"(p.23)。这种怀旧的渴望"让观众感觉他们好像已经摆脱了当代文化的社会压力"(Aden,1995,p.26)。然而,对所谓棒球"黄金时代"的怀旧并不能弥补当代的物质缺陷,同时还将剥削劳动力、边缘化少数种族和族裔的过去理想化的风险。同样,冯伯格和约翰逊(Von Burg & Johnson,2009)发现了当代的怀旧情绪,在这个时代,使用兴奋剂已经威胁到了美国例外主义神话。在这种情况下,体育媒体试图将"类固醇时代"作为替罪羊,以恢复对国家娱乐活动的纯粹阐释。正如这两位作者得出的结论:"将兴奋剂时代作为替罪羊让人欣慰,即过去的怀旧情感能够与我们将来再次经历的怀旧渴望重新连接。"然而,棒球所体现的美国例外主义与怀旧所忽视的根本矛盾仍未得到审视(Von Burg & Johnson,2009,p.367)。

  体育神话研究不是只关注国家叙事。正如哈特曼(Hartman,2015)所证明的那样,其他文化神话是通过体育来传播的。例如,在有关ESPN对《1972年教育修正案》第九条(Title IX)①40周年的报道的研究中,她指出,电视网的特别报道"将法律神化,淡化了体育运动中女性面临的法律和社会现实"。她补充说:"对《1972年教育修正案》第九条的神话化是一种回避对法律及其后果进行严肃讨论的修辞策略。"(Hartman,2015,p.98)因此,哈特曼的研究让我们看到,强调一种假定的共同价值观——平等——有助于分散观众对女性运动员面临的

---

① 1972年通过的这一修正案,反对各种形式的性别歧视。——译者注

剩余结构性障碍和歧视性做法的注意力。相反,媒体报道错过了参与一个持续存在的问题的机会,转而倾向于平等的神话,将《1972年教育修正案》第九条描绘为"已经建立、无争议且完全实施"的状态(Hartman,2015,p.108),表明神话不仅在多个层面发挥作用,而且有能力塑造公众对关键问题的更广泛理解。

拓展对体育修辞学的研究

修辞学研究为体育传播学研究作出了重要贡献。有关公共演讲的研究援引了修辞学传统对工具性说服性话语的强调,而那些关注隐喻和神话的研究更多地转向对体育民主的可能性和局限性的评估。与此同时,对表征感兴趣的学者运用修辞学原理来分析媒体文本,以提供关于身份本质及在平等和包容方面尚须努力的见解。简而言之,这是一个蓬勃发展的学术领域,很可能会持续成长。

尽管如此,修辞学者仍有机会扩展其研究范围。在这些研究领域中,学者们可以通过三种特别的方式来继续探索体育的修辞维度。第一,正如笔者前面提到的,被理解为公共演讲的许多工作集中在形象修复的实例上。在这个领域进行更多的研究当然是合适的,但推进其他形式公共演讲的研究也同样有价值。体育提供了几乎无穷无尽的仪式场合——宣布退役、颁奖典礼发言、名人堂获奖感言等。这些演讲通常是修辞学家所说的富有表现技巧的演讲,即表明一个社群共同价值观的演讲。显然,这样的演讲也与隐喻、表征和神话交织在一起,这也促使我们更多地努力跨越我在本章中(有些刻意地)设定的界限。第二,响应比瑞尔和麦克唐纳(Birrell & McDonald,2000)的建议,修辞学者应该对身份的交叉性进行更多研究。例如,近年来,种族、性别和性取向的范畴在体育界受到了挑战和重新构想,随之对我们的文化产生了超越体育的影响。在继续探讨性别与种族的神话和表征的同时,修辞学研究还可以更好地考虑体育运动之中及其周围多种多样的身份立场。第三,修辞评论家可以采取更加全球化的态度。目前,大多数的学术研究都是基于北美体育的,这既是美国对体育格局的影响,也因为美国是修辞学研究的中心。然而,时空的边界越来越不稳定,相应的全球视角将为修辞学研究增添许多内容。

最后,修辞批评不能被简单地视为一种工具或"方法"。是的,它是一种方法论,但它根植于古典原则,这些原则表明研究修辞必须伴随着一种批判性倾向,正如伯克(Burke,1984)所说的一种"态度"。这种态度要求学者承认修辞在塑造我们更好的生活世界中的作用。它还表明修辞学研究旨在增加复杂性和细微差别,特别是在处理体育的简单性问题时。考虑到这一点,对未来的最后建议是,两个领域,即体育传播学和修辞学研究都会受益于更深入的、以书籍为长度的项目。目前,只有少数关于体育的学术书籍是通过修辞学的视角来撰写的(Butterworth,2010;Khan,2012;Grano,2017)。学术书籍之所以重要,不仅因为它们需要人们完成更多的工作,而且因为它们提供了即使是最好的期刊文章也无法达到的深度和复杂性。此外,书籍有助于推动学科对话并发展体育学特有的理论方法,这是一个潜在增长的重要领域。当然,体育传播学的修辞方法代表了一个强大的研究领域。在我们汲取丰富的历史传统的同时,关于体育作为一种修辞艺术品这方面还有很多东西有待了解。

Aden, R. C. (1995). Nostalgic communication as temporal escape: *When It Was a Game's* reconstruction of a baseball/work community. *Western Journal of Communication*, *59*, 20-38.

Anderson, K. V. (2011). "Rhymes with blunt": Pornification and U. S. political culture. *Rhetoric & Public Affairs*, *14*, 327-368.

Benoit, W. L. (1997). Image restoration discourse and crisis communication. *Public Relations Review*, *23*, 177-186.

Benoit, W. L. (2015). *Accounts, excuses, apologies: Image repair theory and research* (2nd ed.). Albany, NY: State University of New York Press.

Benoit, W. L., Stein, K. A., & Hansen, G. J. (2005). *New York Times* coverage of presidential campaigns. *Journalism & Mass Communication Quarterly*, *82*, 356-376.

Birrell, S., & McDonald, M. G. (2000). Reading sport, articulating power lines: An introduction. In S. Birrell & M. G. McDonald (Eds.), *Reading sport: Critical essays on power and representation* (pp. 3-13). Boston, MA: Northeastern University Press.

Black, E. (1978). *Rhetorical criticism: A study in method*. Madison, WI: University of Wisconsin Press.

Blaney, J. R. (2013). Introduction: Why sports image restoration and how shall we proceed? In J. R. Blaney, L. Lippert, & J. S. Smith (Eds.), *Repairing the athlete's image: Studies in sports image restoration* (pp. 1-8). Lanham, MD: Lexington.

Blaney, J. R., Lippert, L., & Smith, J. S. (Eds.). (2013). *Repairing the athlete's image: Studies in sports image restoration*. Lanham, MD: Lexington.

Booth, W. C. (2004). *The rhetoric of rhetoric: The quest for effective communication*. Malden,

MA: Blackwell.

Brazeal, L. M. (2013). Belated remorse: Serena Williams' image repair rhetoric at the 2009 U. S. Open. In J. R. Blaney, L. Lippert, & J. S. Smith (Eds.), *Repairing the athlete's image: Studies in sports image restoration* (pp. 239-252). Lanham, MD: Lexington.

Burke, K. (1941). Four master tropes. *Kenyon Review*, *3*, 421-438.

Burke, K. (1984). *Attitudes toward history* (3rd ed.). Berkeley, CA: University of California Press.

Butterworth, M. L. (2006). Pitchers and catchers: Mike Piazza and the discourse of gay identity in the national pastime. *Journal of Sport & Social Issues*, *30*, 138-157.

Butterworth, M. L. (2007a). The politics of the pitch: Claiming and contesting democracy through the Iraqi national soccer team. *Communication and Critical/Cultural Studies*, *4*, 184-203.

Butterworth, M. L. (2007b). Race in "the race": Mark McGwire, Sammy Sosa, and heroic constructions of whiteness. *Critical Studies in Media Communication*, *24*, 228-244.

Butterworth, M. L. (2010). *Baseball and rhetorics of purity: The national pastime and American. identity during the war on terror*. Tuscaloosa, AL: University of Alabama Press.

Butterworth, M. L. (2013). The passion of the Tebow: Sports media and heroic language in the tragic frame. *Critical Studies in Media Communication*, *30*, 17-33.

Butterworth, M. L. (2014). Public memorializing in the stadium: Mediated sport, the 10th anniversary of 9/11, and the illusion of democracy. *Communication & Sport*, *2*, 203-224.

Charland, M. (1987). Constitutive rhetoric: The case of the Peuple Québécois. *Quarterly Journal of Speech*, *73*, 133-150.

Cherney, J. L., & Lindemann, K. (2010). Sporting images of disability: Murderball and the rehabilitation of masculine identity. In H. L. Hundley & A. C. Billings (Eds.), *Examining identity in sports media* (pp. 195-215). Los Angeles, CA: Sage.

Crick, N. (2014). Rhetoric and Dewey's experimental pedagogy. In B. Jackson & G. Clark (Eds.), *Trained capacities: John Dewey, rhetoric, and democratic practice* (pp. 177-193). Columbia, SC: University of South Carolina Press.

Delgado, F. (2003). The fusing of sport and politics: Media constructions of U. S. versus Iran at France '98. *Journal of Sport & Social Issues*, *27*, 293-307.

Foss, S. (2009). *Rhetorical criticism: Exploration & practice* (4th ed.). Long Grove, IL: Waveland.

Fuller, L. K. (2006). Introduction. In L. K. Fuller (Ed.), *Sport, rhetoric, and gender: Historical perspectives and media representations* (pp. 1-16). New York: Palgrave Macmillan.

Grano, D. A. (2007). Ritual disorder and the contractual morality of sport: A case study in race, class, and agreement. *Rhetoric & Public Affairs*, *10*, 445-474.

Grano, D. A. (2010). Risky dispositions: Thick moral description and character-talk in sports culture. *Southern Communication Journal*, *75*, 255-276.

Grano, D. A. (2014). Michael Vick's "genuine remorse" and problems of public forgiveness. *Quarterly Journal of Speech*, *100*, 81-104.

Grano, D. A. (2017). *The eternal present of sport: Rethinking sport and religion*. Philadelphia, PA: Temple University Press.

Grano, D. A., & Zagacki, K. S. (2011). Cleansing the Superdome: The paradox of purity and post-Katrina guilt. *Quarterly Journal of Speech*, *97*, 201-223.

Griffin, R. A., & Calafell, B. M. (2011). Control, discipline, and punish: Black masculinity and (in)visible whiteness in the NBA. In M. G. Lacy & K. A. Ono (Eds.), *Critical rhetorics of race* (pp. 117-136). New York: New York University Press.

Hartman, K. L. (2015). ESPN's mythological rhetoric of Title IX. In J. McGuire, G. G. Armfield, & A. Earnheardt (Eds.), *The ESPN effect: Exploring the worldwide leader in sports*. New York: Peter Lang.

Hawhee, D. (2005). *Bodily arts: Rhetoric and athletics in ancient Greece*. Austin, TX: University of Texas Press.

Herbeck, D. A. (2004). Sports metaphors and public policy: The football theme in Desert Storm discourse. In F. A. Beer & C. D. Landtsheer (Eds.), *Metaphorical World Politics* (pp. 121-139). East Lansing, MI: Michigan State University Press.

Jamieson, K. H. (1992). *Dirty politics: Deception, distraction, and democracy*. New York: Oxford University Press.

Khan, A. I. (2012). *Curt Flood in the media: Baseball, race, and the demise of the activist-athlete*. Jackson, MS: University Press of Mississippi.

Kruse, N. (1981). Apologia in team sport. *Quarterly Journal of Speech*, *67*, 270-283.

Kyle, D. G. (2014). *Sport and spectacle in the ancient world*. Malden, MA: John Wiley & Sons.

Lavelle, K. L. (2015). The ESPN effect: Representation of women in 30 *for* 30 films. In J. McGuire, G. G. Armfield, & A. Earnheardt (Eds.), *The ESPN effect: Exploring the worldwide leader in sports* (pp. 127-138). New York: Peter Lang.

Lucaites, J. L., & Condit, C. M. (1998). Introduction. In J. L. Lucaites, C. M. Condit, & S. Caudill (Eds.), *Contemporary rhetorical theory: A reader* (pp. 1-18). New York: Guilford.

Milford, M. (2012). The Olympics, Jesse Owens, Burke, and the implications of media framing in symbolic boasting. *Mass Communication and Society*, *15*, 485-505.

Mozisek, K. D. (2014). Female ballplayers as feminine tomboys and citizens: A progressive concordance in American culture. In B. Brummett & A. W. Ishak (Eds.), *Sports and identity: New agendas in communication* (pp. 129-147). New York: Routledge.

Nelson, J. (1984). The defense of Billie Jean King. *Western Journal of Communication*, 48, 92-102.

Nietzsche, F. (1989). On truth and lying in the extra-moral sense. In S. L. Gilman, C. Blair, & D. J. Parent (Eds.), *Friedrich Nietzsche on rhetoric and language* (pp. 246-257). New York: Oxford University Press.

O'Rourke, D. J. (2003). The talk of the town: A rhetorical analysis of the Browns' departure from and return to Cleveland. In R. S. Brown & D. J. O'Rourke (Eds.), *Case studies in sport communication* (pp. 63-79). Westport, CT: Praeger.

Poulakos, J. (1995). *Sophistical rhetoric in classical Greece*. Columbia, SC: University of South Carolina Press.

Real, M. (1975). Super Bowl: Mythic spectacle. *Journal of Communication*, 25, 31-43.

Ricouer, P. (1997). Rhetoric—poetics—hermeneutics. In W. Jost & M. L. Hyde (Eds.), *Rhetoric and hermeneutics: A reader* (pp. 60-72). New Haven, CT: Yale University Press.

Segrave, J. O. (2000). The sports metaphor in American cultural discourse. *Culture, Sport, Society*, 3, 48-60.

Shugart, H. A. (2003). She shoots, she scores: Mediated constructions of contemporary female athletes in coverage of the 1999 US women's soccer team. *Western Journal of Communication*, 67, 1-31.

Timmerman, D. M., & McDorman, T. F. (2008). Introduction: Rhetoric and democracy. In T. F. McDorman & D. M. Timmerman (Eds.), *Rhetoric & democracy: Pedagogical and political practices* (pp. xi-xxxv). East Lansing, MI: Michigan State University Press.

Von Burg, R., & Johnson, P. E. (2009). Yearning for a past that never was: Baseball, steroids, and the anxiety of the American dream. *Critical Studies in Media Communication*, 26, 351-371.

Wagg, S., & Andrews, D. L. (Eds.). (2007). *East plays West: Sport and the Cold War*. Abingdon: Routledge.

Ware, B. L., & Linkugel, W. A. (1973). They spoke in defense of themselves: On the generic criticism of apologia. *Quarterly Journal of Speech*, 59, 273-283.

第二章 体育作为批判/文化研究

丹尼尔·A.格拉诺[①]

在美国文化研究(Grossberg,1993)的早期发展中,传播学领域是重要阵地之一(尽管也有阻力)。然而,批判性研究、文化研究和传播学研究各不相同——有时甚至是相互冲突的——历史常常被我们学科中常见的批判/文化之间的斜线所掩盖(Hay,2013a)。这些历史是持续不断的,并且已经在其他文献中被提及[②]。我简洁地提及它们是为了指出,这三个交叉部分——批判的、文化的、传播学——必然是选择性的,并且可能排除了该学科中重要的其他定义。"批判/文化"代表在传播学研究中一个努力协商的大帐篷(Hay,2013a),在这个帐篷下,我还有一些自由。

考虑到这一点,我将围绕劳伦斯·格罗斯伯格(Grossberg,2010a)所称的"激进语境主义"(radical contextualism)来描述体育传播的批判/文化研究视角。我认为,这种描述代表了美国传播学者中批判性/文化知识型体育奖学金的几个核心主题,有助于为此类研究制定一套具体的后续步骤。本章分为两部分:首先,笔者定义"激进语境主义"和相关的"表达"概念,并通过对体育传播的批判/文化研究来说明这些概念的重要性;其次,笔者提出了一些关于证明体育是一个围绕"危机"概念进行批判性调查和政治变革的领域的想法。

---

① 美国北卡罗来纳大学夏洛特分校传播学系教授、系主任。他于2003年在美国路易斯安那州立大学获得博士学位。他的研究关注体育学与政治学的交叉,特别强调健康、身体、种族、宗教和公共记忆等。他的著作《体育的永恒存在:重新思考体育与宗教》(天普大学出版社2017年出版)获得了美国国家传播协会传播与体育部杰出图书奖。

② 见Hay,2013a,2013c;Steiner & Christians,2010;Hardt,1992,2008。

体育传播的批判/文化方法

激进语境主义

批判/文化方法不会被任何特定方法所统一。在传播学研究中,"批判性"研究可能指代各种批评方法(例如,修辞批评研究、媒介批评研究、马克思主义批评研究、心理分析批评研究),但文化研究实践者经常反对将他们的方法简化为特定的"解释性策略"(Hay, 2013a, p. 3)。这并不是说批判/文化研究没有方法,而是说方法不是事先确定的;它们是基于特定项目的分析和政治承诺来选择的。正如卡利·尼尔森、保拉·柴奇勒和格罗斯伯格(Nelson, Treichler & Grossberg, 1992)提出的,方法论是一项战略决策:

> 文化研究……没有独特的方法论,没有独特的统计学、人种学方法论或文本分析。它的方法论,从一开始就含混不清,最好被看成一种拼凑。研究实践的选择取决于所提出的问题,问题又取决于其语境。(p. 2)

语境也为分析的严谨性建立了标准。格罗斯伯格在一次采访中指出,他赞成任何"有助于收集更多更好的信息、描述、资源和解释"的方法,只要它被"严格地"和"可疑地"应用,并且人们能意识到方法论本身就是"话语结构",还"与各种理论假设交织在一起"(Wright, 2001, pp. 144-145)。虽然文化研究经常因缺少特定的方法论而受到批评,但格罗斯伯格(Grossberg, 2010a)认为这是一种优势,他坚持认为对方法本身的关注更有可能肯定学科知识的认可形式,而不是对正在调查的复杂社会关系的惊讶或有意义的见解。

批判/文化研究也不以发展、推进或应用任何特定理论为目标;与方法一样,理论被看作针对特定问题和语境选择的战略资源,是理解复杂的社会关系形式的"赌注"(Grossberg, 2010a, p. 27)。正如斯图亚特·霍尔(Hall, 1997a)在谈到自己的工作时说:"我不认为自己是一位理论家……我对理论本身作为对象的生产不感兴趣。"霍尔意识到自己正面临"折中主义和缺乏严谨性"的指责,他选择从不同的、有时是相互矛盾的范式中借鉴思想,这些范式基于对特定语境有意义的东西(p. 152)。

虽然文化研究在方法或理论方面无法统一,但格罗斯伯格(Grossberg,

2010a)认为,文化研究可以通过其实践来定义,他将其概括为"激进语境主义"。他写道,文化研究假设:

> 任何实践或事件的认同、意义和影响……仅仅是由围绕、渗透和塑造它,并使它成为现实的复杂关系集合决定的。任何元素都不能脱离其关系,尽管这些关系可以改变,并且在不断变化。作为多重决定和影响的浓缩,任何事件都只能通过关系来理解。因此,文化研究体现了对社会现实的开放性和偶然性的承诺,其中的变化是既定的或规范的。这种激进语境主义是文化研究的核心。(p.20)

因此,任何专注于特定对象或问题的研究(例如,作为犯罪类型的非裔美国男性运动员)都无法通过孤立地"从文本中解读社会权力"来完成文化研究的工作(Grossberg,2010a,p.8)。社会力量之间的更大关系贯穿于这个对象或问题之中——例如,种族伪科学、大规模监禁、真人秀、治安、毒品政策、联盟纪律结构——必须被视为历史上独特的。

对这种语境主义的呼吁可以追溯到体育传播学新兴领域中的开创性研究①,尤其是早期对后来被称为"媒介体育"(mediasport)(Wenner,1998,pp.3-13)、"媒介体育文化复合体"(the media sports cultural complex)(Rowe,2004,pp.1-21)或"媒介体育内容经济"(media sport content economy)(Hutchins & Rowe,2009,p.355)等现象的考察。迈克尔·里尔(Real,1975)的奠基性文章《超级碗:神话奇观》通过考察"美国社会语境中的媒介体育制作复合体"(the media sports production complex)(Wenner,1989,p.34),在推动传播学与体育研究超越对"内容本身"(content alone)的分析方面尤为重要。文内尔(Wenner,1989)通过提出"媒介体育制作复合体"的框架,为体育传播学设置了有影响力的议程,使之成为包括体育记者、媒体集团、联盟、法院系统、体育迷与商业内容在内的各种力量的交汇点(pp.34-41)。贾利(Jhally,1989)在其关于"体育/媒介复合体"的重要文章中,转向英国文化研究,以解决"批判性"体育学术研究的局限性问题,当时学术界主要将体育视为一种鸦片。贾利分析了一种"连锁"关系结构,涉及体育媒体内容的商品价值、球员价值的经济学(他们向球队出售专

---

① 明确地说,格罗斯伯格(Grossberg,2010a)将文化研究称为"激进语境主义",意在说明文化研究是什么,但也说明它不是什么。笔者意识到,笔者在本章中引用的一些研究(包括自己的许多研究成果)可能并不符合严格意义上的"文化研究"。——因此,笔者在开头提出了与批判/文化研究的"大帐篷"有关的限定条件。

业劳动力和向体育迷出售名流的能力),以及国家监管(例如给予体育联盟的反垄断豁免和避税政策)(p.80)。"体育/媒介复合体"的这些内容和其他基础图绘要求对体育展开研究,而且人们不能孤立地分析其中的单个人物、物品或问题。重点是把体育作为语境。

这种对语境的早期关注塑造了体育传播学研究。例如,特鲁希略(Trujillo,1991)在他关于男性霸权和美国职业棒球大联盟投手诺兰·莱恩(Nolan Ryan)的文章中指出,"也许在美国文化中没有哪一种体系比体育更能影响我们的男性意识"(p.292)。因此,棒球成为描绘浓缩在"国民消遣"中的美国权力复杂关系的重要场所。最近,巴特沃思(Butterworth,2005)展示了诸如棒球运动怎样成为一种与后9·11政治密切相关的体系。乔治·W.布什政府利用棒球场仪式、怀旧联想和前工业时代的美国式天真来证实"反恐战争"的合理性,压制民主异议,同时强调军事化爱国主义(Butterworth,2010)。此外,"类固醇时代"棒球的进攻标志着更大的国家污染,政治体不得不以国家安全的名义,通过布什时代的经济和军事政策进行接种(Butterworth,2008,2010)。巴特沃斯(Butterworth,2005)令人信服地认为,棒球运动不仅"转移"注意力(diversion)或提供简单的国家痊愈的形象,还索引出了一个更大的关系结构,这种关系结构塑造了"公共文化中的民主实践"以及战时国家"团结"的抑制潜力(p.109)。在棒球内外"将美国认同与军国主义联系起来"的更大规模的体育话语语境中,这些对民主和异议的影响得到了最好的理解(Butterworth,2012,p.242;Butterworth,2007;Butterworth & Moskal,2009)。

棒球运动也浓缩了美国人对体育的理想化,它被认为是促进种族关系进步与和谐的独特场所。汗(Khan,2012)在他的著作《媒体中的柯特·弗拉德》(*Curt Flood in the Media*)中考察了这种运动员英雄的公众记忆,将弗拉德对棒球保留条款的反对置于关于种族的"社会协议"的背景下,这种协议自1947年杰基·罗宾逊(Jackie Robinson)在布鲁克林道奇队的第一年以来就奠定了棒球的文化意义。在弗拉德把自己称为"高薪奴隶"而违反协议之后,各种民权倡导者开始运用他的言辞,"1970年到1972年,弗拉德发现自己被致命地置于黑人政治言论的自由派和激进派之间的断层线上"(pp.14-15)。汗对弗拉德故事的重新解读有助于我们理解种族和(假定的)当今运动员积极分子(athlete-activist)的衰落,因为他分析了文化和历史时刻的具体性。

批判/文化研究中的"批判"一词通常表示对身份政治的关注(例如,种族、阶级、性别、性取向、国籍、族裔和残疾人等),这在体育运动中通常被用在特定的机构和特定的权力关系中。举个例子,想想在体育运动中黑人既令人羡慕又被视为病态的复杂情况。关于"自然"(遗传学、生物学)运动天赋轨迹的假设持续存在,例如人们熟悉的白人大脑/黑人肌肉二分法,这种类型的非裔美国男性运动员同时"天赋异禀"(superendowed)和不稳定(容易犯罪和失去理性控制)(Grano,2010)。要理解这些压迫感是如何持续的,就需要绘制出非裔美国运动员在维持运动文化中白人的复杂结构中的不断变化的位置。例如,黑人男性运动员经常被定位为色情凝视的对象,他们动员了一系列的经济和性关系,其中大多数白人、男性、异性恋消费者通过视觉参观和公开欣赏其身体来补偿他们(认知的)黑人男性的遗传劣势,同时将这些身体视为原始(兽性、动物性)的物质商品(Oates,2007;Lavelle,2010)。根据后种族认同、对欲望(性、暴力)的控制以及对家庭价值观的精心叙述,有色人种男性运动员通常在体育媒介机构中获得和/或失去地位(Houck,2013)。有色人种女性运动员被根据她们的种族、性取向、女性气质和家庭依赖度而不同程度地提升或边缘化,所有这些要么符合要么违背美国体育新闻中以白人为主的异性恋倾向(Meân,2013)。当女性运动员在参与精英体育运动时与性别歧视、同性恋恐惧症和种族主义作斗争时,她们与一系列复杂的关系展开协商,这些关系凝聚在包括社会阶层在内的类别中,将身体表现问题(种族、性别和经济认同)与结构性社会经济不平等联系起来(Bagley,2009)。因此,对种族和体育的语境主义方法从来都不仅仅关于种族,而认为种族是一个锚定点,复杂的社会力量围绕并通过它在起作用。

格罗斯伯格(Grossberg,2010a)认为,语境主义方法不仅考虑了文化元素之间的关系,也考虑了这些关系的可变性。作为语境主义的最后一个例子,人们可以考虑传播学者是如何理解精英体育作为男性和异性恋主导领域在持续发生变化的。这些变化发生在多个重叠的方面,包括女性更多地参与传统男性体育运动(Poniatowski & Hardin,2012),跨性别和双性运动员令人不安的性别和性隔离(Sloop,2012;Winslow,2012),以及女性在体育媒体机构中争取地位和机会的斗争(Hardin & Shain,2006)。当体育传播学者考虑新闻业、网络报道和竞争资格的性别以及性政治可能出现的变化时,他们提供了对可能促进或限制这种变化的特定文化力量的洞察。例如,哈丁、多德和劳弗尔(Hardin, Dodd & Lauffer,2006)认为,改变体育新闻编辑室的结构性不平等需要对大学新闻教学中的父权制进行批判性评估,尤其是在新一代学生可能"为实践带来更进步的伦理和价值观的时候"(p.430)。怀特塞德和哈丁(Whiteside & Hardin,2011)警告称,不要过早地热衷于扩大后《1972年教育修正案》第九条时期的女性体育受众,如果不改变关于性别、闲暇时间、家务劳动和情感劳动的持久假设,这种情况就不会出现。这种对潜在变化条件的关注对于体育的批判/文化研究至关重要,并直接关系表达的生产力。

表 达

格罗斯伯格(Grossberg,2010a)写道,"激进语境主义体现在表达的概念中",这也许是文化研究最接近一致的方法(pp.21,52)。对于霍尔来说,"表达"意为"特殊联系"或"连接形式",将不同的文化元素结合在一起。正如霍尔在一次采访中指出的那样,结合似乎是自然的——"在任何时候都是确定的、绝对的和必不可少的",但事实上,它基于偶然的、历史上特定的权力关系,没有"必要的'归属性'"(Grossberg,1986,p.53)。因此,我们可以分析特定的表达如何形成,以及它们如何被分离和重新表达,以创造替代性的未来(Grossberg,2010a)。

某些表达在体育文化中是独一无二的;认识到这一点将有助于在传播中对体育进行批判/文化研究。可能不存在任何只属于体育的文化联系。然而,即使体育本身并不产生关系,比如说,黑人身体与遗传决定论之间,或者残疾人和性别之间的关系,这些表达在体育内部、通过体育和在体育周围形成特定的形式,因此,在体育缺席的情况下,它们之间以各种形式连接的语境主义方法可能根本不完整。这种不完整可能牵涉对权力的具体关系如何形成的部分理解(甚至误解),或者未能认识到可能重新表述的可能性。

为了提供一个特别好的例子,请考虑体育在表达和分解性别与身体关系中的中心地位。正如巴特勒(Butler,1998)所言,女性体育运动独一无二地"让我们质疑什么是理所当然的理想化的女性形态",并且包含"重新表达性别理想的能力……我们对性别化身体构成要素的普通理解本身也出现了巨大的争议和转变"(p.104)。当然,在体育以外的流行语境中,性别和性二元论是有问题的,但在精英体育竞赛中,它们一直受到明显的监管、重新划分和挑战。这一点尤其如此,因为管理机构长期以来一直在测试——但未能公开确定——性别/性二元结构可以作为竞争资格的稳定的决定性因素的科学标志(Sullivan,2011)。正如斯鲁普(Sloop,2012)所言,关于性别和竞争优势的重大争议——如众所周知的双性田径运动员卡斯特尔·塞门亚(Caster Semenya)的案例——引发了"关于性别和身体意义"的公开讨论(p.89),这在以前是学术界和活动家圈子专有的。称此类讨论是"革命性的"有点言过其实。将合格标准建立在"天然"

男性优势概念基础之上的愿望持续存在,公众的可接受性通常基于运动员符合异质标准(Sloop,2012;Winslow,2012)。尽管如此,精英体育已经并将继续推动性别认知发生有意义的变化。在精英体育中,关于性别的"不可通约的话语"的结合,"国际冲突和蔓延的媒体接触,导致了包含冲突和变化的迷人场所的形成"(Sloop,2012,pp.89-92)。

　　竞争监管问题也构成性别、性、残疾与技术之间的强有力联系。这些联系会变得显著,例如在残疾人运动中(尤其是通过使用假肢和辅助技术),或者通过跨性别和双性运动员争取参赛资格的斗争——存在于对体育"关于'正常'人的'自然能力'"这一神话的连续的威胁中(Cherney & Lindemann,2014,p.3)。没有人能保证这些威胁会带来根本性的变化。例如,在林德曼和切尔尼对轮椅橄榄球的分析中,他们(Lindemann & Cherney,2008)认为,四肢瘫痪的运动员暴力碰撞和牺牲身体的图像对残疾人能做什么的能力主义假设提出了挑战。同时,这种挑战具体化了"异性恋者和能力主义对于'男人'意味着什么"的观念,从而限制了女性和男性同性恋者的参与(p.110)。轮椅本身(令人紧张地被改装以用于碰撞)促成了这些渐进和退化的阻力问题,与运动员的身体连接,形成了完全性别化的人机接合。这只是体育作为后人类身体政治场所(随着身体与各种技术融合,性别和性的含义正在发生改变)的广泛重要性的一个例子。同样,女性车手参与赛车运动也受制于"性别、汽车和普通赛车之间的历史联系",以及车手(性别化)身体作为(性别化)假肢与赛车连接方式的制约(Sloop,2005,pp.192-193)。同样,性别、性、普通人/残疾人以及技术之间的连接也出现在其他几种语境中(例如军事或医疗),但是,当它们在体育运动中发挥作用时,它们对竞争公平和人体的"自然"(非技术的明确的性别划分)能力的担忧变得特别明确。

表达、话语与体育传播学的文化途径

　　格罗斯伯格(Grossberg,2010a)认为,"表达"是"文化研究的版本,即通常所说的建构主义",即"现实是社会制造出来的,而不是被预先决定的"。然而,文化研究的建构主义拒绝"假设存在两种存在模式:真实的和话语的或符号的"。这两种模式是分开存在的,"只能通过人类独特的意识行为来弥合"(p.23)。关于符号/物质现实的相对地位的争论贯穿传播学的批判/文化研究,尤其是围绕意识形态这一主题①。这些争论无法在此得以全面讨论。这里只能说，物质现实并不因为我们通过传播使其具有意义而不那么真实，同时，物质的、"粗暴的事实"(brute facts)不能与"社会事实"分开(Grossberg, 2010a, p. 23)。正如霍尔(Hall, 2006, pp. 166-167)所说："现实存在于语言之外，但不断以语言为中介，并通过语言进行中介。"因此，霍尔(Hall, 1986)认为，"意识形态的问题在于"弄清不同的思想如何"抓住大众的思想，从而成为一种'物质力量'"。因此，霍尔提出了一种意识形态概念，旨在分析"概念和……语言"如何"稳定一种特定的权力形式"，使"人们适应其在社会形态中的从属地位"，以及"新的意识形式……如何出现，从而推动"人们"采取历史行动，反对现行制度"(p. 29)。

话语实践之所以重要，是因为它们有助于促成这种稳定化。它们帮助我们构建并占据我们自己创造的世界(Grossberg, 2010a)。这是凯瑞(Carey, 1992)理解文化的核心：

> 我们每天、每时、每刻都在创造特殊的奇迹——先创造现实，再生活在我们自己创造的事实之中并受其约束。这取决于符号的一种特殊性质：它们既是现实的表征，也表征了现实……作为"符号"，它们创造了它们所表征的真实……所有的人类活动都是这样的操作……在方圆之间。我们首先通过象征性的工作创造世界，然后在我们创造的世界中居住。(pp. 29-30)

凯瑞在此呼吁，不仅要赞美话语，还要开展分析和伦理研究以了解文化是如何形成和重塑的(Grossberg, 2010b)。在凯瑞(Carey, 1992)看来，文化传播方法所面临的挑战是"把握人们在其言语和行为中构建的意义，并将这些意义……清晰地表达出来，以便我们对其作出公正的判断"。这些意义是作为对经验的解释而公开的，我们的工作"就是解释这些解释"(pp. 59-60)。这就是我认为传播研究学者对更大的体育批判/文化研究项目作出特别有价值的贡献的地方。解读他人的解释意味着致力于将话语作为进入更广泛语境关系的切入点，更具体地说，致力于对社会经验的指涉性和形象性进行深思熟虑的严格分析。正如巴特沃斯(Butterworth, 2014)所言，传播研究学者完全有能力"介入体育话语"，因为我们"对符号有着共同的兴趣——认为文字、图像和表征

---

① 作者由此想到了修辞理论的各种论辩，如McGee, 1980; Wander, 1983; Cloud, 1994, 1997, 2006; Cloud & Gunn, 2011。

很重要"(pp. 3-4),这不仅是对交流(如信息共享)的描述,也是理解体育文化如何运作的关键。根据凯瑞(Carey,1992)关于"传播仪式观"的开创性论点,"传播的最高表现形式"并不是"智能信息的传递,而是构建和维护一个有序的、有意义的文化世界,使其成为人类行动的开关和容器"(pp. 18-19)。当然,我们可以在跨学科的体育研究中对意义的产生进行深思熟虑的分析,但在我们学科之外的研究中(不幸的是,有时也在学科之内),往往隐含着传播的观点;信息被交换,信息被共享,媒体被"使用",然而对于这些实践与文化生产的关系,我们知之甚少。

相比之下,文化传播方法涉及"一个从小事情中提出大主张的过程:研究特定的仪式、诗歌、戏剧、对话、歌曲、舞蹈、理论和神话,并小心翼翼地触及一种文化或整体生活方式中的完整关系"(Carey,1992,p. 64)。正如霍尔(Hall,1997b)所说,"思考'文化'的一种方式……是将其视为……共享的概念图谱、共享的语言系统以及支配它们之间翻译关系的规则"(p. 21)。凯瑞(Carey,1992)指出,"诀窍"在于阅读文本时"与[某个]具体的社会结构相关联,而不将文本还原为该结构",也不将文本还原为某种"外在的和武断的"方法或理论(p. 61)。因此,对体育传播的批判/文化研究可以围绕这样一个假设展开,即话语实践(例如,在运动员身体上刻画性别、性、种族或残疾关系)是塑造体育更广泛的物质/符号关系的特别好的切入点。然而,我们对体育批判/文化研究的贡献价值最终应建立在我们对体育文化语境的见解的独特性和质量之上,而不是建立在我们宣称任何"属于"传播学研究的方法论或理论属性的能力之上。

结论:在体育文化危机之内展开研究

最后,我想围绕危机的概念,为体育传播的批判/文化研究提出一系列后续步骤。霍尔将危机定义为"社会各个领域始终存在的矛盾、问题和对立开始……在破裂点周围积聚"。危机包括破裂的后果、相关的社会变革过程,以及"对现存历史项目或社会秩序的挑战"(Hay,2013b,pp. 16-17)。危机并不能保证促发渐进式变革。然而,它们确实为潜在的新的、富有成效的历史现实概念开辟了空间(Hall,1986)。因此,对体育传播学的批判/文化研究可以作为对体育发挥独特力量的危机的分析来进行。这与斯特里法斯(Striphas,2013)最近提出的建议不谋而合,即传播学者应追求对"批判"一词的"临床"理解,一种与决定性转折点(如医学术语"危急情况")相关的理解,一种对即将到来的历史和文化变革的适应(p.325)①。当代体育正处于众多此类"关键"转折点的中心,包括:(a)同性恋运动员(变性人、双性人奥运选手,赛博格运动员)的破坏性日益增强;(b)男子大学篮球和美式橄榄球比赛中种族和劳资关系的重新阐明;(c)通过"类固醇时代"和脑损伤争议对暴力、超男性身体的另类本质化;或(d)煽动阶级意识,反对为体育场馆提供公共资金。这些机遇以及其他无数的机遇都是显而易见的,但我们必须承认并应对我们学科内部至少存在的两个问题。

第一个问题是,对体育传播的批判/文化研究通常被传播学研究的编辑、审稿人和读者划分为最终只是关于体育的研究。因此,一篇通过体育主要事件案例分析男性气质、白人气质、民族主义、宗教、性和公民身份之间复杂关系的文章很可能会被阅读并归类为"体育"类论文,与涉及类似认同问题的作品分开发表(Butterworth,2014)。以这种方式分类,就很难对体育文化进行语境主义分析,相关分析也很难被承认为语境主义分析。其实际结果是,对体育进行批判/文化研究的传播学者不太可能被学科内有明显平行和重叠利益(例如,认同政治或身体理论)的同行引用。同样有问题的是,只是偶尔涉足体育领域研究的传播学者更倾向于引用一份精选的研究清单(通常来自社会学),而不是直接参与发表在学科期刊和丛书中的相关体育学术研究。因此,我们的学科内部存在着"进出口"问题:大量的非互惠引用。

针对第一个问题,我们不能把体育作为另一个场所,来解决传播学研究者已经关注的问题(种族、阶级、性、性别、民族主义、宗教等)。如果这就是我们的策略,那么我们就会在比较中败下阵来:如果我可以通过对学科中地位更高的领域(比如选举政治、社会运动,甚至其他流行文化形式,如电影、音乐或真人秀)的研究来了解我所需要了解的有关这些问题的一切,那么为什么还要为体育费心呢?为什么不把参与体育运动的任务留给"体育"人呢?相反,我们需要将体育作为一种语境来推进,在这种语境中,通过体育,权力的某些表述和分化形成了独特的形态,因此,将体育从一种或隐含或明确的重要的文化聚合中剥离是一种分析上的失败。然而,这种失败产生了一种异乎寻常的共鸣。我们需要通过辩护、论证和分析的方式来明确地关注它。

在这里,我们遇到了第二个问题。如果要将"危机"作为体育传播批判/文

---

① 斯特里法斯(Striphas,2013)从雷蒙·威廉斯(Williams,1983)的《关键词》一书,及威廉斯提出的概念"感觉的结构"(Williams,1977)中借用了这种对"批判性"的临床否定。这种概念描述了一种潜在的文化意识,这种意识是存在的,但尚未完全表达出来。

化研究的焦点，就需要对政治变革进行相应的阐述，为想象另一种未来提供论据（Grossberg，2010a）。然而，体育通常被认为与政治根本不相容，是一种不仅"非政治"（apolitical）而且"积极反政治"（actively anti-political）的活动形式（Carrington，2009，pp. 20-21；Butterworth，2012）。正如批判/文化研究一般，体育学者是在"'无保证'的逻辑"下工作的（Grossberg，2010a，p. 22）。然而，鉴于体育在我们学科中仍处于发展阶段，我们需要现实地认识到，我们有关潜在政治变革的证明标准是特别高的。同样，对危机的关注可能会被证明是有价值的。由于体育本质上是当前性别和性的二元对立、同性恋可见度、种族和劳资关系、公共卫生、家庭暴力、全球体制腐败以及其他危机的核心，我们有机会借助研究表现来实现学科地位的政治化，仔细而周到地判定体育文化特有的力量和划分变革的界限。简而言之，我们需要为体育提供一个语境主义的案例。

Bagley, M. M. (2009). Performing social class: The case of Rutgers basketball versus Don Imus. In B. Brummett (Ed.), *Sporting rhetoric: Performance, games and politics* (pp. 235-258). New York: Peter Lang.

Butler, J. (1998). Athletic genders: Hyperbolic instance and/or the overcoming of sexual binarism. *Stanford Humanities Review*, 6(2), 103-111.

Butterworth, M. L. (2005). Ritual in the "church of baseball": Suppressing the discourse of democracy after 9/11. *Communication and Critical/Cultural Studies*, 2(2), 107-129.

Butterworth, M. L. (2007). The politics of the pitch: Claiming and contesting democracy through the Iraqi national soccer team. *Communication and Critical/Cultural Studies*, 4(2), 184-203.

Butterworth, M. L. (2008). Purifying the body politic: Steroids, Raphael Palmeiro, and the rhetorical cleansing of Major League Baseball. *Western Journal of Communication*, 72(2), 145-161.

Butterworth, M. L. (2010). *Baseball and rhetorics of purity: The national pastime and American identity during the war on terror*. Tuscaloosa, AL: University of Alabama Press.

Butterworth, M. L. (2012). Militarism and memorializing at the Pro Football Hall of Fame. *Communication and Critical/Cultural Studies*, 9(3), 241-258.

Butterworth, M. L. (2014). Introduction: Communication and sport identity scholarship, and the identity of communication and sport scholars. In B. Brummett & A. W. Ishak (Eds.), *Sports and identity: New agendas in communication* (pp. 1-16). New York: Routledge.

Butterworth, M. L., & Moskal, S. D. (2009). American football, ags, and "fun": The Bell Helicopter Armed Forces Bowl and the rhetorical production of militarism. *Communication, Culture & Critique*, 2(4), 411-433.

Carey, J. W. (1992). *Communication as culture: Essays on media and society*. New York: Routledge.

Carrington, B. (2009). Sport without final guarantees: Cultural studies/Marxism/sport. In B. Carrington & I. McDonald (Eds.), *Marxism, cultural studies and sport* (pp. 15-31). New York: Routledge.

Cherney, J. L. & Lindemann, K. (2014). Queering Street: Homosociality, masculinity, and disability in *Friday Night Lights. Western Journal of Communication*, 78(1), 1-21.

Cloud, D. L. (1994). The materiality of discourse as oxymoron: A challenge to critical rhetoric. *Western Journal of Communication*, 58(3), 141-163.

Cloud, D. L. (1997). Concordance, complexity, and conservatism: Rejoinder to Condit. *Critical Studies in Mass Communication*, 14, 193-200.

Cloud, D. L. (2006). The Matrix and critical theory's desertion of the real. *Communication and Critical/Cultural Studies*, 3, 329-354.

Cloud, D. L., & Gunn, J. (2011). Introduction: W(h)ither ideology? *Western Journal of Communication*, 75, 407-420.

Grano, D. A. (2010). Risky dispositions: Thick moral description and character-talk in sports culture. *Southern Communication Journal*, 75(3), 255-276.

Grossberg, L. (1986). On postmodernism and articulation: An interview with Stuart Hall. *Journal of Communication Inquiry*, 10(2), 45-60.

Grossberg, L. (1993). Can cultural studies nd true happiness in communication? *Journal of Communication*, 43(4), 89-97.

Grossberg, L. (2010a). *Cultural studies in the future tense*. Durham, NC: Duke University Press.

Grossberg, L. (2010b). James W. Carey and the conversation of culture. In L. Steiner & C. Christians (Eds.), *Key concepts in critical cultural studies* (pp. 73-87). Champaign, IL: University of Illinois Press.

Hall, S. (1986). The problem of ideology: Marxism without guarantees. *Journal of Communication Inquiry*, 10(2), 28-44.

Hall, S. (1997a). Politics, contingency, strategy. *Small Axe*, 1, 141-159.

Hall, S. (1997b). The work of representation. In S. Hall (Ed.), *Representation: Cultural representations and signifying practices* (pp. 13-74). London: Sage.

Hall, S. (2006). Encoding/decoding. In M. G. Durham & D. M. Kellner (Eds.), *Media and cultural studies*:*KeyWorks* (pp. 163-173). Malden,MA:Blackwell.

Hardin,M.,Dodd,J. E.,& Lau_x001D_er,K. (2006). Passing it on:The reinforcement of male hegemony in sports journalism textbooks. *Mass Communication & Society*,9(4),429-446.

Hardin,M.,& Shain,S. (2006) "Feeling much smaller than you know you are":The fragmented professional identity of female sports journalists. *Critical Studies in Media Communication*,23(4),322-338.

Hardt,H. (1992). *Critical communication studies*:*Communication*,*history*,*and theory in America*. New York:Routledge.

Hardt,H. (2008). Foreword. In D. W. Park & J. Pooley (Eds.),*The history of media and communication research*:*Contested memories* (pp. xi-xvii). New York:Peter Lang.

Hay,J. (2013a). Introduction. *Communication and Critical/Cultural Studies*,10,1-9.

Hay,J. (2013b). Interview with Stuart Hall,June 12,2012. *Communication and Critical/Cultural Studies*,10,10-33.

Hay,J. (2013c). Interview with Lawrence Grossberg,November 14,2012. *Communication and Critical/Cultural Studies*,10,59-97.

Houck,D. W. (2013). "Earl's loins—Or,inventing Tiger Woods". In D. L. Andrews & B. Carrington (Eds.),*A companion to sport* (pp. 564-581). Malden,MA:Wiley-Blackwell.

Hutchins,B.,& Rowe,D. (2009). From broadcast scarcity to digital plentitude:The changing dynamics of the media sport content economy. *Television & New Media*,10(4),354-370.

Jhally,S. (1989). Cultural studies and the sports/media complex. In L. A. Wenner (Ed.),*Media*,*sports & society* (pp. 70-93). Newbury Park,CA:Sage.

Khan,A. I. (2012). *Curt Flood in the media*:*Baseball*,*race*,*and the demise of the activist athlete*. Jackson,MS:University Press of Mississippi.

Lavelle,K. L. (2010). A critical discourse analysis of black masculinity in NBA game commentary. *The Howard Journal of Communications*,21(3),294-314.

Lindemann,K.,& Cherney,J. L. (2008). Communicating in and through "Murderball":Masculinity and disability in wheelchair rugby. *Western Journal of Communication*,72(2),107-125.

McGee,M. C. (1980). The "ideograph":A link between rhetoric and ideology. *Quarterly Journal of Speech*,66(1),1-16.

Meân,L. (2013). On track,off track,on Oprah:The framing of Marion Jones as golden girl and American fraud. In L. Wenner (Ed),*Fallen sports heroes*,*media*,*& celebrity culture* (pp. 77-91). New York:Peter Lang.

Nelson,C.,Treichler,P.,& Grossberg,L. (1992). Cultural studies:An introduction. In L. Grossberg,C. Nelson,& P. Treichler (Eds.),*Cultural studies* (pp. 1-16). New York:Routledge.

Oates,T. P. (2007). The erotic gaze in the NFL draft. *Communication and Critical/Cultural*

Studies, *4*(1), 74-90.

Poniatowski, K., & Hardin, M. (2012). "The more things change, the more they…": Commentary during women's ice hockey at the 2010 Olympic Games. *Mass Communication & Society*, *15*(4), 622-641.

Real, M. (1975). Super Bowl: Mythic spectacle. *Journal of Communication*, *25*(1), 31-43.

Rowe, D. (2004). Introduction: Mapping the media sports cultural complex. In D. Rowe (Ed.), *Critical readings: Sport, culture and the media* (pp. 1-22). Berkshire, UK: Open University Press.

Sloop, J. (2005). Riding in cars between men. *Communication and Critical/Cultural Studies*, *2*(3), 191-213.

Sloop, J. (2012). "This is not natural": Caster Semenya's gender threats. *Critical Studies in Media Communication*, *29*(2), 81-96.

Steiner, L., & Christians, C. (Eds.). (2010). *Key concepts in critical cultural studies*. Champaign, IL: University of Illinois Press.

Striphas, T. (2013). Keyword: Critical. *Communication and Critical/Cultural Studies*, *10*(2-3), 324-328.

Sullivan, C. F. (2011). Gender verication and gender policies in elite sport: Eligibility and "fair play". *Journal of Sport and Social Issues*, *35*(4), 400-419.

Trujillo, N. (1991). Hegemonic masculinity on the mound: Media representations of Nolan Ryan and American sports culture. *Critical Studies in Mass Communication*, *8*(3), 290-308.

Wander, P. C. (1983). The ideological turn in modern criticism. *Central States Speech Journal*, *34*(1), 1-18.

Wenner, L. A. (1989). Media, sports, and society: The research agenda. In L. A. Wenner (Ed.), *Media, sports & society* (pp. 13-48). Newbury Park, CA: Sage.

Wenner, L. A. (Ed.). (1998). *MediaSport*. New York: Routledge.

Whiteside, E., & Hardin, M. (2011). Women (not) watching women: Leisure time, television, and implications for televised coverage of women's sports. *Communication, Culture & Critique*, *4*(2), 122-143.

Williams, R. (1977). *Marxism and Literature*. New York: Oxford University Press.

Williams, R. (1983). *Keywords: A vocabulary of culture and society* (Rev. ed.). New York: Oxford University Press.

Winslow, L. (2012). Colonizing Caster Semenya: Gender transformation and the makeover genre. *Western Journal of Communication*, *76*(3), 298-313.

Wright, H. K. (2001). "What's going on?" Larry Grossberg on the status quo of cultural studies: An interview. *Cultural Values*, *5*(2), 133-162.

第三章 体育与传播伦理

劳伦斯·A.文内尔[①]

随着体育运动中违反道德和伦理的现象日益普遍,体育已成为公共领域传播伦理的一个可见的文化场所。一系列令人惊讶的不当行为和判断失误引发了人们对体育界道德氛围的质疑,许多人期待英雄式的领导力和值得庆祝与效仿的价值观。这些问题包括(Mather,2013;Wenner,2013a)物质(从提高成绩的兴奋剂到娱乐性药物)及酒精滥用、性"不当行为"(从恶劣的性行为到性侵犯、性成瘾、同性恋恐惧症以及对性的真实性的质疑)、常规暴行(从"廉价射击"到斗殴,再到玩枪甚至斗狗)、导向不明的政治行为(从过于忠诚的"劣质"民族主义到种族主义和其他偏见言论),以及赛场内外普通的欺骗行为(从给足球放气到偷窃和偷拍信号,到侵入竞争对手的信息网络,再到在残疾人运动中使用非残疾运动员,在青少年运动中使用超龄运动员)。

体育运动中不断发生的违反道德的行为使得体育社会学家有时开玩笑说:"我们知道体育塑造性格,但我们不确定是哪一种。"获得竞争优势、"公平"竞争环境的压力,常常使体育与它最有益的社会功能,即"引导和欣赏公平竞赛"相冲突。因为体育可能是一项引人注目的文化事业,具有很高的经济风险,所以人们很容易转移视线或尽量减少其他领域不太能容忍的道德失误。狂热的体育迷群关系会导致道德上的"盲目"(blindness)(Bird,2002)或"目光短浅"(myopia)(Drumwright & Murphy,2004)。体育媒体,通常被称为新闻业的"玩具部"(toy department),更关心的是激发人们对体育的欣赏及传播相应的内容,而

[①] 美国洛约拉·马利蒙特大学杰出教授,传播与伦理范·德·阿赫讲席教授。他于1977年获得美国艾奥瓦大学博士学位,担任SSCI期刊《传播与体育》创刊主编,被公认为"体育传播研究领域的全球领军人物"。国际传播与体育学会的年度奖项以他的名字命名。

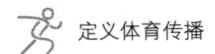 定义体育传播

不是用道德考量来"玷污"体育销售。

因此,研究体育及其传播的学者可堪大任,他们可以使用批判性的能力和伦理推理的理论来质疑一项如此著名的文化事业的伦理氛围。传播的作用是必不可少的,因为体育通过传播获取社会力量和文化意义。为了刺激对体育及其传播的伦理分析,本章考虑了伦理调查,在分析学术领域和未来研究的优先事项时使用了伦理理论。

伦理、体育伦理与传播伦理

对伦理学的长期研究源于道德哲学对如何最好地生活的核心关注。伦理分析涉及基本的、持续的、有时无法解决的争论。甚至关于伦理探究的本质及其目的的观点也可能是多种多样的。接下来是对伦理和伦理调查,以及它们在体育与传播研究中的适用性的简要描述。

伦 理

虽然伦理有多种定义,但最有帮助的是约瑟夫森(Josephson,2002)的描述,即"伦理是指行为标准,是根据道德义务和美德来说明一个人应该如何行为的标准,而道德义务和美德本身来源于是非原则"(p.5)。关于标准、基本道德义务和美德以及应该遵循的原则的争论是评估伦理行为的固有内容。考虑这些争论,了解伦理动态,而不是提供道德处方,是学术伦理探究不可或缺的一部分。在此,媒介伦理学家约翰·梅里尔(Merrill,1999)将伦理定义为"研究我们应该做什么"(p.1),这是学术伦理分析的特点。伦理探究要求在评价或判断什么是对的,什么是好的,什么应该做、已经做或应该已经做的过程中,评估各种伦理优先事项和道德倾向。

因此,将伦理视角引入体育,可以探讨体育运动中的行为者应该做什么和应当已经做了什么。在思考体育传播时,这些问题仍然是至关重要的,但探究进一步考虑了体育蕴含的传播伦理维度。探究不仅要考虑传播行为在伦理方面的适当性,还要考虑与体育有关的伦理因素的在场或缺席。就体育及其传播而言,我们看到了规范伦理、社会伦理和职业伦理所普遍关注的问题。这是关于后果和创造更大利益的基本问题,关于责任、忠诚和正确做法的基本问题,关于通过锻炼品格和节制找到"正义"的中间立场的基本问题,关于以同情和关怀避免造成伤害的基本问题,还有关于公平对

待所有人和伸张正义的基本问题。

这些问题是伦理探究的核心,不仅涉及体育或传播,而且涉及评估几乎所有人类行为的特性和适当性。虽然它们并没有穷尽伦理分析的所有可能性,但它们是后文将讨论的主要伦理理论和伦理推理过程的基础。

体育伦理

体育可以带来很多好处(Hurka,2007)。参与体育运动有助于增强体质和提高技能。团队运动教会人们合作。规则和行为准则提醒我们什么是公平。竞争激励人们全力以赴。观赏可以从比赛的美学和卓越表现中获得乐趣。体育精神能带来"胜利"的刺激和喜悦。体育可以将社群与国家团结在一起,成为"社会黏合剂"(social glue)。

然而,体育并不都是好事。20世纪70年代和80年代,随着"媒介-商品-营销复合体"(media-commodication-marketing complex)(McNamee,2010,p. 1)的兴起,体育伦理作为有别于更广泛的体育哲学的一个研究领域,受到了体育世界伦理问题明显升级的推动。它认识到参与的机会可能并不平等。参与会带来风险和可预防的伤害。对体育明星的颂扬可能会鼓励自私而非合作。获胜的压力可能使欺骗行为自然化,以获得不公平的优势。观众和迷群关系可能会在流氓行为和仇视对手中出问题。形式美学可能会让最终结果退居其次。国家和地方团体因支持自己的主队而产生的凝聚力可能会助长对团体外人员的不信任,甚至是仇恨。这里还有社会正义的不平等,从男女运动员的同工同酬,到残疾运动员的参赛机会,再到因种族、民族、性别、性取向和经济因素产生的机会障碍。在体育亚文化中,作弊、使用兴奋剂、仇视同性恋者、性骚扰和性虐待,甚至虐待儿童等异化行为都可能得到宽恕。

在一个备受赞誉、丰富多彩的体育市场中,精英和"明星"运动员的特权有可能损害道德敏感性,使人们允许他们做出不当行为而不承担任何后果。这就提出了适当性的问题,即那些在场外参与家庭暴力、酒吧斗殴和酒后驾车、卖淫等不正当的性活动、吸毒、枪支游戏以及其他违反道德的行为的运动员榜样是否合适,还有我们与他们的关系如何。道德败坏的行为远不止涉及运动员,还包括那些对他人滥用权力和两面三刀的教练员,如那些职业联赛的领导人或体育机构(如国际足联和国际奥委会)的负责人,他们以不道德的方式利用权力谋取个人利益,而不是公众利益。

由于体育受到体育媒体、营销人员和体育迷的追捧,对体育伦理的探究为体育传播学者提供了重要的切入点和双重机会。首先,他们可以从大量的体育伦理学学术文献中获益,这些文献见于主要著作(McNamee,2010;McNamee & Parry,1998;Morgan,2007;Shogan,2007;Simon,2010)和如《体育哲学学刊》(Journal of the Philosophy of Sport)、《体育、伦理与哲学》(Sport,Ethics and Philosophy)等学术期刊。其次,传播学者认识到体育新闻和市场营销对体育迷和公众情感的影响,可以通过关注体育伦理如何在公共领域发挥作用来拓展体育伦理学家的关注范围。

传播伦理

传播伦理的研究范围很广,可追溯到哲学和修辞学的基础(Aristotle,1953)。探究范围包括从理论和哲学到实践和应用。传播伦理领域在其他方面也可以被视为具有二元结构。

一方面,传播伦理似乎是一个基础广泛的领域。它以更广泛的传播哲学为基础,以对传播中的修辞、话语和权力的伦理关注为动力。在这里,传播意图、表述、传达、接收、效果、交易和情境的伦理特征都被考虑在内。探究的对象可以是我们熟悉的学科领域,如修辞学和公共演讲、人际传播、群体传播、组织传播和中介化传播,以及跨文化、性别、家庭、健康、政治和其他传播语境(Cheney,May,& Munshi,2011;Jensen,1997;Johannesen,Valde,& Whedbe,2007;Neher & Sandin,2007)。所有这些传播语境,以及它们对道德礼仪和行动带来的挑战,都与体育传播密切相关。

然而,即使认识到传播语境的这种广泛性与伦理评估的相关性,人们也主要关注公共领域。事实上,无论是在体育传播学研究中,还是在传播伦理学研究中,媒介和媒介伦理学都分别占据着主导地位。因此,传播伦理的"另一面"受到了重点关注,而且往往脱离了更广泛的传播伦理(同时又被其所包含),这就是媒介伦理研究(Wilkins & Christians,2009)。其中,对新闻伦理的评估占主导地位,同时,公共关系和广告中的说服伦理也受到关注(Bivins,2009;Christians,Fackler,Richardson,Kreshel,& Woods,2015;Parsons,2008;Patterson & Wilkins,2013;Spence & Van Heerkeren,2004)。对媒体伦理的研究主要集中在实践和从业人员的伦理方面,而对媒体行业的伦理氛围及其结构、监管、政策、压力和惯例的评估在伦理探究中也具有重要意义(Spence,Alexandra,Quinn,& Dunn,2011)。

媒介伦理研究的动力来自职业实践和媒体市场中应该做什么的问题。它考虑的是与职业实践相关的"职责"和"忠诚",确定什么是负责任的、公平的、限制伤害的和促进更大利益的。常见的问题涉及透明度、诚信、欺骗、公平、利益冲突、保密、隐私、反社会行为、道德攻击性内容、对个人与群体的描述和刻板印象,以及更广泛的社会公正问题。由于这些问题很容易普及到体育等其他领域,因此,学者们会发现有很多机会来评估传播和体育语境中的道德适当性。下一节将探讨一些进行伦理探究的基本策略。

走近体育与传播伦理

将伦理纳入体育传播学研究需要跨学科的知识。学者们需要将相关研究建立在对社会和文化语境下的体育的理解之上,并熟练掌握一系列伦理理论及其在道德推理中的应用。下文将简要介绍一些基本的伦理视角,以及伦理探究如何阐明传播与体育之间的关系。

伦理理论与道德推理

伦理学的理论方法多种多样,不胜枚举。从享乐主义到人本主义,从自然法到虚无主义,从社群主义到客观主义,在不同层面的元伦理、规范伦理和应用伦理问题上都存在着无休止的观点之争(Baggini & Fosi, 2007)。尽管伦理学家们的争论错综复杂,对传播和媒介的伦理分析也有无数的立场,但有五种伦理理论方法在伦理研究中占据主导地位。以下是对这五种方法的本质主义描述。

效 用

功利主义(Utilitarianism)源于18世纪英国哲学家杰雷米·边沁(Jeremy Bentham, 1948)和约翰·斯图亚特·密尔(John Stuart Mill, 1861)的思想,是当今最常见的道德标准,经常被用来指导公共政策。在评估中,效用聚焦于结果。这种"目的论"(teleological)倾可被称为"结果论"(consequentialism)或"目的论"(ends-based)思维,它依赖于"效用原则"(utility principle),在面临伦理困境时,旨在为"最大多数人"创造"最大利益"。在确定伦理途径时,人们会探索所有可能的行动对各方可能造成的所有结果,并寻求将伤害降到最小。

义 务

为了避免功利主义潜在的"目的就是手段"(ends justifies the means)的问题,"义务论"(duty-based)或"责任论"(deontological)理论援引了"非结果主义"(nonconsequentialism)。该理论关注道德行为、义务和忠诚,而非可能的结果,其倡导者援引了18世纪德国哲学家伊曼纽尔·康德(Immanuel Kant,1959)的"绝对命令"(categorical imperative)概念,即命令人们"行动起来,让你的选择成为普遍的法律"。康德认为,这一要求和道德法则对有理性的人具有无条件的约束力,是从更高的真理或"本体"(noumena)中生长出来的,被视为每个人与生俱来并必须遵守的。简单地说,我们应该按照我们希望其他人在类似情况下会去遵循的戒律行事。在这里,重点是正确的行为,包括讲真话、仁爱、自由、尊重他人和生命,以及错误的行为,如欺骗、撒谎、偷窃、不诚实、行骗或制造伤害。

美 德

美德伦理学以实践智慧(phronesis)为核心,以塑造品格为中心。以亚里士多德(Aristotle,1953)和孔子(Reid,1999)的思想为基础,美德被视为"黄金分割点"(golden mean)。在这里,具有实践智慧的人通过在两个极端之间找到一个"有节制的"(temperate)点来寻求正义之举。这种节制是在过度与得体、过度与不足之间的"恰当位置"。重点在于通过"正确"和"公平"的折中来找到理性而务实的解决方案,并对相互竞争的利益保持敏感。美德伦理学家通过确定在处理某种情况或解决某种困境时可能出现的对立选择或极端情况,找到一个既正确又公平的有节制的"黄金分割点",从而获得寻求良好品德的智慧。

关 爱

关爱伦理是犹太教-基督教理想的核心,它通过使用可逆性的概念来拥护金科玉律,即在类似的情况下,你希望别人怎样对待你,你就怎样对待别人。关爱伦理是女性主义伦理学的一个主要特征,强调在解决冲突与采取伦理行动时的合作、同情和人类尊严(Gilligan,1982;Noddings,1984)。"爱你的邻居"这一规范性伦理体现在基督教"神对世人的爱"(agape)这一概念中,即无私的"他者之爱",它包含对他人的忠诚,爱他们的本来面目。以关爱为基础的视角在评估尊严和正义受到侵犯时最为有用。

正 义

基于正义的伦理理论以社会契约理论(Morris,2000)和平等主义(egalitarianism)为基础,从公平而非可逆性的角度来看待正义。作为民主社会法律的基础,社会契约寻求平等待遇,并在指导判断时消除武断的区别对待。罗尔斯(Rawls,1971)提出了"无知的面纱"(veil of ignorance)策略,以应对某些人拥有比其他人更多的资源和权力会扭曲社会契约的现实,从而推进了以正义为基础的伦理理论。在这里,你被要求做出一个公正的决定,无论揭开面纱后你的身份是什么。这一过程旨在消除偏见,确保基本自由,并进一步纠正历史上的不公正待遇。

除了熟悉这些伦理理论和其他伦理理论方法之外,初涉伦理探究的学者们还需要找到一条在传播情境中厘清伦理评估的路径。在这里,使用一个基本的道德推理模型往往有助于澄清情境的动态变化,并评估应该做什么、已经做了什么或应该完成了什么。传播伦理学中常见的方法包括波特盒模型(Potter Box model)(Christians et al.,2015)、戴(Day,2006)的 SAD[情境、分析、决策(situation,analysis,decision)]模型和普莱桑斯(Plaisance,2014)的 MERIT[多维道德推理和探究任务表(Multidimensional Ethical Reasoning and Inquiry Task Sheet)]模型。这些道德推理模型共同为道德推理带来了秩序和严谨性。它们要求对情况进行冷静的分析,对价值观、原则、忠诚和责任进行评估,并根据适用的道德理论的重要性和方向性指导,对应该做什么、已经做了什么或应该完成了什么做出决定。

伦理探究与批评

将伦理纳入体育传播学研究具有广泛的可能性。以实证为导向的学者可能希望从测量参与传播交易者的道德伦理价值观和优先事项的偏差入手。事实上,有许多道德/伦理量表可供使用,如阿奎诺和里德(Aquino & Reed,2002)的"道德认同自我重要性量表"(Self-Importance of Moral Identity Scale)、弗希斯(Forsyth,1980)的"伦理立场问卷"(Ethics Position Questionnaire)等,它们都可以为调查提供指导。虽然这方面的研究很少,但评估道德感的差距,如体育记者和体育迷之间的差距,或支持竞争双方球队的体育迷之间的差距,抑或教练员和运动员之间的差距,对于了解体育语境中的传播可能是不可或缺的。当然,以功利后果为导向的"不惜一切代价取胜"(win at all costs)的价值观与以公平竞赛和尽量减少对对手伤害为己任的价值观之间可能会发生冲突。

对于从事修辞学和文化研究的批判性传播学者来说,伦理批评是被更多探讨且更具相关性的领域。聚焦作为文学和传播学的支柱,叙事是如何揭示伦理的,倡导者认为伦理批判是"不可避免的"(Gregory,1998,p.196),其具有普遍适用性。伯克(Burke,1967)将叙事称为"生活的设备"(equipment for living)(p.294),因为叙事本质上提出了主张,并展示了"关于如何生活以及如何生活的隐含判断"(Booth,1998,p. 353)。由于叙事描述了情境的特征,它们迫使我们"定义和创造我们自己的道德机构"(Gregory,1998,p. 213)。在这一点上,布斯(Booth,1968,p. 11)看到了伦理批评的核心倾向:

> 如果"美德"涵盖了每一种真正的力量或权力,如果一个人的精神气质是他或她[行为不好或好的]美德的全部,那么伦理批评将是展示叙事中的美德如何与自我和社会的美德相关联,或者任何故事的精神气质如何影响任何特定读者的精神气质——美德的集合——或受其影响的任何努力。

无论是应用于文学、艺术还是传播,这种"努力"的目标都是揭示和澄清道德观点。伦理批评家探索"我们被邀请遵循的路径",着眼于"道德体验的正当性",而特定的传播"塑造或规定了正确吸收它的条件"(Carroll,1998,p. 370)。

伦理批评的倡导者(Clausen,1986;Gregory,1998)认为伦理批评是对其他批评方法的补充,而不是要替代或取代其他批评方法,并认为许多保守的、激进的、女性主义的、后结构的和后现代的批评只是掩盖了在采取关于对错的政治立场时固有的伦理立场,不同的批判学者可能会发现这一视角在研究体育语境中传播行为的正当性方面很有吸引力。虽然迄今为止,这方面公开的伦理批评还很有限,但下一节将探讨一些关键的形式。

体育与伦理传播计划研究

有两个值得注意的研究方向具有明显的"伦理冲动"(ethical impulse),为体育传播学研究带来了希望。这些研究议程具有普遍性,聚焦于(1)传播"污垢"(dirt)(Wenner,2007)作为信息污染源的工作机制,特别是在营销传播的商品环境中,以及(2)当体育英雄在丑闻中公开失宠并试图恢复名誉时,道德底线是如何被划定和重塑的,这预示着长期的可行性。接下来的部分将考虑这些领域的策略和发展。

污垢与传染

从道格拉斯(Douglas,1966,p. 35)的开创性概念"'污垢'是不合时宜的物质"(p.35)发展而来,经过 20 世纪 90 年代的近 20 项研究(Wenner,2013b),"叙事伦理的污垢理论"(Wenner,2007,2009)形成了,这一理论旨在解构体育叙事及其在商品语境中的解读,并进一步探究这种交易的伦理。正如传播和媒介理论(Enzenberger,1972;Hartley,1984;Leach,1976)所发展的那样,文化污垢,如体育所产生的意义,具有重要意义,因为它能够跨越边界,从一个地方到另一个地方"呼唤"(hail)你(Althusser,1971/2001),而在另一个地方,它可能是不恰当的。这种"文化借用"(cultural borrowing)过程(Wenner,1991,p.392)对所有传播中的意义传递都是必要的,但在激发熟悉的理解以污染意义时,这种借用就成了问题。这种违反道德的行为通过将旧的逻辑应用于新的故事来塑造意义,从而获得了权力,当我们谈到体育在销售其他产品方面的吸引力时,这一点得到了认可。

将污垢理论应用于体育传播需要一个包含三个层次的过程。在研究叙事时,首先要"跟踪污垢"(follows the dirt),询问其特征、起源、入口和轨迹。探究在构建新的叙事时,如何使用输入的传播污垢和相关逻辑,以及由此导致的谬误或歪曲。其次,污垢理论涉及阅读过程,使用以读者为导向的批评和接受理论(Machor & Goldstein,2001;Tompkins,1980)中的策略,承认读者必然会用旧污垢玷污新文本。对"污垢"进行质询的核心问题是:(1)隐含读者的语境化;(2)文本对读者的吸引;(3)阅读行为的本质(Iser,1978)。重点在于"污垢"叙事中有关体育的"阐释社群"(Fish,1980)的论断、文本代笔的描述、用于鼓励偏好阅读的策略,以及文本中的冗余和留白如何激发读者的倾向性。在这一过程中,对读者的定性、对读者共同体的想象(Anderson,1983)以及叙事感觉的形成都是不恰当的。因此,污垢理论的第三步侧重于对污垢与阅读之间的过渡进行伦理评估。关注的焦点是文本和阅读中的伦理张力,提出有关更大的利益、最小的伤害、其他的尊重关怀、真实性、公平性等问题。伦理批评关注体育传播中的"肮脏交易"和道德缺陷,揭示文化主张中的违规行为。

探索与体育有关的传播污垢的研究主要集中在理想化(或想象中)的体育理解是如何被战略性地用于营销传播和市场营销的。这些研究探讨了在啤酒销售中注入体育逻辑的风气,通过在奥运会转播中交叉推广产品来创造欺骗性的协同效应,利用霸权男性气质来使体育酒吧的公共空间自然化,在珍妮·杰克逊(Janet Jackson)超级碗"走光"风波中创造一种不负责任的文化(在超级碗广告中针对杰克逊的公关灾难促成一种下意识的道德冷却),在电视广告中创造虚伪的理想化的迷群形象、在广告叙事中将有关性别和性别关系的对立刻板印象自然化,在体育运动中通过男性喝啤酒的联谊来颂扬超男性气概和同性恋恐惧症,在电视广告中嘲讽男性并将歧视制度化,在电视广告和用户生成的网络视频中将女性体育迷刻板化并削弱其合法性,以及研究广告商利用体育赛事来定义其产品的欺骗性方式(Wenner,2013b)。这一研究计划的结果是将"媒介体育质询"(mediasport interpellation)(Wenner,2013b,2014,2015)作为污垢理论的推论。这一推论认为,存在伦理问题的体育逻辑"呼唤"并遏制了我们对性别、迷群精神和体育消费者角色的理解。

丑闻与道歉

第二个发展起来的研究议程不是立足于与体育相关的传播如何可能在道德上存在的问题或"肮脏",而是研究如何传播、理解和应对体育中的道德缺失。这一研究方向的基础是,人们已经认识到,当代英雄人物的匮乏已经得到了补救,而补救的方式往往是有问题的,这就是以名流身份为中介的行为的崛起,在这种崛起中,体育英雄与大众文化中的其他"明星"和名流一起扮演着重要的角色(Allison & Goethals,2011)。这种新型英雄不仅以表演、歌唱、娱乐和体育能力著称,而且越来越多地将自己的生活公之于众,随着他们的正规化崛起,丑闻也时有发生(Rowe,1997)。在名流文化时代,似乎没有哪一类英雄比体育明星更经常地陨落(Whannel,2002)。

有两部重要作品集中探讨了这一现象。第一部是《坠落的体育英雄、传媒与名流文化》(*Fallen Sport Heroes, Media, and Celebrity Culture*)[①],它汇集了来自媒介与体育研究领域的不同的国际批判学者,以文化研究的视角为基础。该书建立在对丑闻传播的不同研究(Lull & Hinerman,1997)之上,这些研究显示了媒体对公共领域不当行为的描述如何揭示了文化中的道德底线,以及洛弗(Rowe,1994,1997)的奠基性研究之上,即在 NBA 球星"悲剧魔术师"约翰逊("tragic Magic"Johnson)的艾滋病丑闻和 NFL 美式橄榄球传奇 O. J. 辛普森(O. J. Simpson)的谋杀丑闻等案例中,对坠落的体育英雄的特殊化运作进行拷问。文内尔(Wenner,2013a)的论文集不仅分析了驱动体育丑闻的道德裂痕叙事,还通过考察媒体在评价道德败坏的英雄人物时创造"崛起-衰落-救赎"传播弧(rise-fall-redemption communicative arc)的共谋行为,揭示了更广泛的理解。这一更广泛的语境展示了道德判断(或缺乏道德判断)如何在体育新闻中被固有的、创造品行端正的体育英雄的需要所推动,这种新闻倾向于将个人道德失误归咎于运动员,而不是审视帮助创造精英运动员文化的结构性力量,包括体育

---

① 该论文集的中文版于 2015 年由四川大学出版社出版。——译者注

和媒体系统。

文内尔这本论文集中的许多研究考虑了运动员"可预见的"道德失误的传播层面,如高尔夫球手泰格·伍兹(Tiger Woods)(Billings,2013)、英国足球明星约翰·特里(John Terry)(Grantham,2013)和澳大利亚式橄榄球"国王"韦恩·卡雷(Wayne Carey)(McKay & Brooks,2013)的性犯罪案例,以及美国 NFL 球员普拉西科·布雷斯(Plaxico Burress)和美国 NBA 球员吉尔伯特·阿里纳斯(Gilbert Arenas)的肆意持枪行为(Lavelle,2013),还有使用兴奋剂提高成绩,如田径明星玛丽安·琼斯(Marion Jones)的情形(Meân,2013),或职业滑板运动员克里斯蒂安·细井(Christian Hosoi)的娱乐行为(Beal,2013)。其他研究则深入探讨了更多"令人吃惊"的违法行为的传播,如美国 NFL 明星四分卫迈克尔·维克(Michael Vick)的斗狗犯罪(Giardina & Magnusen,2013),或更复杂的道德困境,如在南非中长跑运动员卡斯特尔·塞门亚(Caster Semenya)的案例中,体育机构应如何对性别验证做出判断(Cooky & Dworkin,2013)。最后,论文集的重要意义还在于超越了运动员的道德裂痕,将目光投向了有关教练员和体育解说员的叙事,他们在体育运动中提供道德引导并对体育运动做出判断。在这方面,哈丁和拉沃伊(Hardin & Lavoi,2013)对"女同性恋问题"的分析对比了两名女性教练员(一名仇视同性恋者,一名具有掠夺性)的故事,杭德利(Hundley,2013)对因种族主义、性别歧视和仇视同性恋的言论而遭受道德谴责的体育解说员进行了比较分析,这些研究表明,在体育运动中,违反道德的行为多种多样。

第二部重要作品是布雷尼、利珀特和史密斯(Blaney,Lippert & Smith,2013)的《修复运动员形象:体育形象复原研究》(*Repairing the Athlete's Image*:*Studies in Sports Image Restoration*),该作品以"道歉"(apologia)(Ware & Linkugel,1973)和"净化"(purification)(Burke,1968)修辞分析的一系列理论方法为基础,依赖于"分析形象修复话语的黄金标准"(Blaney,2013,p.2),以及贝诺伊特(Benoit,1995,1997)的形象复原理论,该理论可用于公共关系危机管理。布雷尼等人(Blaney,et al. 2013)书中的研究以美国案例为特色,学者们以更有限、更集中的方式研究了传播学,并根据贝诺伊特(Benoit,1995)提出的形象复原典型的五个阶段对话语进行了大量分析,这五个阶段为:(1)否认、(2)逃避责任、(3)降低亲和力、(4)确保纠正措施,以及(5)缄默。

对于传播学者来说,论文集中的研究非常重要,它们使用了学科特有的策略,更广泛地研究了道歉和形象修复策略,并建立在体育语境中出现的修辞分析的基础之上。早期的应用范例包括贝诺伊特和汉索尔(Benoit &

Hanczor, 1994）对花样滑冰运动员托尼亚·哈丁（Tonya Harding）殴打奥运会队友的不当处理的分析，以及麦克多尔曼（McDorman, 2003, p.1）对蒙羞的棒球明星皮特·罗斯（Pete Rose）的"修辞复出"和"二次道歉机会"的评估。该论文集在其他方面也很有用。它的组织策略包括毒品、婚姻不忠和不当性行为、社会偏差和诚信、赛场行为和组织不当行为等部分，预示着一种稳定的道德失范和道德犯罪分类方案，有助于修复形象的讨论。此外，文内尔（Wenner, 2013a）论文集中的许多个人研究对泰格·伍兹（Billings, 2013）、玛丽安·琼斯（Meân, 2013）、约翰·特里（Grantham, 2013）、迈克尔·维克（Giardina & Magnusen, 2013）、吉尔伯特·阿里纳斯和普拉西科·布雷斯（Lavelle, 2013）的案例进行了有益的对比分析。最后，布雷尼等人（Blaney, et al., 2013）论文集中的一组研究集中于体育组织对道德问题的回应，如美国职业棒球大联盟（MLB）（Meyer & Cutbirth, 2013）、美国全国大学体育协会（NCAA）（Milford, 2013）和美国冰球职业联盟（NHL）（DiSanza, Legge, Allen, & Wilde, 2013），为组织传播和公共关系学者提供了很好的案例。

体育与伦理传播未来研究的关键领域

尽管有关体育与伦理传播的系统性研究还很有限，但从一些研究中可以看到一些鼓舞人心的符号，这些研究显示出明显的伦理冲动，并为需要发展的领域提供了多样化的可能性。以下是对这些研究的精选。

鼓舞人心的符号

体育新闻学

体育新闻学常常被描述为"玩具部"（Rowe, 2007），在这里，"严肃"新闻所需的专业主义和职业道德可能较少有所涉及。事实上，体育新闻的独特文化和实践引发了为获得采访权而做出的妥协、真相与隐私之间的紧张关系，以及新闻界充当啦啦队而非体育界的扒粪者（muckrakers）等问题（Boyle, 2006；Lowes, 1999）。然而，尽管新闻伦理研究一直是媒介伦理学家的首要关注点，但体育新闻的伦理研究，也许因为"玩具部"一说而可能不被视为具有世界意义，所以很少受到系统的学术关注。奥蒂斯和保利（Oates & Pauly, 2007）等学者日益认识到，有必要"将体育新闻报道重新塑造为伦理反思的合法对象"（p.333），因为体育新闻学在讲述体育及其参与者的故事时，本质上提供了"道德和伦理话语"(p.332)。

有许多证据表明,体育新闻的"玩具部"是一个由男性记者主导的性别空间,以至于它可以被称为"男孩部",因此有必要从公正和平等主义的角度对体育新闻学进行伦理审查。跨文化研究(Boyle,2006;Bruce,2000;Hardin & Shain,2006;Strong,2007)生动地证明了女性体育记者所面临的双重标准和敌对环境。事实上,对体育新闻学话语伦理的研究(Holt,2000)表明,体育新闻学的伦理氛围依赖于充斥着暴力、军事、战争和机器等方面的隐喻的语言,而这些都是男性主导环境的特征。

氛围评估

对体育新闻学伦理及其实践中所依赖的道德标准的研究,在满足对体育传播创作和消费中的伦理氛围进行评估的广泛需求方面发挥了带头作用。当然,利用前面提到的标准化量表和问卷对亚文化进行"伦理审计"(ethical audits),以及研究不同的伦理价值观如何影响体育传播研究的环境已经成熟。就体育新闻学而言,迄今为止的研究表明,诸如收受"免费赠品"(freebies)或展现出积极支持主队等道德问题并不是最优先被考虑的问题,尤其是在那些在地方报道中声望较低的年轻体育记者中间(Hardin,2005;Hardin & Zhong,2010)。其他研究发现,在体育博彩的适当性、认识到与报道对象之间的利益冲突以及与报道对象的"亲密"关系和积极支持报道对象等问题上,体育新闻学的伦理氛围与新闻编辑室的其他部门存在偏差(Hardin,Zhong,& Whiteside,2009)。

雷尼的研究(Raney,2011)超越了体育新闻学的氛围,使用了"倾向理论"(disposition theory)这一研究体育观赏乐趣的基础方法,来研究道德如何影响我们观看体育比赛的方式。在考虑观众道德的动态时,该研究提出有必要确认体育迷是否认为自己喜爱的运动队在道德上更胜一筹,以及体育迷是否给予他们"道德赦免"(moral amnesty),允许喜爱的运动队脱离道德规则。

需求与机遇

数字与社交媒体

显然,近期学术研究的许多注意力都集中在日益重要的数字和社会"新"媒体、公民新闻和用户生成的内容上。在这方面,人们也很少正式关注伦理问题。虽然有研究明确探讨了校际体育比赛招募高中运动员的网络信息中出现的有违伦理的问题(Yanity & Edmonson,2011),并对体育视频游戏中产品植入的伦理正当性提出疑问(Kim & McClung, 2010),但很少探讨数字传播环境的伦理动态。随着诸如在竞技性梦幻体育①中使用兴奋剂等话题的出现,以及用户生成内容、博客、备忘录和推特化(Twitterization)等缺乏职业伦理标准的"伦理真空"的出现,找到对新传播内容进行伦理分析的连贯路径将是至关重要的,也是极具挑战性的。

领导力与组织

我们知道,在激励和追求胜利的过程中,教练员可能会滥用职权。同时,我们也知道,教练员的伦理领导力和公平性也会受到高度评价(Denison & Avner, 2011; Kassing & Pappas, 2007)。在其他方面,大多数体育迷都知道,球队老板、职业联赛及其高管,以及国际奥委会和国际足联等体育非政府组织(NGO)的领导者,为了获得优势和利益,不惜违反道德规范,有时甚至触犯法律。因此,对领导力的伦理维度和体育组织的伦理氛围进行研究,尤其是从传播学领域进行探究的时机已经成熟。在这方面,研究管理层和领导者不当行使权力的学者,尤其是研究组织传播学的学者,可以帮助推进对体育语境的理解。

人际传播与群体传播

一个人只要参加一场少年棒球比赛,就会意识到父母经常给年轻运动员施加巨大的压力。事实上,我们很难不认识到,有些家长不仅对自己的孩子,而且对对手、教练员和比赛官员恶语相向是多么"失控"。我们也知道,在球队内部,地位高、低者之间的传播往往并不平等,而且往往缺乏技巧或关怀,这可能会助长道德脱离(Hodge & Gucciardi, 2015)。虽然很少有人使用传播学研究视角进行研究,但了解传播的伦理氛围,包括参与者之间以及参与者与他人之间的传播,仍然是一项基本需求。鉴于一些家长对体育的狂热,有关体育的家庭传播伦理氛围,尤其是父母与子女之间的传播伦理氛围,需要引起学术界的关注。

体育与伦理传播的语境化

体育为伦理道德提供了持续的、有影响力的公共舞台。在这里,我们看到了高尚、英勇的行为,这或许能满足我们的期望,即体育确实能塑造良好的品

---

① 体育经理人游戏。——译者注

格。然而,我们同时也知道,在体育的氛围中,在其无时无刻不在追求胜利的动力中,在其参与者日常的场内场外行为中,都有许多证据表明,伦理标准经常会迷失方向。对于传播学和媒介研究学者来说,这为研究这一强大的公共领域中的伦理传播提供了许多机会。在一些重要方面,这些机会远远超出了体育的范畴,因为当我们研究体育世界中的伦理行动时,我们也会了解当代文化中更广泛的伦理界限在哪里,以及界限应该在哪里。我们还可以思考,我们希望体育成为社会的哪种伦理镜子,是一面扭曲了的哈哈镜,还是一面反映我们所能成为的最好样子的镜子。因此,对于体育传播学者来说,研究体育和传播伦理似乎是一个双赢的组合。

参考文献

Aristotle. (1953). *Nichomachean ethics*. New York: Modern Library.

Allison, S. T., & Goethals, G. R. (2011). *Heroes: What they do and why we need them*. New York: Oxford University Press.

Althusser, L. (1971/2001). *Lenin and philosophy and other essays* (Ben Brewster, Trans.). New York: Monthly Review Press.

Anderson, B. (1983). *Imagined communities*. London: Verso.

Aquino, K., & Reed, A. I. I. (2002) The self-importance of moral identity. *Journal of Personality and Social Psychology*, 83, 1423-1440.

Baggini, J., & Fosi, P. S. (2007). *The ethics toolkit: A compendium of ethical concepts and methods*. Malden, MA: Wiley-Blackwell.

Beal, B. (2013). Ups and downs of skating vertical: Christian Hosoi, crystal meth, and Christianity. In L. A. Wenner (Ed.), *Fallen sports heroes, media, and celebrity culture* (pp. 92-106). New York: Peter Lang.

Benoit, W. L. (1995). *Accounts, excuses, and apologies: A theory of image restoration discourse*. Albany, NY: State University of New York Press.

Benoit, W. L. (1997). Image restoration discourse and crisis communications. *Public Relations Review*, 23, 177-186.

Benoit, W. L. (2013). Tiger Woods's image repair: Could he hit one out of the rough? In J. R. Blaney, L. R. Lippert, & J. S. Smith (Eds.), *Repairing the athlete's image: Studies in sports image restoration* (pp. 89-96). Lanham, MD: Lexington Books.

Benoit, W. L., & Hanczor, R. (1994). The Tonya Harding controversy: An analysis of image repair strategies. *Communication Quarterly*, 42, 416-433.

Bentham, J. (1948). *An introduction to the principles of morals and legislation*. New York: Hafner.

Billings, A. C. (2013). Tiger Woods lands in the "rough": Golf, apologia, and heroic limits of privacy. In L. A. Wenner (Ed.), *Fallen sports heroes, media, and celebrity culture* (pp. 51-63). New York: Peter Lang.

Bird, F. B. (2002). *The muted conscience: Moral silence and the practice of business ethics* (Rev. ed.). Westport, CT: Quorum Books.

Bivins, T. (2009). *Mixed media: Moral distinctions in advertising, public relations, and journalism* (2nd ed.). New York: Routledge.

Blaney, J. R. (2013). Introduction: Why sports image restoration and how shall we proceed? In J. R. Blaney, L. R. Lippert, & J. S. Smith (Eds.), *Repairing the athlete's image: Studies in sports image restoration* (pp. 1-5). Lanham, MD: Lexington Books.

Blaney, J. R., Lippert, L. R., & Smith, J. S. (Eds.). (2013). *Repairing the athlete's image: Studies in sports image restoration*. Lanham, MD: Lexington Books.

Booth, W. C. (1988). *The company we keep: An ethics of fiction*. Berkeley, CA: University of California Press.

Booth, W. C. (1998). Why ethical criticism can never be simple. *Style, 32*, 351-364.

Boyle, R. (2006). *Sports journalism: Context and issues*. London: Sage.

Bruce, T. (2000). Never let the bastards see you cry. *Sociology of Sport Journal, 17*, 69-74.

Burke, K. (1967). *The philosophy of literary form: Studies in symbolic action* (2nd ed.). Baton Rouge, LA: University of Louisiana Press.

Burke, K. (1968). *A rhetoric of motives*. Berkeley, CA: University of California Press.

Carroll, N. (1998). *A philosophy of mass art*. Oxford: Clarendon Press.

Cheney, G., May, S., & Munshi, D. (Eds.). (2011). *Handbook of communication ethics*. New York: Routledge.

Christians, C. G., Fackler, M., Richardson, K. B., Kreshel, P. J., & Woods, R. H. (2015). *Media ethics: Cases and moral reasoning* (9th ed.). New York: Routledge.

Clausen, C. (1986). *The moral imagination: Essays on literature and ethics*. Iowa City, IA: University of Iowa Press.

Cooky, C., & Dworkin, S. L. (2013). Running down what comes naturally: Gender verication and South Africa's Caster Semenya. In L. A. Wenner (Ed.), *Fallen sports heroes, media, and celebrity culture* (pp. 148-162). New York: Peter Lang.

Day, L. A. (2006). *Ethics in media communications: Cases and controversies* (5th ed.). Belmont, CA: Thomson Wadsworth.

Denison, J., & Avner, Z. (2011). Positive coaching: Ethical practices for athlete development.

Quest, *63*, 209-227.

DiSanza, J. R., Legge, N. J., Allen, H. R., & Wilde, J. T. (2013). The puck stops here: The NHL's image repair strategies during the 2004-2005 lockout. In J. R. Blaney, L. R. Lippert, & J. S. Smith (Eds.), *Repairing the athlete's image: Studies in sports image restoration* (pp. 319-391). Lanham, MD: Lexington Books.

Douglas, M. (1966). *Purity and danger: An analysis of the concepts of pollution and taboo*. London: Routledge and Kegan Paul.

Drumwright, M. E., & Murphy, P. E. (2004). How advertising practitioners view ethics. *Journal of Advertising*, *33*(2), 7-24.

Enzenberger, H. M. (1972). Constituents of a theory of the media. In D. McQuail (Ed.), *Sociology of mass communication* (pp. 99-112). Harmondsworth, UK: Penguin.

Fish, S. (1980). *Is there a text in this class? The authority of interpretive communities*. Cambridge, MA: Harvard University Press.

Forsyth, D. R. (1980). A taxonomy of ethical ideologies. *Journal of Personality and Social Psychology*, *39*, 175-184.

Giardina, M. D., & Magnusen, M. (2013). Dog bites man? The criminalization and rehabilitation of Michael Vick. In L. A. Wenner (Ed.), *Fallen sports heroes, media, and celebrity culture* (pp. 165-178). New York: Peter Lang.

Gilligan, C. (1982). *In a different voice: Psychological theory and women's development*. Cambridge, MA: Harvard University Press.

Glantz, M. (2013). Plaxico Burress takes his best shot. In J. R. Blaney, L. R. Lippert, & J. S. Smith (Eds.), *Repairing the athlete's image: Studies in sports image restoration* (pp. 187-202). Lanham, MD: Lexington Books.

Grantham, B. (2013). No gagging matter: John Terry plays centre back from dad of the year to (alleged) debauchery. In L. A. Wenner (Ed.), *Fallen sports heroes, media, and celebrity culture* (pp. 222-235). New York: Peter Lang.

Gregory, M. (1998). Ethical criticism: What it is and why it matters. *Style*, *32*, 194-220.

Hardin, M. (2005). Survey finds boosterism, freebies remain problem for newspaper sports departments. *Newspaper Research Journal*, *26*(1), 66-72.

Hardin, M., & Lavoi N. M. (2013). The "bully" and the "girl who did what she did": Neohomophobia in coverage of two women's college basketball coaches. In L. A. Wenner (Ed.), *Fallen sports heroes, media, and celebrity culture* (pp. 267-283). New York: Peter Lang.

Hardin, M., & Shain, S. (2006). "Feeling much smaller than you know you are": The fragmented professional identity of female sports journalists. *Critical Studies in Media Communication*, *23*, 322-338.

Hardin, M. , & Zhong, B. (2010). Sports reporters' attitudes about ethics vary based on beat. *Newspaper Research Journal*, *31*(2), 6-19.

Hardin, M. , Zhong, B. , & Whiteside, E. (2009). Sports coverage: "Toy department" or public-service journalism? The relationship between reporters' ethics and attitudes towards the profession. *International Journal of Sport Communication*, *2*, 319-339.

Hartley, J. (1984). Encouraging signs: TV and the power of dirt, speech, and scandalous categories. In W. Rowland & B. Watkins (Eds.), *Interpreting television: Current research perspectives* (pp. 119-141). Beverly Hills, CA: Sage.

Hodge, K. , & Gucciardi, D. F. (2015). Antisocial and prosocial behavior in sport: The role of motivational climate, basic psychological needs, and moral disengagement. *Journal of Sport & Exercise Psychology*, *37*, 257-273.

Holt, R. (2000). The discourse ethics of sports print journalism. *Culture*, *Sport*, *Society*, *3*, 88-103.

Hundley, H. (2013). Who's sorry now? Sportcasters falling from grace, saving face. In L. A. Wenner (Ed.), *Fallen sports heroes, media, and celebrity culture* (pp. 313-329). New York: Peter Lang.

Hurka, T. (2007). Games and the good. In W. J. Morgan (Ed.), *Ethics in sport* (2nd ed.) (pp. 21-33). Champaign, IL: Human Kinetics.

Huxford, J. (2013). Strategies of silence: The John Terry affair and the British press. In J. R. Blaney, L. R. Lippert, & J. S. Smith (Eds.), *Repairing the athlete's image: Studies in sports image restoration* (pp. 123-148). Lanham, MD: Lexington Books.

Iser, W. (1978). *The act of reading: A theory of aesthetic response*. Baltimore, MD: Johns Hopkins University Press.

Jensen, J. V. (1997). *Ethical issues in the communication process*. Mahwah, NJ: Erlbaum.

Johannesen, R. L. , Valde, K. S. , & Whedbe, K. E. (2007). *Ethics in human communication* (6th ed.). Prospect Heights, IL: Waveland Press.

Josephson, M. (2002). *Making ethical decisions* (2nd ed.). Marina del Rey, CA: Josephson Institute of Ethics.

Kant, I. (1959). *Foundations of metaphysics of morals* (L. W. Beck, Trans.). Indianapolis, IN: Bobbs-Merrill. (Original work published 1785.)

Kassing, J. W. , & Pappas, M. E. (2007). "Champions are built in the off-season": An exploration of high school coaches' memorable passages. *Human Communication*, *10*(4), 537-546.

Kim, M. S. , & McClung, S. R. (2010). Acceptability and ethics of product placement in sport video games. *Journal of Promotion Management*, *16*, 411-427.

Kramer, M. J. (2013). Image repair media interview as apologia and antapologia: Marion Jones on the *Oprah Winfrey Show*. In J. R. Blaney, L. R. Lippert, & J. S. Smith (Eds.), *Repairing the athlete's image: Studies in sports image restoration* (pp. 59-70). Lanham, MD: Lexington Books.

Lavelle, K. L. (2013). "Guns are no joke": Framing Plaxico Burress, Gilbert Arenas, and gunplay in professional sports. In L. A. Wenner (Ed.), *Fallen sports heroes, media, and celebrity culture* (pp. 179-192). New York: Peter Lang.

Leach, E. (1976). *Culture and communication*. Cambridge: Cambridge University Press.

Lowes, M. D. (1999). *Inside the sports pages: Work routines, professional ideologies, and the manufacture of sports news*. Toronto, ON: University of Toronto Press.

Lull, J., & Hinerman, S. (Eds.). (1997). *Media scandals: Morality and desire in the popular culture marketplace*. New York: Columbia University Press.

Machor, J. L., & Goldstein, P. (Eds.). (2001). *Reception study: From literary theory to cultural studies*. London: Routledge.

Mather, V. (2013, June 17). The biggest cheats in team sports. *New York Times*. Retrieved July 23, 2015, from http://www.nytimes.com/interactive/2015/06/17/sports/cardinalsastros-cheat-teams.html?_r=0.

McDorman, T. (2003). The rhetorical resurgence of Pete Rose: A second chance apologia. In R. S. Brown & D. J. O'Rourke (Eds.), *Case studies in sport communication* (pp. 1-25). Westport, CT: Praeger.

McKay, J., & Brooks, K. (2013). "Wayne's World": Media narratives of downfall and redemption about Australian football "King" Wayne Carey. In L. A. Wenner (Ed.), *Fallen sports heroes, media, and celebrity culture* (pp. 236-250). New York: Peter Lang.

McNamee, M. (2010). *The ethics of sport: A reader*. London: Routledge.

McNamee, M. J., & Parry, S. J. (1998). *Ethics and sport*. London: E & FN Spon.

Meân, L. J. (2013). On track, off track, on *Oprah*: The framing of Marion Jones as golden girl and American fraud. In L. A. Wenner (Ed.), *Fallen sports heroes, media, and celebrity culture* (pp. 77-91). New York: Peter Lang.

Merrill, J. (1999). Overview: Foundations for media ethics. In A. D. Gordon & J. M. Kitross (Eds.), *Controversies in media ethics* (2nd ed., pp. 1-25). New York: Longman.

Meyer, K. R., & Cutbirth, C. W. (2013). No pepper: Apologia and image repair in the 2002 labor negotiations between Major League Baseball and the players association. In J. R. Blaney, L. R. Lippert, & J. S. Smith (Eds.), *Repairing the athlete's image: Studies in sports image restoration* (pp. 267-282). Lanham, MD: Lexington Books.

Milford, M. (2013). Giving them the ol' misdirection: The NCAA and the student-athlete. In J. R. Blaney, L. R. Lippert, & J. S. Smith (Eds.), *Repairing the athlete's image: Studies in sports image restoration* (pp. 283-296). Lanham, MD: Lexington Books.

Mill, J. S. (1861). *Utilitarianism*. London: Dent.

Morgan, W. J. (Ed.). (2007). *Ethics in sport* (2nd ed.). Champaign, IL: Human Kinetics.

Morris, C. W. (2000). *The social contract theorists: Critical essays on Hobbes, Locke, and Rousseau*. Lanham, MD: Rowman & Littleeld.

Neher, W. W., & Sandin, P. J. (2007). *Communicating ethically: Character, duties, consequences, and relationships*. Boston, MA: Pearson.

Noddings, N. (1984). *Caring: A feminine approach to ethical and moral education*. Berkeley, CA: University of California Press.

Oates, T. P., & Pauly, J. (2007). Sports journalism as moral and ethical discourse. *Journal of Mass Media Ethics, 22*, 332-347.

Parsons, P. J. (2008). *Ethics in public relations* (2nd ed.). London: Kogan Page.

Patterson, P., & Wilkins, L. (2013). *Media ethics: Issues and cases* (8th ed.). New York: McGraw-Hill.

Plaisance, P. L. (2014). *Media ethics: Key principles for responsible practice* (2nd ed.). Thousand Oaks, CA: Sage.

Raney, A. A. (2011). Fair ball? Exploring the relationship between media sports and viewer morality. In A. C. Billings (Ed.), *Sports media: Transformation, integration, consumption* (pp. 77-93). New York: Routledge.

Rawls, J. (1971). *A theory of justice*. Cambridge, MA: Harvard University Press.

Reid, T. R. (1999). *Confucius lives next door: What living in the East teaches us about living in the West*. Berkeley, CA: University of California Press.

Rowe, D. (1994). Accommodating bodies: Celebrity, sexuality, and "tragic Magic." *Journal of Sport and Social Issues, 18*(1), 6-26.

Rowe, D. (1997). Apollo undone: The sports scandal. In J. Lull & S. Hinerman (Eds.), *Media scandals: Morality and desire in the popular culture marketplace* (pp. 203-221). New York: Columbia University Press.

Rowe, D. (2007). Sports journalism: Still the "toy department" of the news media. *Journalism, 8*, 385-405.

Sheckels, T. F. (2013). Failed comedy of the NBA's Gilbert Arenas: Image restoration in context. In J. R. Blaney, L. R. Lippert, & J. S. Smith (Eds.), *Repairing the athlete's image: Studies in sports image restoration* (pp. 169-186). Lanham, MD: Lexington Books.

Shogan, D. (2007). *Sport ethics in context*. Toronto: Canadian Scholar's Press.

Simon, R. L. (2010). *Fair play: The ethics of sport* (3rd ed.). Boulder, CO: Westview Press.

Smith, J. S. (2013). Bad newz kennels: Michael Vick and dogghting. In J. R. Blaney, L. R. Lippert, & J. S. Smith (Eds.), *Repairing the athlete's image: Studies in sports image restoration* (pp. 151-168). Lanham, MD: Lexington Books.

Spence, E. H., Alexandra, A., Quinn, A., & Dunn, A. (2011). *Media, markets, and morals*. Malden, MA: Wiley-Blackwell.

Spence, E. & Van Heerkeren, B. (2004). *Advertising ethics*. New York: Pearson.

Strong, C. (2007). Female journalists shun sports reporting: Lack of opportunity or lack of attractiveness? *Communication Journal of New Zealand*, 8(2), 7-18.

Tompkins, J. P. (Ed.). (1980). *Reader-response criticism: From formalism to post-structuralism*. Baltimore: MD: Johns Hopkins University Press.

Ware, B. L., & Linkugel, W. A. (1973). They spoke in defense of themselves: On the generic criticism of apologia. *Quarterly Journal of Speech*, 59, 273-283.

Wenner, L. A. (1991). One part alcohol, one part sport, one part dirt, stir gently: Beer commercials and television sport. In L. R. Vande Berg & L. A. Wenner (Eds.), *Television criticism: Approaches and applications* (pp. 388-407). New York: Longman.

Wenner, L. A. (2007). Towards a dirty theory of narrative ethics: Prolegomenon on media, sport and commodity value. *International Journal of Media and Cultural Politics*, 3, 11-129.

Wenner, L. A. (2009). The unbearable dirtiness of being: On the commodication of mediasport and the need for ethical criticism. *Journal of Sports Media*, 4(1), 85-94.

Wenner, L. A. (Ed.). (2013a). *Fallen sports heroes, media, and celebrity culture*. New York: Peter Lang.

Wenner, L. A. (2013b). The mediasport interpellation: Gender, fanship, and consumer culture. *Sociology of Sport Journal*, 30, 83-103.

Wenner, L. A. (2014). On the limits of the new and the lasting power of the mediasport interpellation. *Television and New Media*, 15, 732-740.

Wenner, L. A. (2015). Assessing the sociology of sport: On the mediasport interpellation and commodity narratives. *International Review for the Sociology of Sport*, 50, 628-633.

Whannel, G. (2002). *Media sport stars: Masculinities and moralities*. London: Routledge.

Wilkins, L., & Christians, C. G. (Eds.). (2009). *Handbook of mass media ethics*. New York: Routledge.

Yanity, M., & Edmondson, A. C. (2011). The ethics of online coverage of recruiting high school athletes. *International Journal of Sport Communication*, 4, 403-421.

第四章 体育与民族志：具身实践与具身方法的结合

罗伯特·L.克里泽克[①]

通过选择书名"定义体育传播"，这本论文集的主编让撰稿人承担了一项看似相当具体、甚至是平凡的任务。然而，回想起来，事实证明编辑的工作比笔者预想的更加繁重。笔者不得不清楚地说明自己对于体育学、传播学以及两者之间交集的看法。直面想当然的假设永远是一个挑战。此外，笔者还发现，或许与定义"体育传播"同样具有挑战性的唯一任务，就是为交叉领域的研究提供理论依据。我们这些从事过体育运动或研究过体育学的人都会意识到，体育迷、评论员、批评家、作家和无数的拥趸谈论体育的方式，以及参与者是如何在传播中参与体育运动的，这并不总是容易测量或容易观察到的。

在这一章中，笔者将民族志视为一种可行但尚未被充分利用的研究方法，来检验那些不太容易测量或观察到的体育学与传播学的交叉领域。首先，笔者定义了一些关键术语，为体育与民族志之间的"具身化"联系提供论据。其次，笔者简要地回顾了民族志的三个主要理论基础，并在此过程中阐释了民族志如何帮助人们理解体育传播的重要层面。再次，在回答了两个关于体育传播中缺乏"真正的"（real）民族志的问题之后，笔者讨论了在体育传播中发现的民族志研究的案例。最后，笔者提出了我们这个子学科未来民族志研究的一些可能性。笔者提出这些可能性是为了鼓励当前和未来的体育传播学学者参与民族志的所有相关领域的研究，包括自我民族志和个人叙事，以更好地理解体育传播学研究。

[①] 美国圣路易斯大学传播学名誉副教授。他于1995年博士毕业于美国亚利桑那州立大学。他的研究涵盖组织传播、体育传播、叙事学、身份展演和人种学等。

第四章 体育与民族志:具身实践与具身方法的结合

定义传播、体育与民族志

在本节中,笔者提供了传播、体育、体育传播学和民族志的定义。笔者还将详细介绍体育与民族志之间的关键定义联系,从而为本章的主要论点奠定基础。本章的主要论点为,体育与民族志作为具身实践有着不可分割的联系。此外,由于这种联系,笔者认为民族志是一种非常适合用来理解那些不容易被测量或观察到的体育层面的方法。例如,民族志特别适合用来揭示体育社群中个人的文化实践,以及激发和产生这些实践的意义系统(Vidali & Peterson,2012)。

考虑到篇幅的原因,我们无法对传播的众多不同定义进行详尽的回顾。然而,不管这些定义的具体内容是什么,这些定义主要来自以人文或科学方法为基础的传播学范式(Miller,1975,关于人文与科学方法的讨论)。后一种方法衍生出了功能主义和后实证主义学者所青睐的定义,前一种方法产生了解释性和批判性学者所青睐的定义。作为一名解释主义者(笔者主要认同的标签),笔者对传播的定义与人文主义的方法相一致。这是合理但又极其复杂的理解。人类传播是通过使用符号代码来创造和分享意义的。

虽然关于传播的学术定义有很多,这些定义各不相同,且常常相互竞争,但是相比之下,在我们这个学科中很少有学者,或者可以说几乎没有人对体育有一个清晰甚至明确的定义。一个值得注意的例外是比林斯、巴特沃斯和图尔曼(Billings,Butterworth,& Turman,2015),他们引用了古特曼(Guttman,1978)对体育的定义。古特曼指出,体育是"'好玩的'(playful)身体竞赛,也就是说,体育是非功利主义的竞赛,其包括了对身体和智力技能的重要测量"(p.7)。比林斯等人采纳了古特曼的定义,并进一步区分了对"sports"和"sport"的使用。他们认为,"sports"是指"特定的比赛,如篮球比赛或高尔夫比赛",而"联盟、运动队、官员、运动员、体育迷和媒体的制度安排"(p.11)应使用"sport"。然而,大多数其他关于体育传播学的出版物只是简单地引用了"sports"和"sport"这两个术语,甚至没有做出任何粗略的定义。这些出版物的作者,有时也包括笔者,要么表现得好像这些术语的含义是完全不证自明的,要么表现得好像默认读者是每个术语的含义的最佳评判者。或许澳大利亚体育委员会(Australian Sport Commission)定义"sport"的立场是具有说服力的。如果某个事物"具有竞争性并且被公认为一项体育运动",那么它就是"sport"(Australian Sport Commission,n.d.,ASC Recognition section 3)。

定义体育传播

虽然从古特曼到比林斯等人对体育的定义在很多层面上都能起作用,但当应用到特定的活动,如飞盘高尔夫①、街头飙车或攀岩上时,声明某项活动是不是"sport"[与身体活动(physical activity)、游戏(play)、博弈(game)、竞争(competition)或竞技赛事(athletic contest)相比]仍然是存疑的。为了更进一步做出这样的决定,在过去的几年里,在教授一门名为"体育传播学"(Sport Communication)的课程时,笔者要求学生们给"sport"下一个定义,让我们能够合理地判断,诸如飞盘高尔夫是不是"sport"。虽然他们的定义并没有完全消除"是或不是"的争论,但不同班级的学生或多或少都同意以下对"sport"定义的一些变体。"sport":

> 需要身体和精神两方面的消耗和执行。因此,"sport"是一种具身活动,既不是严格意义上的精神活动,也不是严格意义上的身体活动。参与"sport"的个人练习的特殊的神经肌肉技能、战术和策略,具有相当程度的难度、风险和(或)需要付出努力。在体育运动中,竞争会判定出明确的赢家,竞争通常发生在一个有明确或隐含行为准则的结构化环境中,并促进官员、认证教练和其他培训人员的发展。

那么,飞盘高尔夫是"sport"吗?我的学生总是说"不"。然而,在当前对体育定义的讨论中,重要的并不是这个定义有助于判断飞盘高尔夫不是"sport"。对我目前的目标来说,重要的是,"sport"是一种具身实践。体育需要进行训练、使用和提高身体与精神能力的协调应用。

那么,根据本章提出的传播与体育的定义,什么是体育传播学呢?最简单的答案是把这两个定义结合起来;然而,尽管这种结论肯定可以提高清晰度以及减少模糊性,但它充其量只是烦琐的,甚至可能是夸张的定义。一个"组合"的定义还会把我们的注意力完全集中于只有参加体育运动的个人才能创造和分享意义。相反,笔者建议采用一个更广泛的定义,正如布鲁斯(Bruce,2013)所说,体育传播包括"关于体育、通过体育以及在体育中传播"(p.126)。因此,笔者提出以下定义:

---

① 飞盘高尔夫,又称飞盘或圆盘高尔夫,是一种游戏。在比赛中,每个玩家向不同的目标或"洞"扔飞盘。游戏的目的是让玩家以最少的抛盘次数从头到尾绕着球场走一圈。目标通常是高高举起的金属篮。和普通高尔夫球比赛一样,玩家在球场上来回走动时,必须在前一个飞盘投进的地方连续投出一个飞盘。球场内和球场周围的树木、灌木丛和任何地形变化都提供了具有挑战性的障碍。

第四章 体育与民族志:具身实践与具身方法的结合

体育传播是指参与具身体育活动的个人(体力、脑力的发挥结合执行力)创造和分享意义的过程。体育传播学还包括观察该活动的个人以及该活动的管理、指导或评论的意义建构。作为一门学科,"体育传播学"考察与体育相关的传播实践对个体与社会的影响。

虽然这个定义的第二句话包含的"谁"和"什么"的元素是可以并且应该被加以揣测的,但第一句强调的体育的具体性质对我来说是毋庸置疑的。

同样,正如体育是一种具身实践,民族志也是如此。然而,在认可这一主张之前,"民族志"这个术语还是有许多细微之处有待探究。特雷西(Tracy,2013)在研究该术语的词源时指出,民族志"结合了两个古希腊单词:ethnos,意为'部落、民族、人民',和 graphien,意为'书写'"(p.29)。抛开纯粹的词源学定义,一些学者把民族志定义为一个过程,另一些学者则把民族志定义为这一过程的产物。费特曼(Fetterman,2010)将民族志描述为理解文化的艺术和科学,这可以作为前者的一个例子。此外,后者的例子是,范·马宁(Van Maanen,1988)将民族志定义为文化的书面表达。笔者认为民族志既是过程又是产物,既是"实践"(doing)又是"书写"(writing)(Krizek,2003)。"实践"要求民族志学者"与文化成员亲密相处"(Tracy,2013),"书写"涉及选择如何记录和分享"产生出来的理解",这是基于文化田野调查的"第一手经验和探索"(Atkinson,Coffey,Delamont,Lofland,& Lofland,2001,p.4)。康克古德(Conquergood,1991)认为,定性研究者,包括民族志学者,始终是该研究的主体,这使我们更接近民族志是一种具身实践的主张。同样,斯托勒(Stoller,1989)认为,民族志学者应该采用一种全面的方法来理解文化意义的建构。林德洛夫和泰勒(Lindlof & Taylor,2011)在将研究者作为民族志学者的经历和探索描述为"具身"(embodiment)时,明确地将民族志构建为一种具身实践(p.137)。

综上所述,正如体育运动参与者在精神、身体和情感上全身心投入一样,民族志学者也是如此。民族志学者是研究的具体"指挥官"。他们通过"亲身参与一些最初不熟悉的社会世界"来完成具身参与,然后"利用这种参与来产生对那个世界的书面描述"(Emerson,Fretz,& Shaw,1995,p.1)。这些具体的"指挥官"生活在其中,用他们身体(感官)和思想(情感、理性,甚至精神)的各个层面来直接体验一种文化。他们使用现场记录、音频文件、视频文件、个人日志、扩展田野笔记和研究故事来记录这些经历。然后,他们分析和解释这些"记录",以分享他们的经验。直到最近,分享还意味着写作;然而,民族志学者现在可以通过文字、视频、音频或表演来分享他们的理解(Goodall,2000)。因此,民族志是一种很适合描述和理解体育文化实践构成的方法。民族志也很适合挖掘和分享那些不太容易观察到或测量到的,与那些在体育中、通过体育和关于体育传播的个体实践相关联的意义。

民族志的主要理论基础

虽然描述和理解文化实践以及文化成员与这些实践相关联的意义是民族志的目标,但与其他研究方法不同的是,民族志通常不会促进或鼓励正式理论的产生(Hammersley & Atkinson,2007)。虽然这一"规则"(rule)也有例外,但民族志学者最感兴趣的是生成具有可转移性①的在地知识(Lincoln & Guba,1985),而不是创建能够跨越时间和空间②现象的普遍化理论。尽管民族志注重在地知识,但其并不缺乏理论。相反,民族志是建立在各种理论传统的基础上的。此外,民族志学者利用理论知识来帮助他们理解和描述文化实践以及这些实践的意义,他们往往把所产生的在地理论视为理解而非理论。在本节的其余部分中,笔者将讨论对民族志有贡献的三个主要理论传统,并探讨每个传统中的一个关键概念,这对于研究体育传播学的民族志学者来说尤为重要。

虽然民族志借鉴了多种理论传统,但为了围绕体育传播学的各个方面展开讨论,其中有三种理论具有特殊的关联性——解释学③、现象学和符号互动论。这三种理论的共同之处在于,都渴望洞悉与人类经验的某些方面相关的意义;然而,在这三种理论中,还有其他与民族志相关的重要的相似之处。例如,解释学和现象学都强调"领会"(verstehen)的哲学概念,或试图移情地理解他人的经历(Lindlof & Taylor,2011)。现象学与符号互动论也有一个重要的共同点,即两者都考虑意向性问题。现象学家胡塞尔(Husserl,1931)认为,人们根据遇到物体时的实际意图来感知物体,符号互动论者,如米德(Mead,1934)认为,在互动过程中,参与者使用意义符号来确定彼此的意图。

---

① 可转移性地赋予读者权力,而不是赋予研究者权力。读者决定作者对文化背景、行为和意义的解释是否有助于他或她洞察人类经验的某些方面。
② 传播学民族志(The ethnography of communication,EOC)是传播学科中的一个特例。在传播学民族志中,研究人员试图发现"代码"或一组规则或模式,"告知文化成员如何使用和解释特定类别的符号",如语言实践(Lindlof & Taylor,2011,p.46)。参见2005年卡堡(Carbaugh)对传播学民族志影响力广泛的评论。
③ 也被译为阐释学或诠释学。——译者注

除了相似之处,这三种传统理论对目前传播学者所采用的民族志也各自作出了重要的贡献。为了简洁起见,我将从三个传统理论中历史最悠久的一个开始,讨论每种传统理论的一个贡献。解释学把我们的注意力集中在语境意义的整体研究上,尽管对人类经验的考察并不是其最初的重点。解释学最初关注的是解读古代经文。解释学的发展,最初是从德国哲学家如威廉·狄尔泰(Wilhelm Dilthey,1907/1954;1910/2010)和汉斯·伽达默尔(Hans Gadamer,1976a;1976b)把《圣经》和其他一些社会的、历史的文献作为研究重点开始的。利科(Ricoeur,1977)在揭示了狄尔泰和伽达默尔及其哲学后学提出解释学实践之后,提出了解释学的方法是通过在文本的特征及其之间来回移动来解释意义,通过移情理解、领会来产生整体知识。特雷西(Tracy,2013)指出,"马克斯·韦伯(Max Weber)将'领会'这个概念引入了社会科学研究,它指的是根据群体自身的术语和他们自己的观点对样体展开的解释性研究"(p.41)。在民族志研究中,研究者为了达到领会的目的,要考虑语境、行为、陈述和感知的意图,以及他/她的主体性。

胡塞尔(Husserl,1931)和舒茨(Schutz,1967)等现象学家以解释学的哲学基础和领会的概念为出发点,为我们引入主体间性(intersubjectivity)的概念,或者说是我们如何作为一个群体或文化来分享意义的概念。林德洛夫和泰勒(Lindlof & Taglor,2011)认为,"通过主张个体毫无疑问地接受一个世俗世界的存在,以及其他人也认同我们对其本质特征的理解"(p.37),舒茨解决了与主体间性相关的问题。民族志研究者试图理解存在于集体现实中的主体间意义。符号互动论者也在考察主体间的意义建构,然而,他们关注的是个体用来创建和管理这些共享含义的符号。符号互动论的许多概念,包括新兴现实(emergent realities)、意义符号(significant symbols)和角色扮演(role-taking),都起源于实用主义哲学(Dewey,1927/1954;Mead,1934)。实用主义认为,意义是在实际或具体的环境中被唤起的,参与者对这些环境的反应是通过象征(symbols)(单词、语言)和符号(signs)(手势、非语言)来调节的。受过传播学训练的民族志研究者,凭借他们对符号和象征使用的理论知识,能够很好地解释主体间的意义。

民族志是一种具身性研究方法。民族志学者作为研究的"指挥官",运用他们所有的感官来研究一个文化、群体或集体的实践,以及该集体的成员在进行这些实践时所共有的意义。在民族志的"实践"中,研究者们依赖于源自各种理论传统的原则,包括解释学、现象学和符号互动论。这些传统将民族志学家的注意力集中在语境化的移情理解(又称"领会")、主体间或集体间的意义,以及文化成员用来创造和分享这些意义的符号上。然而，为了实现他们的理解，民族志研究者在整理和解释他们的数据时也使用了额外的理论知识。传播学领域的学者从人际传播、家庭传播、群体传播、组织传播等多个子学科转向理论。他们还借鉴了媒介研究、批评修辞传统理论以及心理学、社会学等其他相关社会学科和人文学科的理论。在下一节中，笔者将讨论两个在传播学与体育学交叉领域中出现过的（或没出现过的）与民族志有关的问题。在此过程中，笔者引入了"真正的"民族志的概念，即"实践"和"书写"遵循传统民族志研究的原则和实践。下一节还将讨论体育传播学中的具身民族志研究，以及这些研究是如何整合理论知识的。

体育学与传播学交叉领域中的民族志研究

虽然受过传播学训练的民族志研究者和体育学学者可以借鉴的理论几乎是无限的，但不幸的是，在体育传播学领域，"真正的"民族志的数量却不是无限的。因此，从这一节开始，笔者首先要解决两个问题，这两个问题和体育学与传播学交叉领域中"真正的"民族志的稀缺有关。第一个问题询问了包括传播学在内的所有学科的学者使用民族志这个标签的合法性，第二个问题寻求解释。在回答完这两个问题之后，笔者回顾了体育传播学学者发表的具有开创性的和当代意义的民族志作品。在这些讨论中，笔者考虑了开展这些研究的学者在形成和构建他们的理解时所采用的理论，以及从他们的民族志中产生的在地理论。

首先，是不是所有使用民族志这个标签的学者都参与了民族志的实践与书写？似乎有些学者用"民族志"的标签来描述他们的研究，但事实并非如此。特雷西（Tracy，2013）在以下的表述中暗示了这个问题背后的紧张关系：

> 民族志学者关注广泛的文化的各个方面，包括语言使用、仪式、庆典、人际关系和手工制品。一些学者的研究框架略有不同，他们贴上了民族志方法或针对特定语境需求方法的标签。使用民族志方法的研究者倾向于运用参与式观察和访谈。（p.29）

换句话说，研究者可以在"民族志"（ethnography）和"民族志方法"（ethnographic methods）这两个标签中做出选择，来命名他们的项目。在一个理想化的世界中，观察自然主义行为和（或）进行访谈的研究人员，如果没有沉浸式的具身研

第四章 体育与民族志:具身实践与具身方法的结合

究经验,无法感同身受地理解广泛的文化层面,那么他们应该使用"民族志方法"这个标签来描述他们的方法。同样,那些拥有沉浸式具身研究经验,却没有撰写文化民族志的研究者,也应该使用"民族志方法"这个标签来描述他们的研究方法。然而,这两个领域的许多研究者都选择用"民族志"的标签来描述他们的方法。对于他们的选择,一种解释可能是"民族志"这个术语具有高度的文化流行性。然而,值得注意的是,与第一类研究成果相比,第二类研究成果与"真正的"民族志更为接近。因此,在回顾体育传播学中的民族志研究成果之前,我们应该考虑什么是"真正的"民族志,什么研究只是简单地调用了"民族志"这个标签。然而,即使把部分研究纳入第二类,仍然只有少数论文可以讨论。接下来的问题是:"为什么?"

在回答"如何解释为什么很少有关注体育传播学的民族志研究被发表"这样的问题时,笔者提供了四种可能性,尽管肯定还有其他的可能性。答案很可能是多种因素的结合。第一,在很大程度上是媒体研究者倡导体育传播学,其次才轮到修辞学、人际传播和组织传播的研究者。而且这些媒体研究者、人际传播和组织传播研究者历来倾向于用科学的方法研究人类传播,他们没有接受过民族志方面的训练,因此也不从事民族志研究。此外,由于修辞学家提出的研究问题以及他们的方法论根源和接受的训练,他们通常也不采用民族志方法。他们所提出的方法和研究问题,共同阻碍了在体育学与传播学的交叉领域使用民族志。除了这种无意的阴谋之外,我们还必须认识到,体育传播学是一个相对年轻的学术领域,民族志研究计划需要耗费大量的时间和精力。第二种关于为什么体育传播学中的民族志研究如此之少的解释是,可能有一些研究议程包含了传播学者正在开发的民族志传统,这些议程的成果也会在一定时间内发表。

除了对无意的阴谋和时间的解释之外,第三个潜在的原因是,许多有影响力的"主流"学者出于不同的原因,将体育传播学与民族志视为彼此独立的领域,并对该研究议程持怀疑态度。例如,包括传播学在内的来自社会科学各个领域的学者,并不总是将体育学视作一个有价值的或严肃的学术领域(Trujillo,2003)。同样地,接受过科学方法主导叙事培训的学者们历来对民族志持怀疑态度,因为民族志没有产生客观的、可推广的知识。这种怀疑论使许多民族志的研究成果被发表在较为边缘的学术论文集里,或者被发表在鲜为人知、不被重视的期刊上。总的来说,体育学并不是一个严肃的学术领域,民族志也没有产出可推广的知识。然而,随着诸如《传播与体育》(*Communication and Sport*)

等期刊的创立,以及我们的协会中专门负责体育[国际传播学会(ICA)和美国全国传播学会(NCA)]以及民族志[美国全国传播学会(NCA)]的研究分支机构的成立,体育传播学和民族志都开始在某种程度上获得了更大的合法性。也许伴随着这种合法化,更多的民族志研究将出现在传播学与体育学的交叉领域。最后,第四个解释,要想进行高质量的民族志研究,就必须长时间地访问研究地点,这几乎是不可能的。尽管所有的民族志学者都面临着获取信息的挑战,但体育领域似乎是一个更大的障碍。运动队、特许经营机构和体育组织都有一些难以渗透的边界。这些集体的把关人不相信外界会考虑到运动员的最佳利益或运动员的公众身份。因此,这些把关人很少允许像民族志研究者这样的局外人长期进入后台展开研究。

尽管存在上述问题和挑战,但在体育传播学领域仍有一些值得思考和效仿的民族志的范例。"实践"和"书写"民族志的经典例子是特鲁希略(Trujillo,1992)在与得克萨斯游骑兵队(Texas Rangers)两年半的合作中对棒球和棒球场文化的研究。这篇论文教给我们很多关于"实践"民族志的实践方法。特鲁希略在去世前发表的最后一篇文章中(Trujillo,2013),讨论了从1988年、1989年的民族志研究中学到的四条经验,"这可能对其他研究体育传播学的学者有帮助"(p.73)。虽然读者应该仔细阅读这四条经验,但其中第一条和第二条对于所有有兴趣研究体育学与传播学交叉领域的民族志学者来说具有特别的意义。这些经验专门针对上述的信息获取问题。第一条建议我们利用休赛期与那些我们想要研究的运动队、团体和组织建立关系,第二条建议我们通过体育团体中不那么显眼的人员(非运动员),如公共关系人员来接触这些组织。

除了介绍获取信息的模板之外,特鲁希略(Trujillo,1992)还向我们展示了一个熟练的民族志研究者是如何收集数据并利用理论来帮助理解的。在数据收集和管理方面,除了长期的具身性田野调查经验外,特鲁希略还介绍了其他一些技巧:

> 在棒球场的采访和观察过程中,我用大量的田野笔记重现了人物逐字逐句的交流行为。我采用一些方法来捕捉更多的细节,并加强我的田野笔记的代表性。首先,我在观察球馆对象时经常向他们提问,这有助于我书写和理解惯用表达。其次,我会在球场活动的"间歇期"和观察期刚刚结束后去详细地阐述我的田野笔记;在比赛结束后开车回家的路上,我还会对着录音机口述一些附加的笔记,然后等我到家

时,我会把这些录音整理成文字,有时是在看比赛重播(我的"视频田野笔记")的时候整理。最后,我在观察时会公开地做笔记。作为受邀观察者,我的记录行为是人们意料之中的,就像记者的记录行为是人们意料之中的一样;事实上,在赛前的休息室和更衣室里,我在很多同样在做笔记的记者中间"冒充"是他们中的一员。(pp.354-355)

谈到他对理论的运用,特鲁希略在棒球场民族志中运用了意识形态、社群、印象管理、组织文化和商品化批判等理论。在阐述他对棒球场文化的理解和诠释时,特鲁希略介绍并讨论了这些不同的理论和理论家的相关观点。最后,他在总结自己的理解时,提出了以下理论(阐述了自己的理解),棒球场是商品化与社群的社会剧。

在特鲁希略的棒球场民族志研究中,除了产生特定语境的移情理解外,他的具身研究经历还产生了一个重要的副产品。研究人员在将民族志作为回答他们研究问题的一种方法时,往往忽略了这种副产品的潜在益处。特鲁希略在"实践"民族志的过程中收集了大量丰富的数据,这启发了他多篇研究手稿的写作,其中包括一些没有完成的民族志研究手稿。例如,他发表了一篇文章(Trujillo,1991)并出版了一部著作(Trujillo,1994),聚焦于媒体对与诺兰·莱恩(Nolan Ryan)有关的霸权男性气概的表述,他还发表了一篇展示棒球行业中存在的权力和特权元素的论文(Trujillo,2000)。因此,民族志的具体实践具有产生数据的潜力,这些数据可以通过各种理论透镜的应用进行解释、批判和讨论。例如,他在研究媒体对诺兰·莱恩的描述时,在著作和论文中融入霸权男性主义、性别意识形态和大众媒体对父权价值观的(再)生产。最后,特鲁希略(Trujillo,1991)描述了霸权男性主义的五个显著特征,并从理论上阐述了媒体如何在将诺兰·莱恩描绘成美国英雄的过程中再现这些特征。

几乎就在特鲁希略发表基于他的棒球场民族志的论文的同时,笔者(Krizek,1992a,1992b)也在进行一项以棒球场为中心的民族志研究。笔者在1991年的库珀斯顿棒球与美国文化研讨会上介绍了这个项目,并在论文(Krizek,1995)中讨论了这个项目,笔者基于格尔根(Gergen,1991)的论点,即在后现代时期,"小而持久的社群,以及有限的重要他者,正在被大量的不断扩展的关系网所取代"(p.ix)。笔者认为,传统的民族志是一种现代主义者对社群、集体或文化的审视,"就好像单一的群体、社群、工厂、学校存在于某种社会文化真空之中"(Krizek,1995,p.33)。换句话说,为了专注于某一社群或文化的规范和实践,民族志研究者或多或少地忽略,或至少忽略了其他文化或社群中所有可能重叠和冲突的成员关系。为了补充而非取代传统的民族志,笔者提出了一种与后现代性相适应的民族志形式。这种形式的民族志保持了传统民族志的"实践"和"书写",同时考察了一些非常规的公共事件,如芝加哥白袜队(Chicago White Sox)的老科米斯基公园(Old Comiskey Park)的关闭,这些都存在于后现代时期。笔者认为,这些非常规公共事件的主体间意义存在于个人身份的交集中,而非不同社群或文化的属性中。虽然笔者在参与这些活动时采用了与特鲁希略相同的具身实践和沉浸式数据收集技术,但笔者对民族志的理解主要局限于我从单次活动中的球迷那里"挖掘"出来的故事。指导笔者这一研究的理论视角是叙事理论(Fisher,1987;Langellier,1989;Polkinghorne,1998),仪式理论(Goffman,1967;Turner,1974),认同理论(Burke,1945/1969;Gergen,1991;Mischler,1992),以及地方理论(Meyrowitz,1985;Oldenburg,1989)。关于老科米斯基公园的关闭,笔者认为,"当我们以进步、卫生和舒适之名割裂那些历史纽带之时,我们实际上正在重塑那些将个人化、真实且情感深厚的意义注入这些纽带的人的认同"(Krizek,1992a,p.49)。

另一个关于棒球场的研究项目补全了体育传播学民族志这个开创性的领域。特鲁希略和克里泽克(Trujillo & Krizek,1994)合作完成了这项研究。我们的数据收集方法沿用了克里泽克(Krizek,1992a;1992b)挖掘故事的技术,目的是感同身受地理解那些在得克萨斯游骑兵队主场,即阿灵顿体育场(Arlington Stadium)观看最后一场比赛的观众的意义表达。笔者和特鲁希略与活动参与者一起散步、交谈,用照片、田野笔记和录音记录我们的观察。在这个非常规的公共事件中收集数据之后,我们将这些数据与笔者在老科米斯基公园关闭时收集的数据结合起来。我们的目标是了解在这两个棒球场关闭时,观众是如何表现他们的情绪和他们的认同的。为了创造和构建我们的理解,我们利用了一些理论,例如体育作为宗教(Prebish,1983;Sage,1981),体育作为治疗(Wenner,1990),体育与象征(Duncan,1983),以及体育作为搜索社群(Anderson & Stone,1981)。我们描述了球迷和棒球场员工"对棒球表达真诚的喜爱,以及棒球如何影响他们的生活"(p.321),并由此推断,这些棒球迷拥有"强烈的认同感、社群感、连续性、叙事性、治疗感、精神性和自我发现感"(p.321)。此外,在文章中,我们每个人都提供了一个"自白故事"(confessional tale)(Van Maanen,1988),在这个故事中,我们提供了关于棒球和棒球场对我们每个人的意义的自传式描述。这样,我们就冒险进入了作为民族志"书写"形式的自我民族志和个人叙事的领域。

第四章 体育与民族志：具身实践与具身方法的结合

然而，特鲁希略和克里泽克的开创性成果并不是体育学与传播学交叉领域中"真正的"民族志研究的唯一成果。其中，林德曼（Lindemann, 2008, 2010）的研究会很快在我脑海中浮现。林德曼不仅进行了"真正的"民族志研究，还效仿特鲁希略的方法，利用他以轮椅运动员为研究对象的民族志的数据，从单一数据集出发，撰写并发表了多篇论文。此外，林德曼还采用了严谨的数据收集和分析技术，展现了扎实的民族志研究功底。在研究方法方面，林德曼（Lindemann, 2008, 2010）、林德曼和切尼（Lindermann & Cherney, 2008）在一定程度上各自讨论了用于收集支持多篇文章所必需的大量数据的具体技术。例如，林德曼和切尼（2008）在引用林德曼的具身化研究方法时指出：

> 第一作者进行了为期3年的参与式观察，观察了美国四人制橄榄球协会（United States Quad Rugby Association, USQRA）的两届全国锦标赛，以及两支球队的训练和比赛……第一作者从这124小时的参与者观察中转录出了笔记手稿，每次都在观察结束后约48小时内转录。通过这种方法，他获得了496页打印的、单倍行距的田野笔记。作者还进行了25次民族志和半结构式访谈。受访者包括19名球员（16名男性和3名女性），2名裁判员，4个朋友和家人，所有人都可以选择化名，或由研究人员指定一个化名。这些访谈的笔录总计133页，全部采用单倍行距。（p. 111）

在谈到他的数据分析技术时，林德曼（Lindemann, 2010）分享道："仔细阅读田野笔记和对运动员的19次采访，可以发现有关性的'模糊'分类出现了。我将这些内容压缩为更具体的主题分组，即（a）与过去决裂，（b）效仿。"（p. 439）

为了解决数据收集和分析方法是如何具体体现和保持严谨的问题，林德曼（2008, 2010）和林德曼、切尼（2008）还在这些文章中整合了许多理论和理论家的观点。虽然这三篇文章的整体研究重点是围绕轮椅或四人制橄榄球的传播实践，但林德曼和切尼（2008）将他们的理论重点放在了轮椅运动员的男性气概表现和残疾表现上。相比之下，林德曼（2008）更多地关注残疾运动员的传播表现，林德曼（2010）还更多地关注残疾运动员在男性气概和性方面的传播表现问题。林德曼在这三篇文章中运用了残疾人、污名、异性恋正统主义（heteronormativity）、性取向、体育与残疾、男性气概、英雄男性气概和性别等理论。他还掺杂了一些关于叙事、表演、组织文化和社会化的理论讨论。总之，这三篇文章都有很好的理论基础来支持文中的观点。

尽管这些论文中有许多重要的见解，但每一篇论文都提供了一个直接源自民族志数据的重要的在地理论。林德曼（2008）在他提出的主导理解或在地理论中假定轮椅橄榄球运动员"利用他们的身体缺陷，利用他们的'污名'或身体差异的可见性，来'调整'关于残疾人的主导脚本"。因此，这项研究为理解比赛的力量在帮助残疾人克服"被污名化的"自我方面所起的作用开辟了新的道路（p. 113）。林德曼和切尼（2008）总结了他们的主要理解："四人制橄榄球的参与作为传播实践和球员对于参与体验的交流，都说明了体育作为一种普遍的文化体制，在重塑过程中起到了双刃剑的作用。身体残疾的四人制橄榄球运动员可能会发现橄榄球运动增强了他们的能力，他们参与的同时也助长了关于能力和性别潜在的有害和排斥的态度"（p. 122）。最后，林德曼（2010）以个人叙事的方式，回忆自己在身有残疾的父亲身边成长的经历，提出了一个非常有趣的在地理论，这是关于残疾运动员性行为的传播能力的理解：

> 写这篇文章的时候，我意识到也许这就是该研究中的许多参与者正在做的事情。比起对男性气概和性的复杂细致的理解，人们更容易记住那些简单的、刻板的、占据男性霸权地位的女性形象。然而，通过努力理解片面和多方面的残疾人性行为的叙事结构，我们可以开始书写一个不同的故事。（p. 448）

除了林德曼、特鲁希略和克里泽克的研究之外，在体育学与传播学的交叉领域进行"真正的"民族志研究的学者，即使还有，也寥寥无几。然而，作为例外，哈特曼（Hartman，2014）的个人叙事，一种特定类型的自传式民族志，以及阿姆斯特朗、迪莉娅和贾尔迪纳（Armstrong，Delia & Giardina，2014）的数字民族志也是值得一提的。这两篇文章都展示了与传统民族志研究相关的"实践"或"书写"的许多重要方面，同时都将非传统的民族志形式引入体育传播学。特鲁希略和克里泽克（1994）的自传体部分现在可以被称为自传式民族志或个人叙事，哈特曼（2014）可能是第一个将个人叙事或自传式民族志作为自己在体育传播学领域发表研究的"标签"的传播学者。同样，阿姆斯特朗等人（2014）似乎是第一批在传播学期刊上发表聚焦体育传播学领域的数字民族志的学者。

哈特曼（2014）在她的研究中利用了她作为 NCAA 一级分区篮球运动员的经验，她在大三之前被取消了一年的奖学金。她对那段经历的叙事遵循了林德曼（2009）对一种被称为个人叙事的自传式民族志形式的描述。林德曼（2009）认为，个人叙事作为一种反思性学术研究，与标准的自传式民族志研究不同，因为其在讲述过程中提供了一个不间断的线性故事。在遵循这种模式的过程中，哈特曼提供了一个完整的故事，促使读者反思自己的经历、情感和理解。她的个人叙事不符合埃利斯（Ellis，2004）的主张，即认为自传式民族志应该"将自传体与个人和文化、社会及其政治联系起来"（p. xix）。哈特曼（2014）写了一个引人注目且不间断的故事，但她选择不将自己的经历与组织文化、性别或权力等更广泛的文化关注点进行理论联系。

相比之下，阿姆斯特朗等人（2014）的数字民族志确实在他们的研究中整合了理论。数字民族志是一种研究方法，这种方法让研究人员有机会在虚拟空间中隐蔽地观察个体之间的互动（Kozinets，2002；Murthy，2011）。此外，数字民族志允许"持续地纵向参与"，通过这种纵向参与，研究者可以"观察并参与规范、模式、节奏、关系和民间故事的演变"（Ruhleder，2000，p. 5）。作者持续参与一个数字社群，关注"洛杉矶国王队冰球组织（Los Angeles Kings hockey organization）创新社交媒体营销实践，尤其是通过其推特账户@LAKings进行的活动"（Armstrong et al.，2014，p. 1）。作者在扩展洛杉矶国王队的社交媒体营销实践成果的在地理论之前，使用了媒介融合、信息可传播性、品牌社群和品牌动画等理论。阿姆斯特朗等人（2014）在总结他们的数字民族志研究时指出，"通过拥抱社交媒体，更准确地说，是社交媒体中的社交，洛杉矶国王队已经开辟了新的领域，展示了如何优化一个品牌与社交媒体用户之间的互动的潜力，从而促进组织与消费者之间的关系和社群的发展"（p. 17）。他们的数字民族志所缺少的是，只有与传统民族志项目相关联的物理沉浸式体验才能带来的完整具身性体验。然而，随着人们越来越多的互动发生在虚拟数字世界中，具身性体验的概念可能会不断演变，从而使身临其境成为一个没有意义的问题。

民族志与体育传播学未来的研究方向

笔者在本章开头提出，体育学与传播学的交叉领域研究具有挑战性，部分原因是参与者如何进行体育传播并不总是容易测量或容易观察到的。为了应对这一挑战，笔者提出了民族志研究方法，作为理解那些不容易测量或观察到的方面可行的替代性选择。民族志与体育一样，都是一种具身化体验。在体育与民族志领域中，参与者在心理上、身体上、情感上，甚至精神上全身心投入。民族志研究者的目标是从内部，从构成集体文化的个体上，以感同身受的方式去理解集体的经历。民族志研究可以帮助我们理解体育的许多方面,它尤其是一种理解构成体育传播的意义、文化实践、价值观、规范和信仰的重要方法。

笔者让读者自己来决定民族志是不是回答他们的研究问题的首选方法。不过,笔者也为那些仍纠结于确定研究重点的人提供一些建议。这些建议并非详尽无遗的清单;相反,笔者提出这些建议只是为了提供可能性和启发思考。首先,民族志可以帮助我们揭示和理解与文化实践相关的、被认为是理所当然的那些价值观、信仰和规范。例如,民族志研究者可能会提出这样的问题,即存在哪些规范和传播实践,至少在一定程度上决定了谁将成为或谁不会成为团队领导者。此外,尽管势头在个人比赛和运动队赛季的成绩中发挥重要作用,但我们对运动员和体育组织实际上如何体验势头却知之甚少。如何通过队友、教练员、体育迷和管理层之间的互动来建立势头?关于运动员使用社交媒体,数字民族志学者可能会问,运动员是如何利用社交媒体与体育迷互动,共同构建身份认同的?此外,运动员和体育迷之间的社交媒体互动有哪些规范?现在许多运动员和体育迷都是数字原住民,提出和回答这类问题变得越来越重要。潜在的研究问题和研究重点是无限的。

然而,民族志也是一种非常适合挖掘和分享那些不太容易观察或测量的意义和情感的方法,这些意义和情感与那些关于体育、通过体育和在体育里进行传播的个人实践有关。在运用他/她的认知方法时,民族志学者会通过观察和亲身经历来理解这些意义。运动员将比赛和哪些意义联系在一起?更具体地说,在创造和分享意义方面,运动员认为哪些信息具有激励性和鼓舞性?运动员和领队在比赛期间和备战时,用什么信息来激励自己和(或)队友?此外,当球探和教练员提到新成员、被选入队伍的运动员所需要具备的一些无形的因素或"不确定因素"时,他们指的是什么?在讨论运动员时,他们如何通过传播构建和合理化类似"不确定因素"这样转瞬即逝的东西?关于情感在体育中的作用,传播学者可以围绕亲自参与游戏和比赛的体育迷以及虚拟在场的体育迷的情感传播表现为中心的研究议程展开研究。此外,研究人员还可以探究体育迷的迷信有哪些意义,这些迷信会促成他们喜爱的运动员、运动队或竞争对手胜利或失败。在体育迷体验领域,以民族志为导向的研究的可能性同样是无限的。

到目前为止,笔者所提供的可能的研究重点表明,体育是一种不复杂的或没有偏见的社会机制。其实不然。有些实践正在玷污体育界。关于这些现实,民族志研究者可以考虑诸如体育中的欺凌和欺辱行为。被指控的罪犯如何通过传播来构建他们的行为？反之，受害者又是如何构建他们的行为的？受害者如何通过传播来抵制欺凌行为？在业余和职业体育中，欺凌和欺辱的问题，以及举报者的经历都特别适合进行自我民族志和个人叙事方面的研究。此外，关于业余运动员使用兴奋剂的问题，以及在棒球和美式橄榄球比赛中被接受的诸如偷换牌子的作弊形式等问题，将是有趣且具有启发性的民族志项目，因为从这些研究中产生的理解将带来许多转移性应用的机会。民族志学者也可以研究存在于体育机构、联盟、管理机构和管理层中的种族、族裔刻板印象以及歧视性的做法，这些机构处于体育社群中并约束着体育社群。虽然这些研究议程很难实施，但是产生的理解和在地理论可能有助于避免体育落入更多的陷阱中，这是里普塞特（Lipsyte，1977）在他的经典著作《体育世界：一个美国梦之地》（*Sportsworld: a American Dreamland*）中预言的。对于民族志研究者而言，再次审视体育在社会和道德上的不可取之处的可能性是无限的。然而，试图研究这些和其他存在于传播学与体育学交叉领域的污点的民族志研究者还是应该谨慎行事。

特鲁希略在《传播与体育》的创刊号上引用了10年前自己写的引言（Trujillo，2003）。在这段引言中，特鲁希略指出，"传播学与体育学研究的未来，会比我写这段话时更光明"（2013，p.74），这段话是他2003年发表的论文的开篇语。2003年，特鲁希略曾预言，不会有专门聚焦于体育与传播领域的传播学期刊。笔者也能想象，在2003年，他无法预料会有这样一本论文集，能够邀请数十位传播学者，从各种有趣而又截然不同的专业领域来讨论传播学与体育学的交叉领域。但2013年的特鲁希略也是对的。体育传播学研究的前景是光明的，民族志无疑有助于照亮这一前景。如果体育传播是具身参与体育活动（结合身体和心理的消耗与运用）的个体创造和分享意义的过程，那么，民族志作为一种具身化实践，可以而且应该在理解这些过程和意义方面发挥重要作用。如果体育传播学还包括观察该活动以及管理、指导或评论该活动的个人的意义建构，那么，民族志在理解这些意义方面就从一个重要位置上升到优先位置。体育作为一种具体化实践与民族志这种具身化的研究方法结合到了一起。

参考文献

Anderson, G. F. & Stone, G. P. (1981). A search for community. In S. L. Greendorfer and A. Yiannakis (Eds.), *Sociology of sport:Diverse perspectives* (pp. 160-175). West Point, NY:Leisure.

Atkinson, P., Coffey, A., Delamont, S., Lofland, J., & Lofland, L. (Eds.). (2001). *Handbook of ethnography*. London:Sage Publication Ltd. doi:http://dx.doi.org/10.4135/9781848608337.

Armstrong, C. G., Delia, E. B., & Giardina, M. D. (2014). Embracing the social in social media:An analysis of the social media marketing strategies of the Los Angeles Kings. *Communication and Sport*, 2(2), 1-21. doi:10.1177/2167479514532914.

Australian Sports Commission AIS (n.d.). Retrieved December 22, 2015, from http://www.ausport.gov.au/supporting/nso/asc_recognition.

Billings, A. C., Butterworth, M. L., & Turman, P. D. (2015). *Communication and sport* (2nd ed.). Thousand Oaks, CA:Sage.

Bruce, T. (2013). Reflections on communication and sport:On women and femininities. *Communication and Sport*, 1(1/2), 125-137. doi:10.1177/2167479512472883.

Burke, K. (1969). *A grammar of motives*. Berkeley, CA:University of California Press. (Original work published 1945.)

Carbaugh, D. (2005). *Cultures in conversation*. Mahwah, NJ:Lawrence Erlbaum Associates.

Conquergood, D. (1991). Rethinking ethnography:Towards a critical cultural politics. *Communication Monographs*, 58, 179-194.

Dewey, J. (1954). *The public and its problems*. New York:Henry Holt. (Original work published 1927).

Dilthey, W. (1954). *The essence of philosophy*. Chapel Hill:University of North Carolina Press. (Original work published 1907.)

Dilthey, W. (2010). *Selected works, vol. III:The formation of the historical world in the human sciences*. Princeton, NJ:Princeton University Press. (Original work published 1910.)

Duncan, M. C. (1983). The symbolic dimensions of spectator sport. *Quest*, 35, 29-36.

Ellis, C. (2004). *The ethnographic I:A methodological novel about autoethnography*. Lanham, MD:Rowman & Littlefield.

Emerson, R. M., Fretz, R. I., & Shaw, L. L. (1995). *Writing ethnographic fieldnotes*. Chicago, IL:University of Chicago Press.

Fetterman, D. M. (2010). *Ethnography:Step by step (applied social research methods)* (3rd ed.). Thousand Oak, CA:Sage.

Fisher, W. R. (1987). *Human communication as narration:Toward a philosophy of reason, value, and action*. Columbia, SC:University of South Carolina Press.

Gadamer, H. (1976a). *Hegel's dialectic: Five hermeneutical studies*. (P. Christopher Smith, Trans.). New Haven, CT: Yale University Press.

Gadamer, H. (1976b). *Philosophical hermeneutics*. (D. Linge, Trans.). Berkeley: University of California Press.

Gergen, K. J. (1991). *The saturated self: Dilemmas of identity in contemporary life*. New York: Basic Books.

Goffman, E. (1967). *Interaction ritual: Essays on face-to-face behavior*. New York: Anchor.

Goodall, H. L., Jr. (2000). *Writing the new ethnography*. Walnut Creek, CA: AltaMira Press.

Guttman, A. (1978). *From ritual to record: The nature of modern sports*. New York: Columbia University Press.

Hammersley, M. & Atkinson, P. (2007). *Ethnography: Principles and practice*. London: Routledge.

Hartman, K. L. (2014). "The most evil thing about college sports": The 1-year scholarship and a NCAA athlete's personal narrative. *International Journal of Sport Communication*, 7, 425-440. http://dx.doi.org/10.1123/IJSC.2014-0049.

Husserl, E. (1931). *Ideas: General introduction to pure phenomenology* (W. R. B. Gibson, Trans.). New York: Macmillan.

Kozinets, R. V. (2002). The field behind the screen: Using netnography for marketing research in online communities. *Journal of Marketing Research*, 39, 61-72.

Krizek, R. L. (1992a). Goodbye old friend: A son's farewell to Comiskey Park. *OMEGA: Journal of Death and Dying*, 25, 87-93. doi: 10.2190/P5RF-G50T-MEYY-P8KU.

Krizek, R. L. (1992b). Remembrances and expectations: The investment of identity in the changing of Comiskey. *Elysian Fields Quarterly*, 11(2), 30-50.

Krizek, R. L. (1995). *The ethnography of events: A narrative analysis of non-routine public events*. Retrieved from WorldCat Digital Dissertation. (OCLC Number: 39049944).

Krizek, B. (2003). Ethnography as the excavation of personal narrative. In R. P. Clair (Ed.), *Expressions of ethnography: Novel approaches to qualitative methods* (pp. 141-152). Albany: State University New York Press.

Langellier, K. M. (1989). Personal narratives: Perspectives on theory and research. *Text and Performance Quarterly*, 9, 243-276.

Lincoln, Y. S. & Guba, E. G. (1985). *Naturalistic inquiry*. Beverly Hills, CA: Sage. Lindemann, K. (2008). "I can't be standing up out there": Communicative performances of (dis)ability in wheelchair rugby. *Text and Performance Quarterly*, 28, 98-115. doi: 10.1080/10462930701754366.

Lindemann, K. (2009). Self-reflection and our sporting lives: Communication research in the community of sport. *Electronic Journal of Communication*, 14(21A). Retrieved July 15, 2016, from http://www.cios.org/EJCPUBLIC/019/2/019344.html.

Lindemann, K. (2010). Masculinity, disability, and access-ability: Ethnography as alternative practice in the study of disabled sexualities. *Southern Journal of Communication*, *75*, 433-451. doi: 10.1080/1041794x.2010.504454.

Lindemann, K. & Cherney, J. L. (2008). Communicating in and through "Murderball": Masculinity and disability in wheelchair rugby. *Western Journal of Communication*, *72*, 107-125. doi: 10.1080/10570310802038382.

Lindlof, T. R. & Taylor, B. C. (2011). *Qualitative communication research methods* (3rd ed.). Thousand Oaks, CA: Sage.

Lipsyte, R. (1977). *Sportsworld: An American dreamland*. New York: Quadrangle.

Mead, G. H. (1934). *Mind, self, and society*. Chicago: University of Chicago Press.

Meyrowitz, J. (1985). *No sense of place: The impact of electronic media on social behavior*. New York: Oxford University Press.

Miller, G. R. (1975). Humanistic and scientific approaches to speech communication inquiry: Rivalry, redundancy, or rapprochement. *Western Journal of Communication*, *39*, 230-239. doi: 10.1080/10570317509373872.

Mischler, E. G. (1992). Work, identity, and narrative: An artist-craftsman's story. In G. C. Rosenwald & R. L. Ochberg (Eds.), *Storied lives* (pp. 21-40). New Haven, CT: Yale University Press.

Murthy, D. (2011). Twitter: Microphone for the masses? *Media, Culture & Society*, *33*, 779-789.

Oldenburg, R. (1989). *The great good place*. New York: Paragon House.

Polkinghorne, D. E. (1988). *Narrative knowing and the human sciences*. Albany, NY: State University of New York Press.

Prebish, C. S. (1983). "Heavenly father, divine goalie": Sport and religion. In D. S. Eitzen (Eds.), *Sport in contemporary society: An anthology* (3rd ed., pp. 283-293). New York: St. Martin's.

Ricoeur, P. (1977). The model of the text: Meaningful action considered as text. In F. R. Dallmayr & T. A. McCarthy (Eds.), *Understanding and social inquiry* (pp. 316-334). Notre Dame, IN: University of Notre Dame Press.

Ruhleder, K. (2000). The virtual ethnographer: Fieldwork in distributed electronic environments. *Field Methods*, *12*, 3-17.

Sage, G. S. (1981). Sport and religion. In G. R. F. Luschen and G. S. Sage (Eds.), *Handbook of social science of sport* (pp. 135-156). Champaign, IL: Sipes.

Schutz, A. (1967). *The phenomenology of the social world*. Evanston, IL: Northwestern University Press.

Stoller, P. (1989). *The taste of ethnographic things: The senses in anthropology*. Philadelphia, PA: University of Pennsylvania Press.

Tracy, S. J. (2013). *Qualitative research methods: Collecting evidence, crafting analysis, communicating impact*. Oxford: Wiley-Blackwell.

Trujillo, N. (1991). Hegemonic masculinity on the mound: Media representations of Nolan Ryan and American sports culture. *Critical Studies in Mass Communication*, 8, 290-308.

Trujillo, N. (1992). Interpreting (the work and talk of) baseball: Perspectives on ballpark culture. *Western Journal of Communication*, 56, 350-371.

Trujillo, N. (1994). *The meaning of Nolan Ryan*. College Station, TX: Texas A&M University Press.

Trujillo, N. (2000). Baseball, business, politics, and privilege: An interview with George W. Bush, *Management Communication Quarterly*, 14, 307-316. doi: 10.1177/0893318900142004.

Trujillo, N. (2003). Introduction. In R. S. Brown & D. J. O'Rourke, III. (Eds.), *Case studies in sport communication* (pp. 11-15). Westport, CT: Praeger.

Trujillo, N. (2013). Reflections on communication and sport: On ethnography and organizations. *Communication and Sport*, 1(1/2), 68-75.

Trujillo, N. & Krizek, B. (1994). Emotionality in the stands and in the field: Expressing self through baseball. *Journal of Sport and Social Issues*, 18, 303-325. doi: 10.1177/019372394018004002.

Turner, V. (1974). *Dramas, fields, and metaphors: Symbolic actions in human society*. Ithaca, NY: Cornell University Press.

Van Maanen, J. (1988). *Tales of the field: On writing ethnography*. Chicago, IL: University of Chicago Press.

Vidali, D. S. & Peterson, M. (2012). Ethnography as theory and method in the study of political communication. In H. A. Semetko & M. Scammell (Eds.), *The SAGE handbook of political communication* (pp. 264-275). London: Sage.

Wenner, L. A. (1990). Therapeutic engagement in mediated sports. In G. Gumpert & S. L. Fish (Eds.), *Talking to strangers* (pp. 223-244). Norwood, NJ: Ablex.

第五章 体育与政治传播/政治传播与体育:接过火炬

戴维斯·霍克①

从波提狄亚(Potidaea)出发航行了400多英里后,这位40岁的泥瓦匠之子做了一件奇怪的事:他急匆匆地向一处摔角赛场走去。值得注意的是,这并不是一场WWE的击倒对手的壮观演出(smackdown extravaganza),而是一家当地的健身房——严格意义上说是个竞技场(palaestra),在这里可以与老朋友、熟悉的地方保持联系,同时了解家乡的许多八卦新闻。这位英勇的战士已经离开他心爱的雅典(Athens)将近两年了,所以还有什么聚会场所比一家当地健身房更好呢?在那里,年轻、赤裸、涂满橄榄油的身体很容易与公民和哲学思想融合在一起②。

正如幸运、神灵或一位真正优秀的剧作家所能做到的那样,苏格拉底(Socrates)在公元前429年选择了恰当的时机和地点重返雅典:他的朋友克里提亚斯(Critias)的表弟,天赋异禀、魅力无穷的查米德斯(Charmides),正好进入竞技场,与他的贵族兄弟们进行一场较量。十六七岁的苏格拉底,甚至在北上航行执行重装步兵任务之前,就已经意识到了查米德斯的魅力。

在柏拉图的文集里,没有一篇散文如此令人窒息和粗俗不堪。苏格拉底奉承道:"在那一刻,当我看到他时,我承认我被他的美貌和身材震惊了……他进来的时候,惊讶和困惑占了上风。"苏格拉底向克里提亚斯承认,这个少年确实

---

① 美国佛罗里达州立大学方妮·卢·海默修辞学讲席教授。他于1995年博士毕业于美国宾州州立大学。他的研究领域包括修辞学和体育的中介再现。

② 关于裸体和希腊体育运动的社会地位及公民意义的详细解释,见 Donald G. Kyle,2007,pp.83-90。总结了邦方特(Bonfante)的观点后,凯尔认为"公民裸露的穿着传达了一个人的社会地位,并声称自己有参与政治的权利"(p.87)。

有一张漂亮的脸。但是,"克里提亚斯回答说,你如果能看到他赤裸的身体,就不会去想他的脸了,他绝对是完美的"。苏格拉底设下陷阱,让这位光彩夺目的年轻人加入他们的阵营,苏格拉底假扮成药剂师来治疗查米德斯的"晨间头痛",随之而来的是一场座位争夺战。查米德斯最终选择坐在被迷得神魂颠倒的泥瓦匠士兵旁边:"体育场里所有的人都围在我们周围,在那一刻,我的好朋友,我瞥见了他的衣服内侧,我接过了火炬。我再也控制不住自己了。"(Jowett, 1989, pp. 101-102)在迈克尔·道格拉斯(Michael Douglas)、莎朗·斯通(Sharon Stone)与电影《本能》(Basic Instinct)出现之前,就有一种不同性别的、充满情欲的双腿交叉。

火炬已被接过。但即使他"被野兽般的欲望所征服"的激情被激发了起来,苏格拉底最终还是在与他超凡脱俗的对话者交流的过程中找到了辩证思考的立场(Jowett, 1989, p. 102)。苏格拉底慢慢重拾信心,他通过一个又一个的问题向我们证明了,"我的天性又回来了"(Jowett, 1989, p. 103)。这样,对智慧的冷静追求才能继续下去。

* * *

(大约)2389年之后,一位年轻的贵族老兵以他迷人的魅力和英俊的外表赢得了观众的喜爱。1960年12月,古铜色皮肤的约翰·肯尼迪(John F. Kennedy)以微弱优势击败了行事低调的理查德·尼克松(Richard Nixon),在当选美国总统后,肯尼迪履行了一项奇怪的修辞职责:这位凭借PT-109鱼雷艇出名的英勇战士为《体育画报》(Sports Illustrated)杂志撰写了一篇文章。文中,这位敏捷的高尔夫球手、水兵以古希腊和四年一度的奥运会作为开篇:"希腊人把卓越的身体素质和运动技能视为人类最伟大的目标之一,这也是一个充满活力的国家的最重要的基础之一。"时任新总统写道:"同样的文明创造了我们在哲学、戏剧、政府和艺术方面的最高成就,也让我们相信身体健康的重要性,这已成为西方传统的一部分。"(Kennedy, 1960, para. 1 and 2)

肯尼迪声称,这一传统已岌岌可危,几项研究表明,与欧洲年轻人相比,美国年轻人的健康状况相形见绌。① 此外,美国"羸弱的身体"(soft bodies)正威胁

---

① 这些研究为艾森豪威尔政府在1956年创建总统青年健身委员会提供了动力。1963年,约翰·肯尼迪将其更名为总统健身委员会,以反映全球对美国人身体健康的更广泛关注。5年后,约翰逊政府再次将其更名为总统健身体育委员会。2010年,奥巴马政府将其更名为总统健身、运动与营养委员会。

国家军事力量的未来："从一个非常现实和直接的意义上说,我们正变得越来越羸弱,我们日益缺乏身体锻炼,这对我们的安全构成了威胁。"这一威胁在东方实质性地逼近："我们面对的苏联是一个强大而不共戴天的对手,苏联决心向世界表明,只有共产主义才具备必需的活力和决心来满足人们对进步和消除贫困、匮乏的觉醒愿望。迎接这个充满挑战的敌人需要全体美国人的决心、意志和努力。我们的公民只有身体健康,才完全有能力作出这样的努力。"(Kennedy,1960,para.11,13)肯尼迪那相当可怕的羸弱身体警告,多年后洛奇·巴尔博亚(Rocky Balboa)和伊凡·德拉戈(Ivan Drago)这样的电影角色将被神化,这与柏拉图在伯罗奔尼撒战争(Peloponnesian War)前夕对雅典军人强壮身体的赞美如出一辙——这是雅典与邪恶帝国斯巴达的一场非冷战。

换句话说,一个国家的体质,尤其是年轻人的体质,可以成为国家健康状况的晴雨表——无论是通过体育考试的形式进行的经验性测量,还是以地方健身房的对话形式进行的哲学表达。时任总统肯尼迪和柏拉图式的苏格拉底都明白,一个精力旺盛、有成就的国家或城邦也是一个健康(和强大)的国家;美国总统政治的世俗用语是"身体和心灵",苏格拉底哲学说的是"身体和灵魂"。

这两位获得众多荣誉的军事领域和贵族阶层的资深人士虽然相隔数千年、数千英里,但他们从自己的亲身经历中明白,身体健康和体能良好是公民健康和军事能力的必要条件(sine qua non)。肯尼迪在《体育画报》上多次明确指出这一点,柏拉图对古体育场的符号性设置对于寻求诡辩的对话至关重要。① 奥运会胜利的荣耀在修辞上只是体育卓越的最显著标志,也是苏格拉底式的"刃脊"(arête)和肯尼迪式的"活力、万岁"(vigor/vig-ah)的公民标志。他们现在仍然这样做,或许更甚。是的,我们相信阿尔·麦克尔斯(Al Michaels)②。

这就引出了我们的主题——政治传播与体育。正如笔者在开篇处提到的,笔者诚然对"政治传播"这个颇有争议的词采取了一种狭隘的态度。笔者选择将这个词限制在公民语境中,在公民语境中,无论是当选的还是没有当选的政客,都利用体育来达到修辞目的,甚至是党派目的,我并非没有注意到体育研究

---

① 在乔伊特(Jowett,1989,p.99)翻译的查米德斯的简要介绍中,他将诡辩描述为希腊人"首屈一指的理想";它意味着"接受卓越为人性设定的界限,抑制对不受限制的自由的冲动,对一切过度的冲动,遵守和谐与比例的内在法则"。
② 美国著名体育节目主持人、解说员,曾解说1980年普拉西德湖冬奥会美国大学生冰球队击败苏联冰球队的经典赛事,他的经典话语就出自比赛最后时刻的解说词——"你相信奇迹吗?"——译者注

中出现的批判与文化转向①。这一转向具有巨大的影响力和成效,改变了一个通用类别——政治话语——并试图挖掘所有"类型"话语中的权力/知识关系。事实上,话语的类型学本身就是一种"真理意志"(will to truth)的产物,这种意志正是后结构主义转向所热切追问的。但笔者把描绘更广泛的批评和文化背景的任务交给了本书的同行们。

此外,我对地方的兴趣不如我对国家和全球的兴趣浓厚。借用修辞学研究的传统,"政治的"通常指在国家或国际层面上工作的政治家和政治机构,一般是总统和行政部门。这一选择受到若干因素的影响,例如存档文件和获取文本。但最重要的因素是潜在影响的程度:总统和他的执行团队可以影响国内外数以百万计的人,我们还可以对这些影响做出越来越复杂的反应(Kiewe & Houck,2015)。类似的观点也适用于其他政治家,包括现在和过去占据国家舞台的政治家,以及那些竞选国家政治职位的政治家:对象的范围很重要。尽管如此,在地方层面上,确实有一些重要的研究在等待着对政治传播与体育感兴趣的学者。譬如,如果郡委员会表彰冠军 A 队而非冠军 B 队,这可能会是一个引人入胜的研究案例,但在描述一个广泛的调查领域时,笔者选择用油漆滚筒而不是细尖钢笔,选择了五加仑的水桶而不是墨水瓶。

最后一个警告:如果我们将"政治传播与体育"改为"体育与政治传播",后果是什么?在笔者看来,正如笔者希望在下面记录的那样,当赋予体育运动特权(比如运动队、明星运动员、非明星运动员、重大奇观赛事)并追踪其对政治传播的影响时,我们会发现,21 世纪初对于汗(Khan,2012)眼中的"积极运动员"(activist athlete)来说是一个幸运的时代。杰基·罗宾逊(Jackie Robinson,见本书第一章相关内容)、穆罕默德·阿里(Muhammad Ali)、约翰·卡洛斯②(John Carlos)、托米·史密斯③(Tommy Smith)、比利·简·金④(Billie Jean

---

① 见 Andrews & Carrington,2013。
② 美国著名田径运动员、美式橄榄球运动员,曾在 1968 年墨西哥城奥运会上获得男子 200 米季军,他在领奖台上戴着黑手套高举左手的行为让他成为争取黑人权力运动中的焦点人物。他曾跑出打破男子 200 米世界纪录的成绩,但因穿着钉鞋(当时未被认可),纪录未被承认。——译者注
③ 美国著名田径运动员、美式橄榄球运动员,美国田径名人堂成员,曾在 1968 年墨西哥城奥运会上获得男子 200 米冠军,他在领奖台上戴着黑手套高举右手的行为让他成为争取黑人权力运动中的焦点人物。——译者注
④ 美国著名女子网球运动员,女子职业网球协会(WTA)创始人,历史上最伟大的女子网球运动员之一,曾 39 次获得大满贯冠军,其中包括 12 次单打冠军。她为体育领域的性别平等作出了杰出贡献。——译者注

King)或安妮卡·索伦斯坦①(Annika Sorenstam)等人的表现公开、大胆且富有表现力。与这些表现不同的是,当代运动员与充满风险的政策和政治的世界只有一条推特和一张照片墙上的图片之遥。

在接下来的内容中,笔者试图通过强调广泛的研究领域来简要说明未来学术研究的可能性。笔者并没有让这些领域脱离具体情况,而是提供了一些历史上的和当代的案例,这些案例与其说是持续的案例研究,不如说是一种具有启发意义的象征。笔者将从政治层面开始,继而转向体育,并以一则关于教育和观众的简短评论作为结束。

在绘制政治与体育领域的版图时,从总统的身体开始似乎是合乎逻辑的。像威廉·塔夫脱(William Howard Taft)这样过度肥胖的总司令或富兰克林·罗斯福(Franklin D. Roosevelt)那样双腿残废的领袖的时代早已一去不复返(Houck & Kiewe,2003)。② 鉴于"世界上唯一的超级大国"在转喻上的重要性,总统必须体现世界上"最强大"国家的某种强硬的民族主义。我们不仅希望我们的总统身体健康、体格健壮,而且我们国家的视觉需求也需要训练有素(即使不是专业运动员)的身体。谁能忘记鲍比和约翰③在海恩尼斯港(Hyannis Port)抛美式橄榄球的美好画面?乔治·布什在得克萨斯州克劳福德的农场度假时,经常被拍到或被录到在骑山地车。我们如何才能从记忆中抹去比尔·克林顿(Bill Clinton)穿着小得不可思议的短裤在国会大厦四处游荡的画面?巴拉克·奥巴马(Barack Obama)在竞选活动中扔出了落沟的保龄球遭到嘲笑,但他对五人制篮球的热爱帮助他塑造了自己的总统性格(Maraniss,2012)。杰拉尔德·福特(Gerald Ford)和罗纳德·里根(Ronald Reagan)都是大学美式橄榄球运动员;后者与圣母大学队的跑锋乔治·吉佩(George Gipp)十分相似,以至于"为吉佩赢下一场胜利"④所引起的共鸣远远超出了一场紧张的美式橄榄球比赛的意义。

---

① 瑞典著名女子高尔夫球运动员,曾90次获得LPGA分站赛冠军,其中包括10个大满贯冠军。2021年,她凭借在争取女性权利方面的贡献,被时任美国总统特朗普授予"总统自由勋章"。——译者注
② 新泽西州州长克里斯·克里斯蒂(Chris Christie)的体重一直是深夜喜剧的笑料,成为2016年总统初选的一个话题。如果他获得共和党提名,这个话题可能会发展成一个"问题"。有趣的是,一位杰出的候选人、佛罗里达州前州长杰布·布什(Jeb Bush)在残酷的竞选季到来之前体重显著下降,理查德·本·克莱默(Richard Ben Cramer)的巨著《付出代价》(What It Takes,1992)或许是对此最详细的描述。
③ 肯尼迪政治家族的两位重要成员,先后被暗杀的总统候选人罗伯特·肯尼迪和时任美国总统约翰·肯尼迪。——译者注
④ 里根在20世纪40年代提出的著名的政治口号。——译者注

然而，就在我们需要健康而积极的总统的身体时，矛盾也随之而来。例如，2010年8月，奥巴马总统带着第一家庭到佛罗里达州狭长地带度假；这次度假并非没有政治动机，因为艾克森美孚石油公司（Exxon）在墨西哥湾发生"深水地平线"（Deepwater Horizon）漏油事件后，总统曾试图恢复该地区的旅游业和商业。白宫官方摄影师拍了很多照片，但只有一张总统游泳的照片被公开了；照片中，奥巴马面带微笑，带着小女儿萨莎，脖子以下的部位都泡在看似干净、没有石油的墨西哥湾水域的海水中。值得注意的是，我们没有看到一个赤膊的、穿着泳裤的总统。上帝禁止总统令近乎裸体的照片暴露任何身体上的弱点，进而暴露国家的弱点。① 别忘了，在2014年8月华盛顿特区的一场官方新闻发布会上，总统选择了一套浅棕色西装，引得梅尔·吉布森（Mel Gibson）②勃然大怒。总之，国王必须穿衣服——而且这些衣服最好是剪裁和颜色都合适的。

2004年，参议员约翰·克里（John Kerry）竞选总统的雄心被另外一种类型的弱点击伤了。美国东北部贵族出身的克里被拍到在进行风帆冲浪，而不是在进行传统的美国体育运动。风帆冲浪被许多人抨击为"精英主义"的运动，布什的竞选团队甚至利用这位运动员参议员的事迹制作了一则攻击广告。所以在美国选民眼中，并非每一项运动都是平等的。可以这么说，在可预见的未来，总统候选人将会避免参加风帆冲浪、马球和其他烧钱的比赛。随着"1%"的经济阶层在美国公众话语中持续遭受打击，即使是超级总统高尔夫球赛也可能成为竞选路上的绊脚石。

说到高尔夫球和国家领导人，美国并不是唯一一个在其精英高管中颂扬体育实力的国家。20世纪90年代初，神秘的朝鲜传出了领袖金正日首次打高尔夫球的消息。他打了多少杆？据朝鲜通讯社报道，在不少于17名安保人员的陪同下，伟大的领袖打出了低于标准杆34杆（38杆）的惊人成绩——其中一杆进洞不少于11杆。首尔、东京和华盛顿注意了！平壤拥有核武器和超凡脱俗的体育天赋。

回到美国，就连第一夫人也在向公众和体育界展示自己的健美身材。例如，米歇尔·奥巴马（Michelle Obama）将总统健身体育委员会改为了总统健身、运动与营养委员会。人们经常看到第一夫人以身作则，在"让我们行动起

---

① 我们对待美国总统身体的拘谨，与俄罗斯总统弗拉基米尔·普京（Vladimir Putin）的健美闪电战滑稽地并列在一起。无论是武术、狩猎、钓鱼、骑马、游泳，还是做任何事情——在克里姆林宫之外的地方，普京赤裸的上身和无毛的躯干就像卡戴珊（Kardashian）一样无处不在。
② 美国著名电影演员、导演、制片人。——译者注

来"(Let's Move)运动的支持下锻炼,该运动旨在消除儿童肥胖。在我们经常过热的公共领域里,她的官方形象引发了对她身材的各种带有种族歧视和性别歧视的嘲讽,这也许不足为奇,体育运动为许多人提供了必要的掩护,让他们可以批评那些曾经基本上是禁区的东西,抑或隐蔽在"第一夫人时尚"之下的东西。

这就引出了一个合乎逻辑而且紧迫的问题:那么,一位想要竞选总统的女性应该怎么做呢?在一个"强大"的国家眼中,什么样的体育活动配得上希拉里·克林顿(Hillary Clinton)或卡莉·菲奥莉娜①(Carly Fiorina)?对于一位女性候选人来说,仅仅以某种程度上的间接方式参与体育生活就足够了吗?一个精心策划的第一投是否能安全地被接球手接住?与女足世界杯球队合影?她是否需要参加美国全国大学体育协会(NCAA)的对阵预测来表现她的体育热情?在纳斯卡车赛(NASCAR)上跑一两圈能提供一个合适的画面来满足我们的运动欲望吗?或者,一个严肃的总统竞选人,碰巧是一名女性,就必须"像男孩一样运动"吗?

她说话也必须像总统吗?正如巴特沃斯(Butterworth,2017)和其他许多人所指出的那样,总统政治充斥着体育界的俚语。毫不奇怪,许多体育术语都深深根植于美式橄榄球和拳击的暴力男性气概。我们经常在竞选过程和其他场合听到"致命一击"(knockout punches,拳击场上击倒对手的一拳)、"猛击"(jabs,刺拳)、"用头顶撞"(head butting)、"卑鄙勾当"(low blows,击打腰以下部位)、"手下留情"(pulling punches,故意不用力打)、"回避问题"(dancing around an issue)、"岌岌可危"(on the ropes,爬山者用绳子相互系在一起)和"重量级"(heavyweights)等词语。在某些语境中,如总统辩论这种国家政治的对立语境中,这些术语几乎没有隐喻性。同样,美式橄榄球术语,如"闪电战"(blitzing)、"掉球"(fumbling)、"出界"(out of bounds)、"盲侧"(blind-sided)、"四分卫"(quarterbacking)和"弃踢"(punting)也经常出现在我们的政治话语中。不过,除了美式橄榄球和拳击,我们还会听到"扣篮"(slam dunks)、"本垒打"(home runs)、"被掷弧线球"(getting thrown a curve ball),同时在最新的民调中,人们总会用"赛马"的词语来表述谁排名上升、谁排名下降、谁受到热捧、谁受到冷落。当然,体育语言并非政治野心家所独有的;这也是媒体分析师的通用语言,他们

---

① 美国著名女性商人、政治家,曾长期担任惠普公司首席执行官,塑造了独特的惠普文化。她曾多次尝试进入政界并曾竞选副总统,但均告失利。——译者注

第五章 体育与政治传播/政治传播与体育:接过火炬

总是在猜测谁是最新的"改变游戏规则的人"（game changer），或者感叹某人"玩踢罐子藏猫猫游戏"（kicking the can down the road）。问题依然存在:在一个充斥着身体、暴力和超竞争的修辞世界里,女性是否处于竞争劣势地位？或者,我们是否正处于一种强烈的反弹之中,为了性别化的选举目的,"像女孩一样抛掷"这样的字眼被重新定义了？

从1977年吉米·卡特（Jimmy Carter）总统开始,当总统们不参加体育活动时,他们通常会邀请赢得冠军的运动队或代表国家的运动队到白宫来,以此培育文化资本。这些充满了运动服和运动胸罩气息的合影为宾夕法尼亚大道1600号的居住者增添了胜利的光彩。当然,团队成员策略性地缺席活动是很常见的,他们用缺席对总统的政策投出代理票。只是因为这种应对方式已经变得如此制度化,媒体才会热衷于这种缺席报道。

也许体育、健身、总统职位和政治更普遍地融合能帮助我们理解一个较新的现象:运动员变身候选人（athlete-turned-candidate）。在这个名流商品化的时代,对于那些在退役后渴望名流效应和荣耀的退役运动员而言,从政是一种合适的职业,这有什么好奇怪的吗？像史蒂夫·拉金特（Steve Largent）、J.C.沃茨（J.C. Watts）、杰克·坎普（Jack Kemp）和希斯·舒勒（Heath Shuler）这样的美式橄榄球运动员已经把体育成就和名流效应转化为国家政治。健美大师阿诺德·施瓦辛格（Arnold Schwarzenegger）将他那"避孕套里的核桃"（walnuts-in-a-condom）般的身体直接带到了萨克拉门托,明尼苏达州的摔跤选手"筋肉人"（The Body）杰西·文图拉（Jesse Ventura）也是如此。NBA前球星比尔·布拉德利（Bill Bradley）、凯文·约翰逊（Kevin Johnson）和戴夫·宾（Dave Bing）也以篮球场上成功的职业生涯换取了美国参议院行政职位、萨克拉门托以及底特律的市长职位。美国花样滑冰冠军、奥运会银牌得主关颖珊（Michelle Kwan）目前在美国国务院工作。甚至连成功的前教练也开始从政：内布拉斯加玉米收割者队（Nebraska Cornhuskers）前美式橄榄球教练汤姆·奥斯本（Tom Osborne）凭借他的执教经历谋到了州长一职。NBA名人堂成员、体育评论员查尔斯·巴克利（Charles Barkley）几乎每年都扬言要竞选家乡亚拉巴马州的州长。在国际上,拳击明星曼尼·帕奎奥（Manny Pacquiao）将他的名望和财富转化为菲律宾国会的一个民选职位。考虑到政治和体育的日益融合,更不用说金钱、名流和观众的接受度这些因素,这种趋势在未来几年只会成倍加剧。

说到国际政治,40多年前,乒乓球运动促进了美国和中国之间的友好外交关系,如今美国国务院深入挖掘乒乓球运动的源泉,试图让朝鲜加入国际社会。具体来说,美国当时的国务卿玛德琳·奥尔布赖特(Madeline Albright)和克林顿政府在2000年10月曾尝试了一项名为"万福玛利亚"(Hail Mary)的计划。在其任期即将结束时,美国国务院的官员们获悉,隐居的金正日是NBA的狂热爱好者:传言称金正日"在他的大部分宫殿里都有标准的球场,还有一个迈克尔·乔丹(Michael Jordan)为公牛队打过的几乎每一场比赛的视频库"(Zeigler,2006)。因此,当美国向金正日赠送对此次访问表示感谢的礼物时,外交官们选择了一件合乎逻辑的礼物:一个由芝加哥公牛队(Chicago Bulls)巨星迈克尔·乔丹亲笔签名的NBA官方篮球。美国中央情报局(CIA)朝鲜问题首席分析师鲍勃·卡林(Bob Carlin)说:"他一开始好像感到惊讶,但可以看出他很高兴。我认为他没有料到会这样。从某种意义上说,这是一个非常个人化的姿态。"(Zeigler,2006)在飞人乔丹外交活动之后,赞助活动非常受欢迎,以至于美国国务院向这位篮球明星提出了可否进行友好访问的提议。朝鲜官员甚至授权乔丹与金正日见面,由总部位于韩国首尔的三星公司牵头。以不关心政治著称的乔丹拒绝了这个请求:因为民主党人、共和党人和东亚人也买运动鞋!

奥尔布赖特的礼物和金正日对篮球的热爱帮助我们理解了近13年后发生的事情:NBA名人堂成员、前芝加哥公牛队球员丹尼斯·罗德曼(Dennis Rodman)和美国哈林花式篮球队(Harlem Globetrotters)前往朝鲜,与他们的新粉丝金正恩(Kim Jong-un)会面。虽然罗德曼因为与这位5英尺1英寸高的新的"亲爱的领袖"在外交上的愚蠢行为而受到严厉指责——他的6次访问都没有得到美国国务院的批准,但他仍然相信篮球可以成为金正恩和他那痴迷于篮球的国家与美国之间的外交桥梁(Silberman,2014)。如果有可能的话,我们也很有兴趣知道,篮球以及名流会在外交关系中发挥多大的作用。

体育和媒体学者已经探讨了美国体育帝国的长触角,但在这个时代,至少有一个国家——伊朗——被(前总统)小布什定义为"邪恶轴心",在寻求与西方展开对话的过程中,人们不禁要问,体育在这种不断演变的关系中可能扮演何种角色。当然,回到美洲,棒球在古巴和美国的关系持续解冻的过程中发挥着重要作用。随着卡斯特罗兄弟步入晚年,随着贸易条约的签署,古巴被从支持恐怖主义国家的名单中剔除,棒球(是的,还有雪茄)将成为这两个相邻国家之间的桥梁。当然,在短期内,只要涉及美元,这座桥梁很可能是单向的,但这也有利于不再出现亚西尔·普伊格(Yasiel Puig)式的阴谋。①

谈到迈克尔·乔丹、丹尼斯·罗德曼和美国哈林花式篮球队,人们会自然而然地想到他们都是激进主义的运动员,并将体育与政治传播的价值颠倒过来。也许没有任何一个领域像传播和体育领域一样引人入胜和有助于成功。在我们这个数字激进主义的时代,运动员可以通过推特、脸书、照片墙和其他社交媒体平台即时发表他们对当前政治事件的看法。没有了传统媒体的过滤,这种激进主义不仅相对即时,而且可以有无数种形式。运动员们不再需要在 NFL 明尼苏达维京人队(Minnesota Vikings)前弃踢手克里斯·克鲁维(Chris Kluwe)精心制作的新闻报道中表达自己的政治观点,克鲁维在美国运动网(Deadspin)上对同性恋婚姻的支持令人印象深刻,他声称这种支持"不会魔法般地把你变成一个好色的混蛋"(Kluwe,2012)。不!如今的激进主义运动员可以编排一张队员们都穿着连帽衫的照片,来纪念特雷冯·马丁(Trayvon Martin);他或她可以穿一件印着"我无法呼吸"字样的热身球衣来抗议埃里克·加纳(Eric Garner)的死亡;他或她可以在选秀之夜上传一张同性亲吻的照片。此外,一个"点赞"、一条"转发"或一个标签都可以在修辞上表达对候选人、事业、政策、事件或受害者的支持。简而言之,社交媒体已经完全重新定义了激进主义的运动员(Pierce,2015)。

2015 年 6 月,在美国得克萨斯州奥斯汀举行的极限运动会大跳台(X Games Big Air)活动上,小轮车(BMX)明星科尔顿·萨特菲尔德(Colton Satterfield)无须完全依赖社交媒体来开展活动。萨特菲尔德没有穿赞助商的制服或运动衫,而是穿着一件长袖 T 恤,上面印着马丁·路德·金(Martin Luther King)博士的标志性形象,那是金在 1956 年被关进亚拉巴马州蒙哥马利监狱时的照片。金所持的标签上面写着"爱",而不是监狱的身份信息。当萨特菲尔德在 ESPN 的全国转播中完成了难以置信的"双后空翻"(double flair)夺得金牌时,观众不可能不注意到金的头像。奇迹般的一跳之后,社交媒体很快注意到了萨特菲尔德的 T 恤,并表示赞赏。② 仅仅两周后,萨特菲尔德就在推特上大胆涉足总统选举政治,他恳请自己的将近 7500 名粉丝观看兰德·保罗(Rand Paul)关于统一税的视频,并为他的竞选活动捐款。尽管有些人可能会注意到,金和保罗的组合相

---

① 关于普伊格从古巴"叛逃"到 MLB 的洛杉矶道奇队,成为千万身价外野手的离奇故事,参见 Katz,2014。
② 关于萨特菲尔德的跳跃(和 T 恤),可参见:http://xgames.espn.go.com/xgames/video/13027186/colton-satterfield-wins-gold-bmx-big-air。

当不协调,但关键是,激进主义的运动员有多个论坛来参与政治;把注意力集中在萨特菲尔德意识形态的一致性(或矛盾性)上,就会错过更重要的信息。

对一些学者来说,四年一度的奥运会是体育和政治传播范式的焦点:一个国家由一支代表队在国际舞台上展现其身份认同(Hogan, 2003; Barney & Heine, 2015)。当然,这种认同仍然与奖牌数、世界纪录和在关键的"民族主义"运动项目中的主导地位有关;就像短跑属于牙买加人,长跑属于肯尼亚人,篮球属于美国,足球属于巴西人和德国人一样。此外,我们不需要重现杰西·欧文斯(Jesse Owens)在1936年柏林奥运会上的英雄壮举或1980年美国冰球队的风采就能证明,在国际舞台上取得的优异成绩可以成为政治上的反驳论据。奥运会仍然很重要。

与之类似,像高尔夫球比赛的莱德杯(Ryder Cup)、索尔海姆杯(Solheim Cup)、沃克杯(Walker Cup),网球比赛的戴维斯杯(Davis Cup)、联合会杯(Fed Cup)和帆船比赛的美洲杯(America's Cup)这样的团体运动,都是体育价值和国家理想的仲裁者。然而,在莱德杯中,当半数以上的欧洲球队把佛罗里达州的朱庇特岛(Jupiter Island)和诺纳湖(Lake Nona)称为主场时,比赛被那些摇旗呐喊的电视媒体包装成了一种假装的沙文主义,这种沙文主义已经不合时宜了。但是,社交媒体的传播范围远远超出了一个国家的邮政编码的范围,它可以瞬间穿越国界;当相关品牌是一名运动员或一支运动队,而不是一个国家时,国旗的意义就不那么重要了;在我们这个超级互联的数字时代,所有类型的国际体育赛事都更容易观看、关注和分享。我在脸书上的美国"好友"不断给我更新英超联赛(English Premier League)的最新消息,以及其他一些距离很远的比赛的信息。"友情赛"(Friendlies/Friendly's)不再只是指我最喜欢的冰激凌店。

当然,这一消息令人喜忧参半:一方面,或许随着人们在国旗和国界上投入的注意力减少,激进主义的运动员可以在很短的时间内通过非常少的过滤接触大量受众。另一方面,在被瓦因(Vine)的6秒钟视频、阅后即焚上的胡言乱语和推特的140个字符统治的时代,通过辩论、证据,甚至辨别细微差别进行相互交流的集体能力会逐渐消失。数字私刑暴民迅速聚集,宣扬要对宾夕法尼亚州立大学的美式橄榄球队教练员乔·帕特诺(Joe Paterno)实施身体上和精神上的斩首,并且最终确实做到了,这只是无数个"热门"话题中的一个,这些话题应该让我们暂停,而不是加快我们的速度(Brown, Billings & Brown, 2015)。在意识形态的另一面,随着南卡罗来纳州查尔斯顿的伊曼纽尔非洲裔卫理圣公会(AME)教堂的9名黑人成员被谋杀,以及随之而来的被指控的枪手迪伦·鲁夫

（Dylann Roof）与邦联旗合影,"星条旗"以惊人的速度消失在公共视野中。就连美国纳斯卡车赛这个在其南部赛车场和车迷中长期与国旗联系在一起的组织也在寻求划清界限。这一切都发生在不到两周的时间里。奇怪的是,由于数字网络中固有的令人眩晕的乘数效应,50多年来都无法完成的有理有据的公开争论瞬间就完成了。速度是致命的,没错。

当然,在政治传播与体育以及体育与政治传播方面,还有更多的学术路径。一年一度的全美陆军高中美式橄榄球表演赛、无休止的军人答谢之夜、国防部盛赞的无所不在的低空飞行,作为运动员或首席评论员的总统、体育机构与慢性创伤性脑病所涉及的政治和经济问题、高尔夫球与环境退化、时事 x 与社交媒体反应 y。是的,还有国歌和奥运会,以及凯特琳·詹纳（Caitlyn Jenner）、迈克尔·萨姆（Michael Sam）、小威廉姆斯（Serena）和卡斯特尔·塞门亚（Caster Semenya）。

尾声:教育学、影响和悲观主义政治

当笔者试图用修辞学研究方法来给我的学生讲授关于当代体育的关键问题时,他们的反馈常常是不热心,有时是敌意的,通常是不以为意。毫无疑问,其中部分原因是人们不愿认真思考流行的、理所当然的东西,典型的例子就是那句长年累月的抱怨,几乎被伪装成一个问题:"你是不是想太多了?"已故的珍妮丝·霍克·拉什（Janice Hocker Rushing）对这个问题有最好的回答:无论霸权、强权和文化上有什么实际教训,都潜藏在一种暗示中:这里没有什么可批判的;毕竟这只是体育。当权力没有完全消失或被抹去的时候,它确实会掩盖事实（Bochner,2006）。

同样,学生们缺乏热情或怀有敌意,我也要承担责任:作为一名修辞学批判主义教师,笔者的部分工作就是哄骗学生相信,意义往往蕴藏在平凡的文本、(看似)透明的文本,以及我们日常接触的文本中。可以说,哄骗是我或我们工作中最重要的部分。

我还想为我学生的反应提供第三种可能性,不管这种可能性有多小:我们对体育的批判性研究得出的集体结论,往往是对体育和体育媒体内容的谴责,这些内容是学生们热切、热情地消费的。不同于《上班一条虫》（Office Space）中的比尔·伦伯格（Bill Lumbergh）,我们这些体育评论家往往热衷于听到坏消息。我的学生不喜欢被指责他们的传教立场是不规范的,无论这种指责多么含蓄,他们不那么隐晦的红色州同性恋恐惧症、对反黑人种族主义的系统性认同,远超他们的红、白、蓝三色 J-Crew 牌服装的沙文主义,同时,在最近的兄弟会或姐妹会中,一种无处不在、根深蒂固的性别歧视在他们对锻炼身体的狂热崇拜中表现得淋漓尽致。不止一个人问过,体育界的好消息在哪里?如果体育那么糟糕,为什么我们中有那么多人沉迷于体育呢?这种抵触情绪越来越强烈:我不是一个卖腐(queer-baiting)的种族主义者,既不讨厌我那热衷运动的妹妹,也不喜欢拿格雷格·洛加尼斯(Greg Louganis)开玩笑,更不会每天晚上睡觉前唱国歌。在这一点上,我的课变得有些吵闹和闷热;需要调试一下恒温控制器。

不管学生们知不知道(我猜他们并不知道),他们已经发现了各种批判学者面临的两个最重要的问题:受众和效果。意识形态、篡改、消费实践和边缘化的主张,在某种程度上都是效果的主张。对于受众来说,这是真实的,而不是假想的。如果没有相应的受众来行使权力,那些关于权力的有害作用的主张,无论是离题的还是其他的,都是相当古怪的。我们已经找到了黛比·唐纳(Debbie Downer)和加里·格鲁姆(Gary Gloom)这两位学者,他俩让我的学生大为恼火。

但我的学生并不是孤立的。在三十多年前的媒体研究中,福雷德·费杰思(Fred Fejes,1984)提出了一个问题,即他的同事们挖掘出的所有隐藏意义是否真的有任何实质性影响。在修辞学研究中,卡罗尔·布莱尔(Carole Blair,2015)提出了相同的反对意见:修辞学批评家所认定的意义并不等同于对受众的影响。在期刊《传播与体育》(Communication & Sport)的创刊号中,至少有三位杰出人士呼吁对中介化信息如何被实际受众消费进行更多研究(Bruce,2013;Gantz,2013;Wenner,2013)。我们或许应该留意这些警告,以及我或我学生的抱怨或许是有益的:继续用散文式的方式大肆宣扬有关体育的坏消息,而不相应分析观众是如何接受新闻的,将让批评者的(悲观)声音享有特权,而牺牲我们理应如此关心的人的利益。

批评研究或文化研究的反讽之处在于,对底层的、被边缘化的、工人阶级生活经验的明确承诺,往往使加里和黛比在体育荒野中发出的善意的、中产阶级的孤独声音更具有价值。相反,难道我们不应该赞美受众,热切地询问他们,赞扬他们的美德吗?我们也许甚至可以在现代的竞技场里紧挨着他们坐下,接过并点燃他们的火炬。

感谢迈克尔·巴特沃斯(Michael Butterworth)、道格·福勒(Doug Fowler)、亚伯拉罕·伊克巴尔·汗(Abraham Iqbal Khan)和大卫·利文森(David Levenson)阅读本章的早期手稿。

Andrews, D. L. & Carrington, B. (Eds.). (2013). *A companion to sport*. Malden, MA: Wiley Blackwell.

Barney, R. K. & Heine, M. H. (2015). "The emblem of one united body ... one great sporting Maple leaf": The Olympic games and Canada's quest for self-identity. *Sport in Society*, *18*, 816-834.

Blair, C. (2015). "We are all just prisoners here of our own device": Rhetoric in speech communication after Wingspread. In A. Kiewe and D. W. Houck (Eds.), *The effects of rhetoric and the rhetoric of ects: Past, present, future* (pp. 31-58). Columbia, SC: University of South Carolina Press.

Bochner, A. P. (2006). Janice's voice. *Southern Communication Journal*, *71*, 183-193.

Brown, N., Billings, A. C., & Brown, K. (2015). "May no act of ours bring shame": Fan enacted crisis communication surrounding the Penn State sex abuse scandal. *Communication & Sport*, *3*, 288-311.

Bruce, T. (2013). Reflection on communication and sport: On women and femininities. *Communication & Sport*, *1*, 125-137.

Butterworth, M. (2017). Sport and politics in the United States. In J. Kelley, A. Bairner, and J. W. Lee (Eds.), *The Routledge handbook of sport and politics*. New York: Routledge, 150-161.

Cramer, R. B. (1992). *What it takes: The way to the White House*. New York: Vintage.

Fejes, F. (1984). Critical mass communications research and media effects: The problem of the disappearing audience. *Media, Culture and Society*, *6*, 219-232.

Gantz, W. (2013). Reflections on communication and sport: On fanship and social relationships. *Communication & Sport*, *1*, 176-187.

Hogan, J. (2003). Staging the nation: Gendered and ethnicized discourses of national identity in Olympic opening ceremonies. *Journal of Sport & Social Issues*, *27*, 100-123.

Houck, D. W. & Kiewe, A. (2003). *FDR's body politics: The rhetoric of disability*. College Station, TX: Texas A&M University Press.

Jowett, B. (1989). Charmides. In E. Hamilton and H. Cairns (Eds.), *The collected dialogues of Plato* (pp. 99-122). Princeton, NJ: Princeton University Press.

Katz, J. (2014, April 14). Escape from Cuba: Yasiel Puig's untold journey to the Dodgers. *Los Angeles Magazine*. Retrieved July 6, 2016, from http://www.lamag.com/longform/escape-from-cuba-yasiel-puigs-untold-journey-to-the-dodgers/.

Kennedy, J. F. (1960, December 26). The vigor we need. *Sports Illustrated*. Retrieved June 14, 2016, from http://www.presidency.ucsb.edu/ws/?pid=8771.

Khan, A. (2012). *Curt Flood in the media: Baseball, race, and the demise of the activist-ath-

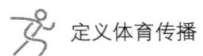 定义体育传播

lete. Jackson, MS: University Press of Mississippi.

Kiewe, A. & Houck, D. W. (2015). Introduction. In A. Kiewe and D. W. Houck (Eds.), *The effects of rhetoric and the rhetoric of effects: Past, present, future* (pp. 1-28). Columbia, SC: University of South Carolina Press.

Kluwe, K. (2012). Letter to Emmett C. Burns Jr. *Deadspin*. Retrieved June 14, 2016, from http://deadspin.com/5941348/they-wont-magically-turn-you-into-a-lustful-cockmonster-chris-kluwe-explains-gay-marriage-to-the-politician-who-is-offended-by-an-nfl-player-supporting-it.

Kyle, D. G. (2007). *Sport and spectacle in the ancient world*. Malden, MA: Blackwell.

Maraniss, D. (2012, June 9). President Obama's basketball love affair has roots in Hawaii high school team. *Washington Post*. Retrieved June 14, 2016, from https://www.washingtonpost.com/sports/president-obamas-basketball-love-affair-has-roots-in-hawaii-high-school-team/2012/06/09/gJQApU2mQV_story.html.

Murray, R. (2014, August 28). Social media explodes over President Obama's tan suit. Retrieved June 14, 2016, from http://abcnews.go.com/US/social-media-explodes-president-obamas-tan-suit/story?id=25166551.

Pierce, C. P. (2015, June 29). NASCAR's Confederate flag ban and the explosion of the activist athlete. *Grantland*. Retrieved June 14, 2016, from https://grantland.com/the-triangle/nascar-confederate-flag-ban-sonoma-lebron-james-racing/.

Posnanski, J. (2012, February 14). Kim Jong-il's record setting round may not have been all it was cracked up to be. *Golf Magazine*. Retrieved June 14, 2016, from http://www.golf.com/tour-and-news/kim-jong-ils-record-setting-round-may-not-have-been-all-it-was-cracked-be.

Silberman, L. (2014, May 4). Rodman's revelations. *Dujour*. Retrieved June 14, 2016, from http://dujour.com/culture/dennis-rodman-north-korea-kim-jong-un-interview/.

Wenner, L. A. (2013). Reflections on communication and sport: On reading sport and narrative ethics. *Communication & Sport, 1*, 188-199.

Zeigler, M. (2006, October 29). While the rest of the world watches Kim Jong il, fearful of North Korea's nuclear threat, the dictator often can't take his eyes off... the NBA. *San Diego Union-Tribune*. Retrieved June 14, 2016, from http://legacy.utsandiego.com/news/world/20061029-9999-1n29kim.html.

第六章 体育作为性别/女性主义研究

林茜·J.米恩[①]

体育作为性别和性实践研究的关键场所的重要性已得到广泛认可(Creedon,2014;Griffin,2011)。体育是一个高度意识形态化的场所,在美国的历史和当代文化中,体育仍然与男性以及特定的男性气概形式保持着紧密联系,这令性别成为体育意识形态焦点和影响的重要组成部分。体育运动也无处不在;在过去的30年里,体育作为媒介(即体育媒介)的激增,体育的中心地位和重要性不断增强,体育成为主流文化、霸权性别、性理解、价值观和身份认同的重要场所,这些都影响着更广泛的文化。体育媒介是性别、性价值观和理解的有力传播者,体育媒介还特别被公认为传播行为的关键场所(Creedon,2014;Wenner,2014),较新的数字形式有助于体育作为"传播性别价值观的全球媒体的缩影"(Creedon,2014,p.714)。万内尔(Whannel,2000,p.293)指出,体育媒介的意识形态影响是"竞争性个人主义、地方区域、国家认同以及男性优势"的自然化。虽然体育媒介是一个研究体育与性别问题的实质性场所,但体育作为一个多层次的场所被更广泛地探索,体育长期以来一直与男性、男性认同、男性气概、超男性气概和英雄(男性)形态联系在一起(Dworkin & Messner,1999)。

为了提供一些背景材料,本章首先简要概述了体育中的女性主义和性别研究的核心关键议题,所有这些议题在当代文化中仍然具有相关性。接下来是关于性别体育与体育媒介的理论基础和部分研究。然而,值得注意的是,体育是如此重要而普遍,以至于女性主义者和(或)性别学者的兴趣范围和水平太过广

[①] 美国亚利桑那州立大学社会与行为科学学院副教授,全球体育研究所成员。她1991年在英国谢菲尔德大学获得博士学位。她的研究聚焦认同、体育、性别、性、意识形态、文化、话语、语言和表征实践的交叉领域。

泛和多样，无法在本章中得到充分体现。很大一部分女性主义和性别体育研究确实着眼于体育媒介，反映了体育作为媒介的重要性和体育媒介综合体（sport-media complex）的力量（Jhally，1989）。但当体育媒介影响到更广泛的体育认同和实践时，我们在童年时代也以多种方式体验体育，并在家庭、学校、休闲和职业语境中，以运动员、教练员、体育迷（和仇恨者）、父母、子女、组织者、监管者、记者等身份继续接触体育（Nussbaum & Worthington，本书第十一章）。在日常互动中，我们也经常将体育作为隐喻、习惯用语和互文形式，与营销、品牌和商品化的要求相结合。因此，体育表现为普通的和特殊的事件，如教育、娱乐和竞技以及平淡无奇的日常生活中，人们经常接触、传播和消费的身份认同。

体育中的性别议题

传统的女性主义研究最初强调女性在体育中被排斥和忽视，强调平等参与、机会和代表性。研究试图打破关于体育运动中女性的女性气质和性特征的神话（Hall，1988），但越来越多的研究认识到，女性在体育领域的存在，对占主导地位的霸权性别形态构成了意识形态上的威胁，因为体育在构建异性恋男性气概方面处于核心地位。向强调权力关系批判性观点的转变，使女性主义者和性别学者越来越关注体育和体育媒体中女性及女性运动能力的管理、协商、组织与表征，进而关注在体育运动中被理想化的异性恋体育（超）男性气概的狭隘观点和限制性观点。因此，在体育意识形态和话语中，性别与性仍然存在着交叉与混淆的问题，人们很难将性从体育性别的讨论中剥离出来。对很多人来说，体育研究持续关注霸权的二元性别形态及其与性议题的交集、对另类男性和女性形态的抵抗、对性和其他性别形态的抵抗，以及体育中抵抗和改变的证据等持续的周期性生产和繁殖（即再生产或生产）。

虽然性别和性并不相同①，但二者经常在体育中或通过体育被混为一谈。基于公平竞争的概念和与性别相交叉的生理差异，有组织的体育仍然主要是性别分隔的（尽管生理性别也被认为是一种错误的、被构建的二元性）。例行性别检测通常被称为性别验证，是20世纪下半叶有组织体育运动中对女性运动员的强制要求。自1999年以来，奥运会不再强制要求女性运动员接受这项测试，

---

① 通常，性（sex）被（有问题地）视为一种更"固定"的生物结构，而性别（gender）则被更广泛地理解为一种社会和文化结构，表现为男性化和女性化。它们在历史上和意识形态上的相互联系，意味着它们经常可以互换使用，并有因果联系。

但最近接受这项测试的女性运动员揭示了这些测试分类的持续威力,以及这些分类作为一种受文化约束的具身性表现与性别之间的联系。对女性运动员的性和(或)性别的质疑(惩戒)揭示了对非正统或非传统女性化身体的关注,以及对女性、肌肉和(异性恋)女性气质的持续焦虑。这一点还体现为体育媒体持续报道包括符合传统的女性美的话语的女性运动员,并对她们的肌肉、性别和(异性恋的)性进行管理(Christopherson,Janning & McConnell,2002),忽视那些表现和(或)体形不符合这一标准的女性运动员。最近的体育和体育媒体对卡斯特尔·塞门亚(Caster Semenya)的处理方式让我们了解了当代的性别理解和霸权形态(Amy-Chinn,2011;Sloop,2012),并证明了当运动员的身体和性别表现不符合西方白人关于女性气质和性的论述时,种族、文化与权力是性别或性质疑和规训不可或缺的一部分(Young,2015)。在体育和体育媒体中,种族与性别在许多方面存在交集,特别是在构建黑人男性气概方面(Angelini,Billings,MacArthur,Bissell,& Smith,2014;Leonard,2010)。因此,虽然种族问题在本书第七章有直接的论述,但考虑到黑人在体育方面的女性特征和男性特征经常被种族化,与无种族、未被标出的白人男性的运动英雄相比,这一问题在性别的体育建构中常常被提及(Butterworth,2007)。

理论观点

许多研究当代体育与性别的学者都具有女性主义和(或)批判的取向,而不是明确地采用传统的女性主义理论。意识形态和权力是性别和体育研究的中心,也是社会建构、维护、抵制和破坏性别类别、关联与现状的传播行动和实践的关键(Foucault,1972)。话语是重要的,作为以意识形态行动为导向的意义系统,话语建构和定义了各种类别、认同和理解,因此,也能建构权力与权力关系,因为我们受制于话语及相关认同。但是,我们与强大的话语有着特殊的情感联系,并受制于强大的话语,而我们最强烈的认同正是源于这些话语,性别和体育都是关键的文化认同,由于体育具有高度的性别特征,这两种认同也存在着潜在的交集(Messner,1988)。在日常的传播和社会行动的话语与修辞实践中,重新生产、合作、抵制和(或)应对其威胁的动力(或动机)显而易见(Potter,1996),这显示了话语的力量(Foucault,1972)。因此,体育迷很容易与体育文本的意义和行动配合起来(Scherer,2007;Wenner,1991)。

人们在传播行动和再现实践(谈话、文本、社会行动等)中再生产或制定我们所服从的认同、话语等。重新生产这些形式通常被描述为与它们合作,挑战或破坏它们被描述为抵制,但它们往往同时被再生产和抵制(Krane,2001;Meân & Kassing,2008)。最占主导地位的或最被接受的文化形式通常被称为霸权形式,因为它们是作为自然化的真理而被再生产的,这使它们特别强大,并且能够抵御质疑和反抗。尽管许多学者采用一种不固定的以过程为导向的重新表述,但对一些人来说,霸权的概念及其结构性根源使其成为问题(Connell & Messerschmidt,2005)。无论如何,这些话语和认同的重要性意味着我们在许多方面受制于它们,合作被广泛用于解释性别,针对我们自己、他人、赛事等与体育相关的行为,例如,女性运动员对传统的西方女性美标准的认同或遵守(自律),这些标准将她们区分为异性恋者,并将她们定位为可以被媒体报道的对象(Caudwell,1999;Christopherson et al.,2002)。这些实践和行动同时再生产了人们熟悉的关于性和运动能力的话语,将女性运动员框架和定义为女同性恋者,除非她们表现出异性恋行为,这在体育运动中通常也意味着避免落入女性主义的框架(Dworkin & Messner,1999;Meân & Kassing,2008)。这些例子暗示着,在人们熟悉的霸权叙事和话语中,性别、体育和性之间存在着强大的交叉性和互文性联系,与此同时,体育媒介综合体的营销、推广和商业要求也是如此。

因此,除了关注运动员、教练员等个体,体育媒体和组织还被有效地认知为与产生和实施体育运动的个人相关联,而不是与具有自身行动的抽象结构相关联。同样,通常应用于媒体文本的框架概念也适用于对谈话和其他日常传播行为的分析,因为框架是一种影响人们理解事物的修辞行为——在话语领域中的定位和相互联系——不仅仅是提出一个感兴趣的话题[尽管仅仅纳入也会将内容和人物框定为"有新闻价值的"(newsworthy)和相关的]。因为体育认同的力量使观众(阐释社群)非常容易与体育文本(Fielding-Lloyd & Meân,2008)和组织(Scherer,2007;Wenner,1991)的意义及行动相配合,这一点尤为重要。但同时需要认识到,一些文本或人物比其他文本或人物更有权威性和说服力,一些体育媒体和组织的全球多平台的在场,增强了其通过体育运动进行性别意义建构的权力与权威(Meân,2010,2011;Oates,2009)。

在体育媒体和组织对运动员和赛事的反应和框架中,通过一些话语策略,性别和性的文化规训是显而易见的,包括排斥、隐去(符号性消失)、呈现或再现框架和内容(积极的和消极的)。虽然女性在体育、体育组织和体育媒体中被排斥、边缘化和变得不可见,但为改变这一情况所做的努力(比如主张性别平等的法律《1972年教育修正案》第九条)不断得到证明(Billings,Angelini,MacArthur,

Bissell,Smith,& Brown,2014; Fielding-Lloyd & Meân,2008; Hardin,2005); 分析工作也在继续探讨女性包容的内容以及变革的程度和方式。这延伸到了超越传统的男女二元对立的性别形式上,但需要承认的是,有证据表明,体育和体育媒体仍然以男性为主(Hardin,2005),女性的融入符合传统的异性恋和女性形式。然而,文化规训和边缘化应该被理解为一个广泛的过程,这不仅是由异性恋男性完成的,也不仅仅针对他人。在体育、体育媒体和体育组织的各个层面和各种行动中,体育作为异性恋男性的专属空间(Wellard,2002),在意识形态上是一个有争议的性别领域(Messner,1988),这种持续的协商产生了规范和自律。

体育是生产或再生产自然化的男性优越感的强大场所,在这里,性、性别、性欲和种族被混为一谈、相互交错。与地方、区域和国家认同相关的著名的、好胜的男性体育英雄,在体育的叙事、传统、其他神话和虚构的体育形式及其抵抗中是显而易见的。虽然这种男权主义倾向在体育中随处可见,但当女性参加"男性体育"(即以男性性别为特征的体育运动)、团体运动、直接对抗性运动,以及作为男性体育运动的体育迷时,这种现象尤为明显,尽管几乎没有证据表明在体育认同、兴趣、能力等方面存在性别差异。具有讽刺意味的是,争取女性平等参与的努力在许多方面进一步重塑了性别二元对立,推动性别定义的改变,这使那些努力开拓女性体育领域的体育学者和倡导者陷入两难境地(Griffin,2011)。因此,体育仍然是一个研究修辞、话语和学科性别行动的具有挑战性与文化相关性的多层次场所。

研 究

在体育运动中自然化形成的性别差异被广泛地再生产和抵制,然而,几乎没有证据证明性别差异的存在,而且越来越多的证据表明,性别差异继续受到破坏和抵制(特别是在基层和边缘体育运动场所)。沙利文(Sullivan,2004)对运动员之间的传播的研究显示,在各种量化指标上,男女运动员之间没有显著差异,即使在团队运动中也是如此。对伤病管理和运动员谈话的研究表明,在受伤率、报告伤病、管理伤病或疼痛方面没有性别差异(Young & White,1995),而且,男性运动员和女性运动员都将受伤风险视为可接受的和正常的(Theberge,2008)。尽管如此,关于女性和女孩更容易受重伤的观点仍然广为流传,表现为努力保护女性免受运动伤害(基于生理脆弱的概念)和没能成功地保护男性运动员(Theberge,2012)。斯皮尔(Speer,2002,p.352)列举了三种男性将女性排除在男性体育运动项目之外的修辞原因:第一,女性受伤会更糟糕;第二,伤害是非女性化的;第三,考虑到风险,女性想要参与体育运动是非理性的。这些观点经常明显地体现在体育管理组织关于将女性排除在体育运动之外或针对女性比赛(如冰球、长曲棍球)调整规则的声明和决策中,并在其他历来男性化的领域中得到响应,在这些领域中,对女性参与的抵制保护了传统的性别认同与信仰。例如,尽管政策发生了变化,但将女性部署到美国精锐军事部队和让女性成为积极的作战角色(例如战斗角色)仍然存在争议和问题(Archer,2013),男性的权益、伤病和牺牲却很少受到质疑(Benatar,2012)。

超男性气概与性别认同的协商

体育运动中的超男性气概是这种实践的重要组成部分。媒介体育研究揭示了生产价值和评论手段如何将美国顶级男子体育塑造成暴力、刺激和壮观的——特别是与女性体育运动相比之后——来再生产出这些对性别的理解(Greer,Hardin,& Homan,2009;Oates,2012)。同样地,勤奋、勇于进取的男性英雄主义叙事(其中忍痛参赛仍是一个重要组成部分)依然是显著的,具有在体育和体育媒体中继续受重视的价值(Messner,1990;Pappas,McKenry,& Catlett,2004)。这些叙事建构了一种狭隘的、具有潜在破坏性的异性恋体育男性气概,同时将女性排除在体育运动之外。然而,在体育和更广泛的文化中,这仍然被广泛地再生产为男性异性恋英雄的理想化模式,以至于刻苦努力的运动员能够控制疼痛和伤病的理想已经成为几乎所有运动员的理想,无论其性别和性取向为何(Malcom,2006;Meân & Kassing,2008)。运动员必须不断地对这种男性气概展开协商(Wellard,2002),这对于那些不"符合"这种男性异性恋形式的人来说尤其复杂。

许多研究聚焦于在认同工作或消费(表演)的传播实践中对男性霸权话语的协商和管理,因为这些男性形式被视为真正的东西——作为体育迷、运动员、教练、记者(Krane,2001;Meân & Kassing,2008;Messner,1988;Mewett & Toffoletti,2011)。对于那些明显不符合异性恋男性规范的人来说,不合作的风险更大,问题更多。对女性来说,这包括同时定位于传统女性气质之外,并有可能被视为女同性恋者和(或)女性主义者(Krane,2001;Meân & Kassing,2008)。当然,这也很复杂,因为身份并不是单一的或一致的,而是相互矛盾、相互交织和支离破碎的,具有不断变化的流动性。人们观察到,很多具有体育背景的女性刻意与"普通"女性和传统女性形象保持距离,同时又将自己视为非体育女性,表现出传统的异性恋女性特质(Fielding-Lloyd & Meân,2008;Meân & Kassing,2008;Mewett & Toffoletti,2011),两者之间存在明显的抵触和反抗(Plymire & Forman,2000;Thompson & Üstüner,2015)。同样,米勒(Miller,2010)观察到参加格斗运动的女孩在管理自己的非一致性时的流动性和性别认同的转变。布里代尔和瑞尔(Bridel & Rail,2007)观察了男同性恋马拉松运动员对身体的话语建构。索普探索了单板滑雪运动中的男性特征(Thorpe,2010)和女性特征(Thorpe,2008),及其与媒体话语的关系,笔者的研究观察了男性裁判如何通过与男性运动员合作和不与女性运动员合作的方式来管理自己的身份,尽管所有运动员都使用相同的话语策略和手段(Meân,2001)。

体育迷与迷圈

对于体育迷来说,性别将男性体育运动划为男性体育迷的领地,将女性体育运动划为女性和儿童的领地。从历史上看,体育迷群一直围绕着男性体育运动,并由重要的男性人物(父亲、祖父、叔伯等)"传承"给年轻男性。因此,男性体育运动的女性体育迷更倾向于学习男性的体育迷形式并赋予其特权,从而远离女性体育运动和与女性相关的体育迷群体(Mewett & Toffoletti,2011)。但是,越来越多的证据揭示了这些做法的破坏性(Hardin & Whiteside,2012;Toffoletti & Mewett,2012),以及呈现了在数字空间中出现的另类体育迷社群(Plymire & Forman,2000)。专为女性兴趣而设、为女性体育受众而建的主流体育网站,仍然证明了内容的"女性化",以及对女性体育及体育迷的霸权性别理解的再生产(espnW.com,Wolter,2014;WNBA.com,Meân,2011)。尽管沃尔特(Wolter,2015,p.168)还报告了 espnW.com 网站上"史无前例"的女性运动员职业和竞技形象,这种做法仍有可能疏远既有的体育迷,无法建立新的受众群,为引导年轻消费者进入体育爱好者行列提供了可疑的内容,但这种做法还是有希望的。性别和体育迷在数字空间,尤其是推特这样的"产消者"(prosumer,生产者和消费者)领域的表现和产生交集的方式值得被更多关注。

教练员与执教

教练员的性别和女性主义研究报告证据表明,有关教练员的未经证实的性别化信念使男性教练员的价值更高(Knoppers,1989,1992;Knoppers & Anthonissen,2008)。研究还表明,(男性和女性)教练员以及其他体育专业人士持续利用来自自身经验的自我实现证据,来再生产运动员的自然化性别差异(Fielding-Lloyd & Meân,2008),鉴于有证据表明基于性别的训练和期望导致男女运动员之间表现的差异以及教练员的评估和培训的差异(Fielding-Lloyd & Meân,2008,2011,in press;Knoppers & Anthonissen,2008),这一点很重要。事实上,教练员与男性的联系如此紧密,以至于它渗入了男性的家长角色中——甚至是那些"非运动型"的男性——与几乎没有经验的父亲相比,尽管女性是"专家",但她们指导孩子进行娱乐性运动的可能性要小得多(Coakley,2006;Harrington,2006)。同样,出于情感原因,没有女性教练员经验的美国职业女性运动员认为,男性更适合担任教练员,尽管她们自己也渴望成为教练员(Meân & Kassing,2008)。在欧洲,有过被男性教练员和女性教练员执教经验的精英运动员更偏爱女性教练员(Fasting & Pfister,2000)。

鉴于教练员和执教在体育和更广泛的文化中的影响和作用,把执教作为一个性别化的场所加以持续考察仍然很重要。积极的榜样作用、早期经验以及教练员传播内容和风格的影响,对于青少年体育运动中的年轻人和弱势群体尤为重要。青少年体育仍然是高度传统的性别化运动,参与的男孩远远多于女孩,处于青春期早期的女孩的辍学率也高得多。在家庭传播和围绕体育与青年体育参与的语境中,男性和男孩的体育知识与兴趣带来的文化优越性显著高于女性和女孩带来的。父母的关注点和关注模式倾向于父亲的体育注意力高于母亲,男孩的体育兴趣高于女孩,这反过来也影响家庭动态和青少年的体育参与或辍学。如上所述,这些性别化模式渗透家庭生活,即使母亲有体育专长,而父亲没有。

体育媒介

对体育媒介的研究发现,在针对男性和女性的体育报道方面,存在一系列持续的、引人注目的差异。在最基本的层面上,研究报告显示,在所有媒体类型中,与男性体育相比,女性体育的报道要少得多。库基、梅斯纳和赫克斯特罗姆(Cooky,Messner & Hextrum,2013)的研究显示,2009年美国电视体育新闻中女性报道的比例下降到了1.9%,为20年来最低。此外,男性体育不仅在电视新闻和体育集锦节目中占据主导地位,而且其呈现方式比女性体育更令人兴奋(Cooky,Messner,& Musto,2015)。同样,比林斯(Billings)、安吉里尼(Angelini)及其同事对美国全国广播公司(NBC)关于夏季和冬季奥运会的报道进行的一系列研究表明,尽管夏季奥运会通常对女性体育的报道总体上更公平,但在男性体育的报道和推广方面,几乎没有实质性的变化(Angelini,MacArthur,& Billings,2012;Billings et al.,2010)。在报纸(Godoy-Pressland,2014;Kim,Walkosz,& Iverson,2006)和网络媒体(Jones,2013)上,男性体育在空间、位置和推广方面的优势也受到了关注。尽管女性在体育媒体中的相对不可见性使她们对体育观众来说不那么有新闻价值,与体育观众也不相关,但女性运动员和女性体育的报道方式进一步加剧了体育运动中占主导地位的异性恋和性别霸权。

如前所述,体育媒介的报道通常侧重于再生产既定性别差异的体育项目,如男子足球和女子体操,或网球和田径等中性体育运动(Greer et al.,2009)。同样,在努力管理违反性别规范的行为的同时,对符合男性和女性两种主导性别规范的男性和女性的报道也更多了(Angelini et al.,2012;Angelini,MacArthur,& Billings,2014;Billings et al.,2010;Christopherson et al.,2002)。事实上,相当多的研究提供了一系列有据可查的再现实践和技术,这些实践和技术微妙而含蓄地将传统的霸权性别化形式再现为自然化差异(Greer et al.,2009)。在各种体育媒介语境中,对多项体育运动与赛事的研究表明,包括制作技术和(或)照片(镜头角度、编辑、特效)、评论、采访和文字内容(描述、语言选择、主题)等方面,存在着类似的普遍而系统的实践模式,这一模式将男性体育框架为场面"理所当然地"更壮观、争强好斗和有竞争力,而女运动员被描绘为情绪化的和羸弱的,并且对男性运动员和女性运动员的成功、失败、技能和成就也有不同的解释(Billings et al.,2010;Christopherson et al.,2002;Greer et al.,2009;Jones,2013),女性的成功通常被归因于男性教练员、父亲或伴侣。

虽然有证据表明女性在体育中的出现有所增多,但研究普遍表明,女性运动员的数量仍然少得不成比例,其中主要包括符合西方异性恋女性理想的女性运动员,以及那些在体育媒体类型和语境中被进一步框架的女性运动员(Christopherson et al.,2002;Meân,2010,2015)。同样,可以被视为赋权的语言和实践往往伴随着削弱赋权的内容(语言选择、细节和描述、视觉图像),这些内容继续以轻视和贬低女性的体育成就的方式削弱赋权(Christopherson et al.,2002)。考德威尔(Caudwell,1999)认为,在很多方面,女性越来越多地参与体育不但没有削弱,反而增大了许多女性运动员遵循传统美的体系的压力,以控制对强壮女性的文化焦虑,因为这种焦虑对男性气概构成威胁。来自体育媒体的证据继续表明,女性运动员需要"管理肌肉"。事实上,体育媒体和体育组织对卡斯特尔·塞门亚的规训仍然是一个强有力的例子,说明了在田径等主流体育项目中,对女性运动身体做出的超越女性气质霸权形式的反应会产生怎样的影响(Amy-Chinn,2011;Sloop,2012;Young,2015)。类似地,对如驾驶赛车等超越男性运动界限的女性的惩戒也有据可查(Sloop,2005)。相比之下,男性运动员和男性体育中引人注目的、争强好胜的异性恋超男性气概一直被限定在体育媒体的框架内,与这些霸权形式的冲突会让人不安,因为体育需要异性恋男性观众对明显的异性恋男性身体进行仔细审视(Oates,2007)。

传统的男性气概和男性气概话语对体育的意义,以及男性在体育媒体中作为所有者、编辑、记者等的主导地位,在一定程度上解释了这些做法和信仰长期存在的部分原因(Hardin,2005)。哈丁、辛普森、怀特塞德和加里斯(Hardin,Simpson,Whiteside & Garris,2007)认为,记者的性别是影响报纸关于《1972 年教育修正案》第九条报道框架的一个因素,同时,体育记者的教育未能鼓励记者去挑战男性霸权规范(Hardin,Dodd,& Lauffer,2009)。在制作、报道和评论等多个层面,女性在体育媒体中就业仍然具有挑战性,其复杂性日益明显(Genovese,2015)。人们乐观地认为,数字空间最终会提供颠覆和替代体育媒体与中介化体育社群的机会(Plymire & Forman,2000),但有实质性的证据表明,这些仍然处于边缘地位,因为数字空间已经在很大程度上被主流体育媒体组织和体育迷所占据,他们再生产了传统的性别化体育话语和形式(Oates,2009)。因此,虽然在体育媒体中可以找到变化和阻力,但文内尔(Wenner,2014)认为,体育媒体对性别认同所拥有的力量和意识形态意义,意味着这些可能会在新媒体形式中根深蒂固。

结 语

在这一章中,笔者从性别和女性主义视角讨论了研究体育的一些关键方法,但这需要简化发生在广泛的体育和体育媒体活动中的一系列复杂问题。对体育中的性别和性别化实践的研究已经采取了一种批判性的和(或)女性主义的观点,关注了男性气概、女性气概,以及这些特质在体育的多个层面作为传播行为和(或)实践中的构建与规训的方式:比如当人们谈论、撰写、表现和参与体育或体育媒体的个人、社会、文化和组织行为时(如作为运动员、父母、体育迷、教练、裁判、记者、专家、组织者、管理者等)。虽然传统的女性主义理论为这一领域提供了信息,但在体育运动中,对性别问题的批判和(或)女性主义取向是十分突出的,并且仍然强调体育对性别的意识形态意义:具有霸权的超男性气概及其与异性恋的交叉与相互作用,是将体育作为一种具有性别特征的场域加以审视的核心内容。

由于体育的突出性、普遍性和意识形态意义,体育继续为探索性别、男性气概和女性气概提供重要的场所。这使得体育对更广泛的性别文化构成和权力关系产生了影响,并且体育也做好了被作为推广手段而被大量使用的工具的准备。体育仍然是一个(异性恋)男性的领域,某些形式的男性气概和女性气概被再生产、被排斥、被抵制和被框架的方式仍然值得人们仔细考察和质询。然而,性别形成的狭隘的、二分法的二元定义仍然是有问题的,引起了当代批判女性主义和性别研究的关注,未来,人们需要更多地关注性别的多样性问题,并且非传统性别认同和跨性别运动员的纳入和再现问题迫切需要被关注。事实上,国际奥委会已经公开表示,变性运动员将被包括在内。

因此,体育将提供一个重要的场所,在这里,人们可以继续探讨性别问题,并有可能转向更包容和更广泛的性别形式定义,特别是对肌肉和伤病的文化焦虑问题的思考。但格里芬(Griffin,2011)指出,这也让那些既支持这一转变也在为(传统性别化的)女性运动员争取更多机会而奋斗的批判性性别体育学者陷入两难境地。事实上,尽管《1972年教育修正案》第九条在解决大学中的性别不平等问题上取得了广泛的成功,但这个法案有可能使男女两性的简单二元结构永久化、自然化和制度化。因此,挑战在于如何在促进体育竞赛公平的同时,扩展或消除性别这一压迫性的结构。

Amy-Chinn,D. (2011). Doing epistemic (in) justice to Semenya. *International Journal of Media & Cultural Politics*,6,311-326.

Angelini,J. R., Billings,A. C., MacArthur,P. J., Bissell,K., & Smith,L. R. (2014). Competing separately, medaling equally: Racial depictions of athletes in NBC's Primetime broadcast of the 2012 London Olympic Games. *The Howard Journal of Communications*,25,115-133.

Angelini,J. R., MacArthur,P. J., & Billings,A. C. (2012). What's the gendered story? Vancouver's primetime Olympic glory on NBC. *Journal of Broadcasting & Electronic Media*,56,261-279.

Angelini,J. R., MacArthur,P. J., & Billings,A. C. (2014). Spiraling into or out of stereotypes? NBC's primetime coverage of male figure skaters at the 2010 Olympic Games. *Journal of Language & Social Psychology*,33,226-235.

Archer, E. M. (2013). The power of gendered stereotypes in the US Marine Corps. *Armed Forces & Society*, *39*, 359-391.

Benatar, D. (2012). *The second sexism: Discrimination against men and boys*. Chichester, UK: Wiley-Blackwell.

Billings, A. C., Angelini, J. R., & Duke, A. H. (2010). Gendered profiles of Olympic history: Sportscaster dialogue in the 2008 Beijing Olympics. *Journal of Broadcasting & Electronic Media*, *54*, 9-23.

Billings, A. C., Angelini, J. R., MacArthur, P. J., Bissell, K., Smith, L. R., & Brown, N. A. (2014). Where the gender differences really reside: The "big five" sports featured in NBC's 2012 London primetime Olympic broadcast. *Communication Research Reports*, *31*(2), 141-153.

Bridel, W. & Rail, G. (2007). Sport, sexuality, and the production of (resistant) bodies: De-/Re-constructing the meanings of gay male marathon corporeality. *Sociology of Sport Journal*, *24*, 127-144.

Butterworth, M. L. (2007). Race in "The Race": Mark McGwire, Sammy Sosa, and heroic constructions of whiteness. *Critical Studies in Media Communication*, *24*, 228-244.

Caudwell, J. (1999). Women's football in the United Kingdom. *Journal of Sport and Social Issues*, *23*, 390-402.

Christopherson, N., Janning, M., & McConnell, E. D. (2002). Two kicks forward, one kick back: A content analysis of media discourses on the 1999 Women's World Cup soccer championship. *Sociology of Sport Journal*, *19*, 170-188.

Connell, R. W. & Messerschmidt, J. W. (2005). Hegemonic masculinity: Rethinking the concept. *Gender & Society*, *19*, 829-859.

Coakley, J. (2006). The good father: Parental expectations and youth sports. *Leisure Studies*, *25*, 153-263.

Cooky, C., Messner, M. A., & Hextrum, R. H. (2013). Women play sport, but not on TV: A longitudinal study of televised news media. *Communication & Sport*, *1*, 203-230.

Cooky, C., Messner, M. A., & Musto, M. (2015). "It's dude time!": A quarter century of excluding women's sports in televised news and highlight shows. *Communication & Sport*, *3*, 261-287.

Creedon, P. (2014). Women, social media, and sport: Global digital communication weaves a web. *Television & New Media*, *15*, 711-716.

Dworkin, S. L. & Messner, M. A. (1999). Just do ... what? Sport, bodies, gender. In M. Ferree, J. Lorber, & B. Hess (Eds.), *Revisioning gender*. Thousand Oaks, CA: Sage.

Fasting, K. & P ster, G. (2000). Female and male coaches in the eyes of female elite soccer players. *European Physical Education Review*, *6*, 91-110.

第六章 体育作为性别/女性主义研究

Fielding-Lloyd, B. & Meân, L. J. (2008). Standards and separatism: The discursive construction of gender in English football coach education. *Sex Roles*, 58, 24-39.

Fielding-Lloyd, B. & Meân, L. J. (2011). "I don't think I can catch it": Women, confidence and responsibility in football coach education. *Soccer and Society*, 12, 345-364.

Fielding-Lloyd, B. & Meân, L. J. (in Press). Women training to coach a male sport: Managing gendered identities and masculinity discourses. *Journal of Sport & Communication*.

Foucault, M. (1972). *The archeology of knowledge*. London: Tavistock.

Genovese, J. (2015). Sports television reporters and the negotiation of fragmented professional identities. *Communication, Culture & Critique*, 8, 55-72.

Godoy-Pressland, A. (2014). 'Nothing to report': A semi-longitudinal investigation of the print media coverage of sportswomen in British Sunday newspapers. *Media, Culture & Society*, 36, 595-609.

Greer, J. D., Hardin, M., & Homan, C. (2009). "Naturally" less exciting? Visual production of men's and women's track and field coverage during the 2004 Olympics. *Journal of Broadcasting & Electronic Media*, 53, 173-189.

Grifin, P. (2011). The paradox of being a sport feminist. A response to Cahn's "Testing sex, attributing gender: What Caster Semenya means to women's sports". *Journal of Intercollegiate Sport*, 4, 49-53.

Hall, M. A. (1988). The discourse of gender and sport: From femininity to feminism. *Sociology of Sport Journal*, 5, 330-340.

Hardin, M. (2005). Stopped at the gate: Women's sports, "reader interest," and decision making by editors. *Journalism & Mass Communication Quarterly*, 82, 62-77.

Hardin, M., Dodd, J. E., & Lauffer, K. (2009). Passing it on: The reinforcement of male hegemony in sports journalism textbooks. *Mass Communication & Society*, 9, 429-446.

Hardin, M., Simpson, S., Whiteside, E., & Garris, K. (2007). The gender war in U. S. sport: Winners and losers in news coverage of Title IX. *Mass Communication & Society*, 10, 211-233.

Hardin, M. & Whiteside, E. (2012). How do women talk sports? Women sports fans in a blog community. In K. Toffoletti & P. Mewett (Eds.), *Sport and its female fans* (pp. 152-168). New York: Routledge.

Harrington, M. (2006). Sport and leisure as contexts for fathering in Australian families. *Leisure Studies*, 25, 165-183.

Jhally, S. (1989). Cultural Studies and the sport/media complex. In L. A. Wenner (Ed.), *Sport, media and society* (pp. 70-93). Newbury Park, CA: Sage.

Jones, D. (2013). Online coverage of the 2008 Olympic Games on the ABC, BBC, CBC, and TVNZ. *Pacific Journalism Review*, 19, 244-263.

Kim, E., Walkosz, B. J., & Iverson, J. (2006). USA Today's coverage of the top women golfers, 1998-2001. *Howard Journal of Communications*, *17*, 307-321.

Krane, V. (2001). We can be athletic and feminine, but do we want to? Challenging hegemonic femininity in women's sport. *Quest*, *53*, 115-133.

Knoppers, A. (1989). Coaching: An equal opportunity occupation? *Journal of Physical Education, Recreation and Dance*, *60*, 38-43.

Knoppers, A. (1992). Explaining male dominance and sex segregation in coaching: Three approaches. *Quest*, *44*, 210-227.

Knoppers, A. & Anthonissen. A. (2008). Gendered managerial discourses in sport organizations: Multiplicity and complexity. *Sex Roles*, *58*, 93-103.

Leonard, D. J. (2010). Jumping the gun: Sporting cultures and the criminalization of Black masculinity. *Journal of Sport and Social Issues*, *34*, 252-262.

Malcom, N. L. (2006). "Shaking it o" and "toughing it out" socialization to pain and injury in girls' softball. *Journal of Contemporary Ethnography*, *35*, 495-525.

Meân, L. J. (2001). Identity and discursive practice: Doing gender on the football pitch. *Discourse & Society*, *12*(6), 789-815.

Meân, L. J. (2010). Making masculinity and framing femininity: FIFA, soccer and World Cup websites. In H. Hundley & A. Billings (Eds.), *Examining identity in sports media* (pp. 65-86). Thousand Oaks: Sage Publications.

Meân, L. J. (2011). Sport, identities, and consumption: The construction of sport at ESPN. com. In A. C. Billings (Ed.), *Sports media: Transformation, integration, consumption* (pp. 162-180). London/New York: Routledge.

Meân, L. J. (2015). The 99ers: Celebrating the mythological. *Journal of Sports Media*, *10*, 31-43.

Meân, L. J. & Kassing, J. (2008) "I would just like to be known as an athlete": Managing hegemony, femininity, and heterosexuality in female sport. *Western Journal of Communication*, *72*, 126-144.

Messner, M. A. (1988). Sports and male domination: The female athlete as contested ideological terrain. *Sociology of Sport Journal*, *5*, 197-211.

Messner, M. A. (1990). When bodies are weapons: Masculinity and violence in sport. *International Review for the Sociology of Sport*, *25*, 203-220.

Mewett, P. & Toffoletti, K. (2011). Finding footy: Female fan socialization and Australian rules football. *Sport in Society*, *14*, 553-568.

Miller, S. A. (2010). Making the boys cry: The performative dimensions of fluid gender. *Text & Performance Quarterly*, *30*, 163-182.

Oates, T. P. (2007). The erotic gaze in the NFL Draft. *Communication & Critical/Cultural Studies*, *4*, 74-90.

Oates, T. P. (2009). New media and the repackaging of NFL fandom. *Sociology of Sport Journal*, *26*, 31-49.

Oates, T. P. (2012). Representing the audience: The gendered politics of sport media. *Feminist Media Studies*, 603-607.

Pappas, N. T., McKenry, P. C., & Catlett, B. S. (2004). Athlete aggression on the rink and off the ice. *Men & Masculinities*, *6*, 291-313.

Plymire, D. & Forman, P. (2000). Breaking the silence: Lesbian fans, the internet, and the sexual politics of women's sport. *International Journal of Sexuality & Gender*, *5*, 141-153.

Potter, J. (1996). *Representing reality: Discourse, rhetoric and social construction*. London: Sage.

Scherer, J. (2007). Globalization, promotional culture and the production/consumption of online games: Emerging Adidas's "Beat Rugby" campaign. *New Media & Society*, *9*, 475-496.

Sloop, J. M. (2005). Riding in cars between men. *Communication & Critical/Cultural Studies*, *2*, 191-213.

Sloop, J. M. (2012). "This is not natural": Caster Semenya's gender threats. *Critical Studies in Media Communication*, *29*, 81-96.

Speer, S. A. (2002). Sexist talk: Gender categories, participants' orientations and irony. *Journal of Sociolinguistics*, *6*, 347-377.

Sullivan, P. (2004). Communication differences between male and female team sport athletes. *Communication Reports*, *17*, 121-128.

Theberge, N. (2008). Just a normal bad part of what I do: Elite athletes' accounts of the relationship between sport participation and health. *Sociology of Sport Journal*, *25*, 206-222.

Theberge, N. (2012). Studying gender and injuries: A comparative analysis of the literatures on women's injuries in sport and work. *Ergonomics*, *55*, 183-193.

Thompson, C. J. & Ustuner, T. (2015). Women skating on the edge: Marketplace performances as ideological edgework. *Journal of Consumer Research*, *42*, 235-265.

Thorpe, H. (2008). Foucault, technologies of self, and the media discourses of femininity in snowboarding culture. *Journal of Sport and Social Issues*, *32*, 199-229.

Thorpe, H. (2010). Bourdieu, gender reflexivity, and physical culture: A case of masculinities in the snowboarding field. *Journal of Sport and Social Issues*, *34*, 176-214.

Toffoletti, K. & Mewett, P. (2012). "Oh yes, he is hot": Female football fans and the sexual objectification of sportsmen's bodies. In K. Toffoletti & P. Mewett (Eds.), *Sport and its female fans* (pp. 99-114). New York: Routledge.

Wellard, I. (2002). Men, sport, body performance and the maintenance of 'exclusive masculinity'. *Leisure Studies*, *21*, 235-247.

Wenner, L. A. (1991). One part alcohol, one part sport, one part dirt, stir gently: Beer commercial and television sports. In L. R. Vande Berg & L. A. Wenner (Eds.), *Television criticism: Approaches and applications*. New York: Longman.

Wenner, L. A. (2014). On the limits of the new and the lasting power of the mediasport interpellation. *Television & New Media*, *15*, 732-740.

Whannel, G. (2000). Sport and the media. In J. Coakley & E. Dunning (Eds.), *Handbook of Sport Studies* (pp. 291-308). London/Thousand Oaks, CA: Sage.

Wolter, S. (2014). "It just makes good business sense": A media political economy analysis of espnW. *Journal of Sports Media*, *9*, 73-96.

Wolter, S. (2015). A quantitative analysis of photographs and articles on espnW: Positive progress for female athletes. *Communication & Sport*, *3*, 168-195.

Young, K., & White, P. (1995). Sport, physical danger, and injury: The experiences of elite women athletes. *Journal of Sport & Social Issues*, *19*, 45-61.

Young, S. L. (2015). Running like a man, sitting like a girl: Visual enthymeme and the case of Caster Semenya. *Women's Studies in Communication*, *38*, 331-350.

第七章 体育与种族:学术史与训诫

亚伯拉罕·I.汗①

对于社会学家来说,体育学研究在 1973 年离开了"玩具部"。这种大胆的分期是有风险的历史编纂,但 1973 年有一份标志性文件发布,这份文件在当今看来算是创始文件。对密切关注体育界的人士来说,哈里·爱德华兹(Harry Edwards)可能是因为他在"奥林匹克人权项目"(Olympic Project For Human Rights,OPHR)中担任的角色而闻名,该组织成立于 1967 年,曾在 1968 年帮助墨西哥城将抗议活动制度化。1969 年,爱德华兹写了《黑人运动员的反抗》(*Revolt of the Black Athlete*)一书,他对那些事件的描述充满了诗意,今天读起来就像一篇宣言。4 年后,爱德华兹(Edwards,1973)撰写了《体育社会学》(*Sociology of Sport*),这是"第一部认真分析体育在美国的作用,以及体育与其他社会机构的相互联系和影响的专著"(Wiggins,2014,p.764)。《美国社会学学刊》(*American Journal of Sociology*)在 1974 年对爱德华兹的研究进行了回顾,认为"体育涉及美国社会的所有机构和阶层,并且其普遍性使其适合于社会学研究"(Snyder,1974,p.280)。道格拉斯·哈特曼(Douglas Hartmann,2003)在一项有关奥林匹克人权项目的综合研究中称,《体育社会学》"在学术界被广泛而频繁地引用",因为其批评了"体育在美国是一种独立而神圣的社会空间和道德力量的主流意识形态"(p.204)。

笔者的研究从哈里·爱德华兹开始讲起有两个原因。首先,笔者想提醒传播学的学者,有关体育的学术研究已有 60 年的历史。对体育作为研究对象的

---

① 美国宾夕法尼亚州立大学非裔美国人研究系、传播与艺术科学系助理教授。他于 2010 年博士毕业于明尼苏达大学。他是一位修辞学学者,研究兴趣集中在体育与黑人政治文化的交集方面。

合法性最严重的焦虑或许已经减弱,但当传播学研究与体育学开始博弈时,我们常常错过实际上是我们耐心孕育的同源领域的后代。其次,笔者想提醒大家注意体育学术种族化谱系的深度。爱德华兹关于体育的标志性见解是,与体育作为美国精英政治避风港的形象相反,体育反映并再现了其所处的社会语境。爱德华兹的这一见解不仅源于学术上的思考,还源于他在20世纪60年代作为一名黑人运动员、一名活动家、一场社会运动的常驻哲学家(philosopher-in-residence)的经历,这场运动刻意表现出激进。"美国对黑人运动员言行的反应,"爱德华兹在1969年宣称,"将影响这个国家黑人和白人之间所有种族与社会关系"(p. xvii)。也许他说得有些过头了,但在接下来的几十年里,也许没有比这更好的动机来支持体育学研究了。值得记住的是,我们这个学术领域,体育传播学的存在(至少部分上)归功于黑人激进主义的遗产;对种族差异所带来的影响的持续关注,存在于体育传播学的学术DNA中。爱德华兹通过他的种族身份来理解体育与社会的关系,虽然今天的我们可能会从不同的方面来研究这种关系,但在我们对权力、意识形态、表征和其他身份轴线(比如性别与性)的关注中,都能听到爱德华兹的声音,体育与这些方面息息相关。爱德华兹的声音既带来了奖励,也带来了义务,这有助于将传播学置于体育学术研究的前沿。在爱德华兹那开创性的文本出版40年后,体育的受欢迎程度、大众中介化及其与国家文化和想象的共同体的生成关系方面,远不止是社会的缩影。体育是一种表达力,在复杂的传播过程中形塑了社会与公共生活的轮廓。

历 史

21世纪,以种族与体育之间的特殊关系为标志的学术领域已成为彻底的跨学科领域。每个人来到这里的路径都略有不同,笔者的成长经历包含了苏珊·比瑞尔(Susan Birrell)和玛丽·麦克唐纳(Mary McDonald)的《解读体育》(*Reading Sport*)(Birrell & McDonald, 2000),尼克·特鲁希略(Nick Trujillo, 1991)广受欢迎的关于诺兰·莱恩(Nolan Ryan)的文章,还有莱奥拉·约翰逊(Leola Johnson)和戴维·罗迪格(David Roediger)关于O. J. 辛普森(O. J. Simpson)种族身份转变的文章,以及大卫·安德鲁斯(David Andrews)关于迈克尔·乔丹(Michael Jordan)的黑人身份被抹杀的令人印象深刻的细致研究。仅在这些论文中,体育运动中的种族问题研究就汲取了美国研究和运动学等不同领域的学术资源,并提供了"通向我们所居住的更大世界的构成意义和权力关系的途径"(Birrell & McDonald,2000,p.3)。大约在同一时间,我接触了托德·博伊德和肯尼斯·什罗普夏(Todd Boyd & Kenneth Shropshire,2000)的《篮球琼斯》(*Basketball Jones*),这是一本试图理解 NBA 将体育和种族与全球资本主义联系起来这一令人头疼的问题的前沿文集。当我还是一名研究生时,我欣喜地在阅读目录中发现了戴维斯·豪克(Davis Houck)的《进攻篮筐:扣篮的文化政治》(*Attacking the Rim:The Cultural Politics of Dunking*),这意味着修辞学者可以毫不避讳地谈论体育,这本书是一个跨学科的奇迹,其运用了法学、教育学、社会学、经济学和英国文学等领域的学术知识。几年后,大卫·维金斯和帕特里克·米勒(David Wiggins & Patrick Miller,2004)的《体育与肤色线》(*Sport and the Color Line*)一书问世。又过了几年,迈克尔·洛马克斯(Michael Lomax,2008)出版了《体育与种族分裂》(*Sports and the Ethnic Divide*)一书,将非裔美国人的经历与拉丁裔美国人的经历相结合,试图"探索种族、民族和体育的交集"(p. xv)。笔者提到这些研究,不仅是为了强调种族与体育研究的跨学科属性,也是为了阐明种族和民族已经成为美国体育传播学者试金石的一致性原理。

文化研究及与之相关的批判认识论在这些学术发展中发挥了重要作用。比如,安德鲁斯(Andrews,2000)关于乔丹的文章组织了文化研究全明星团队,包含保罗·吉尔罗伊(Paul Gilroy)、科比娜·默瑟(Kobena Mercer)、斯图尔特·霍尔(Stuart Hall)等人,旨在为"根据保守的后里根时代文化议程的转变需求,为主导种族话语提供语境阐释,这些话语塑造了中介化偶像迈克尔·乔丹"(p. 167)。20 世纪末和 21 世纪初,沃尔特·拉弗贝尔(Walter LaFeber,1999)的《迈克尔·乔丹与新全球资本主义》(*Michael Jordan and the New Global Capitalism*)成为安德鲁斯这篇论文的绝佳佐证。拉弗贝尔将乔丹置于帝国主义的历史语境中,"包括后来被称为文化帝国主义的崛起"(p. 13),从而让我们看到种族和体育如何被用作影响地缘政治的工具。最近的学术研究,尤其是在后殖民时代的全球语境下的体育研究,相应地利用了文化研究的传统。特别是,凯文·海尔顿(Kevin Hylton,2009)和本·卡林顿(Ben Carrington,2009,2010)的研究运用了批判性种族理论、后殖民主义和英国文化研究来解释"黑人运动员"的出现,这种身份的发明"过去是(现在仍然是)试图将黑人本身和黑人群体降格为一种半人类化的激进的他者类型"(Carrington,2010,p. 2)。笔者倾向于认为,这种对种族和体育的全球化清算为当代学术研究设置了防守锋线(借用美式橄榄球的隐喻),传播学研究跟随其阻击者绕道而行是明智之举。尽管如此,笔者之所以在这里同时考虑了转向全球的问题,是因为种族与体育的相互关系在美国的语境中呈现出我们尚未能够完全解读的社会政治形式。正如迈克尔·埃兹拉(Michael Ezra,2010)所说的,"体育为人们描绘出他们心目中的理想美国提供了一块独特的画布"(p.185),但这块画布就像覆盖在墙纸污渍之上的油画,往往隐藏了什么,还有很多东西有待了解。

例如,爱德华兹的革命从未完全实现。似乎是为了证实《体育社会学》中的主要论点,20世纪70年代的体育运动也是由尼克松时期美国所特有的充满争议的种族协商所定义的。哈特曼(Hartmann,2003)认为,奥林匹克人权项目所代表的挑战是"通过种族实践和政策来应对的,这些实践和政策吸收或加上了非裔美国人体育活动中更温和的和更公开合法的方面"(p.207)。然而,经济上的通融和制度上的改革在公共话语中又以粗暴的方式卷土重来。1975年,弗兰克·罗宾逊(Frank Robinson)成为美国职业棒球大联盟(MLB)的第一位黑人经理,但1986年4月6日,《夜线》(Nightline)节目问道,为什么此后没有取得更大的进步?对此,洛杉矶道奇队(Los Angeles Dodgers)总经理艾尔·坎帕尼斯(Al Campanis)猜测,这是因为黑人球员"可能不具备成为球队经理的某些必要条件"。在泰德·科佩尔(Ted Koppel)的追问下,坎帕尼斯以反问的方式应对:"你们有多少黑人四分卫?有多少黑人投手?"仿佛黑人在认知上的劣势是不言而喻的(Weinbaum,2012)。不到一年后,绰号"希腊人"(the Greek)的吉米·斯奈德(Jimmy Snyder)出现在一档电视新闻节目中,表达了一种关于黑人在运动方面具有优越性的可疑理论。"黑人是更好的运动员",斯奈德解释说,因为"他们壮硕的大腿一直连着背部,'奴隶主'将大块头黑人跟大块头女人结合,这样就能生出一个大块头的黑人孩子"(Sharbutt,1988)。如果说白人的种族焦虑与坎帕尼斯令人震惊的种族主义之间还有什么联系的话,斯奈德明确表示,如果黑人"像每个人希望的那样接管教练工作,那么白人就没有工作可做了"。坎帕尼斯和斯奈德在发表这番言论后几天内都被解雇了,但他们共同揭示了白人激烈反对的新特征。

迈克·马库西(Mike Marqusee,1999)写道,20世纪关于白人运动优越性的古老神话[也许是在1936年被杰西·欧文斯(Jesse Owens)最终打破了],被同样隐匿的黑人运动优越性的神话所取代,随之而来的还有不言而喻的关于黑人智力低下的神话(p.295)。理查德·赫恩斯坦和查尔斯·穆雷(Richard Herrnstein & Charles Murray,1994)出版了声名狼藉的《钟形曲线》(The Bell Curve),该书旨在发现智力是一种遗传特征的科学证据,这在一定程度上引起了种族和体育学术界对种族神话相关问题的关注。在这方面,约翰·霍伯曼(John Hoberman,1997)的《达尔文的运动员》(*Darwin's Athletes*)是一部里程碑式的著作,许多传播学者都会采纳这本书中的立场。霍伯曼哀叹道:"关于黑皮肤人种'天生的'身体天赋的观念,以及媒体为他们创造的形象,可能比我们公共生活中的其他任何东西都更能鼓励人们相信,黑人和白人在生物学任何有意义的方面都是不同的。"(p. xxvii)霍伯曼利用从殖民主义到遗传学等一系列令人震惊的社会学和科学史知识,试图消除美国的"种族民俗",并破坏支撑体育对黑人社会经济流动性提供虚幻前景的假设。当然,记者约翰·恩廷(John Entine,2000)的《禁忌:为什么黑人运动员主宰了体育运动,而我们不敢去谈论》(*Taboo: Why Black Athletic Dominant Sports and Why We're Afraid to Talk It*)可以作为一种反驳的回应,但在《达尔文的运动员》一书之后,"种族化的身心二元论这种在与非裔男性有关的流行种族话语中占据主导地位的观点"(Andrews,2000,p. 169),面临着可能受到批评的强大压力。

霍伯曼这部作品持久的重要性在于将种族问题历史化,并将其置于不断变化的社会政治领域中。恩廷(以及其他依赖人文科学来证明种族差异的人)所犯的错误是依赖于那些表面上稳定的范畴,这些范畴给人留下中立和无私的印象。但是,科学制约和授权社会生活模式的方式既不是中立的,也不是无私的。恩廷(Enting,2000)认为,"尊重人类的差异可以提高我们建设性地,但又批判性地面对遗传学正在引发的惊人变化的可能性"(p. xiv)。这很合理,但令人担忧的是,21世纪的体育遵循了19世纪基因学家路易斯·阿加西斯(Louis Agassiz)的建议,他在1850年宣称:

> 如果[……]能充分认识到我们和有色人种之间存在的真正差异,并怀着培养他们身上突出个性的愿望,而不是以平等的条件来对待他们,那么,人类与有色人种的交往就会明智得多。
>
> (quoted in Gould,1996,p. 145)

或者,正如古尔德精辟地解释的那样,"训练黑人从事手工劳动,训练白人从事脑力劳动"(p. 145)。"人类差异"及其应得的"尊重"都受制于社会形态及其流行话语的反复无常。19世纪,对人类尊严的科学尊重支撑着奴隶制。今天,也许同样的假设支撑着体育制度。

为了使其具有偶然性而将种族问题历史化,这样的目标常常体现在"种族是一种社会建构"这一公理中。现在,几乎所有关于种族的传播学研究都以这一公理为背景。然而,承认种族的合成特征并不等于说种族和种族主义不是

"真实的"。正如安吉拉·戴维斯(Angela Davis,2012)提醒我们的那样,"假定我们可以随心所欲地摆脱种族和种族主义的历史的观点是错误的。不管我们承认与否,我们继续生存在这些历史中,这些历史帮助我们构建社会与精神世界"(p.169)。简而言之,种族仍然有其意义,仍然存在于我们的当下,而且我们必须不断使其具有意义。霍伯曼虽然不是媒体学者,但仍然热衷于关注中介化形象的力量。他认为,体育"已经成为传播甚至强化种族偏见的形象工厂"(Hoberman,1997,p.xxviii)。这也是在经验主义和批判主义模式下,体育和种族传播学术领域最有成效的地方。简单地说,大众的中介化塑造了种族认同的意义,这种方式往往强化了人们普遍持有的刻板印象,尤其是那些与种族化的身心二元论相呼应的刻板印象。这种现象被称为"堆叠"(stacking),指的是"将人们安排在与社会对认同群体的期望密切相关的角色中",这是这类传播学研究中的一个重要实例(Billings, Butterworth, & Turman, 2015, p. 150)。黑人运动员在美式橄榄球运动中不成比例地被安排担任某些特定的角色(如跑锋),或拉丁裔运动员在棒球比赛中不成比例地被安排在某些特定的位置(如游击手),甚至是当白人评论员不成比例地被指派报道特定的体育项目(如高尔夫球或网球)时,体育的大众中介化加剧了人们熟悉的刻板印象。传播学者已经擅长于绘制美国文化中的种族社会结构,制造了劳伦斯·文内尔(Lawrence Wenner,2015,p.251)所说的将"媒介、体育和社会倾向"结合在一起的"黏合剂"(glue)。

我们还不清楚这一研究方向的确切起源,但伊斯特曼和比林斯(Eastman & Billings,2001)对大学篮球报道的分析是其中的重要引文。他们利用框架理论和仔细进行内容分析所必须付出的勤奋,在"篮球巅峰季"期间考察了5家全国性电视网的大学篮球比赛转播(p.189)。他们的研究结果揭示了"根深蒂固的刻板印象",这种刻板印象"一直在强化一种公式化的观念,即黑人天生运动能力强,白人天生运动能力相对较弱,因此需要特别努力才能跟上",这强化了"一种令人遗憾的观念,即白人有更好的脑力和领导素质,而黑人缺乏这些特质"(p.198)。诸如此类的研究(以及诸如此类的发现)构成了体育传播学的核心,这一点在此类调查所应用的体育运动的多样性及其对传播模式的研究中都显而易见。也就是说,传播学研究者研究了奥运会(Daddario & Wigley, 2007)、棒球(Ferucci, Tandoc, Painter, & Leshner, 2013)、大学美式橄榄球(Billings, 2004)、职业美式橄榄球(Mercurio & Filak, 2010)与美式橄榄球教练员(Cunningham & Bopp, 2010),以及可能表达种族刻板印象的体育解说员(Cranmer, Bowman, Chory, & Weber, 2014)和接受这些刻板印象的受众(Kobach & Potter, 2013)的经过中介的种族刻板印象。在这种媒体研究传统的背景下,种族化的身心二元论已经获得了"体力对抗脑力"(brawn vs. Brains)的术语简称(Rada & Wulfemeyer,2005,p.67),这仍然具有相当强大的解释力。

由于四分卫与二元对立中的"大脑"的独特关系(真实的或是感知的),四分卫一直是学术研究经常关注的对象。在过去十年左右的时间里,我们有理由相信,人们对有关黑人和白人四分卫的刻板印象已经减弱。比林斯(Billings,2004)推测,"对白人和黑人四分卫的描述方式,在绝大多数类别中没有明显不同,这一事实应该表明了进步"。拜尔德和乌斯特勒(Byrd & Ustler,2007)探寻了对黑人运动员的刻板印象是否已经"像迪斯科一样消失了",他们研究了平面媒体,特别是《体育画报》(Sports Illustrated),认为"媒体对运动员的种族化描述变得更加敏感了",媒体对四分卫的描绘"与肤色无关,只与表现有关"(pp.21,23)。尽管存在实证主义的项目,但人们仍然对脑力和体力的二元对立感到担忧,特别是考虑到与职业美式橄榄球中的其他位置相比,黑人四分卫十分稀少。卢克·温斯洛(Luke Winslow,2014)将卡林顿(Carrington,2010)的批判社会学与社会心理学的见解结合在一起,给出了"广为流传的解释,即黑人男性在需要速度、协调性、弹跳能力、快速直觉和反应时间的运动项目中占据主导地位"(p.35)。温斯洛对调节文化与科学之间的争论不感兴趣,但他更愿意承认"神话的有效性比它的存在更重要"(p.32)。我们很难从这些论述中准确地了解体育运动中的种族成见,只能说它们确实存在,而且令人担忧。传播和体育领域的学术研究最好能进一步考虑这个问题,尤其是它阐明了种族持续限制人们接近理性、具身化甚至人类本身的方式。

也许,无论是从经验角度还是从批判理论角度衡量,体力与智力之争的局限性在于忽视了主体地位,而这种主体地位偷偷摸摸地将种族化身份置于社会和政治的边缘。自从批判性种族理论在大卫·罗迪格(David Roediger,1991)、露丝·弗兰肯伯格(Ruth Frankenburg,1993)、理查德·戴尔(Richard Dyer,1997)和乔治·利普西茨(George Lipsitz,1995)等学者的著作中问世以来,白人性(whiteness)研究在传播学,尤其是批判修辞中获得了相当大的学科影响力(Nakayama & Krizek,1995;Crenshaw,1997;Shome 2000)。任何将白人性研究归结为单一研究方向的尝试都注定会失败,但从广义的角度来看,白人性研究致力于揭示"白人作为美国文化与社会具有规范性的种族中心这一隐含的,但又不为人知的结构和话语机制"(Andrews,2012,p.158)。它将"偏见"和"刻板印象"重新定义为白人至上主义的坚强壁垒,将学术研究引向白人性——这一既不被标记又保留特权,以标记种族化主体的"他者性"策略。安德鲁斯(Andrews,2012)指出,体育研究学者"一直将白人性作为现代社会中处于权力关系中心位置的主体性来认识和处理"(p.158)。令人惊讶的是,体育传播学者没有将白人性研究更好地用于理解教练员、四分卫和其他语境(如控球后卫)中的排斥性话语,在这些语境中,白人性似乎记录了体育思维的轨迹。话虽如此,安德鲁斯认为体育传播学是白人性研究的先锋是正确的,尤其是与大众中介化有关的研究。迈克尔·巴特沃斯(Michael Butterworth,2007)从媒体如何框架1996年棒球本垒打比赛的方式来确定白人性的作用,一些学者(Vavrus,2007;Newman & Beissel,2009)认为白人对于理解纳斯卡车赛(NASCAR)对美国南方男性气概的塑造至关重要,戴维、金和莱昂纳德(Davie,King & Leonard,2010)发现白人性潜伏在媒体对2009年泰格·伍兹(Tiger Woods)出轨丑闻的描述中。

  即使没有其他作用,白人性研究也提醒我们注意体育融入并帮助组织种族秩序的各种方式,这种秩序由在主流种族框架内通常难以理解的认同构成。伍兹的案例在这方面很有启发性。霍克(Houck,2006)写道,自从泰格·伍兹进入美国人的意识以来,"他一直是一个被精心包装、精心编排的中介化形象"(p.508)。值得一提的是,伍兹曾把自己描述为"白黑印亚人"(Cablinasian),这是一个源自高加索人、黑人、印度人和亚洲人的新词。尽管这种混杂的多种族性曾经提供了超越政治的希望,但伍兹的职业生涯(至少在丑闻出现之前)遵循了迈克尔·乔丹建立的轨迹,超越需要适应企业赞助的淡化种族的要求。比林斯从一个非常不同的角度,对伍兹的媒体形象进行了内容分析,试图抓住"泰格·伍兹和其他白人高尔夫球手之间的特征差异,并确定泰格·伍兹的描述如何强化或重新定义黑人运动员的特征"(Billings,2003,p.30)。比林斯注意到,伍兹通常被认为是一个参加白人体育项目的黑人运动员,并发现伍兹的"部分"黑人特征就像是一把双刃剑:当伍兹获胜时,种族刻板成见基本上不会出现在报道中,但当他打得不好时,"伍兹常常被描绘成一个彻头彻尾的黑人"(p.36)。尽管在伍兹的多种族认同中出现了越界的吸引力,但企业话语和媒体框架仍在熟悉的黑白界限内找到了界定他的意义的方法。

  要理解美国体育的黑白二元对立,也许没有比篮球领域表现得更为明显的了。从20世纪80年代的魔术师约翰逊(Magic Johnson)和拉里·伯德(Larry Bird)之争,到21世纪初阿伦·艾弗森(Allen Iverson)受到的诋毁,篮球一直是美国种族戏剧的舞台。关于这个主题可以写一整本书——事实上整本书都已经写过了(Boyd,2003)——所以我不能在此做总结。相反,我想指出的是,2012年林书豪(Jeremy Lin)在纽约尼克斯队(New York Knicks)一跃成为超级巨星时所处的种族化语境,使得这一语境变得复杂。对于关注种族与体育关系的传播学者来说,林书豪的故事很有趣。"林疯狂"(Linsanity)不仅让篮球的黑白框架变得复杂,还引发了有关体育对亚裔认同的质疑,促使人们考虑种族与主观性在其他维度的交叉,并促使人们转向全球,将种族化作为一项正在进行的(后)殖民项目予以合理理解。安德鲁斯(Andrews,2012)注意到关于美国种族认同范围的体育研究很匮乏,他写道:"期待林书豪即将掀起的种族、民族解构热潮。"(p.158)虽然说"泛滥"(deluge)可能夸大了目前的情况,但体育传播学学者肯定已经赶上了潮流。凯萨琳·麦克尔罗伊(Kathleen McElroy,2014)用媒体框架分析、葛兰西的霸权理论和"种族三角"(racial triangulation)研究了多种媒体的评论,其背景是一个关于白人性的故事。麦克尔罗伊发现了"四种框架,分别是林书豪是一个古怪的失败者,是种族主义的提醒者,是变革的推动者,是黑人性的解药——林书豪使亚裔美国人与黑人在主流美国的边缘争夺地位"(p.446)。麦克尔罗伊在媒体报道中发现了亚裔特质和黑人特质的交集,迈克尔·朴(Michael Park,2014)发现了亚裔特质和男性气概的交集。朴认为,林书豪违背了人们对亚裔男性运动能力的文化期望,作为一个例外,林书豪动员了那些试图剥夺亚裔男子男性气概的人们,让亚裔男性在美国体育中占据一席之地。

显然,交叉性研究(主要始于1990年柯林斯的研究)应该对"林疯狂"和其他一些情况有所说明,这些情况不仅抵制黑白的二元理解,还阐明了体育对主流性别、性和阶级主流秩序的承诺。除此之外,还能用什么办法来理解小威廉姆斯(Serena Williams)的性别焦虑,或因迈克尔·萨姆(Michael Sam)出现在NFL更衣室而产生的种族焦虑,抑或是民族主义叙事中对中国网球选手李娜带有性别色彩的必胜信念,以及"篮筐梦"(hoop dreams)的持续存在,仍然是赞扬非裔美国运动员非凡经济成就的中流砥柱?显然,一些有效的方法可以在不涉及交叉性的情况下解决这些问题,但除了少数发生在我们领域之外的项目(Anderson & McCormack,2010),交叉性在体育传播学研究中仍未得以理论化和充分运用。我们已经擅长追踪种族刻板印象的演变和发展,甚至能够更好地颂扬(或敦促颂扬)种族差异,但是在能够深入了解美国社会中种族人物的立场、位置和错综复杂的权力关系之前,我们还有很长的路要走。

劝 诫

笔者倾向于保持现状,并注意到传播学中的种族和体育研究进展顺利,尤其是在媒介研究中,即使有明显的新知识需要学习。但是,笔者很想纠正一个我个人注意到的疏漏。简单讲个故事:2012 年,在笔者的著作《媒体中的柯特·弗拉德》(*Curt Flood in the Media*)付梓之前,笔者曾与出版商就书名进行了一番深思熟虑的协商。笔者对给书命名还很陌生,曾想把书名叫作"黑人公共领域的棒球"(*Baseball in the Black Public Sphere*),这是笔者很自豪地给博士论文构思的标题,这本书的主要思想就是从博士论文中派生出来的。事实证明,大学出版社实际上很担心图书的销售问题,并温和地坚持认为"媒体"一词有助于其营销。我并没有确切地看到美元的迹象,但理由是令人信服的。尽管如此,我还是担心标题中的"媒体"一词会导致(潜在的)读者将笔者的研究定位于媒介研究的传统中,笔者从未认为自己是其中一员。笔者对自己说,我是一个修辞批评家,而不是一个媒介学者。据我所知,这本书还没有进入《纽约时报》(*New York Times*)的畅销书排行榜,但就在我回顾那段时间的时候,我很感激能与体育和种族方面的媒介传统联系在一起,尽管我仍然认为自己是一个修辞批评家,希望有更多的修辞学者努力研究体育。是的,研究传播中的种族和体育得益于大众中介化的事实,而且,就像笔者所做的那样,修辞批评家必须依靠中介化文本来找寻批评的对象。尽管如此,修辞学研究以有利于种族和体育研究的方式界定了其对象领域,社会和体育层面的历史发展包含了修辞批评家必然会发现的挑衅性文本、图像和事件。

举例来说,修辞学研究同时也使其自身对种族化言论的理解变得复杂——最明显的是在 20 世纪 60 年代末和 70 年代初,当罗伯特·L. 斯科特和唐纳德·K. 史密斯(Robert L. Scott & Donald K. Smith, 1969)将对抗性修辞和黑人权力理论化,哈里·爱德华兹(Harry Edwards, 1969)在《反抗》(*Revolt*)中宣称:"作为黑人革命的主要参与者,黑人运动员已经离开了更衣室平等和正义的门面,占据了其长期空缺的位置。"(p. xvi)事实上,斯科特和布罗克里德(Scott & Brockriede, 1969)将黑人权力理论化为"美国生活中的一种革命力量"(p. 1),然而在他们对马丁·路德·金(Martin Luther King)和斯托克利·卡迈克尔(Stokely Carmichael)的分析中,找不到任何爱德华兹或奥林匹克人权项目的文献。笔者无意指责斯科特和布罗克里德的选择;毕竟,卡迈克尔才是"黑人权力"(black power)一词的修辞学发明者。此外,哈特曼(Hartmann,2003)和艾米·巴斯(Amy Bass,2002)等学者很快提醒我们,奥林匹克人权项目明确地将自身与黑人权力最极端的内涵划清界限。然而,在产生美国历史上最令人难忘的形象之一的语境中,约翰·卡洛斯(John Carlos)和托米·史密斯(Tommie Smith)戴着黑手套发表的公开讲话在修辞学术领域几乎无人问津。迈克尔·埃兹拉(Michael Ezra,2010)认为,理解种族和体育与"符号性"的关系,是一种"愚蠢"的赌博,无法给我们提供深刻的结论(p.190)。埃兹拉认为"在后民权时代,综合第一不再是衡量标准"(Ezra,2010,p.190)的平庸进步叙事与"符号性"毫无关联。自20世纪60年代末的斯科特和布罗克里德以来,从20世纪70年代的社会运动修辞学到20世纪80年代的批判修辞学,甚至包括21世纪初的唯物主义转向,挑战宏大进步叙事的局限性一直是修辞学和公共演讲领域的学者关注的焦点。

我对"公共演讲"的态度是有意为之的,因为将修辞话语置于公共领域的理论中也一直是当务之急,尤其是对那些以哈贝马斯式辩论为指导的学者而言[例,参见卡尔洪(Calhoun)在1992年编的引文网]。罗伯特·阿森和丹尼尔·布劳尔(Robert Asen & Daniel Brouwer,2001),以及迈克尔·沃纳(Michael Warner,2002)和凯瑟琳·斯夸尔斯(Catherine Squires,2002)推动了这些辩论,帮助我们将公众和反公众理论化,认识到公共话语是如何传播的,注意到公众概念中包含的排斥现象,并重新思考我们对民主审议的理解。研究这些问题的学者最好关注一下棒球界权威的劳模历史学家查尔斯·科尔(Charles Korr)最近的研究。几年前,科尔(Korr & Close,2008)来到了罗本岛(Robben Island),那是南非种族隔离时期臭名昭著的政治监狱。在一次惊人的偶然事件中,他无意中走进了藏着马卡纳足球协会(Makana Football Association)档案文件的房间。马卡纳足球协会是一个足球联盟,成立于20世纪60年代,其中大多数成员之后都任职于1994年南非的第一个民主政府。例如,直到最近还担任南非首席大法官的迪克冈·莫西内克(Dikgang Moseneke)是马卡纳足球协会的首任主席。这里有三个令人惊讶的地方:第一,想想因犯们处于残酷的压迫环境中,而他们竟然能组成这样一个联盟。第二,科尔发现的文件数量确实非常多。科尔说,这让人想起了《夺宝奇兵》(*Raiders of the Lost Ark*)的最后一幕,在那一幕里,出现了一排排的箱子。第三,联盟对联赛规则、比赛分数、联赛排名,甚至申诉仲裁都做了细致入微的记录,这是一种明确而自觉的尝试,目的是践行他们相信有朝一日会实现的民主。科尔正确地将其界定为体育从绝望中制造希望的能力的证明,但考虑一下修辞学和公共领域理论的可能性:在现代种族主义对殖民主义镇压最暴力的表达的大熔炉中出现了一种公共审议的理论，这种理论是由后来将治理南非并废除种族隔离的那些人提出的。

所以，是的，我劝诫修辞学者们更仔细地研究体育。资助去南非旅行并不容易，但科尔讲述的非凡故事肯定不是唯一值得我们探索的故事。人们不禁要问，1949年杰基·罗宾逊（Jackie Robinson）在众议院非美活动委员会（House Un-American Activities Committee）上做证时的修辞环境，以及杰西·欧文斯在1970年出版的《黑色思维》（*Blackthink*）一书中表达的那受尽折磨的盲目愿望对他来说意味着什么。如果历史没能给我们带来回报，那么修辞学者可能会考虑勒布朗·詹姆斯（LeBron James）和德里克·罗斯（Derrick Rose）等运动员的符号性行动，如何让公众意识到#黑人的命也是命（#blacklivesmatter）这一日益紧迫的要求。就笔者自身而言，笔者在考虑如何将奴隶制的运动作为比喻，从柯特·弗拉德追踪至大学运动员，我们都知道大学运动员都是无薪资的。人体运动学家比利·霍金斯（Billy Hawkins，2010）的《新种植园》（*The New Plantation*）是一本很有前途的书，这本书刚刚寄来。

参考文献

Anderson, E. & McCormack, M. (2010). Intersectionality, critical race theory, and American sporting oppression: Examining black and gay male athletes. *Journal of Homosexuality*, 57(8), 949-967.

Andrews, D. (2000). Excavating Michael Jordan's blackness. In S. Birrell & M. McDonald (Eds.), *Reading sport: Critical essays on power and representation* (pp. 166-205). Boston, MA: Northeastern University Press.

Andrews, D. (2012). Reflections on communication and sport: On celebrity and race. *Communication & Sport*, 1(1/2), 151-163.

Asen, R. & Brouwer, D. (2001). *Counterpublics and the state*. Albany, NY: SUNY Press.

Bass, A. (2002). *Not the triumph but the struggle: The 1968 Olympics and the making of the black athlete*. Minneapolis, MN: University of Minnesota Press.

Billings, A. C. (2003). Portraying Tiger Woods: Characterizations of a "black" athlete in a "white" sport. *Howard Journal of Communications*, 14(1), 29-37.

Billings, A. C. (2004). Depicting the quarterback in black and white: A content analysis of college and professional football broadcast commentary. *Howard Journal of Communications*, 15, 201-210.

Billings, A. C., Butterworth, M. L., & Turman, P. D. (2015). *Communication and sport: Surveying the field* (2nd ed.). Los Angeles, CA: Sage.

Birrell, S. & McDonald, M. (Eds.). (2000). *Reading sport: Critical essays on power and representation*. Boston, MA: Northeastern University Press.

Boyd, T. (2003). *Young, black, rich, and famous*. New York: Doubleday.

Boyd, T. & Shropshire, K. (2000) *Basketball Jones: America above the rim*. New York: NYU Press.

Butterworth, M. (2007). Race in "the race": Mark McGwire, Sammy Sosa, and heroic constructions of whiteness. *Critical Studies in Media Communication*, 24(3), 228-244.

Byrd, J. & Ustler, M. (2007). Is stereotypical coverage of African-American athletes "dead as disco"?: An analysis of NFL quarterbacks in the pages of *Sports Illustrated*. *Journal of Sports Media*, 2, 1-28.

Calhoun, C. (Ed.). (1992). *Habermas and the public sphere*. Cambridge, MA: MIT Press.

Carrington, B. (2010). *Race, sport, and politics: The sporting black diaspora*. London: Sage.

Carrington, B. & McDonald, I. (Eds.). (2009). *Marxism, cultural studies, and sport*. New York: Routledge.

Collins, P. H. (1990). *Black feminist thought*. New York: Routledge.

Cranmer, G. A., Bowman, N. D., Chory, R. M., & Weber, K. D. (2014). Race as an antecedent condition in the framing of Heisman finalists. *Howard Journal of Communications*, 25(2), 171-191.

Crenshaw, C. (1997). Resisting whiteness' rhetorical silence. *Western Journal of Communication*, 61(3), 253-278.

Cunningham, G. B. & Bopp, T. (2010). Race ideology perpetuated: Media representations of newly hired football coaches. *Journal of Sports Media*, 5(1), 1-19.

Daddario, G. & Wigley, B. J. (2007). Gender marking and racial stereotyping at the 2004 Athens Games. *Journal of Sports Media*, 2, 29-51.

Davie, W. R., King, C. R., & Leonard, D. J. (2010). A media look at Tiger Woods: Two views. *Journal of Sports Media*, 5(2), 107-116.

Davis, A. Y. (2012). *The meaning of freedom*. San Francisco, CA: City Lights.

Dyer, R. (1997). *White*. London: Routledge.

Eastman, S. T. & Billings, A. C. (2001). Biased voices of sports: Racial and gender stereotyping in college basketball announcing. *Howard Journal of Communications*, 12(4), 183-201.

Edwards, H. (1969). *Revolt of the black athlete*. New York: Free Press.

Edwards, H. (1973). *Sociology of sport*. Homewood, IL: Dorsey Press.

Entine, J. (2000). *Taboo*. New York: PublicAffairs

Ezra, M. (2010). Progress narratives, racism, and level playing fields: Recent academic literature on sports. *American Studies*, *51*(3/4), 185-192.

Ferruci, P., Tandoc, E. C., Jr., Painter, C. E., & Leshner, G. (2013). A black and white game: Racial stereotypes in baseball. *Howard Journal of Communications*, *24*(3), 309-325.

Frankenburg, R. (1993). *White women, race matters: The social construction of whiteness*. Minneapolis, MN: University of Minnesota Press.

Gould, S. J. (1996). *The Mismeasure of Man*. New York: Norton.

Hartmann, D. (2003). *Race, culture, and the revolt of the black athlete*. Chicago, IL: University of Chicago Press.

Hawkins, B. (2010). *The new plantation: Black athletes, college sports, and predominantly white NCAA institutions*. New York: Palgrave Macmillan.

Herrnstein, R. & Murray, C. (1994). *The bell curve: Intelligence and class structure in American life*. New York: Free Press.

Hoberman, J. (1997). *Darwin's athletes*. Boston, MA: Houghton Mifflin

Houck, D. (2000). Attacking the rim: The cultural politics of dunking. In T. Boyd & K. Shropshire (Eds.), *Basketball Jones: America above the rim*. New York: NYU Press.

Houck, D. (2006). Crouching Tiger, hidden blackness: Tiger Woods and the disappearance of race. In A. Raney & J. Bryant (Eds.), *Handbook of sports and media*. London: Taylor & Francis.

Hylton, K. (2009). "Race" and sport: *Critical race theory*. London: Routledge.

Khan, A. I. (2012). *Curt Flood in the media: Baseball, race, and the demise of the activist athlete*. Oxford, MS: University Press of Mississippi.

Kobach, M. & Potter, R. F. (2013). The role of mediated sports programming on implicit racial stereotypes. *Sport in Society*, *16*(10), 1414-1428.

Korr, C. P. & Close, M. (2008). *More than just a game: Soccer vs. Apartheid*. New York: St. Martin's Press.

LaFeber, W. (1999). *Michael Jordan and the new global capitalism*. New York: Norton.

Lipsitz, G. (1995). The possessive investment in whiteness: Racialized social democracy and the "white" problem in American studies. *American Quarterly*, *47*(3), 369-387.

Lomax, M. (Ed.). (2008). *Sports and the racial divide*. Jackson, MS: University Press of Mississippi.

Marqusee, M. (1999). *Redemption Song: Muhammad Ali and the spirit of the sixties*. London: Verso.

McElroy, K. (2014). Basket case: Framing the intersection of "Linsanity" and blackness. *Howard Journal of Communications*, *25*(4), 431-451.

Mercurio, E. & Filak, V. F. (2010). Roughing the passer: The framing of black and white quarterbacks prior to the NFL draft. *Howard Journal of Communications*,21(1),56-71.

Nakayama,T. K. & Krizek,R. L. (1995). Whiteness:A strategic rhetoric. *Quarterly Journal of Speech*,81(3),291-309.

Newman,J. & Beissel,A. S. (2009). The limits to "NASCAR Nation":Sport and the "Recovery Movement" in disjunctural times. *Sociology of Sport Journal*,26,517-539.

Owens,J. (1970). *Blackthink:My life as a black man and white man*. New York:HarperCollins.

Park,M. K. (2014). Race, hegemonic masculinity, and the "Linpossible!":An analysis of media representations of Jeremy Lin. *Communication and Sport*,3,1-23.

Rada,J. A. & Wulfemeyer,K. T. (2005). Color coded:Racial descriptors in television coverage of intercollegiate sports. *Journal of Broadcasting & Electronic Media*,49,65-85.

Roediger,D. (1991). *The wages of whiteness*. New York:Verso.

Scott,R. L. & Brockriede,W. (1969). *The rhetoric of black power*. New York:Harper & Row.

Scott,R. L. & Smith,D. K. (1969). The rhetoric of confrontation. *Quarterly Journal of Speech*,55(1),1-8.

Sharbutt,J. (1988,January 17). Jimmy 'the Greek' is fired by CBS. *Los Angeles Times*. Retrieved June 17,2016,from http://articles. latimes. com/1988-01-17/sports/sp-36803_1_jimmy-snyder.

Shome, R. (2000). Outing whiteness. *Critical Studies in Media Communication*, 17(3), 366-371.

Snyder,E. (1974). [Review of the book *Sociology of Sport*, by Edwards, H.]. *American Journal of Sociology*,80(1),280-282.

Squires,C. (2002). Rethinking the Black public sphere:An alternative vocabulary for multiple public spheres. *Communication Theory*,12(4),446-468.

Trujillo,N. (1991). Hegemonic masculinity on the mound:Media representations of Nolan Ryan and American sports culture. *Critical Studies in Mass Communication*,8(3),290-308.

Vavrus,M. D. (2007). The politics of NASCAR dads:Branded media paternity. *Critical Studies in Media Communication*,24(3),245-261.

Warner,M. (2002). *Publics and counterpublics*. New York:Zone Press.

Weinbaum,W. (2012,April 1). The legacy of Al Campanis. ESPN. Retrieved June 17,2016, from http://espn. go. com/espn/otl/story/_/id/7751398/how-al-campanis-controversial-racial-remarks-cost-career-highlighted-mlb-hiring-practices.

Wenner,L. (2015). Communication and sport, where art thou? Epistemological reflections on the moment and field(s) of play. *Communication & Sport*,3(3),247-260.

Wiggins,D. (2014). 'The struggle that must be':Harry Edwards, sport and the fight for racial equality. *International Journal of the History of Sport*, *31*(7), 760-777.

Wiggins, D. & Miller, P. (Eds.). (2004). *Sport and the color line: Black athletes and race relations in 20th century America*. New York: Routledge.

Winslow, L. (2014). Brawn, brains, and the dearth of black NFL quarterbacks. In B. Brummet & A. Ishak (Eds.), *Sports and identity*. New York: Routledge.

第二部分
体育的组织/关系研究方法

第八章 体育与组织传播

杰弗里·W.卡兴① 罗宾·马修斯②

在之前的一篇文章里,卡兴等人(Kassing et al.,2004)认识到,组织体育活动需要体育组织进行内部和外部传播。这些作者特别强调了体育组织如何交换内部和外部信息来"组织"体育活动。因此,外部组织需要来自体育组织之间的传播,内部组织是指组织内部利益相关者之间的传播。前者包括市场营销、广告(见本书第二十章)和公共关系(见本书第二十一章)。后者主要关注组织内部的信息交换,这是本章的重点。

从历史上看,组织传播关注的是发生在以相互依赖关系、共同目标和某种程度的形式化关系为标志的环境中的传播。也就是说,组织是人们的行动与互动联系在一起的地方,在这里,他们肩负着在短期和长期内都为实现一个明确清晰的目标而努力的责任,并且成员在传播什么以及对谁传播方面受到管理和限制。现代组织不再被视为受实体办公室束缚的传统工作场所,而应被视为跨越时间和空间的不断变化的实体(Leonardi,Treem,& Jackson,2010)。如今,员工们通过传播技术可以进行广泛的联系。因此,共享物理空间和地点的概念已经消散,但上述属性并未消失,因为组织成员仍然相互依赖,以目标为导向,并被正式安排在规定的关系中。

鉴于这些特性,组织传播研究应该包括传统商业和企业环境、营利性和非营利性组织,以及正式的结构化等级和更民主的安排。作为一个关注重点,组

---

① 美国亚利桑那州立大学传播学教授。他于1997年博士毕业于美国肯特州立大学。他的研究兴趣包括组织传播研究、运动员与教练员之间的传播、体育迷与运动员的互动,以及社交媒体和体育媒体。
② 美国亚利桑那州立大学研究生。她的研究兴趣包括体育语境中教练员与运动员、父母与体育迷之间的传播。

织传播学涉及广阔的范围，考察的不仅是我们通常认为的组织（即正式的、等级森严的公司），还包括非传统组织，如跑步俱乐部、工人合作社和社区戏剧团（Harter & Krone，2001；Kramer，2005，2006）。将同样的广度应用于体育领域，可以研究与体育相关的"有组织的"团体。这些团体包括从正式的体育组织或体育特许经营机构到体育迷俱乐部，从某项体育运动的管理机构到临时组建的奥运会和世界杯足球赛等体育重大事件的组委会，还包括从职业到业余和青年水平的运动队。

本章首先探讨了组织研究的传统方法和当代方法，提供了佐证每一种观点的体育领域研究的案例。随后，本章探讨了体育与组织传播之间存在明确联系的具体研究方向。最后，本章指出了未来在组织传播与体育之间的交叉领域开展研究的机会。

组织传播的视角与体育应用

追溯历史观点，促进用不同的方法来解释组织与传播之间的联系，是绘制体育与组织传播之间可能的联系图的一种特别有效的方法。组织传播的研究已经有好几种方法，包括一套早期的经典方法和一套较新的当代方法。在下面的内容中，我们将对每一种研究方法进行介绍，并通过一个体育研究实例来说明这些研究方法是如何在特定的研究工作中体现出来的。

传统方法

经典管理观点（Taylor，1911）是在工业革命的推动下发展起来的。工业革命推动了手工业行会模式的转变。在这种模式中，一个工匠负责特定产品的全部生产环节。随着工业革命的到来，工作方式从连续的、类似于手工艺的方式转变为大规模的商品生产。因此，工人们开始适应分工（将不同的职责分配给特定的人）、任务和职责的专业化（执行单一的重复性任务）以及等级制度的引入（因为监督需要正规化）。从管理层和主管到员工的传播主要是自上而下的，以任务为中心，并且流于形式。

桑德森（Sanderson，2011）对美国全国大学体育协会（NCAA）一级联赛运动部的社交媒体政策的研究，阐明了经典管理视角在体育组织中的呈现。在这项研究中，桑德森查阅了159份学生运动员手册和社交媒体政策，以确定运动部向大学生运动员传达的社交媒体使用规则的性质。他的分析显示，这些政策在很大程度上涉及内容限制和外部监管。这种策略与自上而下、以任务为中心的正式传播方式相一致,这种传播方式是在经典管理居于显要地位的情况下展开的。这并不是说运动部完全依赖这种方式,或是没有采纳和使用其他方法,而是想说明,在这个特定的问题(运动员社交媒体的使用)上,大多数的大学运动部都采用了经典管理方法。这是有道理的,因为运动部意识到运动员使用社交媒体是有风险的,因此,围绕它的传播化结构是正式的、直接的。

尽管许多组织在运作中仍然坚持劳动分工、任务专业化和等级制度,但它们已经转向更加以工作为中心的方法。这包括接下来要讨论的人际关系和人力资源的视角。人际关系视角(Herzberg,1976;McGregor,1960)认识到了员工在生产过程中的重要性,试图纠正经典管理视角的错误。这是通过将重点转向激励和管理员工而实现的。因此,重点在于履行承诺、分担责任、创造力和解决问题的能力。该视角的潜在假设是,员工在工作中获得的满足感不仅仅来自领到一份薪水。传播从几乎完全是自上而下的、正式的,转变为多向的,甚至偶尔是非正式的。然而,尽管这种视角关注了员工的需求和积极性,但控制(以监督的形式)仍然是清晰而明确的。

团队环境中的运动员类似于组织中的成员——其中隐含的理解是,团队就像一个组织,如果成员有奉献精神和积极性,团队就能更好地运作。虽然有大量关于运动员积极性的研究,但最近的一项研究让人们开始关注以人际关系视角为基础的方法。马泽尔、巴恩斯、格里弗斯和博格(Mazer, Barnes, Grevious, & Boger, 2013)考察了学生运动员对教练员的看法以及这些看法对他们自我报告的积极性的影响,研究发现,与那些具有口头攻击性传播风格的教练员相比,运动员为肯定型传播风格的教练员效力时更有积极性。这种方法和相关研究隐含着这样一个观点:教练员可以更加专制和独裁,或者相反,更加肯定和融入运动员群体。也就是说,他们可以用截然不同的方式来管理运动员,特别是在如何培养出更多有积极性的团队成员方面。人际关系视角表明,双向的、有时是非正式的传播会激发运动员的积极性。这些结果支持了这一推断,证明了当教练员表现出支持和关心时,运动员就会受到激励。

人力资源视角(Blake & Mouton, 1964)在其前身的基础上进行了扩展,利用了员工的智力,而不仅仅是他们的积极性。员工被认为能够分享观点,并着眼于公司的最大利益行事。这种方法要求重新思考组织的结构安排,以便让员工有机会更多地参与组织职能和结构的决策。这一观点向前迈进了一步,但充满了潜在的悖论(Stohl & Cheney, 2001)。例如,管理层建立参与系统来赋予员工权力,但员工对这些系统的构建几乎没有发言权。同样,具有讽刺意味的是,对团队生产力的强调往往会限制个人的自主性——做出更民主的决策所花费的时间,与管理层对快速做出决策的期望背道而驰。从这个角度来看,传播既是社会性的,也是以任务为导向的,它穿行于组织内的同事之间,以及上下级的传播链之中。

英超阿斯顿维拉足球俱乐部的老板兰迪·勒纳(Randy Lerner)似乎就是从人力资源视角经营俱乐部的。在另一个外国俱乐部老板,尤其是美国老板,很容易引起公众反弹的时候,勒纳以深思熟虑的方式管理俱乐部,并引导俱乐部完成了组织领导层的变革。库姆斯和奥斯本(Coombs & Osborne,2012)进行的一项案例研究显示,员工认为勒纳的领导力转型是一种增强民主参与的转型,因为他积极向员工征求如何启动变革的建议,并营造了一种创业环境。作为领导层变革的一部分,勒纳为全体员工注入了一种"团队精神"(team spirit)。这个案例表明,勒纳不仅懂得如何管理员工,还懂得在决定俱乐部下一阶段如何发展时考虑员工的意见——显然,他做得很好。

然而,勒纳早期的成功却成了一个警世故事,2015-16赛季,在球队历史上首次从英超联赛降级后,他把俱乐部卖了。在此之前的几年里,俱乐部经营不善,主教练频繁更换,许多关键球员流失。勒纳在俱乐部网站上发表的公开声明中表示:"我知道,个人和职业问题使我无法像我在俱乐部的前5年那样贡献自己的时间。"("Farewell Message from Randy Lerner," 2016)他的这番话以及俱乐部在他任期后几年的不幸遭遇表明,民主运作的矛盾,尤其是民主运作所需要的时间,侵蚀了早先在他领导下取得的成功。

当代方法

系统观(Katz & Kahn,1966)认为,组织可以被视为定期发生互动的复杂模式。因此,这些模式应该是可观察的和常规的。人员、部门和联赛通过结构安排(例如团队成员)、等级关系(例如报告指挥链),以及地理或空间限制(例如通过传播技术)联系在一起。从系统的角度来看,一个组织的功能类似于一个有机体,同时受内部和外部的影响。因此,系统某个部分的传播可能会影响另一个部分的互动和反馈。常规模式化的交互被认为是网络。反过来,网络既可以是正式的,也可以是非正式的,既可以是成熟的,也可以是新兴的,既可以是多方面密集连接的,也可以是松散的。

巴尼斯、科森斯和麦克里恩(Barnes,Cousens & MacLean,2007)采用系统观来衡量加拿大国家体育系统中体育提供者网络的协调情况。他们对地区体育政策特别感兴趣,并发现体育提供者网络的一体化程度很低,因为系统和行政结构中各行为主体之间联系薄弱。分析显示,根据系统观,体育系统不仅可以从行为主体之间更好的合作和协作中受益,还能从识别和解决那些阻碍系统优化整合的障碍行动中受益。在这个案例中,整个体育系统(一个有组织的实体)是研究对象,系统观是分析工具。案例说明了如何从系统观的角度利用组织传播来研究大型体育实体。

下一种方法是文化解释视角(Pacanowsky & O'donnell-trujillo,1983),这个视角与以往的立场大相径庭。从这个视角来看,传播并没有被视作一个需要在组织语境中被加以识别和研究的独立实体,而是构成组织的基本结构。换句话说,文化解释视角认为,组织是通过成员之间的传播不断构成和重组的。这可以从规则、信仰体系和价值观是如何通过仪式、典礼和叙事过程形成中看出来。本质上,传播是员工如何执行他们各自组织的文化,执行既指执行行为,也指对成绩的衡量。因此,传播不断构建着组织文化。

特鲁希略(Trujillo,1992)运用批判文化视角来解读棒球运动中的球场文化。他特别研究了人们如何构建他们的球场体验。他的民族志研究方法表明,当棒球场成为一个有组织的场所时,出现了三种截然不同的解释。第一种解释来自员工,他们把棒球场理解为一个商业场所,将与棒球场的互动理解为一种劳动。对这些员工来说,在棒球场工作与在其他组织环境中工作没有太大区别;正式的培训程序和员工入职培训是通过正式的传播进行的。员工被教导如何接待顾客,如何穿着得体,如何按照既定方针(从控制交通到倒啤酒)执行任务。在许多方面,人们认为棒球场是商品化的,这也促成了这种观点。这一点可以从将商品和服务框定为与金钱的互动(如食物变质和预订门票),以及员工关于薪酬过低和自己被消耗的谈话中看出。

第二种解释是通过比赛前后和工作之外的非正式活动(例如垒球比赛、烧烤和在当地酒吧喝酒)形成的棒球场社群。这项工作的季节性也使员工得以通过各种年度更新与同事重新建立联系,许多员工将这视为家庭团聚。

最后一种解释将棒球场视为剧场。员工明白比赛是一项活动,每次有比赛时他们都需要进行表演。对于前台员工来说,这是真的,他们如同在看台上与棒球迷进行幽默互动的流动商贩,当然也包括将设施恢复到焕然一新状态的保洁人员。棒球迷也理解自己在剧中的角色。特鲁希略的结论是,球员、员工和球迷通过仪式和传统创造了一种共同的现实感,从而上演和(重新)创造了一场社会戏剧。

批判性视角(Deetz & Mumby,1990)承认传播在组织中的构成性作用,但顾名思义,它将注意力引向特定传播实践所服务的实体——特别关注揭示组织中占主导地位的权力利益,以及这些利益是如何通过日常互动微妙地维持的。当对现实的某些看法得到优先考虑,而另一些看法仍被遮蔽或排除在外时,传播与权力就联系在了一起。因此,权力并不是固定不变的,而是在保护主导利益的同时,通过特定的无争议互动不断重构的。权力掌握在那些能够控制传播的人手中,从而以有利于他们的方式固定意义。

菲尔丁-洛伊德和米恩(Fielding-Lloyd & Meân,2008)的研究证实了这一观点,他们研究了由英格兰足球总会(Football Association,英格兰足球管理机构)的一个地区部门举办的培训项目参与者的话语。在采访了工作人员、教练培训员和教练员课程的参与者之后,他们得出的结论是,对女性专用课程的确定和区分,助长了那些损害女性教练员生存空间的话语。有理由开设单独的课程这一事实表明它们是劣等课程,女性专用课程只是出于促进(性别的)包容性的需要才开设的。此外,他们还发现,人们支持和发展女子足球的便利条件不是"平等的机会,而是不公平的机会"(p. 32)。这种言论的特点是明显偏爱女性教练员和歧视男性教练员。这些主题构成了确定女性教练员培训和刺激女性在足球运动中被边缘化的言论——所有这些都有助于加强与保护足球和体育作为高度男性化的场所而存在。这项研究说明了组织传播的批判性取向是如何揭示出某些利益得以持续存在,而其他利益却遭到拒绝的。

与文化解释视角和批判性视角一样,话语视角(Fairhurst & Putnam,2004)的基本前提是语言和社会行动构建了组织生活。然而,这种视角的重点转移到了对使用中的语言(或话语)的研究上,其关注范围比这种谈话如何更好地服务于特定的主导利益更为广泛。话语指的是日常谈话和作为所有互动背景的话语。正是通过日常交谈,广泛流传的话语才得以延续或受到质疑。话语视角认识到话语如何以强有力的方式来定义现实——方式之一是通过互文性或引用日常谈话中更为常见的语句(例如,"你踢得像个女孩"这句话涉及更广泛的关于性别和体育的话语)。这样做表明我们的日常互动与更广泛的社会和组织话语之间存在着持续的相互作用,这些话语塑造了我们对世界的定位。

菲尔丁-洛伊德和米恩(Fielding-Lloyd & Meân,2008)从"仅仅存在并不一定等同于接受、包容和公平"的角度出发,继续对英格兰足球总会地区分部的教练员培训实践进行研究,重点关注与性别不平等相关的话语实践。他们认为,一个组织是"由其个体成员构建和实施的过程"（p. 346），他们试图确定日常的性别话语实践是如何在教练员培训中出现的，又是如何削弱女性在教练员领域的成员地位的。特别是，他们发现，关于女性缺乏自信的言论助长了女性在教练员队伍中缺席的论点。同样，关于女性（而不是组织）需要为教练员培训课程和教练员队伍中与性别平等相关的变革承担责任的论述也是如此。这些明显的话语实践借鉴了有关性别和性别不平等的更广泛的话语，有力地使女性成为教练员和参加教练员培训成为问题。这些研究显示了组织是如何通过话语实践形成和运作的，以及话语方法是如何识别和揭露特定话语及其引发的倾向的。

连接体育与组织传播的研究

除了上述与体育相关的研究，这些研究还展示了研究组织传播的各种方法，还有其他一些研究显示了体育与组织传播之间的联系。本节回顾了体育与组织传播交叉领域的一些较为突出的研究方向。

其中一个研究方向是教练员与运动员的关系，一些研究人员指出，这种关系与组织中的上下级关系相似，并发挥着类似的作用。例如，克兰默和迈尔斯（Cranmer & Myers, 2014）研究了感知关系状态对教练员—运动员关系的影响，发现那些认为自己与教练员的关系相对更好的前高中生运动员，对教练员的满意度也较高，并且认为他们在教练员—运动员关系中有更高水平的互惠传播。此外，具有更高质量教练员—运动员关系的运动员，也会认为团队的凝聚力和队友之间的合作传播水平更高。在一项后续研究中，克兰默（Cranmer, 2016）发现，运动员对由教练员发起的社会支持的感知，是培养高质量的教练员—运动员关系的主要因素之一。

教练员与主管一样，在组织结构中行使权力。球队就是这样一种组织结构。鲁杰罗和拉汀（Ruggiero & Lattin, 2008）在研究校际女教练员如何对非裔美国女性运动员进行言语攻击时，考虑到了这一现象。对运动员的访谈数据显示，教练员经常使用威胁手段（例如，威胁取消奖学金或增加额外的练习时间），并向运动员灌输一种负债感（使运动员对向自己提供奖学金的教练员感到亏欠），这让运动员有了恐惧感和被胁迫感。教练员还利用攻击性的传播方式来破坏运动员的自信心和自我认知。例如，运动员被告知他们不属于运动队，或者他们不够好，所以无法参加比赛。通过这些做法，教练员可以对运动员施压并维护对运动员的权力。

员工应对工作中权力不平衡的方法之一是分享异议（即对组织的做法和政策表达不同意见或对立意见）。卡兴和安德森（Kassing & Anderson, 2014）推断，运动员就像下属一样，可能会觉得有必要向教练员表达不同意见。他们发现，当运动员在首发阵容中，并且认为教练员愿意听取运动员的反馈时，他们更有可能分享不同意见。这些发现与组织环境中的异议表达模式密切相关，员工等级和主管开放度越高，员工对主管的异议越大。相反，当运动员打球较少，或者他们觉得教练员不太接受自己的反馈时，他们会与队友分享更多的不同意见。这也与组织的异议表达类似，级别较低的员工如果认为他们的老板不太能接受反馈，往往会选择横向地对同事表达异议。

一段时间以来，向媒体、行业管理机构或监管机构举报或披露不道德的做法和组织的不法行为，一直是组织传播研究关注的话题。组织传播学者理查德森和麦格林进行了一系列研究，探讨了体育语境下如何进行举报。在一项初步研究中，理查德森和麦格林（Richardson & McGlynn, 2011）考察了来自主要大学的运动部举报人的叙述样本，发现大学体育的独特语境以两种明显的方式影响了举报人的经历。首先，大学体育的超男性特征导致了性化/性别化的打击报复。虽然这种现象主要发生在女性举报人身上，但有时也会出现在男性举报人身上。女性举报人受到各种形式的性言论和暗示的诽谤；同样，她们被认为是天真、不稳定和情绪化的。这类评论有助于将举报人，特别是女性举报人，从体育的男性化环境中分离出来。其次，高度认同的体育迷被证明是报复的代理人，这与传统的组织报复来源（包括管理层、主管和同事）形成鲜明对比。在校际体育的语境下，举报人不仅在工作中受到排斥，而且在他们所居住的校园和当地社群中也被排斥。因此，在这种语境下，举报人面临着被狂热的体育迷以及组织人员变本加厉地报复。

在一项后续研究中，麦格林和理查德森（McGlynn & Richardson, 2014）发现，举报人在私下得到了支持，但在公开场合被疏远，这让他们觉得举报后普遍失去了社会支持。此外，校友和体育迷的存在、大学体育是一门生意的倾向，以及体育运动在校园中的重要作用，都对举报人的社会支持体验产生了负面影响。随着社群成员、校友和体育迷参与更具威胁性的行为（如死亡威胁、公开对抗），来自家庭和朋友的支持也随之被削弱。有关机构和管理机构也没有为举报人提供社会支持。受访者特别指出，NCAA 未能进行他们认为适当或全面的调查，这反过来又极大地限制了预期的社会支持来源。

早期成果让理查德森和麦格林（Richardson & McGlynn, 2011）从举报人的陈述中归纳出一个五阶段的模型。他们的模型与之前的模型一致,但在几个重要方面进行了扩展,例如,他们展示了组织反应和举报人的后续行动是如何相互影响的。他们的模型还强调了组织语境的重要性,在这种情况下,认识到"以财务问题和高度认同体育迷为标志的体育性别结构及其日益增强的竞争力,可能会影响举报过程的所有阶段"(p.17)。此外,他们认为大学体育运动中的举报行为超越了报告不道德行为的范畴,挑战了体育的神话和权力。总之,这一系列的研究扩展了举报研究的范围,并说明了它是如何在大学运动语境中具体展开的。

其他学者也采取了类似的做法,即在体育语境下研究组织文化。例如,弗朗迪埃拉(Frontiera, 2010)研究了MLB、NBA和NHL中职业体育特许经营权的所有者和总经理如何管理文化变革。与举报研究一样,这项研究表明,体育语境产生了一种特定的文化变革模式。因此,在职业体育语境下管理文化变革,涉及解决文化功能失调的症状,特别是确定造成负面环境的因素(例如,领导不力、设施老旧、缺乏信任和诚信),以及与失败习惯有关的因素(即习惯于平庸和糟糕的决策)。领导人随之提出了一个新的方向,其特点是明确传播的新愿景和价值观,从内部发展和晋升,并在必要时更换人员。接下来,领导者认识到并接受他们需要"言出必行"(walk the talk)(p.78)的事实,每天重申计划,将以前的障碍重塑为挑战而非将其当作借口,并改善物质设施。嵌入与文化变革相关的成功标志后的最后一步是,成员们意识到文化变革已经扎根,并开始发展和接受新的术语和传统。

在一个有关英国足球俱乐部的案例研究中,奥格邦纳和哈里斯(Ogbonna & Harris, 2014)发现了文化变革是如何受阻的。在这个案例中,组织成员试图延续现有的组织文化,因此,被有意推行的组织文化变革受到了阻碍。一些文化内部因素阻碍了预期的文化变革。俱乐部的历史遗产与传统和成功息息相关,是延续现有文化的强大支柱。此外,俱乐部雇用过的球员代表了连接现在和过去的符号性联系。同样,传统价值观,如激情和忠诚,在俱乐部博物馆的藏品和配套的视频或音频展示中得到了符号性的体现。亚文化也阻碍了文化变革。作者指出,教练员和运动员本身就是一种有影响力的亚文化,他们对更大的组织文化有很大的影响力。除了这些文化内部的影响之外,体育迷也对文化变革的迟缓推波助澜。利用焦点小组访谈法,作者了解到,"铁杆球迷普遍认为他们的主要作用是延续足球俱乐部的传统,他们对任何想要对足球俱乐部文化进行彻底改变的管理团队都提出了强有力的反对意见"(p.681)。综合这些因素——特别是体育迷的作用和运动队的亚文化维度,不难看出文化变革对于在体育语境下运作的组织来说,可能更具挑战性。

体育也为探索临时组织中组织文化的出现和管理提供了一个途径,帕伦特和麦金托什(Parent & MacIntosh,2013)在对2010年冬奥会组委会的研究中考察了这一现象。他们发现,在冬奥会举办期间,有几种组织文化发生了冲突,包括那些与国际奥委会相关的组织文化:当地组委会、在山地(惠斯勒)和城市(温哥华)举办、特定的比赛场地和职能责任(或一个人将承担的任务)。亚文化融合了这些不同影响因素的不同期望和价值观。随着冬奥会的临近,新成员的不断融入意味着新组织成员的定向社交非常重要,但已经融入现有结构的组织成员也很重要——所有这些都有助于新成员适应临时组织的价值观,以及在互补和对立的文化中游刃有余。总体而言,考虑到组织的临时性质和当前任务,人们面临着让这些价值观迅速具体化的压力。作者的结论是,组织结构、社会化和文化演进是并行不悖的,应该相互借鉴。

本节追溯了连接组织传播和体育结构的三条研究路线:作为等级安排的教练员—运动员关系、体育语境下的举报以及体育组织中的组织变革。本章结尾部分考虑了组织和体育传播交叉领域未来研究的可能方向。

体育与组织传播的未来研究方向

本章提出了几个指导和引导未来研究的主题,旨在进一步探索体育和组织传播的交叉领域。首先,体育语境中的组织具有独特的属性,可以影响组织的传播过程。这些属性包括既定的和抵制的文化、有影响力的体育迷、可渗透的边界、多种多样的亚文化(如球员、球场员工等),以及复杂的相互联系的体育系统(如地区、国家和国际管理机构)。这里提到的许多研究表明了体育组织的运作与其他组织的动作有何不同。为了继续消除这些差异,有必要开展更多这类研究。

其次,体育组织的组织属性多种多样。教练员与运动员的关系可以被视为层次关系,团队可以被视为工作组,体育特许经营权机构可以类比于企业,而协会、联盟和更大的实体基本上形成了整个组织网络。因此,体育与组织传播的研究仍然是有区别的,有时甚至不相关,因为研究人员有许多切入点可选。不过,随着未来研究数量的增加以及这一领域的定义和定位更加明确,目前这种相对不一致的状态应该会逐渐消失。

最后,在体育语境下进行探索时,有几个组织传播的研究路径可能会被证明是富有成效的。例如,体育组织中的冲突是如何发生的?团队亚文化的动力和体育迷影响力是否会影响组织冲突?同样,体育组织中的情绪管理有何不同?对于参与者和体育迷来说,体育是一项充满情感的事业,因此,情绪管理(即情绪表现和控制情绪表现的规则)可能会有所不同。组织中充斥着团队和体育隐喻,它们被当作组织符号,旨在建立组织文化和企业忠诚度。但在体育组织中占主导地位的隐喻是什么?它们是如何运作的?它们又是如何为那些传递这些隐喻的人服务的?这些只是组织与体育传播之间可能建立的联系中的几个;随着该领域研究的进展,未来,人们将会有更多发现。

参考文献

Barnes, M., Cousens, L., & MacLean, J. (2007). From silos to synergies: A network perspective of the Canadian sport system. *International Journal of Sport Management and Marketing*, 2(5-6), 555-571.

Blake, R., & Mouton, J. (1964). *The Managerial Grid*. Houston, TX: Gulf.

Coombs, D. S., & Osborne, A. (2012). A case study of Aston Villa Football Club. *Journal of Public Relations Research*, 24(3), 201-221.

Cranmer, G. A. (2016). A continuation of sport teams from an organizational perspective: Predictors of athlete-coach leader-member exchange. *Communication & Sport*, 4(1), 43-61.

Cranmer, G. A., & Myers, S. A. (2014). Sports teams as organizations: A leader-member exchange perspective of player communication with coaches and teammates. *Communication & Sport*, 3(1), 100-118.

Deetz, S., & Mumby, D. K. (1990). Power, discourse, and the workplace: Reclaiming the critical tradition. In J. Anderson (Ed.), *Communication Yearbook*, 13 (pp. 18-47). Beverly Hills, CA: Sage.

Fairhurst, G. T., & Putnam, L. (2004). Organizations as discursive constructions. *Communication Theory*, 14, 5-26.

Fielding-Lloyd, B., & Meân, L. J. (2008). Standards and separatism: The discursive construction of gender in English soccer coach education. *Sex Roles*, 58(1-2), 24-39.

Fielding-Lloyd, B., & Meân, L. J. (2011). "I don't think I can catch it": Women, confidence and responsibility in football coach education. *Soccer & Society*, 12(3), 345-364.

Frontiera, J. (2010). Leadership and organizational culture transformation in professional sport. *Journal of Leadership & Organizational Studies*, 17(1), 71-86.

Harter, L. M., & Krone, K. J. (2001). The boundary-spanning role of a cooperative support organization: Managing the paradox of stability and change in nontraditional organizations. *Journal of Applied Communication Research*, 29, 248-277.

Herzberg, F. (1976). *The managerial choice: To be efficient and to be human*. Homewood, IL: Dow Jones-Irwin.

Kassing, J. W., & Anderson, R. L. (2014). Contradicting coach or grumbling to teammates: Exploring dissent expression in the coach-athlete relationship. *Communication & Sport*, 2(2), 172-185.

Kassing, J. W., Billings, A. C., Brown, R. S., Halone, K. K., Harrison, K., Krizek, B., Katz, D., & Kahn, R. L. (1966). *The social psychology of organizations*. New York: Wiley.

Kramer, M. W. (2005). An ethnography of a fundraising marathon group. *Journal of Communication*, 55(2), 257-276.

Kramer, M. W. (2006). Shared leadership in a community theater group: Filling the leadership role. *Journal of Applied Communication Research*, 34(2), 141-162.

Leonardi, P. M., Treem, J. W., & Jackson, M. (2010). The connectivity paradox: Using technology to both decrease and increase perceptions of distance in distributed work arrangements. *Journal of Applied Communication Research*, 38, 85-105.

Mazer, J. P., Barnes, K., Grevious, A., & Boger, C. (2013). Coach verbal aggression: A case study examining effects of athlete motivation and perceptions of coach credibility. *International Journal of Sport Communication*, 6(2), 203-213.

McGlynn, J., & Richardson, B. K. (2014). Public support, private alienation: Whistle-blowers and the paradox of social support. *Western Journal of Communication*, 78(2), 213-237.

McGregor, D. (1960). *The human side of enterprise*. New York: McGraw Hill.

Meân, L. J., & Turman, P. D. (2004). Communication in the community of sport: The process of enacting, (re)producing, consuming, and organizing sport. In P. J. Kalbfleisch (Ed.), *Communication Yearbook* (Vol. 28, pp. 373-409). Mahwah, NJ: LEA Publishers.

Ogbonna, E., & Harris, L. C. (2014). Organizational cultural perpetuation: A case study of an English Premier League football club. *British Journal of Management*, 25(4), 667-686.

Pacanowsky, M. E., & O'Donnell-Trujillo, N. (1983). Organizational communication as cultural performance. *Communication Monographs*, 50, 126-147.

Parent, M. M., & MacIntosh, E. W. (2013). Organizational culture in temporary organizations: The case of the 2010 Olympic Winter Games. *Canadian Journal of Administrative Sciences*, 30(4), 223-237.

Richardson, B. K., & McGlynn, J. (2011). Rabid fans, death threats, and dysfunctional stakeholders: The influence of organizational and industry contexts on whistle-blowing cases. *Management*

Communication Quarterly, 25, 121-150.

Richardson, B. K., & McGlynn, J. (2015). Blowing the whistle off the field of play: An empirical model of whistle-blower experiences in the intercollegiate sport industry. *Communication & Sport*, 3, 57-80.

Ruggiero, T. E., & Lattin, K. S. (2008). Intercollegiate female coaches' use of verbally aggressive communication toward African American female athletes. *Howard Journal of Communications*, 19(2), 105-124.

Sanderson, J. (2011). To tweet or not to tweet: Exploring Division I athletic departments' social-media policies. *International Journal of Sport Communication*, 4(4), 492-513.

Stohl, C., & Cheney, G. (2001). Participatory processes/paradoxical practices: Communication and the dilemmas of organizational democracy. *Management Communication Quarterly*, 14(3), 349-407.

Taylor, F. W. (1911). *The principles of scientific management*. New York: Harper & Row.

Trujillo, N. (1992). Interpreting (the work and the talk of baseball: Perspectives on ball-park culture). *Western Journal of Communication*, 56(4), 350-371.

第九章 体育作为群际传播:体育迷、竞争、社群与国家

霍华德·贾尔斯[1]　迈克尔·斯托尔[2]

> 严肃的体育运动是没有枪击的战争。
>
> ——George Orwell,2000

我们的起点是1945年乔治·奥威尔(George Orwell)的格言,以及在过去70年里人们对这句格言的高度争议。他认为:

> 每当我听到人们说体育运动能在国家之间建立友好关系,说只要世界上的普通人能在足球场或板球场上相遇,他们就没有兴趣在战场上相遇,我总是感到惊讶。即使人们没有从具体的例子(例如1936年的奥运会)中知道国际体育比赛会导致疯狂的仇恨,也可以从一般原则中推断出来……严肃的体育运动与公平竞争毫无关系。它与仇恨、嫉妒、夸夸其谈、无视所有规则和以目睹暴力为乐的虐待狂快感联系在一起:换句话说,它是一场没有枪击的战争。
>
> (Orwell,2000,pp. 41-42)

研究表明,在撰写体育报道时,战争类比(例如教练员对其"部队"的称谓)

---

[1] 美国加州大学圣巴巴拉分校传播学杰出教授,澳大利亚昆士兰大学心理学院名誉教授。他于1971年在英国布里斯托尔大学获得博士学位。他的研究兴趣集中在群体传播的许多领域,包括警察与社群的接触、种族间关系和代际关系。
[2] 美国加州大学圣巴巴拉分校传播学教授,奥法莱阿全球与国际研究中心主任。他的研究重点是政治传播学,特别是恐怖主义和人权,包括群体间认同与暴力问题。

经常被引用（Rowe, 2004）；与民族主义相关的军国主义可能是体育重大事件的一个特点（Butterworth, 2014）。不过，除了战争隐喻的用法之外，还必须注意到，虽然奥威尔只关注体育如何造成群体间的分裂，但其他人也注意到，体育可以通过打破刻板印象增进理解以及将战斗限制在赛场上而不是战场上，既能消除也能强化群体隔阂（Goldberg, 2000, p. 63）。

事实上，在观看体育比赛和阅读媒体报道时，人们很难不注意到与之相关且不可或缺的群体间动态。从历史上看，1936年柏林奥运会被希望确立雅利安人优越性的德国当局卷入了反犹太主义策略，到几十年来许多国家对奥运会的抵制，再到黑人运动员在民权运动中的作用，都证明了这一点。与此同时，我们还目睹了敌对运动队运动员之间的冲突（例如在冰球比赛中，Goldschmied & Espindola, 2013），欧洲足球赛场上的种族蔑称（Dunning, Murphy, Waddington, & Astrinak, 2002），经常被报道的少数族裔人士和女性在教练员和管理岗位上代表性的不足（Cunningham & Sagas, 2005），以及丹尼斯·罗德曼（Dennis Rodman）①呼吁开展所谓"篮球外交"时的滑稽行为（Jackson, 2013）。

体育界还存在大量其他事例，包括私人高尔夫球俱乐部的阶级精英主义和美国主要体育项目中同性恋球员的"出柜"，例如，足球运动员罗比·罗杰斯（Robbie Rogers）和美式橄榄球运动员迈克尔·萨姆（Michael Sam）分别于2013年和2014年宣布"出柜"。（意大利）锡耶纳的"帕里奥"（Palio）②赛马会（始于1665年）是一个不同社群（Contrada）③参与激烈竞争的典型案例，赢得比赛的社群会在赛后庆祝一周或更长时间。正如许多国家有自己独特的食物一样，不同的文化也有自己独特的体育运动，例如，阿富汗的马背叼羊（Buzkashi）④和印度尼西亚的藤球（Seprak Takraw）⑤。有些体育运动在宗教习俗中扮演着重要角

---

① 曾经的NBA球员，有"坏小子"之称。他曾效力于底特律活塞队、圣安东尼奥马刺队、洛杉矶湖人队和达拉斯小牛队等，1995-98赛季"公牛王朝"三连冠的重要成员，还有作家和演员的身份。进入21世纪，他成为美国与朝鲜"篮球外交"的重要推动者。——译者注
② 意大利语"赛马节"，锡耶纳赛马节在意大利的知名度很高。——译者注
③ 意大利语"区域"。——译者注
④ 音译"布兹卡什"。阿富汗的一种体育项目，比赛双方队员骑马争夺无头山羊或小牛的尸体，先争夺成功者为比赛胜者。——译者注
⑤ 东南亚地区一种流行的体育项目，参赛选手运用自己的脚腕、膝关节等同时夹、顶球，不让球落地，20世纪90年代起成为亚运会正式比赛项目。——译者注

色,如源自玛雅人的阿兹特克球(Ullamalizli)①,墨西哥部分地区至今仍在比赛;有些体育运动甚至有自己的世界杯,如芬兰的芬兰式棒球(Pesäpallo)②,英国等帝国主义列强将其民族体育运动(如板球)引入(或强加)到被征服国家的文化生活中。

诺曼·泰比特(Norman Tebbit)著名的"板球测试赛"③测试概括了新出现的群体认同问题。它出自《洛杉矶时报》(*Los Angeles Times*)采访中的一个问题。"英国的亚裔人口中有很大一部分未能通过板球测试赛的测试。他们为哪一方欢呼?这是个有趣的测试。你热衷谈论你的家乡还是你现在所在的地方?"(Rowe,2012,p. 24)詹姆斯(James,1963)在其伟大的回忆录《超越界限》(*Beyond a Boundary*)中指出,体育运动,特别是板球运动,具有挑战一切界限的力量,尤其是挑战种族和阶级等群体间界限的力量。最近,奥尼尔(O'Neill,2008)的小说《尼德兰》(*Netherland*)赞美了板球如何为9·11事件后美国的多个移民群体提供基础和希望,并将板球纳入了美国梦。然后是雅克·巴尊(Jacques Barzun)的一句话(镌刻在棒球名人堂里)——"想要了解美国的心灵和思想,最好的方式是学习棒球"(Barzun,1954,p. 159)。任何体育运动似乎都无法避开群体间的各种难题,除此之外,好莱坞的奥斯卡颁奖典礼和美国的政治选举都是以种族来阐释的,这种体育隐喻所带来的社会影响也是如此(Lipsky,1979)。

简而言之,我们生活在一个全球化的、充满体育的世界中(Whannel,2013),当国家珍视的体育项目声名狼藉时,整个文化都会受到质疑。因此,许多日本相扑运动员被公开指控作弊,女子柔道队(Jukodas)的队员抱怨她们的教练员对她们实施了侮辱性的言语和身体虐待。我们还应该注意到,当国家队表现不佳时,人们会讨论国家的"灾难"(disaster)。1972年美国队在(慕尼黑奥运会)篮球比赛中输给苏联队之后,或者2014年国际足联世界杯中巴西队惨败于德国队之后,体育记者经常传达出一种"国家绝望感"。胜利给人们带来了相反的情绪和庆祝活动,就像1968年苏联与捷克斯洛伐克之间的关系,捷克人在1969

---

① 音译"乌雅玛利斯利",又称"Aztec Paddleball",美洲大陆当地土著人流行的一种运动,时常作为祭祀的一部分出现在大型礼仪活动之中。它是一种传统对垒式球类运动,参赛者使用橡胶球不断投向对方的石环作为得分的标记,得分多的一方获胜。——译者注
② 音译"佩萨帕罗"。一种类似美式棒球的运动,在芬兰的受欢迎程度很高。——译者注
③ 这是一个双关语。板球测试赛是各个国家队之间最正式、最重要的5日板球赛,双方各出场11名队员,该赛事与当下流行的单日板球比赛有很大的不同,是界定开展板球比赛的国家之间民族认同的重要标志性事件。——译者注

年的世界冰球锦标赛中击败了苏联队(见下文中的"BIRGing"和"CORFing"事件)。事后,"人们到处喊着'〔4〕-3'。它的意思是:'让俄国人见鬼去吧!'你必须知道这不是一次体育示威,而是超过10万人的民族自豪感的体现,并且持续了几个小时"(Skoug,2012)。

在传播和体育文本(Billings, Butterworth, & Turman, 2014)以及期刊,例如 2013 年《传播与体育》(*Communication & Sport*)的创刊号中,不同的社会群体,如不同性别和种族的群体,通常被孤立地讨论。也就是说,仍有少数论文,特别是像哈利达吉斯的研究(Haridakis, 2010, 2012),试图探讨各种体育运动的群体间传播动态(Bryant & Cummins, 2010; Hugenberg, Haridakis & Earnheardt, 2008)。这些研究的主要理论框架是社会认同理论(Tajfel & Turner, 1979)。

虽然体育中存在着许多固有的群际关系,如运动员—教练员之间、运动员—管理层之间、运动员之间的竞争(Kassing & Anderson, 2014),但在本章中,我们借用了有影响力的社会认同理论(SIT)框架,主要关注体育迷之间的竞争。然而,考虑朱利亚诺蒂(Giulianotti, 2002)所详述的观众(spectators)、体育迷(fans)和支持者(supporters)之间的差异是有益的。观众只是体育产品的消费者;体育迷对俱乐部有更强的认同感,但这种关系是单维度的。另外,支持者不仅将自己视为俱乐部的"成员",还认为自己与俱乐部存在互惠关系(或寄生社会互动关系)。虽然个人情况和特征起着重要作用,但从根本上说,体育迷既是一种群体,也是一种群际现象。因此,为了从群际关系和群际传播的社会心理学角度来理解相关过程的相互作用,我们将讨论分为两类:社会认同和随后的社会认同传播。最后,我们提出了一些与体育有关的群际传播原则以及一些经验性命题。

社会认同理论

社会认同理论是一个关于群体过程、群际关系和集体自我认知的社会认知理论(Hogg, 2006; Tajfel & Turner, 1979)。它从认知的角度将群体定义为拥有共同评价性自我定义的个体的集合——共享的社会身份。这里既强调认同一个群体的认知过程,也强调属于一个群体的各种必然结果。拥有特定的社会身份(如作为球队的球迷)不仅能定义自我概念,还能将某人与社会中的其他相关人员和其他群体联系起来。体育迷的一个重要特征是忠诚,即所谓"死忠粉"(die-hard),而不只是"路人粉"(fair weather)(Wann & Branscombe, 1990)。当体育迷对他们的运动队产生强烈的认同感时，即使在个人付出高昂代价的情况下（例如运动队大比分失利和在联盟中降级），许多体育迷仍愿意保持其成员身份，放弃与其他运动队结盟的诱人选择。甚至更进一步，当认同程度很高时，自我可能消失了，群体认同会主宰他们的身份，匹兹堡钢人队①的球迷在他们的孩子出生时用球迷毛巾包裹着婴儿，其他人在生命终结时会使用与球队颜色一致的棺材（Van Vugt & Hart，2004）。尼克·霍恩比（Nick Hornby，1992）的回忆录《狂热》（Fever Pitch）提供了一个极端的案例，说明了这种群体认同是如何占据主导地位的。霍恩比从与阿森纳足球俱乐部的比赛和赛季有关的事件、转变和成就方面来讲述他的生活和记忆。这部回忆录后来被改编成美国电影，影片中波士顿红袜队代替了阿森纳队，但仍然具有相同的认同地位，这很能说明问题，生动地说明了体育认同现象的力量。

运动队也培养和强化了一些基本的人口学和地理学特征。在体育界，人们通常认为运动队的体育迷是基于地理位置形成的，这通常与球队所在的城市有关，但在有多个运动队的城市，体育场的位置也可能是一个重要因素。在芝加哥，小熊队的球迷住在北区，白袜队的球迷住在南区。② 在美国其他地区，多年来，棒球认同不仅基于地理位置，还基于电台报道而形成（Walker，2015）。在纽约巨人队（New York Giants）③和布鲁克林道奇队（Brooklyn Dodgers）④于1958年赛季搬到西海岸之前，密西西比河以西的大部分美国人都支持圣路易斯红雀队（St. Louis Cardinals），该队的广播覆盖美国西部和西南部。在美国东北部，新英格兰地区的红袜队和纽约洋基队的球迷分成两派，沿袭了地区广播和随后与波士顿和纽约的电视联系的旧模式（Walker，2015）。

社会分类的认知过程使人们将自己和他人定义为社会群体的成员，并以群体原型的方式认知自己和他人。群体原型不仅倾向于捕捉群内（intragroup）或群体内（within-group）的相似性，也强调群际（intergroup）或群体间（between-group）在相关维度上的差异，从而独特地塑造其社会认同（Bernache-Assollant，Lacassagne，& Braddock，2007）。这些构造和过程共同构成了社会认同理论的一个核心假设的基础：获得并维持一种有利的、定义明确的社会认同会激发相关行为，就像当支持的球队被击败（Lalonde，1992）和/或他们的形象受损时，球迷

---

① 匹兹堡钢人队（Pittsburgh Steelers）是一支NFL球队，拥有大量当地和外地的铁杆迷群。——译者注
② 芝加哥小熊队（Chicago Cubs）和芝加哥白袜队（Chicago White Sox）均为MLB的球队。——译者注
③ 即MLB旧金山巨人队的前身。——译者注
④ 即MLB洛杉矶道奇队的前身。——译者注

会在情感上保护他们一样(Hundley & Billings,2010)。个人和集体(如运动队)的目标都是争取评价上的积极独特性,通常表现为语言和/或传播上的差异化(Giles,1978),这将在下一节中讨论。与此相关,贝克尔、陶诗和瓦格纳(Becker、Tausch & Wagner,2011)发现,参与集体行动在带来自我导向的积极情感的同时,也会产生群体外导向的愤怒和蔑视。换句话说,代表自己的团体做一些事情,并就其展开有力而显著的传播行为,有助于人们获得更好的个体感觉。

运动队还可能代表和强化现有的社会认同,而普通观众认为这些认同是独立的。格拉斯哥的两支足球队与特定的宗教有关。格拉斯哥凯尔特人队(Glasgow Celtic)与天主教徒结盟,格拉斯哥流浪者队(Glasgow Rangers)与新教联盟派结盟。弗埃(Foer,2004)指出,1996年至2003年,格拉斯哥的8起死亡事件和数百起袭击事件都与两支球队之间的比赛直接相关。群际社会比较描述了群体及其成员如何在群体原型维度上进行自我比较,以使内群体看起来不仅有别于——而且在评价上优于——一些相关的外群体。处在竞争中的体育迷(以及运动员)渴望在一个任意设定的系统中提高或加强他们与其他运动队相比较时的地位。他们争夺更多的比赛观众并寻求资源,例如炫耀自己的权利、球迷俱乐部的成员数量、季票持有者等候名单的规模、体育场的品质和容量、市场份额和利润。

由于人们在体育运动之外还保持着多重身份,因此,重要的社会认同取决于个人所处的环境,或者说取决于该认同在个人心中的可及性(Hogg,2006)。对于那些生活在运动队及其体育迷数量多、参与度高、社交性强的社群中的人们来说,体育的显著性可能尤其高。从社会认同理论的视角来看,问题青少年成为狂热的球迷,可以解释为对两种情况的动机反应:缺乏共同的家庭结构等不利认同,或对自己的认同感到不确定,以及感到焦虑和被边缘化(Hogg,2014)。因此,高度隶属于一个团队可以提供家庭、学校和社群不一定能提供的归属感;他们可以成为其中的同龄人群体中的一员,得到明确的个人和社会认同,从父母或监护人那里获得更多的自主权,对于男性来说则是"成人之路"(Messner,2013),以及提高他们社会地位的途径(Hogg, Siegel, & Hohman, 2011)。毕竟,许多国家在新旧媒体中赞颂体育运动及体育名人(Billings & Hardin,2015);因此,通过成为体育迷来构建有意义的和有效的认同被认为是社会层面可接受的。

更具体地说,求助于体育迷可以减少不确定性,因为这能为个人提供对社交世界更清晰的概念,以及一个人应该如何行动和交流的行为准则(Hogg, Meehan, & Farquharson, 2010)。这样,个人就必须学习群体中其他成员所共有的规范、信仰、价值观以及行动和交流方式,并使之社会化(Guimond, 2000)。一个人的自我认同越不确定,他(她)就越有可能寻求一个高权益性的群体,权益性是指群体的一种属性,它使群体看起来具有明确的边界、内部同质性、紧密的社会互动、清晰的内部结构、共同的目标和共同的命运(Campbell, 1958)。体育迷群体就是一个令人信服的高权益性群体的例子,尤其是具有吸引人的组织结构和自己的媒体[例如,爱好者杂志(fanzines)或体育迷杂志(sport fans' magazine)]的体育迷群体,这些群体提供了独特且明确的社会认同。英国足球俱乐部的球迷杂志最为人熟知,但芝加哥黑鹰队(Chicago Black Hawks)、圣路易斯蓝调冰球队(St. Louis Blues)以及波士顿红袜棒球队(Boston Rex Sox)的球迷也出版了球迷杂志(参见 http://yawkeywayreport.com/)。虽然权益性指的是群体的结构而非群体的行为,但通过对高权益性群体的认同来减少不确定性的自我归类过程,可以解释群体的大部分行为。自我归类使自我认知和自我服从去人格化;它将群体规范属性——包括传播行为——赋予自我,从而使人们的行为符合群体规范(Hogg & Giles, 2012; Turner, Hogg, Oakes, Reicher & Wetherell, 1987)。

如果群体规范规定了反社会和攻击性的行为,就像在某些体育迷甚至运动员身上所表现出来的那样(例如冰球比赛),这种基于自我分类的去人格化过程会导致人们的行为具有风险性、反社会性和攻击性(Reicher, Spears, & Postmes, 1995;关于所谓"足球流氓",见 Frosdick & Marsh, 2005)。展现攻击性可以是向其他对手及其社群传播运动队认同的一种方式,因为暴力行动可以传达这样的信息:体育迷无所不能,最好不要插手。这样可以提高他们的声誉和地位,赢得群体内的尊重。帕帕克里斯托斯(Papachristos, 2009)形象地将暴力比作一种"礼物"(gift),如果接受就需要回报,他解释说,那些回报暴力的人将能够保持他们的名望和荣誉。然而,正如哈利达吉斯(Haridakis, 2010)所说,任何

> 对负面问题的关注不应影响绝大多数体育迷和观众利用体育来联系彼此,利用群际传播来积极地满足他们获得认同感、归属感和自尊等基本人类需求……它是良好的、干净的娱乐。更重要的是,它是健康的。(pp. 259-260)

小说家尼克·霍恩比(Hornby, 1992)写道:

> 我从比赛中学到了一些东西。我对英国和欧洲的大部分了解不

是来自学校,而是来自客场比赛或体育版面,流氓行为既让我尝到了社会学的甜头,又让我获得了一定程度的工作经验。我懂得了将时间和情感投入我无法控制的事情上的价值,也懂得了归属于一个我完全不加批判地与之志同道合的群体的价值。(p.62)

事实上,追随一项体育运动有许多不同的社会功能,这些功能使成为体育迷具有吸引力。对此,人们提出了不同的分类方式(Bouchet, Bodet, Bernache-Assollant, & Kada, 2010)。

如上所述,体育运动也促进了国家层面的认同。杜克和克罗利(Duke & Crolley, 1996, p. 4)认为,一场国际足球比赛完美地说明了安德森(Anderson, 1991)所说的"想象的共同体"概念的力量。在这里,11名球员代表自己的国家与另一个国家的选手比赛时,很容易确认国家认同。他们还认为,国际足球在20世纪将民族主义意识扩展到了工人阶级。捷克冰球明星雅罗米尔·贾格尔(Jaromir Jagr)曾效力于多支国家冰球联盟球队,但为了纪念1968年的"布拉格之春"(Prague Spring),他总是身着68号球衣,提醒人们捷克斯洛伐克的历史(Morreale, 2010)。

传播运动队认同

现在,我们将更具体地探讨哪些群体间信息被传播给了体育迷,以及他们如何(在不同的文化和体育运动中)向他人传达自己的运动队认同。显然,表现出群际偏见的方式之一就是体育运动本身的标签,如女子湖人队(Lady Lakers)或女子职业高尔夫球协会(LPGA)(其作用是将她们与"标准"男子球队区分开来),以及鼓励和要求运动员穿着的服装。2004年,国际足球管理机构(国际足联)主席试图说服女运动员穿更紧身的短裤(Robinson & Clegg, 2015),世界羽毛球联合会规定女运动员必须穿裙子或连衣裙,以创造更"有吸引力的呈现"(Longman, 2011)。虽然这些要求遭到了蔑视,但波兰和罗马尼亚的拳击手在2010年欧洲锦标赛上还是穿上了裙子。同时,运动队的名称也会引起争议。例如,美国原住民声称,将华盛顿美式橄榄球队命名为红肤队(Redskins)①是严重的冒犯行为。同样,亚特兰大勇士队(Atlanta Braves)的球迷表演的"战斧劈砍"

---

① 华盛顿红肤队是NFL历史上的老牌劲旅之一,1932年在波士顿成立。在强大压力下,2022年,华盛顿红肤队正式更名为华盛顿指挥官队(Washington Commanders)。——译者注

(Tomahawk Chop)和克利夫兰印第安人队(Cleveland Indians)传达的卡通形象也可能被视为具有煽动性①;类似的争议也发生在加利福尼亚州一所高中的阿拉伯吉祥物科切拉(Coachella)身上。显然,女性运动队的男性老板和教练员的视线可以向体育迷和观众传递公开信息,从而强化性别模式。

媒体在群体间形象的扩散中也扮演着重要角色。阿特金森和希罗(Atkinson & Herro, 2010)对网球运动员安德鲁·阿加西(Andre Agassi)的研究生动地描绘了媒体对年龄的刻板印象,他在24岁时被描述为"孩子"(kid),但四五年后,29岁的他就被描述为"怪老头儿"(geezer brigade)、"古老的水手"(ancient mariner)和"聪明的网球老精灵"(the wise ol gnome of tennis)。比林斯(Billings, 2008)对奥运会电视报道(1996—2006年)的分析发现,男性运动员获得了大部分的播出时间,女性运动员在外貌方面得到的评论是男性运动员的两倍。此外,男性的成功被归因为精神坚韧和克服了情绪影响,女性的失败被归因为屈服于情绪(关于超男性气概和异性恋的概念,见Bruce, 2013)。同样,杭德利和比林斯(Hundley & Billings, 2010)对泰格·伍兹(Tiger Woods)的表现进行的媒体分析表明,他会被描绘成与黑人运动员相类似(例如注意力不集中和不够镇定),但只有在他输掉比赛时才如此。斯通、林奇、斯约姆林和达利(Stone, Lynch, Sjomeling & Darley, 1999)展示了这些社会刻板印象如何对观看比赛之外的其他情况产生行为影响。他们要求黑人学生和白人学生参加一场大学篮球比赛,并在赛后对黑人或白人球员进行评价。正如预测的那样,白人运动员被认为更有篮球智慧,黑人被认为更具运动天赋。此后,这些学生被要求执行一项完全独立的高尔夫球任务,该任务被设定为对"运动智力"或"运动天赋"的测试。所谓"刻板印象威胁"(stereotype threat)出现了,即白人在后一种条件下表现较差,黑人在前一种条件下表现较差。

引人注目的运动队认同可能通过以下方式得到强化:(a)体育迷为自己取的名字,例如,绿湾包装工队的球迷叫"奶酪头"(Cheeseheads),达拉斯牛仔队叫"美国之队"(America's Team),这将强化群际的隔阂;(b)成员穿的衣服(印有球员名字的球队外衣);(c)球队的颜色和围巾,例如匹兹堡钢人队的"恐怖毛巾"(Terrible Towels)②;(d)他们在比赛中和比赛以外的时间与队友在一起;

---

① 亚特兰大勇士队和克利夫兰印第安人队均为MLB球队。2021年,克利夫兰印第安人队正式更名为克利夫兰守护者队(Cleveland Guardians),以解决原队名带来的种族主义争议。
② 绿湾包装工队(Green Bay Packers)、达拉斯牛仔队(Dallas Cowboys)、匹兹堡钢人队(Pittsburgh Steelers)均为NFL的球队。——译者注

(e)在比赛中表达的态度(Cikara,Botvinick,& Fiske,2011);以及(f)他们参加的活动或仪式,例如唱歌和高呼球队口号,所有这些活动和仪式都具有排他性(Serazio,2013)。音乐提供了传播内群体认同的特殊方式(Giles,Hadja,& Hamilton,2009)。利物浦足球队使用了格里和起搏器乐队(Gerry and the Pacemakers)的歌曲《你永远不会独行》(You'll Never Walk Alone),NFL 和 MLB 的所有球队都采用不同的歌曲来庆祝(Chamernik,2015a,2015b)。例如,纽约洋基队(New York Yankees)在每场比赛后都会播放弗兰克·辛纳屈(Frank Sinatra)录制的《纽约,纽约》(New York, New York),旧金山巨人队(San Francisco Giants)在获胜时则播放托尼·本内特(Tony Bennet)录制的《我把心留在了旧金山》(I Left My Heart in San Francisco)。波士顿红袜队①在每场比赛的第 8 局都会播放尼尔·戴蒙德(Neil Diamond)的《甜蜜的卡罗琳》(Sweet Caroline)(Browne,2013)。为了突出与认同有关的自豪感,球迷还用文身来装饰自己,以识别他们的特定球队,标记他们的"地盘"(turf)或领土(例如用横幅表示"你在我们的地盘")。球迷之间使用的语言也可以传达群体内部的团结。例如,勒夫和沃克(Love & Walker,2013)发现,在一家英国酒吧里,体育迷在谈论 NFL 球队时,比在谈论英格兰足球超级联赛时听起来更像美国人(通过采用后置音/r/)。

有越来越多的文献在研究认同度高的球迷与认同度低的球迷之间的传播差异,以及他们所传递的信息种类。西亚尔迪尼等人(Cialdini et al.,1976)提出了"BIRGing"(basking in reflected glory,沐浴在反射的荣耀中)这一术语,具体表现为,与认同度较低的球迷相比,认同度较高的大学生在球队获胜后会穿戴更多的球队纪念品,与其他球迷交谈时更多地使用"我们"指代,并寻找媒体对比赛高光时刻的报道(End,Dietz-Uhler,Harrick,& Jacquemotte,2002)。因此,胜利可以提高忠实体育迷的自尊,这可以被理解为个人的成功,从而激活大脑的快乐中枢(Cikara et al.,2011)。其他被确认为高认同度特征的策略包括"抨击"(blasting)(即发表敌对和贬损的言论)外群体体育迷(例如"我们可能输了,但我们比他们的球迷好得多"),以及将失利归因于不可控的外部因素,例如外群体作弊和糟糕的或有偏见的裁判员(Bernache Assollant,Laurin,Bouchet,Bodet,& Lacassagne,2010)。其他区分高认同度和低认同度体育迷的信息(Wann & Grieve,2005)包括前者:参加更多的比赛,表达更多的赛前焦虑,在比赛中拥有更多的情感体验,试图破坏对方运动队及其体育迷的稳定性,参与更多敌对

---

① 纽约洋基队、旧金山巨人队和波士顿红袜队均为 MLB 的球队。——译者注

的群体外行为,对赞助商更忠诚,购买更多与运动队相关的产品,以及在胜利后发布更多的网络信息,更频繁地访问运动队的网页。

结语:迈向体育运动的群际传播理论

米恩和哈隆(Meân & Halone,2010)认为,"体育运动本质上是非自然的,因为它是通过语言和其他传播实践来组织、实施和再现的,其方式是呼应和维持特定文化形式及其意识形态基础"(p. 254)。通过比林斯(Billings,2010)的研究,我们可以看到,国籍、种族和政治与其他群际环境的混合,可能是一种潜在的"危险的传播鸡尾酒"(dangerous communication cocktail)(p. 105)。

为此,在美国全国广播公司(NBC)的电视节目《吉米·法伦深夜秀》(*Late Night Starring Jimmy Fallon*)的开幕之夜(2014年2月17日),吉米·法伦(Jimmy Fallon)在他的独白中提到,俄罗斯队在奥运会冰球比赛中输给了挪威队。结果是什么?掌声雷动!["幸灾乐祸"(schadenfreude)的概念,Cikara et al.,2011]。尽管在过去40年中取得了重大进展,但在报告、命名和归因成功与失败的话语中,许多霸权主义性别偏见仍然存在。

但体育也可以培养健康、平衡的个人自尊感,通过对国家、性别、种族、年龄和残疾的更开明的定位,体育常常成为国际合作、社会活动、公民权利和社会变革的工具。每年4月,这一点就会得到充分体现。所有MLB的球手都会穿上42号球衣,以纪念杰基·罗宾逊(Jackie Robinson),并加强争取民权的持续斗争。体育也可能预示着新的国家关系的发展,就像1971年促使中国和美国重建关系的"乒乓外交"一样。

当然,我们并没有从群际传播的角度详细阐述体育运动的所有复杂性。事实上,我们对"体育迷"的描述略显单一,需要承认"体育迷"可能存在许多截然不同的子群体,有各自独特的认同和传播实践。博纳切-阿索兰等人(Bernache-Assollant et al.,2010)研究了奥林匹克马赛俱乐部①(Olympique de Marseille)及其8个球迷团体。最古老、最精英的团体——超级突击队(the Commando Ultra),主要由区别于移民的中产阶级球迷组成。他们拥有装备精良的组织基础设施,甚至是组织文化,并且会向任何人推广他们的夹克、球帽等。另一个团体——南方赢家(the South Winner),是由高中生创建的,他们更年轻,更多的是

---

① 奥林匹克马赛俱乐部为法国足球甲级联赛球队。——译者注

来自工人阶级家庭(通常来自移民家庭),而且更具有世界性。此外,他们更反感权威,具有强烈的马赛风格(有时拒绝法国人认同),在比赛中与外群体对抗。他们的标志描绘了城市港口和大教堂,并且只卖给自己的球迷。另一个极端是跨国的超级组织:贝尔格莱德红星队(Red Star Belgrade)有两个兄弟俱乐部,即希腊的奥林匹亚科斯俱乐部(Olympiacos)和俄罗斯的莫斯科斯巴达克(Spartax Moscow)俱乐部,三者被集体戏称为"东正教兄弟会"。群际理论,如共同群体认同模型(common group identity model)(Gaertner & Dovidio,2000),可能对传播实践有解释价值。

那么,接下来该怎么办?哈利达吉斯(Haridakis,2012)概述了体育的群际传播理论可能具有的特征。尽管如此,谨慎的做法是,至少要考虑我们能否建立一个能充分处理所有体育运动的群体间模型,尽管一般的体育运动理论确实存在(Crone,1999)。毕竟,体育运动在许多方面不尽相同,甚至存在围绕任何特定的体育项目是否有资格被称为体育项目的争论,例如 ESPN 电视转播的扑克比赛、竞技饮食和听音乐抢椅子(它有自己的世界联合会、规则、世界杯和世界纪录)。尽管如此,我们认为,如上所述,有足够的群际共性促使我们提出一个群体间的体育迷模型,为此,我们提出以下五条(可实证检验的)原则。

原则 A:体育迷越认同他们的运动队,他们就越会:

· 经常参与并创造关于运动队和体育主题的历史叙事和日常讨论;

· 在赛前、赛中和赛后大肆宣传,并对团队的相对表现进行群际描述和归因(例如群体内的偏袒和群体外的贬损、形象保护),以保持或增强积极认同(即使面对失利);

· 穿着具有代表性风格的服装,购买运动队周边物品放在工作场所和家中;

· 掌握(不断变化的)与运动队相关的传播技术和社交媒体(Hardin,2014);

· 逐步增强掌控力,从而提升群体内的自豪感和自尊心。

原则 B:体育迷拥有的其他非体育(以及其他竞争性体育)认同的数量越少,这些身份的地位以及其中的群体内威信(如工作地位)越低,原则 A 就会得到越多的支持(Giles & Johnson,1981)。

原则 C:体育迷的其他非体育认同与体育认同重叠程度越高(例如与年龄和种族有关的体育运动),原则 A 就会得到越多的支持。

原则 D:体育迷越是认为他们的运动队和体育运动的"相对群体活力"低下

(例如体育迷减少,体育设施和媒体渠道不足)、合法和稳定(Giles & Johnson, 1981),他们就越会在其他地方寻找体育迷或其他社会认同(Bernache-Assollant et al. ,2010)。

原则E:体育迷越是认为他们的运动队和体育运动的"相对群体活力"强大(例如体育迷人数增加,媒体关注度提升),他们就越会发挥符号创造力,为体育迷杂志、论坛等撰稿,并通过积极的集体行动与外部群体(尤其是那些存在地方和/或历史竞争关系的群体)竞争。

最后,我们的目标是让群际传播的视角易于理解,并在分析中解放思想,让人们更好地理解体育迷行为。下一个目标是发展本文中的理论框架,使其能够有效地包容其他相关的体育实体,包括家长、教练员和管理者,并探索其他群际理论立场(Taylor, King, & Usborne, 2010)。随着全球化(Rowe, 2012)和(欧洲)超级联赛等复杂问题的显现,运动员和体育运动的新医疗和技术方面取得新进展,社交媒体使用的激增,包括新运动项目在内的体育赛事不断增加等,我们需要不断完善和阐述我们的研究和理论框架。这些多维度的众多变化将如何影响群际传播的本质是一个令人兴奋的潜在研究领域,正如甘茨(Gantz, 2013)所提出的问题一样,体育迷的团队认同可能会在生命周期内展现出有意义的不同。

Anderson, B. R. O'G. (1991). *Imagined communities: Reflections on the origin and spread of nationalism*. London: Verso.

Atkinson, J. L., & Herro, S. K. (2010). From the chartreuse kid to the wise old gnome of tennis: Age stereotypes as frames to describe Andre Agassi at the U. S. Open. *Journal of Sport and Social Issues*, 34, 86-104.

Barzun, J. (1954). *God's country and mine*. Boston, MA: Little & Brown.

Becker, J. C., Tausch, N., & Wagner, U. (2011). Emotional consequences of collective action participation: Differentiating self-directed and outgroup-directed emotions. *Personality and Social Psychology Bulletin*, 37, 1587-1598.

Bernache-Assolant, L., Lacassagne, M-F., & Braddock, II, J. H. (2007). Basking in reflected glory and blasting: Differences in identity-management strategies between two groups of highly identified soccer fans. *Journal of Language and Social Psychology*, 26, 381-388.

Bernache-Assolant, I., Laurin, R., Bouchet, P., Bodet, G., & Lacassagne, M-F. (2010). Refining the relationship between ingroup identification and identity management strategies in the sport context: The moderating role of gender and the mediating role of negative mood. *Group Processes and Intergroup Relations*, *13*, 639-652.

Billings, A. C. (2008). *Olympic media: Inside the biggest show on television*. London: Routledge.

Billings, A. C. (2010). *Communicating about sports media: Cultures collide*. Barcelona, Spain: Aresta.

Billings, A. C., Butterworth, M. L., & Turman, P. D. (2014). *Communication and sport* (2nd ed.). Thousand Oaks, CA: Sage.

Billings, A. C., & Hardin, M. (Eds.). (2015). *The Routledge handbook of sport and new media*. London: Routledge.

Bouchet, P., Bodet, G., Bernache-Assollant, I., & Kada, F. (2010). Segmenting sports spectators: Construct and preliminary validation of the sporting event experience scale. *Sport Management Review*, *14*, 42-53.

Browne, I. (2013). Fenway Park's anthem started innocuously. *MLB. com*. Retrieved June 22, 2016, from http://m.mlb.com/news/article/45075964/fenway-parks-anthem-started-innocuously.

Bruce, T. (2013). On women and femininities. *Communication and Sport*, *1*, 125-137.

Bryant, J., & Cummins, R. G. (2010). The effects of outcome of mediated and live sporting events: Non sports fans' self- and social identities. In H. L. Hundley & A. C. Billings (Eds.), *Examining identity in sports media* (pp. 217-238). Thousand Oaks, CA: Sage.

Butterworth, M. L. (2014). Public memorializing in the arena: Sport, the tenth anniversary of 9/11, and the illusion of democracy. *Communication and Sport*, *2*, 203-224.

Campbell, D. T. (1958). Common fate, similarity, and other indices of the status of aggregates of persons as social entities. *Behavioral Science*, *3*, 14-25.

Chamernik, M. (2015a). *MLB fight songs. UNIWATCH: The obsessive study of Athletics Aesthetics*. Retrieved June 22, 2016, from http://www.uni-watch.com/2015/04/06/pro-sports-fight-songs-mlb/.

Chamernik, M. (2015b). *NFL fight songs. UNIWATCH: The obsessive study of Athletics Aesthetics*. Retrieved June 22, 2016, from http://www.uni-watch.com/2015/04/13/pro-sports-fight-songs-nfl/.

Cialdini, R. B., Borden, R. J., Thorne, A., Walker, M. R., Freeman, S., & Sloan, L. R. (1976). Basking in reflected glory: Three (football) field studies. *Journal of Personality and Social Psychology*, *34*, 366-375.

Cikara, M., Botvinick, M. M., & Fiske, S. T. (2011). Us versus them: Social identity shapes neural responses to intergroup competition and harm. *Psychological Science*, *22*, 306-313.

Crone, J. A. (1999). Toward a theory of sport. *Journal of Sport Behavior*, *22*, 321-339.

Cunningham, G., & Sagas, M. (2005). Access discrimination in intercollegiate athletics. *Journal of Sport and Social Issues*, *29*, 148-163.

Dunning, E., Murphy, P., Waddington, I., & Astrinakis, A. (Eds.). (2002). *Fighting fans: Football hooliganism as a world problem*. Dublin, Ireland: University College Dublin Press.

Duke, V., & Crolley, L. (1996). *Football, nationality and the state*. London: Routledge.

End, C. M., Dietz-Uhler, B., Harrick, E. A., & Jacquemotte, L. (2002). Identifying with winners: A reexamination of sport fans' tendency to BIRG. *Journal of Applied Social Psychology*, *32*, 1017-1030.

Foer, F. (2004) *How soccer explains the world*. New York: HarperCollins.

Frosdick, S., & Marsh, P. (2005). *Football hooliganism*. Cullompton, UK: Willan.

Gaertner, S. L., & Dovidio, J. F. (2000). *Reducing intergroup bias: The common ingroup identity model*. Philadelphia, PA: Psychology Press.

Gantz, W. (2013). Reflections on communication and sports: On fanship and social relationships. *Communication and Sport*, *1*, 176-187.

Giles, H. (1978). Linguistic differentiation between ethnic groups. In H. Tajfel (Ed.), *Differentiation between social groups* (pp. 361-393). London: Academic Press.

Giles, H., Hajda, J. M., & Hamilton, D. L. (Eds.). (2009). Harmony and discord: The music of intergroup relations. *Group Processes and Intergroup Relations*, *12*, 291-412.

Giles, H., & Johnson, P. (1981). The role of language in ethnic group relations. In J. C. Turner & H. Giles (Eds.), *Intergroup behavior* (pp. 199-243). Oxford, UK: Blackwell.

Giulianotti, R. (2002). Supporters, followers, fans and flaneurs: A taxonomy of spectator identities in football. *Journal of Sport and Social Issues*, *26*, 25-46.

Goldberg, J. (2000). Sporting diplomacy: Boosting the size of the diplomatic corps. *The Washington Quarterly*, *23*, 63-70.

Goldschmied, N., & Espindola, S. (2013) "I went to a fight the other night and a hockey game broke out": Is professional hockey fighting calculated or impulsive? *Sports health: A multidisciplinary approach*, *5*, 458-462.

Guimond, S. (2000). Group socialization and prejudice: The social transmission of intergroup attitudes and beliefs. *European Journal of Social Psychology*, *30*, 335-354.

Hardin, M. (2014). Moving description: Putting Twitter in theoretical context. *Communication and Sport*, *2*, 113-116.

Haridakis, P. M. (2010). Rival sports fans and intergroup communication. In H. Giles, S. A. Reid, & J. Harwood (Eds.), *The dynamics of intergroup communication* (pp. 249-262). New York: Peter Lang.

Haridakis, P. M. (2012). Sport viewers and intergroup communication. In H. Giles (Ed.), *The handbook of intergroup communication* (pp. 344-356). New York: Routledge.

Hogg, M. A. (2006). Social identity theory. In P. J. Burke (Ed.), *Contemporary social psychological theories* (pp. 111-136). Palo Alto, CA: Stanford University Press.

Hogg, M. A. (2014). From uncertainty to extremism: Social categorization and identity processes. *Current Directions in Psychological Science, 23*, 338-342.

Hogg, M. A., & Giles, H. (2012). Norm talk and identity in intergroup communication. In H. Giles (Ed.), *The handbook of intergroup communication* (pp. 373-388). New York: Routledge.

Hogg, M. A., Meehan, C., & Farquharson, J. (2010). The solace of radicalism: Self-uncertainty and group identification in the face of threat. *Journal of Experimental Social Psychology, 46*, 1061-1066.

Hogg, M. A., Siegel, J. T., & Hohman, Z. (2011). Groups can jeopardize your health: Identifying un-healthy groups to reduce self-uncertainty. *Self and Identity, 10*, 326-335.

Hornby, N. (1992). *Fever pitch*. London: Victor Gollancz.

Hugenberg, L. W., Haridakis, P. M., & Earnheardt, A. C. (Eds.). (2008). *Sportsmania: Essays on fandom and the media in the 21st century* (pp. 63-77). Jefferson, NC: McFarland.

Hundley, H. L., & Billings, A. C. (2010). *Views from the fairway: Media explorations of identity in golf*. Cresskill, NJ: Hampton Press.

Jackson, S. J. (2013). The contested terrain of sport diplomacy in a globalizing world. *International Area Studies Review, 16*, 274-284.

James, C. L. R. (1963). *Beyond a boundary*. London: Paul Hutchinson.

Kassing, J. W., & Anderson, R. L. (2014). Contradicting coach or grumbling to teammates: Exploring dissent expression in the coach-athlete relationship. *Communication and Sport, 2*, 172-185.

Lalonde, R. N. (1992). The dynamics of group differentiation in the face of defeat. *Personality and Social Psychology Bulletin, 18*, 336-342.

Lipsky, R. (1979). The athletization of politics: The political implication of sports and symbolism. *Journal of Sport and Social Issues, 28*, 28-38.

Longman, J. (2011). Badminton's new dress code is being criticized as sexist. *New York Times*. Retrieved June 22, 2016, from http://www.nytimes.com/2011/05/27/sports/badminton-dress-code-for-women-criticized-as-sexist.html?_r=0.

Love, J., & Walker, A. (2013). Football versus football: Effect of topic on /r/ realization in American and English fans. *Language and Speech, 56*, 443-460.

Meân. L. J., & Halone, K. K. (2010). Sport, language, and culture: Issues and intersections. *Journal of Language and Social Psychology, 29*, 253-260.

Messner, M. (2013). On men and masculinities. *Communication and Sport*, *1*, 113-124.

Morreale, M. (2010). Czech-Russia rivalry defines blood feud. *NHL. com*. Retrieved May 20, 2015, from http://www. nhl. com/ice/news. htm? id=517914.

O'Neill, J. (2008). *Netherland*. New York: Pantheon.

Orwell, G. (2000). *In front of your nose*, *1945-1950* (pp. 40-44). New York: Harcourt, Brace, & World.

Papachristos, A. (2009). Murder by structure: Dominance relations and the social structure of gang homicide. *American Journal of Sociology*, *115*, 74-128.

Reicher, S. D., Spears, R., & Postmes, T. (1995). A social identity model of deindividuation phenomena. *European Review of Social Psychology*, *6*, 161-198.

Robinson, J., & Clegg, J. (2015). Why FIFA can't get out of its own way. *Wall Street Journal*. Retrieved June 22, 2016, from http://www. wsj. com/articles/why-fifa-cantget-out-of-its-own-way-1432242986.

Rowe, D. (2004). Sport, *culture and the media*. Maidenhead, UK: Open University Press.

Rowe, D. (2012). Reflections on communication and sport: On nation and globalization. *Communication and Sport*, *1*, 18-29.

Serazio, M. (2013). The elementary forms of sports fandom: A Durkheimian exploration of team myths, kinship, and totemic rituals. *Communication and Sport*, *1*, 303-325.

Skoug, K. (2012). Interview. Retrieved May 21, 2015, from http://adst. org/2012/08/blood-on-ice/.

Stone, J., Lynch, C. I., Sjomeling, M., & Darley, J. M. (1999). Stereotype threat effects on black and white athletic performance. *Journal of Personality and Social Psychology*, *77*, 1213-1227.

Tajfel, H., & Turner, J. C. (1979). An integrative theory of intergroup conflict. In W. G. Austin & S. Worchel (Eds.), *The social psychology of intergroup relations* (pp. 33-47). Monterey, CA: Brooks-Cole.

Taylor, D. M., King, M., & Usborne, E. (2010). Towards theoretical diversity in intergroup communication. In H. Giles, S. A. Reid, & J. Harwood (Eds.), *The dynamics of intergroup communication* (pp. 263-276). New York: Peter Lang.

Turner, J. C., Hogg, M. A., Oakes, P. J., Reicher, S. D., & Wetherell, M. S. (1987). *Rediscovering the social group: A self-categorization theory*. Oxford, UK: Blackwell.

Van Vugt, M., & Hart, C. M. (2004). Social identity as social glue: The origins of group loyalty. *Journal of Personality and Social Psychology*, *86*, 585-598.

Walker, J. R. (2015). *Crack of the bat: A history of baseball on the radio*. Lincoln, NE: University of Nebraska Press.

Wann, D. L., & Branscombe, N. R. (1990). Die-hard and fair-weather fans: Effects of identification on BIRGing and CORFing tendencies. *Journal of Sport and Social Issues*, *14*, 103-117.

Wann, D. L., & Grieve, F. G. (2005). Biased evaluations of ingroup and outgroup spectator behavior at sporting events: The importance of team identification and threats to social identity. *Journal of Social Psychology*, *145*, 531-545.

Whannel, G. (2013). On mediatization and cultural analysis. *Communication and Sport*, *1*, 7-17.

第十章 体育作为人际传播

保罗·D. 图尔曼[①]

体育代表着一个复杂的、多层次的、普遍的机构,由运动员、教练员和家长/家庭共同努力为参与者塑造体验。当这些人有机会在体育运动中相互交流时,他们会受到各种力量的影响,这些力量不仅会影响他们的表现,还会影响他们对自己经历的反思。运动员与队友建立关系,这令他们能够竞争、解决冲突、表达自己,并建立凝聚力。教练员通过运用一系列强调人际传播的软技能对运动员施加影响,这些软技能是塑造团队目标、提供指导、提高运动技能以及在运动员面临挑战时与他们建立联系所必需的。最后,对于许多家庭来说,体育占据了休闲活动的很大一部分;对于拥有多名青年运动员的大家庭来说,体育在亲子互动和家庭休闲时扮演核心角色并不鲜见(纳斯鲍姆在下一章中进行了体育作为家庭传播的探索)。随着更多的家庭时间和资源被投入体育运动中,参与体育运动将为家庭传播提供更多机会。

本章旨在探讨人际传播在调节运动员、教练员和参加体育运动的家庭之间的关系中所起的作用。为了实现这一目标,本章分为三个主要部分。首先,本章讨论了人际传播理论与体育研究之间的联系,以评估教练员和运动员如何建构关系。虽然针对这种关系类型的具体人际传播的研究有限,但有许多有用的途径可以探索获得服从性的作用、教练员的沟通风格以及特定教练员信息对促进教练员-运动员互动的作用。其次,本章对家庭传播理论和研究进行探索,以解释体育在许多家庭重要的社会化过程中所起的作用。研究旨在更好地理解

[①] 美国内布拉斯加州大学系统校长。他在2000年获得美国内布拉斯加大学林肯分校博士学位。他的研究集中在体育与人际/教学关系的交叉领域。

家长压力和支持所发挥的作用,传播理论如何成为家长与孩子讨论体育运动的有用透镜,以及家长与教练员之间如何建构关系。最后本章简要讨论了未来研究的途径,这将有助于理解人际传播理论在改善体育参与方面的作用。特别是,本章还对扩大我们理解传播理论的领域进行了评估。

教练员传播与体育

教练员在构建运动员如何理解、表现和反思更广泛的体育社群方面发挥着有影响力的作用。一小群学者试图更清楚地了解教练员对运动员的传播影响,检查了诸如教练员的执教风格(Turman,2001,2003)、善辩性(Kassing & Infante,1999)以及攻击性和敌意(Sagar & Jowett,2012)等因素。这些研究的一个共有的主题是强调教练员与运动员之间的人际传播。尽管教练员处于权力地位,但这种互动本质上是高度人际化的。各级教练员具备劝导、说服运动员,建立亲密关系,甚至引发反思的能力,这只是人际传播观点中的一小部分,这些观点在涉及教练员和运动员的体育环境中具有重要意义。

服从性获取

对个体层面的说服性信息进行的研究表明,一个人说服他人以特定方式行事的成功尝试是基于对各种获得服从的技巧的有效利用(Marwell & Schmitt,1967)。马韦尔和施密特(Marwell & Schmitt,1967)在初步研究获得服从信息的有效性时,确定了 16 种技巧,然后将其归纳为 5 个获得服从的维度。他们的研究结果证明,当面临必须获得服从的情况时,个人会从 5 种策略中选择一种,包括:(a)奖励行为,要求使用积极的方法操纵环境,如预先给予或做出承诺;(b)惩罚行为,即个人通过发出具体威胁或厌恶刺激对他人的环境进行负面操纵;(c)利用自己的专长,这种专长可能是积极的,也可能是消极的,并表现为服从相关的已知回报或后果;(d)非个人承诺的激活,这些信息聚焦他人的自尊或发出道德呼吁以获得服从;(e)激发个人承诺,即试图通过关注亏欠或利他主义问题来说服他人。

从这种类型的服从维度的早期发展以来,学者们已经研究了服从的使用——在各种语境下获得,包括医生—病人(Parrott,Burgoon & Ross,1992)、主管—下属(Adams,Schlueter & Barge,1988)和教师—学生关系(Kearney & Plax,1987)。教练员—运动员关系也体现了许多与这些研究所考察的关系类型相同的权力取向。无论语境如何,个体都倾向于满足各种必须被满足的社会、个人和人际需求。舒茨(Schutz,1958)的基本人际关系取向将个人的人际需求分为3种连续类型。他认为,我们或多或少需要包容、控制和关爱。当这些需求得到满足时,个人情感就会增加,当这种情况发生时,它会为参与者创造更加令人满意的关系和环境。在体育环境中进行检查时,图尔曼和施罗特(Turman & Schrodt,2004)评估了运动员情绪与教练员行为之间的关系,发现亲社会行为之间存在正相关关系,反社会行为之间存在负相关关系。

教练员沟通风格

"积极教练联盟"(positive coaching alliance)代表着一项运动,它倡导教练员鼓励运动员将体育运动作为一种积极的性格培养体验来享受,并倡导一种以使用积极反馈能力为中心的教练员理念。这样做的目标是利用肯定性的话语,使得对运动员的大约75%的陈述都是肯定性表达。教练员利用惩罚措施来影响他们的运动员时,通常会给运动员带来压力;然而,人们发现,积极反馈和强化策略对运动员的最佳表现、满意度、乐趣和自尊有更大的影响。研究者在研究亲社会指导行为与运动员对体育运动满意度之间的关系时,也发现了类似的结果。韦斯和弗雷德里希(Weiss & Friedrichs,1986)观察到,使用奖励行为、提供社会支持和展示民主决策风格的教练员所带领的运动员满意度更高。

当将沟通风格(民主、培训与指导、社会支持和积极反馈)归纳为一种普遍的亲社会风格时,研究发现这种类型的行为与运动员积极获取体育知识的能力呈正相关(Turman & Schrodt,2004)。与教练员实施的亲社会行为相反,专制风格(例如,教练员实施的反社会或监护行为)与运动员对这项体育运动的影响呈负相关,这表明只依赖专制行为的教练员可能会发现他们的运动员对这项体育运动、他们的队友以及——也许最重要的是——他们的教练员表现出较少的欣赏。即使在解释成功的原因时,人们也发现,在中等水平至高水平的积极反馈下,专制的沟通方式实际上可能会提升运动员的状态,而单独使用专制行为可能会导致状态下降。这倾向于支持"传统"的坊间观念,即有效的指导本质上是一种"严厉的爱"(tough love)。换句话说,只要运动员知道他们的教练员考虑的是他们的最佳利益,并且能够偶尔传达某种形式的积极反馈以促进积极的人际关系,教练员就可以塑造专制风格。

教练信息

教练员与运动员之间的互动可以在各种语境中发生(例如非正式的教练会议、练习、中场休息等),这给教练员提供了一系列与运动员沟通的选择。教练员提供的表现反馈类型是任何人际交往过程的一个重要特征,据此教练员有机会以最适合其目标的方式对运动员的整体表现进行评估。正如积极教练行为可能证明的那样,教练员选择的反馈信息可以直接影响运动员对其运动体验的归因。例如,教练员在失利后将责任归咎于球队的明星运动员的决定,与教练员可能选择鼓励错过标志着赛季结束最后一投的球员的决定截然不同。教练员也可能把责任揽到自己身上,甚至通过赛前演讲来激发他们超出自己能力范围的表现,以此来提高挣扎中的球员的自尊。加尔迈尔(Gallmeier,1987)在整个赛季都在追踪一支职业冰球队,他指出,教练员依靠赛前演讲来"激励"(psych up)球员,尤其是在教练员全天都无法接触球员的情况下。研究发现,接触这些演讲的运动员自我效能感更高,胜算更大。

教练员选择的信息可以有力地预测运动员如何看待他们的运动经历,以及他们与教练员关系的性质。教练员在比赛中使用的信息也被发现会催生遗憾的感觉,因为运动员被要求反思可能或应该发生的事情。遗憾被定义为一种导致个体对其参与的事件做出判断的复杂情绪,他们有能力不仅对过去的经历感到遗憾,而且对未来事件的决策方式感到遗憾。例如,图尔曼(Turman,2005,2007)确定了教练员在与运动员互动时使用的 6 种遗憾信息。最主要的是问责遗憾,这代表着教练员需要对一个运动项目进行指责或表扬("如果我们在第 4 档时①就这么做,我们可能会赢得比赛")。个人表现遗憾信息有助于放大运动员在表现不佳/战绩不佳后感受到的潜在自我遗憾。集体失利遗憾所传达的信息表明运动员的表现与其队友或教练员的失望有潜在联系。社会意义遗憾源于教练员努力使比赛对运动员具有社会意义。教练员依靠减少遗憾来降低运动员在失利后感到的潜在遗憾,随着赛季临近尾声,许多教练员依靠遗憾信息来描述运动员未来因运动队失利而经历的遗憾("输掉这场比赛,你将带着它进入坟墓")。教练员选择怎样向运动员传达信息,不仅会对运动员回忆自己运动经历的方式产生心理层面的影响,还会塑造他们与运动员之间关系的性质。在家庭成员商讨体育在引导家庭互动模式方面所扮演的角色时,类似的人际互动机会也会出现。

---

① 指美式橄榄球比赛中进攻组在可能失去球权前的最后一次进攻机会。——译者注

家庭传播与体育

家庭传播学者将社会化定义为一个相互依存的学习过程,它使个人能够成功地适应他们所接触的系统(Miller,2009)。传统上,家庭社会化研究有两种基本方法,一种强调学习什么,另一种强调家庭成员的社会化过程本身是如何进行的(Ashforth,Sluss & Harrison,2007)。当这两种方法应用于体育运动中的社会化进程时,最强调的是对行为(即支持、压力等)的评估,以引导人们将运动行为视为一种有益的体验。虽然儿童和青少年的社会化进程发生在各种语境或社会环境(学校、组织和工作)中,但家庭是学习的主要场所之一。在这种语境下,家长作为儿童社会化的推动者,具有极大的影响力。

事实证明,体育在儿童的成长过程中发挥着重要作用。罗伯茨、特雷舍和霍尔(Roberts,Treasure & Hall,1994)指出:"在游戏、比赛和体育运动中,儿童接触到社会秩序和社会固有的价值观,并获得了培养理想社会行为的环境。"(p.631)体育社会化研究以家庭社会化模式(Mead,1934)为基础,认为学习应通过运动员接触体育运动(如实际开展体育运动、与其他运动员互动、遵守为体育运动制定的规则和程序),以及从他人(如榜样、同龄人、家长及教练员)那里得到的强化来进行。巴克斯特-琼斯和马弗利(Baxter-Jones & Maffulli,2003)认为,对体育运动有浓厚兴趣的家长更有可能让子女从小接触体育运动,并让体育运动成为家庭休闲时间的重要组成部分。随着更多的家庭时间和资源被用于体育运动,家长就有更多的机会提供反馈,以鼓励孩子参与体育运动并影响教练员的决策。尽管参与体育运动对家长和孩子都有好处,但参与体育运动会带来从兴奋到担忧的各种情绪,有关参与体育运动的直接和间接信息会促进或阻碍孩子参与体育运动(Kidman,McKenzie,& McKenzie,1999),产生压力(Hirschhorn & Loughead,2000),影响辍学率(Bergin & Haubusta,2004)。因此,研究试图考察家长向年轻运动员提供的反馈的具体类型,以评估强调家长提供的支持或压力的信息有什么影响。

家长支持

社会支持是许多人通过表达自我而寻求的一种益处(Derlega,Metts,Petronio & Margulis,1993),这些益处包括:(a)自尊支持,是指为帮助一个人感受到被爱、被重视和被接纳而提供的支持,即使这个人可能正处于困难时期;(b)信息支持,即提供指导、建议或信息,帮助一个人应对问题;(c)工具性支持,即为需要帮助的人提供有形支持;(d)激励性支持,以他人的鼓励为代表。赫希霍恩和拉夫海德(Hirschhorn & Loughead,2000)观察到,支持型家长(不干涉,注重努力而不是胜利)会利用更开放的传播方式,鼓励孩子按照自己的节奏发展。此外,霍伊勒和勒弗(Hoyle & Leff,1997)观察到,当反馈以积极的方式呈现时,家长支持与运动员对体育运动的喜爱程度以及对体育运动重要性的认知相关。那些表示自己获得了较高程度愉悦感的运动员,自尊心也较强。罗伯茨等人(Roberts et al.,1994)在评估鼓励参与体育运动的技巧时发现,家长最常强调的是实现目标,其次是指出孩子的个人进步或成长、尽力而为的重要性以及对努力工作和克服困难的奖励。这些研究结果还表明,儿童认为家长的参与在概念上有两种不同的类型,一种是家长对儿童参与活动的促进,另一种是家长对儿童参与活动的控制和强加的成绩标准。对某些运动员来说,家长的这种控制可以被视为一种适度的家长压力。

家长压力

尽管亲子体育互动可能带来积极的益处,但研究也表明,家长的影响可能产生有害的结果(Roberts et al.,1994)。在研究家长参与的负面影响时,持续关注成功和基于表现结果的信息会让孩子产生一种期望,即只有获胜才能满足他们。自我塑造是指家长本能地希望子女在各自的体育项目中取得成功。赫希霍恩和拉夫海德(Hirschhorn & Loughead,2000)发现,孩子可能会产生一种恐惧心理,认为他们在家长心目中的地位取决于他们在赛场上的表现,这种恐惧心理会产生长期影响,进而影响亲子关系。通常情况下,家长会试图通过自己的孩子来体验生活(即通过他人运动表现的成败来体验生活),认为孩子的成绩是家长的直接反映(Hirschhorn & Loughead,2000)。这种带有偏见的做法会给孩子造成压力,降低他们对体育运动本身的满意度。罗伯茨等人(Roberts et al.,1994)提出了一种类型化的消极家长态度,这种态度往往会遗传给子女,其中包括需要(a)超越对手;(b)向别人展示自己是最好的;(c)展示自己的优势;(d)完成他人无法完成的任务;(e)表现出对他人的支配力。怀特、卡武萨努、坦克和温盖特(White,Kavussanu,Tank & Wingate,2004)发现家长和孩子的体育取向(任务和社交)之间存在着很强的相关性。具体来说,其家长持有任务取向的年轻运动员更有可能以类似的方式看待体育运动(即努力就能在体育运动中取得成功)。那些自我取向较高的父母也更有可能让年轻运动员具有这种取向,从而对参与体育运动产生消极的假设(即成功是通过欺骗和外部因素取得的)。

对促进家长施压或支持的人际交流的研究强调了家长有必要将私下交流和公开信息相结合。现有的许多研究都强调了这种家长评论的有害性。例如,基德曼等人(Kidman et al.,1999)观察到,家长在体育比赛中发表的评论有35%是纠正孩子的表现、斥责不适当的表现或与教练员的建议相矛盾。图尔曼(Turman,2007)对年轻运动员的家长进行了采访,探讨了在私人家庭环境下有必要与孩子就其参与体育运动的性质进行交谈的因素。研究确定了4个突出的主题,首先是上场时间,其中包括家长通过从教练员的视角解释情况来面对孩子对上场时间的不满。其次,体育政治的重点是孩子的运动能力无法控制的因素以及教练的主观决策。偏袒和过度依赖明星运动员等问题导致家长需要与孩子谈论体育政治。再次,消极的教练员行为包括家长质疑教练员对其子女或运动队的客观性和道德行为。当遇到他们认为行为不当的教练员时,家长会利用私人家庭环境为孩子解释教练员的行为。最后,体育运动的竞争性包括家长认为体育运动因过分强调胜利而导致竞争过于激烈的情形。这些家长认为,获胜比学习体育运动更重要,盛气凌人的家长无意中打击了孩子参与体育运动的愿望。因此,家长表示有必要与孩子一起讨论这个话题,通过不再强调这种不恰当的行为来鼓励孩子继续参与。

家长—教练员互动

家长不仅要花费时间向子女提供反馈,而且家长和教练员在参与体育运动的目标(即发展技能与培养竞争环境)上也会发生冲突,这就要求家长和教练员必须协商好双方关系的界限。传播隐私管理(CPM)理论(Petronio,1994,2002)认为,共享私人信息并非易事,它受到两个因素的制约:边界结构和规则管理。传播边界结构确定了谁可以和谁不可以获取私人信息,而规则管理代表了对私人信息的监管,它调节着边界联系、边界所有权和边界渗透性(Petronio,2000)。佩特罗尼奥(Petronio)进一步描述了与传播边界相关的4个相互关联的维度,包括所有权、控制权、渗透性和级别。所有权代表个人披露或隐藏自己私人信息的权利,个人据此评估与披露私人信息相关的风险大小。控制权是指与谁共享私人信息。例如,与孩子教练员的联系可能会让一个人知道其他家长无法知晓的信息。对谁能接触私人信息做出选择,会影响一个人建构的传播边界的渗透性。自由交流会带来具有可渗透性的边界管理。最后,级别代表子系统中有权访问信息的个人(即助理教练员、运动员、运动队和家长)。

佩特罗尼奥(Petronio,2002)在描述传播隐私管理时指出:"监管过程从根本上说是沟通性的。因此,传播隐私管理将传播作为隐私披露的核心,因为它关注的是允许或拒绝获取被定义为隐私的信息之间的相互作用。"(p. 3)图尔曼、齐默尔曼和多别什(Turman, Zimmerman & Dobesh,2009)从这一理论视角出发,对家长与教练员之间的体育界限进行了研究,探讨了家长与孩子的教练员建立关系的技巧,以及建立这些关系的必要性。这些家长类型包括:(a)旁观者,他们与教练员保持最大限度的距离,但会有意识地努力确保教练员认识到他们的存在和支持程度;(b)热衷于向教练员提供见解或鼓励的人,他们利用这些机会展示自己对特定体育运动的了解程度,以此确立自己的地位或对教练员的决定施加影响;(c)狂热者,他们认为自己与教练员之间的界限是可以渗透的,他们愿意面对面或通过电话公开、直接地解决各种问题和探讨话题。

未来研究方向

迄今为止,人际传播研究主要侧重于在较为传统的关系类型中产生理论,以及将人际概念应用于家庭、教学和组织环境。这种探索的缺乏可能是由若干问题造成的。首先,人际关系和家庭研究仍被视为传播学研究的新领域,它们正在发展和扩大原有的理论基础,这一理论基础往往主要侧重于传统的人际关系/家庭结构。直到最近,研究者才开始超越这一理论基础,为同性夫妇、混合家庭或面对面互动的替代方式确定语境差异。传统研究的重点是研究人际交往和家庭交流的性质,而不是试图探索促进互动需求产生的语境因素,以及语境刺激对所形成的关系性质的影响。其次,与该分支学科的萌芽有关的是,将理论应用到包括围绕体育消费或参与而形成的关系的其他语境中,需要有一个理论基础。幸运的是,对于传播学和体育学学者来说,这一理论基础的形成现在提供了一个框架,人们可以据此开始确立体育在这些亲密关系中的重要作用。即使是最随意的读者也会接受这样的观点,即人际传播在体育运动的开展和进行中发挥着不可或缺的作用。本章试图将大家的注意力集中在3种主要关系类型上(即教练员—运动员、运动员—家长和教练员—家长),但肯定还有许多其他关系值得进一步研究,并包含有意义的人际关系。例如,关于在小团队运动中帮助运动员之间建立凝聚力的因素就有大量研究可做;然而,这些研究往往从心理学的角度,更广泛地关注这种互动的任务和社会特征。值得队友们探讨的问题包括:这些关系是如何形成的？哪些因素会影响这些关系的形成？同样值得研究的是,教练员在帮助鼓励队友之间建立牢固纽带方面所起的作用,以及在寻求向运动员灌输更高水平的竞争意识的同时,促进这些关系是否符合教练员的最佳利益。

从理论角度来看,许多人际关系理论都为研究提供了机会,可以帮助强化主要理论基础的原则。例如,伯格和卡拉布雷斯(Berger & Calabrese, 1975)的不确定性减少理论(uncertainty reduction theory)是一个基础性的人际关系理论,在过去30年中受到了广泛关注。通过体育运动形成的人际关系为减少围绕教练员决定、家长动机或冲突的不确定性提供了机会,这些不确定性可能会随着参与者参与体育运动的动机(不惜一切代价赢得比赛与从比赛中获得基本乐趣)而出现。例如,传播隐私管理理论的基础就建立在这一辩证框架之上(Baxter & Montgomery, 1996),该理论认为个人之间会出现紧张关系,因此有必要改变他们之间的关系。一个核心矛盾在于信息公开与传递之间存在张力(即开放性与封闭性)。教练员需要权衡家长希望获知球员上场时间决策的诉求,同时维系与家长的必要关系(即自主性与关联性)。教练员对运动员的权力以及与家长保持界限的能力往往取决于其隐瞒信息和避免引发不确定性的能力。最令人感兴趣的是,我们是否可以通过将人际关系基本理论应用于体育运动等语境的方式来进一步加深对这些理论的理解,从而迫使人们重新考虑这些理论在不同语境下的适用性。

梅拉比安(Mehrabian, 1969)从另一个理论角度出发,在评估影响人际传播的语言和非语言行为时,将即时行为建立在接近-回避理论(approach-avoidance theory)的基础上,认为即时行为代表着缩小心理和生理距离的行为。其核心前提是,个人会被自己喜欢的人吸引并愿意接近他们,而回避自己不喜欢的人。安德森(Andersen, 1979)将非言语即时行为描述为"当一个人保持较近的身体距离时所进行的传播行为"(p. 545),包括诸如接触他人、使用手势和眼神交流、互动时间长度、随意的着装和放松的身体姿势等。言语直接性水平高的人的行为表明他们对沟通持开放态度,或使用的词语包括发送者和接收者(如我们、我们的)。相反,把重点放在单个的发送者或接收者(如我、你、他们)上,往往会产生低水平的直接性,并表现出更多的回避特质。在课堂环境中的研究表明,教师亲近行为中的身体接触会因物理界限对学生产生负面影响。虽然许多教练员出于其所扮演的教学角色,可能会履行与教师类似的职能,但如果认为这方面的研究很容易转化为教练员与运动员之间关系的研究,则可能是错误的。教练员经常与运动员发生身体接触。在某些情况下,这种行为可以被解释为相互肯定,但在另一些情况下,这种行为反映了教练员的侵犯行为,模糊了适当行为的界限。如果将非言语直接行为作为教练员与运动员人际互动的一个特征来研究,我们对它的理解可能会进一步扩展,因为我们试图更好地理解这些语境中的区别。

还有一系列研究机会可以将家庭传播结构应用于围绕体育的社会化进程。由于与家长压力和支持有关,先前关于话题回避的研究发现,家长之间的开放性与关系满意度和团结直接相关(Bochner,1982;Crohan,1992);评估有助于激发运动员继续参与体育运动的内在动力的其他因素似乎很有价值。关于这些体育话题的亲子互动如何影响运动员的满意度以及运动员与教练员之间的关系?家长是否应该避免与孩子谈论某些话题?孩子们会确定哪些话题,并向家长透露哪些有关体育的话题?这些问题都可以通过从传播学的视角研究家长与子女之间有关体育的话题来找到答案。

同样,很难估计运动员如何看待他们与家长在体育运动方面的互动。家长与子女在私人环境中发生的互动(包括隐性互动和显性互动)为了解体育社会化进程的真实本质提供了宝贵的视角。随着体育与家庭继续以有意义的方式交织在一起,传播学者有机会运用传播学的视角,帮助家庭解决体育运动中的互动问题和有关体育运动的互动问题。我们可以从沟通(或缺乏沟通)在造成体育家庭可能经历的紧张关系中所扮演的角色方面学到很多东西。此外,对体育运动在家庭中的作用进行研究,有可能为家庭研究提供更好的信息。体育作为家庭内部冲突、紧张、凝聚力、联结、话题和/或忠诚的来源,可以作为一个重要的变量,反映当今社会许多家庭的结构。在方法上,可以采用深入访谈法或开放式调查的方式,要求运动员和教练员反思特定的谈话话题,并描述家长在这些话题出现时是如何处理的。评估教练员对父母关系的看法也很有意义。未来的研究者似乎有必要对运动员、家长和教练员进行综合访谈。这样做将提供一个机会,以确定如何将各种视角结合起来,最好地反映运动体验的这些方面。

通过继续研究体育运动是如何开展的,我们不仅有机会评估影响运动员成绩的因素,还能更好地理解传播是如何在体育社群中中介化运动员体验的。具体而言,我们应该鼓励人际传播学者扩大传统关系和跨家庭传播的范围。这样做跨越了人的一生,使人们有机会更好地了解体育竞赛是如何超越赛场,延伸到我们的许多日常活动和事件中的。

Adams, C. H. , Schlueter, D. W. , & Barge, J. K. (1988). Communication and motivation within the superior-subordinate dyad: Testing the conventional wisdom of volunteer management. *Journal of Applied Communication*, *16*(2), 69-81.

Andersen, J. F. (1979). Teacher immediacy: A predictor of teaching effectiveness. In D. Nimmo (Ed.), *Communication Yearbook 3* (pp. 543-559). New Brunswick, NJ: Transaction.

Ashforth, B. E. , Sluss, D. M. , & Harrison, S. H. (2007). Socialization in organizational contexts. In G. P. Hodgkinson & J. K. Ford (Eds.), *International review of industrial and organizational psychology* (Vol. 22, pp. 1-70). Chichester: Wiley.

Baxter, L. A. , & Montgomery, B. M. (1996). *Relating: Dialogue and dialectics.* New York: Guilford Press.

Baxter-Jones, A. D. , & Maffulli, N. (2003). Parental influence on sport participation in elite young athletes. *Journal of Sports Medicine and Physical Fitness*, *43*(2), 250-255.

Berger, C. R. , & Calabrese, R. J. (1975). Some exploration in initial interaction and beyond: Toward a developmental theory of communication. *Human Communication Research*, *1*(2), 99-112.

Bergin, D. A. , & Haubusta, S. F. (2004). Goal orientations of young male ice hockey players and their parents. *Journal of Genetic Psychology*, *165*(4), 383-399.

Bochner, A. P. (1982). On the efficacy of openness in close relationships. In M. Burgoon (Ed.), *Communication Yearbook 6* (pp. 109-123). Beverly Hills, CA: Sage.

Crohan, S. E. (1992). Marital happiness and spousal consensus on beliefs and marital conflict: A longitudinal investigation. *Journal of Social and Personal Relationships*, *9*(1), 89-102.

Derlega, V. J. , Metts, S. , Petronio, S. , & Margulis, S. T. (1993). *Self-disclosure.* Newbury Park, CA: Sage Publications.

Gallmeier, C. P. (1987). Putting on the game face: The staging of emotions in professional hockey. *Sociology of Sport Journal*, *4*(4), 347-362.

Hirschhorn, K. H. , & Loughead, T. O. (2000). Parental impact on youth participation in sport: The physical educator's role. *Journal of Physical Education, Recreation & Dance*, *71*(9), 26-29.

Hoyle, R. H. , & Leff, S. S. (1997). The role of parental involvement in youth sport participation and performance. *Adolescence*, *32*(125), 233-245.

Kassing, J. W. , & Infante, D. A. (1999). Aggressive communication in the coach-athlete relationship. *Communication Research Reports*, *16*, 110-120.

Kearney, P. , & Plax, T. G. (1987). Situational and individual determinants of teachers' reported use of behavior alteration techniques. *Human Communication Research*, *14*(2), 145-166.

Kidman, L., McKenzie, A., & McKenzie, B. (1999). The nature and target of parents' comments during youth sport competition. *Journal of Sport Behavior*, 22(1), 54-68.

Marwell, G., & Schmitt, D. R. (1967). Dimensions of compliance-gaining behavior: An empirical analysis. *Sociometry*, 30, 350-364.

Mead, G. H. (1934). *Mind, self and society*. Chicago, IL: University of Chicago Press.

Mehrabian, A. (1969). Attitudes inferred from non-immediacy of verbal communication. *Journal of Verbal Learning and Verbal Behavior*, 6(2), 294-295.

Miller, K. (2009). *Organizational communication: Approaches and processes* (5th ed.). Belmont, CA: Wadsworth, Cengage Learning.

Parrott, R., Burgoon, M., & Ross, C. (1992). Parents and pediatricians talk: Compliance gaining strategies' use during well-child exams. *Health Communication*, 4(1), 57-66.

Petronio, S. (1994). Privacy binds in family interactions: The case of parental privacy invasion. In W. R. Cupach & B. H. Spitzberg (Eds.), *The dark side of interpersonal communication* (pp. 241-257). New York: Wiley & Sons.

Petronio, S. (2000). The boundaries of privacy: Praxis of everyday life. In S. Petronio (Ed.), *Balancing the secrets of private disclosures* (pp. 37-49). Mahwah, NJ: Erlbaum.

Petronio, S. (2002). *Boundaries of privacy: Dialectics of disclosure*. New York: State University of New York Press.

Roberts, G. C., Treasure, D. C., & Hall, H. K. (1994). Parental goal orientations and beliefs about the competitive sports experience of their child. *Journal of Social Psychology*, 24, 631-645.

Sagar, S. S., & Jowett, S. (2012). Communicative acts in coach-athlete interaction: When losing competitions and when making mistakes in training. *Western Journal of Communication*, 76(2), 148-174.

Schutz, W. (1958). *FIRO: Fundamental interpersonal relations orientation*. New York: Holt, Rinehart & Winston.

Turman, P. (2001). Situational coaching styles: The impact of success and "athlete maturity" level on coach's leadership styles over time. *Small Group Research*, 32(5), 572-590.

Turman, P. (2003). Athletic coaching from an instructional communication perspective: The influence of coach experience on high school wrestlers' preferences and perceptions of coaching behaviors across a season. *Communication Education*, 52(2), 73-86.

Turman, P. (2005). Coaches' use of anticipatory and counterfactual regret messages during competition. *Journal of Applied Communication Research*, 33(2), 116-138.

Turman, P. (2007). Parental sport involvement: Parental influence to encourage young athlete continued sport participation. *Journal of Family Communication*, 7(3), 151-175.

Turman, P., & Schrodt, P. (2004). New avenues for instructional communication research: Relationships among coaches' leadership behaviors and athletes' affective learning. *Communication Research Reports*, 21(2), 130-143.

Turman, P., Zimmerman, A., & Dobesh, B. (2009). Parent-talk and sport participation: Interaction between parents, children, and coaches regarding level of play in sports. In T. Socha & G. Stamp (Eds.), *Interfacing outside of home: Parents and children communicating with society* (pp. 171-188). Mahwah, NJ: Lawrence Erlbaum.

Weiss, M. R., & Friedrichs, W. D. (1986). The influence of leader behavior, coach attributes, and institutional variables on performance and satisfaction of collegiate basketball teams. *Journal of Sport Psychology*, 8(4), 332-346.

White, S. A., Kavussanu. M., Tank, K. M., & Wingate, J. M. (2004). Perceived parental beliefs about the causes of success in sport: Relationship to athletes' achievement goals and personal beliefs. *Scandinavian Journal of Medicine & Science in Sports*, 14(1), 57-68.

第十一章　体育作为家庭传播

乔恩·F.纳斯鲍姆①　安柏·K.沃兴顿②

我(乔恩)出生在一个痴迷体育的家庭,一个痴迷体育的城市(匹兹堡),一个痴迷体育的国家。20世纪50年代初,我的父亲在约翰·霍普金斯大学打美式橄榄球;我的母亲支持所有可以想象到的有组织或无组织的体育相关活动,使整个家庭能够参与体育运动,我们不必担心吃不饱饭、没有干净的校服或者迟到。我的所有兄弟在大学期间都参加了多个体育项目,直到五六十岁时仍在继续。我的一个哥哥和他儿子是职业体育协会的律师;我姐姐高中时是啦啦队队长,支持着她的女儿在大学成功地从事冰球运动;我所有的孩子、侄子和侄女都是积极的体育爱好者。

我(安柏)也在一个痴迷体育的家庭,在另一个痴迷体育的城市(巴尔的摩)长大。我父亲高中时打过棒球和篮球,我母亲是一名实力强劲的游泳运动员。父母在我和我兄弟的成长过程中都支持和指导我们参加各种体育运动,包括棒球、篮球、足球、长曲棍球、游泳、高尔夫球、田径和越野赛。我的表兄弟姊妹也都参加了同样多的竞技体育项目,有的在大学阶段还继续参加,有的从事的职业就是体育管理。家里的其他成员,包括我的姑姑、叔叔和祖母也都痴迷于体育运动,他们特别喜欢巴尔的摩乌鸦队(Baltimore Ravens)这支美式橄榄球队。我的一个叔叔自1996年乌鸦队首次亮相以来,从未缺席过一场主场比赛;

---

① 美国宾夕法尼亚州立大学传播艺术与科学、人类发展与家庭研究教授。他在1981年于美国普渡大学获得博士学位。他的研究方向是生命传播、健康传播和家庭传播。2016年,他获得美国全国传播学会杰出学者奖。
② 美国阿拉斯加大学安克雷奇分校传播学系副教授。她的研究兴趣是生命/家庭传播、健康传播和信息设计。

另一个叔叔则懊恼地只缺席过一场。我们两个家族的核心身份都是以体育为基础的。

虽然关于体育和体育对我们日常生活影响的学术文献——从个人角度到最宏观的文化角度——在过去几十年里成倍增多（Billings, Butterworth, & Turman, 2015），但体育作为家庭传播并没有成为学术界关注的焦点。传播学者和心理学家犯了同样的错误，直到最近才开始关注诸如情感等问题。本章重点讨论体育作为家庭传播的概念。

勒布瓦赫（LePoire, 2006）提供了一个极具包容性和进步性的家庭定义，其中包含了家庭在生物学、法学和社会学方面的基础，而这些基础已经进入了我们的公民讨论。对于勒布瓦赫（LePoire, 2006）来说，家庭的成员资格是由亲缘关系（家庭的非自愿性质，包括生物和法律上的各种形式的联系）、养育（鼓励家庭发展的行为）和控制（在整个生命周期中试图施加的影响）决定的。从家庭的这一基本定义出发，勒布瓦赫（LePoire, 2006）提供了家庭传播的以下定义："信息通常是有意发出的，通常被认为是有意的，并且在有血缘关系、法律关系或通过类似婚姻的承诺相互培养和控制的个人之间具有一致的共同意义。"（p.16）

家庭传播塑造并强化了我们在家庭中扮演的角色、我们在家庭中共享的亲密关系、我们在家庭中构建的生活期望、我们在家庭中参与的冲突管理，以及我们在一生中对家庭的支持和义务。秋（Choo, 2014）最近发现，家庭参与体育活动的程度对家庭复原力和促进传播都有积极影响。本章以上述家庭和家庭传播的定义为基础，介绍了体育作为家庭传播的三个特点。第一，我们通过探讨体育所发挥的重要作用，以及家庭的本质是以我们参与体育活动为基础的这一共同的感受和理解，来讨论体育作为家庭认同的问题。第二，我们回顾了作为代际交流的体育，特别强调了亲子互动。第三，我们将体育作为一种生成能力，从生命发展的角度来支持和培养体育传统在家庭中的延续。

作为家庭认同的体育

认同，作为对自我的研究，在有记载的大部分历史中一直是诗歌和学术讨论的重要话题。詹姆斯（James, 1891）和米德（Mead, 1913）被称为"现代"学者，是他们最先开始从科学角度探讨个人认同的概念。纵观 20 世纪，心理学、社会学、人类学和经济学等领域中出现的绝大多数人文和社会科学学术研究都集中在个人认同的本质和结果上。布鲁梅特和依沙克（Brummett & Ishak, 2014）提出:"体育作为一种文化实践,成为创造和管理认同的象征性成分的场所。"(p.xiv)此外,他们编辑的论文集《体育与认同:传播的新议程》(*Sports and Identity: New Agendas in Communication*)考虑了城镇、国家、性别和种族的集体认同。

符号互动主义(symbolic interactionism)(Blumer,1969)强调与他人的社会互动以及通过这种互动形成的认知是一个人产生认同的关键和根本原因。因此,认同是我们所处的互动世界的一个功能。赫希特(Hecht,1993)扩展了这一观点,将"群体间视角"(Tajfel & Turner,1979;Giles & Stohl,本书第九章)、传播调适理论(Giles & Soliz,2015)以及他自己对东方哲学的解读等理论概念融入其中,发展出认同的传播理论,规定身份认同不能与传播分离。此外,赫希特(Hecht,2015)将认同概念划分出四个层次:个人认同、关系认同、实践认同和公共认同。这些层次是人们同时经历的,并且会随着时间的推移而变化,因此,"我们的认同在任何时刻都是多层次的,甚至可能由所有的这些层次组成"(Hecht,2015,p.178)。家庭认同就存在于这些层次之中。家庭认同的构建以及家庭认同如何发挥作用,都基于我们在家庭定义内外的互动网络。

体育可以在构建和维护家庭认同方面发挥重要作用。一些"著名"的体育家庭就是这种动态的例证。美式橄榄球领域的曼宁家族作为一个体育家庭而闻名遐迩、备受尊敬。父亲埃利沙·阿奇博尔德·"阿奇"·曼宁(Elisha Archibald 'Archie' Manning)是全美大学和NFL名人堂的职业运动员。他的两个儿子佩顿·曼宁(Peyton Manning)和艾利·曼宁(Eli Manning)是大学生全美冠军和职业碗(Pro Bowl)的四分卫。佩顿和艾利的外祖母曾是密西西比州的州际女子篮球运动员。库珀·曼宁(Cooper Manning)是阿奇·曼宁的第三个儿子,他在高中时就是一名出色的美式橄榄球运动员,曾因伤病结束了职业生涯,但在个人表演或电视广告中,他与更出名的父亲和兄弟们同台竞技。

另一个例子是拥有NFL匹兹堡钢人队(Pittsburgh Steelers)特许经营权的鲁尼家族。阿瑟·"阿特"·鲁尼(Arthur 'Art' Rooney)是一名出色的高中、大学运动员,曾获得奥运会(美国)拳击队队员的资格。20世纪30年代,鲁尼在萨拉托加(Saratoga)赌马赢了一大笔钱,并利用这笔奖金成立了匹兹堡钢人美式橄榄球俱乐部。20世纪70年代,在他的儿子丹·鲁尼(Dan Rooney)和阿特·鲁尼二世(Art Rooney II)分别担任球队主席和总裁之前,他一直担任球队的老板和管理者。曼宁家族和鲁尼家族都是体育界的偶像。

伊尔塞家族在家族体育运动方面的声誉并不是一成不变的。罗伯特·伊尔塞(Robert Irsay)于1972年收购了NFL巴尔的摩小马队(Baltimore Colts)的特许经营权。在巴尔的摩小马队全盛时期,我(安柏)的父亲在巴尔的摩长大,家里人与尤尼塔斯一家是亲密的朋友——我父亲甚至还记得与约翰尼·尤尼塔斯(Johnny Unitas)在后院打美式橄榄球的情景。1984年,罗伯特在凌晨时分将球队迁往印第安纳波利斯。大多数巴尔的摩小马队的球迷,包括我父亲和他的家人,都不知道这次搬迁计划,直到今天还因为球队、球队历史、"小马队"的名字和所有纪念品被"偷走"(theft)而愤愤不平。巴尔的摩小马队是我家体育认同的重要组成部分,我们至今还在圣诞树上挂着巴尔的摩小马队的装饰品。1995年,罗伯特中风去世,他的儿子、南卫理公会大学美式橄榄球运动员吉姆·伊尔塞(Jim Irsay)成为印第安纳波利斯小马队(Indianapolis Colts)的主要所有者兼首席执行官。与阿特·鲁尼二世和丹·鲁尼不同的是,吉姆的生活更加公开化,有时甚至具有个人破坏性(Rosenthal,2014)。

上文简要提及的家族都通过参与体育事业而名利双收,获得了认同(包括个人认同和家族认同),但其中一个家族也因此背上骂名。在本章开头,我们介绍了我们的家族如何与体育保持联系。虽然很难收集到准确有效的数据,但在美国和全世界技术先进的国家中,绝大多数家庭都曾在某个阶段与体育有着重要的联系,这并不是没有道理的。美国全国公共广播电台(NPR)、罗伯特·伍德·约翰逊基金会(Robert Wood Johnson Foundation)和哈佛大学陈氏公共卫生学院(Harvard T. H. Chan School of Public Health)2015年联合发布的一份研究报告发现,在随机抽取的具有代表性的成人样本(2506名18岁及以上的受访者)中,76%的人高度重视子女参加体育运动(Blendon et al.,2015)。家长们表示,参加体育运动对子女有以下帮助:(a)保持身心健康;(b)让他们有事可做;(c)教会他们奉献精神和纪律性;(d)有益于他们的社交生活。接受调查的家长还表示,他们的孩子参加的体育运动种类繁多,其中棒球、足球和篮球的参与率最高。此外,家长们还报告说,他们自己和孩子都对体育这种休闲活动持非常积极的态度。值得注意的是,家庭收入与参与体育运动或任何高强度、中等强度的体育运动呈正相关。换句话说,随着家庭收入从每年7.5万美元或以上降至每年2.5万美元或以下,自我报告的体育运动以及任何高强度或中等强度锻炼的参与率从64%降至40%。收入越高的家庭,越有可能在家庭结构中接受体育运动。

家长有责任为子女报名参加有组织的娱乐活动。他们可以参加全国联赛、由校区赞助的正式球队、与公共或教会有关的联赛、体育训练营以及更专业的美国业余体育联合会(AAU)球队。此外,家长还提供交通、经济支持、管理/训练、膳食、洗衣服务以及其他方面的许多支持服务,以帮助子女参加比赛。供养孩子从中学直至大学毕业,一个家庭可能会在与体育有关的活动上花费大量的时间、精力和财力。这些家庭会不由自主地将自己视为一个体育家庭,因为他们的体育认同在很大程度上构建了他们作为一个家庭的认同。要充分了解家庭的动态,就必须考虑家庭个体成员参与体育运动的重大影响。

"足球妈妈"(soccer mom)这个标签最早流行于1996年的共和党全国代表大会。在共和党人的心目中,这个词旨在确定一个庞大而重要的投票群体,他们应该把票投给共和党候选人,因为他们认为,克林顿政府的"非家庭友好"(non-family-friendly)政策给那些接送孩子参加足球比赛和训练的生活在郊区的母亲带来了负担。"足球妈妈"的标签既可以是正面标签(关心并参与子女体育活动的母亲),也可以是负面标签(经济能力普遍较高的白人母亲,除了整天在郊区开着昂贵的SUV或面包车接送孩子之外,没有其他更好的事情可做)。无论是哪种情况,这个标签都标志着一种家庭认同,是我们社会中家庭与体育之间存在联系的极好例证。"足球妈妈"的原型之所以能引起共鸣,至少部分原因是大多数人都能从美国社会的人口统计学角度对其进行认知设想。

作为代际交流的体育

我们的父母很可能是最早介绍我们参加体育运动的人。如上所述,相较于贫困家庭,中产阶级家庭的情况更是如此。因此,对我们中的许多人来说,最初参与体育运动以及家人谈论我们最喜欢的运动队的情景将贯穿我们的一生(Nussbaum,1981)。当我们还是孩子的时候,父母就为我们报名参加体育运动,开车送我们去训练场或球场,经常担任我们所在球队的教练员,为我们提供合适的食物,使我们有精力参加比赛,并尽最大努力支持我们经历胜负和伤病带来的高低起伏。在往返体育赛事的路上以及体育活动前后的用餐时间,家长和孩子都有机会交谈。这种以体育为语境的谈话有助于确定和构建个人的自我意识,以及我们是谁和我们作为一个家庭的意识。有时,体育话题是家庭中唯一可以自在交流或互动的话题(稍后详述)。

此外,媒体强化了我们将体育视为家庭和代际联结的观念。例如,比利·克里斯托(Billy Crystal)在《城市猎人》(*City Slickers*,1991)、罗伯特·雷德福(Robert Redford)在《天赋》(*The Natural*,1984)和凯文·科斯特纳(Kevin Costner)在《梦境》(*Field of Dreams*,1989)中塑造的成年子女形象,都精彩地描绘了父亲和孩子之间基于体育的紧密联系。在这些脍炙人口的电影中,主人公与父亲之间强烈的情感纽带都与第一次去扬基体育场(Yankee Stadium)、希望父亲还活着看到儿子成功成为 MLB 球员或与父亲最后一次"接球"(catch)有关。对体育运动的热爱代代相传,我们在体育运动中扮演的角色也是如此。作为孩子参与体育运动的支持者,我们的家长和作为家长的我们在这一过程中的对话是每个家庭动态的关键因素。

我们童年时期参加体育运动的经历,是我们的父母既能控制家庭又能培育家庭的一个语境。我们认为,在我们生命中短暂的一段时间里,参与体育运动期间的亲子互动可能是家庭传播最重要的语境。事实上,比林斯、巴特沃斯和图尔曼(Billings, Butterworth & Turman, 2015)对体育语境中童年时期的亲子互动展开了精彩的扩展讨论,现在我们来强调一下这种互动的几个重要发现和结果。

如果父母是孩子的教练,或积极参与孩子的体育活动,那么,他们就很容易与孩子建立积极的社交关系,并为孩子提供支持或安慰。父母可以以身作则,向子女传授团队合作和应对逆境的宝贵经验。体育语境也是一个绝佳的语境,孩子和家长可以在其中与队友及其父母建立和维系友谊(Billings et al., 2015)。罗伯茨、特雷舍和霍尔(Roberts, Treasure & Hall, 1994)指出,在与子女互动时,父母可以强调设定和实现目标的积极理念、子女努力实现这些目标的重要性、子女克服他们在尝试实现目标时所面临的困难的价值,以及子女在实现目标后所获得的回报。"当反馈被以积极的方式提供时,运动员感受到的支持可以增加他们的乐趣,让他们感知体育运动的重要性、更多地参与一系列体育运动以及提升总体自尊。"(Billings et al., 2015, p.222)孩子们往往用整个夏天来参加比赛和训练营,然后组织团队聚会,庆祝团队经历。孩子们可以看到并学习自己的家庭如何以愉快的方式与其他家庭互动。我们还想提一下祖父母在体育语境中可以发挥的重要作用,因为人们的寿命延长了,一个人可以在 80 多岁甚至年岁更大的时候保持身心健康。

家庭参与体育运动的经历也有阴暗的一面。人们只需要关注媒体对过度热心的父母虐待子女以试图得到积极的体育运动结果的大量报道(Bien-Aimé, Hardin, & Whiteside,本书第十四章),便能明白。家长向子女传达的信息可能过于关注获胜这一结果(唯一可接受的结果),这反过来又会给子女带来不可能实现的期望。图尔曼(Turman, 2007)调查了家长在与子女互动时,就子女参与体育运动的性质所报告的主题,结果发现了四个主题:(a)比赛时间;(b)体育政治;(c)教练的消极行为;(d)体育竞争力。每个主题中都存在积极鼓励和支持的机会。然而,批评缺少上场时间、批评别人的孩子受到青睐的"事实"、批评教练员的不当行为,以及批评某项运动的竞争性正在消除所有的乐趣,都可能将积极的体验变成消极的体验。当涉及如此多的情感时,体育语境中合格的亲子互动可能是复杂而困难的。

从我们的童年直至大学期间,父母总是出席我们的每一场运动会。他们是非常积极的支持者,总是在看台上和场边——他们并不孤单。布罗姆和德雷恩(Blom & Drane,2009)调查了家长在看台上向子女提供的反馈意见,发现大多数意见(51%)是积极的,32%的意见是消极的,16%的意见是中性的。然而,这些信息有时会互相矛盾,孩子很难解读和理解。一位家长可能在夸奖某位球员的某种行为,另一位家长却在责骂另一位球员或同一位球员,因为教练员在示意要进行比赛或吸取教训。布罗姆和德雷恩(Blom & Drane,2009)强调,边线上的"吆喝"是混乱的、令人困惑的,会让儿童运动员格外分心。我们并不擅长将自己父母的声音与其他许多父母的声音区分开来,我们在场上比赛时,经常会不知道发生了什么。不难想象,孩子们在比赛中会被家长的交流行为弄得一头雾水,尴尬不已。

在体育语境中,亲子互动的另一个重要因素是性别差异(Meân,本书第六章)。"传播学研究认为,儿童在成长过程中,通过参与各种按性别划分的游戏和体育运动,往往会体验被社会化为男性化或女性化的传播文化。"(Billings et al.,p.228)《1972年教育修正案》第九条是20世纪70年代初制定的一项联邦法律,它将性别平等定为法律。虽然这项法案给体育界带来了深刻的变化,但这些变化并没有消除体育运动参与中的性别偏见、某项体育运动相对于其他体育运动的重要性,也没有消除母亲和父亲在体育运动中在女儿和儿子面前所扮演的角色。不过,在如何看待和对待体育运动中的女儿和儿子方面,家长和社会似乎发生了重大变化,或至少呈现出一种变化趋势,减少了一些传统的性别角色偏见。然而,哈迪、凯利、查普曼、金和费雷尔(Hardy, Kelly, Chapman, King & Farrell,2010)发现,女孩在参与体育运动方面仍然没有得到与男孩同等程度的支持。

作为生成能力的体育

父母在家庭中的一个重要功能是为婴幼儿提供早期社会化经验(Vangelisti,

2013)。此外,"大多数人都是通过观察和与家庭成员互动来学习如何交流的,也许更重要的是,他们是在哪里学习如何思考交流的"(Vangelisti,2013,p.1)。纳斯鲍姆、佩齐奥尼、罗宾逊和汤普森(Nussbaum,Pecchioni,Robinson & Thompson,2000)将家庭中的社会化和交流的重要性这一概念延伸至整个生命周期。当家庭成员应对老龄化带来的各种挑战时,家庭的作用和家庭内部的互动就变得越来越重要。当我们成为父母和祖父母时,我们试图确保我们的子女和孙辈成为对社会有积极贡献的人。

生成能力(generativity)是埃里克森(Erikson,1950)首次讨论的一个概念,它捕捉到了成年人随着年龄增长而形成的一种增进后代福祉和改善他们所生活的世界的意愿。威廉姆斯和纳斯鲍姆(Williams & Nussbaum,2001)将生成能力置于家庭代际传播的语境中,认为随着步入中年,父母和祖父母会更加关注自己作为积极"教师"的角色,将过上"美好生活"(good life)所需的智慧传授给子孙。这种生成能力传播通常以家庭生活叙事的形式出现(McAdams,2011)。具体来说,"具有高度生成能力的成年人倾向于构建以救赎为特色的生活故事,在故事中,主人公从痛苦中解脱出来,获得更高的地位或更好的状态"(McAdams,2011,p.599)。

纳斯鲍姆(Nussbaum,1981)对家人和朋友在老年人管理老龄化过程中所扮演的角色很感兴趣。他对生活在3种环境(独立生活在家中、独立生活在退休社区中、精神/认知健康的人生活在按年龄区隔的养老院中)中的65至91岁的老年人进行了访谈,了解他们的交流行为和生活满意度。作为某项规模更大的调查的一部分,研究还收集了这些老年人与家人和朋友交谈的话题。家庭活动和健康等话题是被提及最多的话题,这并不令人惊讶。然而,有一个令人惊讶的话题,即体育,也是生活在这3种环境中的老年人经常提及的。值得注意的是,这些访谈是在印第安纳州中部的西拉法耶特/拉法耶特地区(West Lafayette/Lafayette area of Central Indiana)进行的。虽然芝加哥和圣路易斯的球队的比赛在当地电台和电视台播出,但当时印第安纳州境内没有职业运动队。普渡大学篮球队、美式橄榄球队,当地的高中球队,以及孙辈的体育活动经常被作为这些体育话题的具体内容而提及。

纳斯鲍姆和贝蒂尼(Nussbaum & Bettini,1984)通过记录感恩节周末祖父母与孙辈之间的真实故事,扩展了对家庭互动叙事内容的研究。祖父母和孙辈被要求记录一个具有"生命意义"的重要的家庭故事。结果显示,祖父母经常利用体育叙事来表达生命的意义。这些故事讲述了如何克服困难、努力工作以及团队合作的重要性,所有这些都通向了成功。值得注意的是,鉴于这些祖父母中的绝大多数人曾在第二次世界大战期间服役,因此,许多故事中也有大量的工作/军事内容。祖母们最常讲述的故事是在个人生活出现危机时家庭的重要性。所传递的信息主要是,当其他人都不再愿意或无法提供帮助时,家人总会在身边。

祖父母讲给孙辈的故事内容中存在的性别差异反映了这些故事发生的年代。30年后,这种性别差异很可能消失(Meân,本书第六章)。在我们撰写本章时,美国国家女子足球队刚刚赢得了2015年国际足联女子世界杯。来自媒体的所有报道都表明,本届世界杯是美国男足和女足史上最受关注的一届世界杯(Sandomir,2015)。可以毫不夸张地说,不仅在媒体上,而且很可能在全美家庭中不断重复的主要信息之一,就是这些女性克服困难、性别偏见、伤病和缺乏国家支持并在世界舞台上取得胜利的故事。我们猜想,母亲、祖母和她们的子女都在积极地参与以这支女足国家队的胜利为基础的家庭叙事活动。

家庭内部共享的体育叙事具有社会化和生成能力的双重目的。这些体育叙事可以在家庭中反复讲述,不仅可以强化家庭认同,还可以在家庭语境中传授宝贵的个性化人生经验。虽然并不是所有的家庭都像本章前面提到的曼宁、鲁尼和伊尔塞家族那样热衷于体育运动,但我们认为,大多数家庭在其存在的某些时期都有较高水平的体育活动,他们会发现自己的家庭体育叙事是令人愉快和充实的。我(乔恩)知道,我喜欢听我88岁的老父亲讲述他作为约翰·霍普金斯大学四分卫的故事,我也知道,我喜欢分享我自己的体育故事,也喜欢听我孩子的体育故事。

作为家庭传播的体育的未来研究议程

家庭传播学学者以其丰富而有力的多种方法、跨学科研究而著称(Vangelisti,2013)。家庭传播学学者和体育学学者可以利用这种包容性的方法库,为我们了解家庭在日常生活中如何构建和发挥家庭功能作出重要贡献。我们为未来的体育传播学研究提出了三个领域,与本章的内容基本一致。首先,我们建议传播学和体育学的学者研究"普通"家庭中家庭认同的重要性,这种家庭认同是由家庭参与体育活动所构建和影响的。其次,必须积极记录和调查关注体育运动的家庭内部实际发生的实时互动。最后,学者们应从生命周期的角度进行研究,描述体育运动作为家庭活动不断变化的性质。在这些家庭和个人的一

生中,随着年龄的增长,他们之间的传播也会发生变化,因为它可以让我们更深入地了解家庭随着时间的推移而不断变化的动态。

在5至17岁的儿童中,有90%的人参加某种形式的体育活动,这就意味着家庭将闲暇生活中的很大一部分时间花在了家庭体育活动上(Jellineck & Durant,2004;Kassing et al.,2004;Turman,2007)。家庭传播研究者完全有能力调查这些家庭的家长为子女协调体育活动的过程中,是如何构建和管理其家庭体育认同的。构建了较强体育认同的家庭与构建了较弱的体育认同或不存在家庭体育认同的家庭相比,是否采用了不同的参与方式?在这些体育认同感较强的家庭中,家长是否更有可能虐待子女?或者,家长是否更有可能成为孩子的积极支持者,发挥积极的教师和导师的作用?在孩子四五岁的时候,家庭如何形成自己的体育认同,然后,孩子在15年到25年后又是如何脱离家庭体育认同的?

鉴于体育运动在绝大多数家庭中的重要性,捕捉父母和子女在运动前、运动中和运动后彼此交谈时所发生的实际、实时交流内容,应成为家庭传播研究者的首要任务。这些谈话是如何开始的?这些体育对话是由父亲或母亲一方主导的独白,还是父母双方都积极倾听并尊重子女的意见?这些与体育有关的对话是全天不断变化的,还是有可预测的时间和语境?在混合家庭、单亲家庭、同性恋父母家庭或有领养子女的家庭之中,这些体育对话有何不同?

体育作为家庭的生命周期视角应关注家庭内部不同时期的变化。家庭所产生的叙事和故事可以作为标记这种变化的数据。随着家庭的发展和子女进入青少年时期及以后,家庭叙事内容和风格的变化可以表明家庭的不同功能和性质。同样重要的是,父母步入中年时会发生重大变化,亲子关系也会随着人们年龄的增长而发生变化。最后,必须认识到祖父母和兄弟姐妹在家庭传播动态中所扮演的重要角色(Nussbaum et al.,2000),因为这些关系在不同时期也需要被包含在内。未来需要研究的问题包括体育家庭叙事是如何在不断发展的家庭中出现的?体育家庭叙事是否会随着时间的推移而改变?不同的家庭成员(父母、子女和祖父母)在体育家庭叙事中扮演什么角色?体育家庭叙事与生成能力之间有什么关系?

结 论

在全世界技术先进的国家中,大多数家庭都将大量时间花在各种体育运动上，并将其作为主要的娱乐活动。这些家庭在把体育运动作为娱乐活动时发生的家庭传播，可以说是其日常活动的一个核心特征。本章重点讨论了体育作为家庭传播的三个组成部分：作为家庭认同的体育、作为代际交流的体育和作为生成能力的体育。以体育为背景，探索家庭内部子女、兄弟姐妹、父母和祖父母之间的交流，有助于我们更好地理解家庭生活的复杂动态，从而对家庭的积极方面和消极方面有更丰富的理解，最终提高我们的整体生活质量。

Billings, A. C., Butterworth, M. L., & Turman, P. D. (2015). *Communication and sport: Surveying the field.* Los Angeles, CA: Sage.

Blendon, R. J., Benson, J. M., Sattle, J. M., Gorski, Mann, F., Miller, C., Van Roekel, B., Gudenkauf, A., & Neel, J. (2015). *Sports and health in America.* An ongoing series of surveys developed at the Harvard Opinion Research Program at the Harvard T. H. Chan School of Public Health, the Robert Wood Johnson Foundation, and National Public Radio. Retrieved June 28, 2016, from http://www.rwjf.org/content/dam/farm/reports/reports/2015rwjf420908.

Blom, L., & Drane, D. (2009). Parents' sideline comments: Exploring the reality of a growing issue. *Online Journal of Sport Psychology, 10*(3), 12.

Blumer, H. (1969). *Symbolic interactionism: Perspective and methods.* Berkeley, CA: University of California Press.

Brummett, B., & Ishak, A. W. (2014). *Sports and identity: New agendas in communication.* New York: Routledge.

Choo, M. (2014). The influence of family's participation in recreational sports on its resilience and communication facilitation. *Journal of Exercise Rehabilitation, 10*(5), 313-318.

Erikson, E. H. (1950). *Childhood and society.* New York: Norton.

Giles, H., & Soliz, J. (2015). Communication accommodation theory: A situated framework for relational, family, and intergroup dynamics. In D. O. Braithwaite & P. Schrodt (Eds.), *Engaging theories in interpersonal communication: Multiple perspectives* (2nd ed., pp. 161-173). Los Angeles, CA: Sage.

Hardy, L. L., Kelly, B., Chapman, K., King, L., & Farrell, L. (2010). Parental perceptions of barriers to children's participation in organized sport in Australia. *Journal of Pediatrics and Child Health, 46,* 197-203.

Hecht, M. L. (1993). 2002: A research odyssey—toward the development of a communication theory of identity. *Communication Monographs, 60,* 76-82.

Hecht, M. L. (2015). Communication theory of identity: Multilayered understandings of performed identities. In D. O. Braithwaite & P. Schrodt (Eds.), *Engaging theories in interpersonal communication: Multiple perspectives* (2nd ed., pp. 175-187). Los Angeles, CA: Sage.

James, W. (1891). *The principles of psychology (vol. 1)*. Cambridge, MA: Harvard University Press. (Original work published 1890.)

Jellineck, M., & Durant, S. (2004). Parents and sports: Too much of a good thing? *Contemporary Pediatrics*, 21(9), 17-20.

Kassing, J., Billings, A. C., Brown, R., Halone, K. K., Harrison, K., Krizek, B., Mean, L., & Turman, P. D. (2004). Enacting, (re)producing, consuming, and organizing sport: Communication in the community of sport. *Communication Yearbook*, 28, 373-409.

LePoire, B. A. (2006). *Family communication: Nurturing and control in a changing world*. Thousands Oaks, CA: Sage.

McAdams, D. P. (2011). Life narratives. In K. L. Fingerman, C. A. Berg, J. Smith, & T. C. Antonucci (Eds.), *Handbook of life-span development* (pp. 589-610). New York: Springer.

Mead, G. H. (1913). The social self. *Journal of Philosophy, Psychology, and Scientific Methods*, 10, 374-380.

Nussbaum, J. F. (1981). *Interactional patterns of elderly individuals: Implications for successful adaptation to aging*. An unpublished doctoral dissertation, Purdue University, West Lafayette, Indiana.

Nussbaum, J. F., & Bettini. L. M. (1984). Shared stories of the grandparent-grandchild relationship. *International Journal of Aging and Human Development*, 39, 67-80.

Nussbaum, J. F., Pecchioni, L. L., Robinson, J. D., & Thompson, T. L. (2000). *Communication and aging* (2nd ed.). Mahwah, NJ: Lawrence Erlbaum.

Roberts, G. C., Treasure, D. C., & Hall, H. K. (1994). Parental goal orientations and beliefs about competitive sports experience of their child. *Journal of Social Psychology*, 24, 631-645.

Rosenthal, G. (2014). Colts' Jim Irsay suspended six games, fined $500K. *Around the National Football League*. Retrieved June 28, 2016, from http://www.nfl.com/news/story/0ap3000000387267/article/colts-jim-irsay-suspended-six-games-fined-500k.

Sandomir, R. (2015). Women's world cup final was most watched soccer game in United States history. *New York Times*. Retrieved June 28, 2016, fromhttp://www.nytimes.com/2015/07/07/sports/soccer/womens-world-cup-final-was-most-watchedsoccer-game-in-united-states-history.html?_r=0.

Tajfel, H., & Turner, J. C. (1979). An integrative theory of intergroup conflict. In W. C. Austin & S. Worchel (Eds.), *The social psychology of intergroup conflict* (pp. 33-53). Monterey, CA: Brooks/Cole.

Turman, P. D. (2007). Parental sport involvement: Parental influence to encourage young athlete continued sport participation. *Journal of Family Communication*, 7(3), 151-175.

Vangelisti, A. L. (2013). *The Routledge handbook of family communication*. New York: Routledge.

Williams, A., & Nussbaum, J. F. (2001). *Intergenerational communication across the life span*. Mahwah, NJ: Lawrence Erlbaum.

第十二章　体育作为健康传播：交叉、理论和隐含义

金·比塞尔[①]

在过去20年里,体育与健康传播领域的研究已经成为大众传播学术研究中发展最迅速的领域之一。尽管这两门学科的研究都代表着丰富多样的实证研究领域,但两者的结合常常被忽视。就其本质而言,体育、参与体育和体育活动与健康直接相关。参与或参加体育运动和体育活动会直接影响个人的健康(U. S. Department of Health and Human Services,1996；Croll et al.,2006)。虽然体育和健康传播之间的联系似乎显而易见,但对两者结合领域的研究不尽相同。需要考虑的首要问题是两者之间如何相互关联,以及从体育和健康传播的交叉领域研究中可以得到什么结论。本章探讨了体育对健康传播起到的作用,研究了健康传播与体育直接相关联的方式。通过对有关健康、健康差异以及与改善儿童和成人健康相关的统计和研究的探索,可以发现体育和身体活动可以起到改善健康的作用。当然,随着超重率和肥胖率不降反升或保持稳定(Centers for Disease Control and Prevention,2015),人们有必要对健康与体育之间的交叉关系进行更深入的研究。

肥胖症与儿童肥胖症统计数据

肥胖症是美国面临的一个核心公共卫生问题,尤其是对年青一代而言。儿童对健康饮食和运动的态度可能会伴随他们一生。目前,美国每三名儿童

[①] 美国路易斯安那大学曼希普大众传媒学院教授,院长。她于1999年在美国雪城大学获得博士学位。她曾长期担任美国亚拉巴马大学传播与信息科学学院杂志新闻学冠名讲席教授和主管科研的副院长。她的研究主要聚焦于健康、体育、媒体和儿童研究的交叉问题。

中就有一名超重或肥胖（Centers for Disease Control and Prevention,2015），美国儿童肥胖率的快速增长和体育锻炼水平低下所带来的健康风险日益引起人们的关注（Fakhouri, Hughes, Brody, Kit, & Ogden, 2013; Ogden, Carroll, Kit, & Flegal, 2014）。目前，美国6—11岁的儿童中有17.7%的人患有肥胖症（Ogden et al.,2014）。此外，儿童肥胖症的城乡差异依然存在：农村儿童超重和肥胖的概率高于城市儿童，即使在调整了社会人口学差异以后也是如此（Liu et al.,2012）。

不同人口群体之间的健康差异并不缺乏证据。已发现的种族/族裔健康差异表明，在少数种族/族裔以及社会经济地位（SES）较低的家庭中，某些健康问题（如糖尿病、哮喘和癌症）的发病率高得不成比例。在考虑体育与健康的作用时，不能忽视健康的社会决定因素，因为社会经济地位等许多因素与儿童参与身体活动（PA）或体育运动直接相关。贝塔科尔特、格林、卡里略和阿纳内-费雷姆朋（Betancourt, Green, Carrillo & Ananeh-Firempong, 2003）报告了不同人群在改善健康方面所面临的社会文化障碍，指出种族/民族、社会经济地位和教育等人口因素是增进健康、参加活动和获得增进健康的预防性治疗，以及认识导致健康恶化的因素的障碍。

身体活动/非身体活动的统计数据

虽然儿童缺乏运动是一个全国性的健康问题，但在农村地区，尤其是在美国南部地区，这一问题更加明显。根据美国卫生与公众服务部发布的国家指导方针，6—17岁的儿童每周中的大部分日子应进行60分钟或以上中等强度或剧烈强度的身体活动。然而，全国只有47%的儿童达到这一标准。看电视取代了进行更严格锻炼的机会；然而，不能说大量看电视的儿童身体活动很少，因为可能有许多因素导致久坐不动，包括但不限于缺乏安全的活动场所、不鼓励身体活动的家庭行为，以及缺乏有关身体活动益处的知识或理解。有几项研究记录了大量看电视与儿童肥胖症的相关性。例如，1988年至1994年全国健康与营养调查收集的数据显示，每天看电视1小时或更少时间的儿童的肥胖率最低。每天看4小时或更长时间电视的儿童肥胖率最高（Crespo et al.,2001）。一项纵向研究发现，童年时期看电视最多的参与者在学龄前期和学龄期之间身体脂肪的增加幅度最大（Proctor et al.,2003）。肥胖反过来又会影响儿童的运动量。研究发现，肥胖儿童不太可能经常锻炼身体，对自己能在身体活动中表现出色不太有自信,也不太可能参与专注于体育活动(如团队运动)的组织(Trost,Kerr,Ward,& Pate,2000)。这种参与锻炼和体育活动的自我效能感或自尊肯定会成为儿童日后参与身体活动(从偏好到参加)的驱动因素。健康和体育运动会出现螺旋式发展:缺乏锻炼会导致肥胖,而肥胖又会使锻炼变得更加困难。

针对较低社会经济地位儿童的身体活动偏好的其他研究也注意到,儿童和成人在身体活动方面遇到了类似的障碍。赫斯凯斯、沃特斯、格林、萨尔蒙和威廉姆斯(Hesketh,Waters,Green,Salmon & Williams,2005)发现,儿童报告的身体活动障碍包括缺乏操场设备、道路不安全、邻居抱怨儿童发出噪声以及缺乏资金参加有组织的活动(Hesketh et al.,2005)。家长报告的儿童参与身体活动的障碍包括学校和家庭的距离越来越远,以及家中存在电视和电脑等干扰因素(Hesketh et al.,2005)。

特定人群的健康差异

儿童的推荐身体活动量与儿童(尤其是医疗服务不足的儿童)实际的身体活动量之间存在巨大差距,这是研究人员应该解决的一个问题,因为定期参加身体活动对健康有很多益处。与每周活动时间少于30分钟的人相比,每周至少参加7小时身体活动的人过早死亡的风险要低40%(2008 Physical Activity Guidelines for Americans,2008;Paffenbarger et al.,1993;Paffenbarger,Hyde,Wing & Hsieh,1986)。此外,研究还表明,身体活动有助于降低多种慢性疾病的发病率,包括心脏病(Morris & Crawford,1958)、2型糖尿病(Helmrich,Ragland,Leung & Paffenbarger,1991;Manson et al.,1992)、肥胖症(Ades,Savage & Toth,2009)、高血压(Fagard,2001)和骨质疏松症(Boler,2005)。虽然儿童通常不会罹患上述慢性疾病,但风险因素在生命早期就已开始发展;一个积极参加身体活动的儿童不太可能罹患由这些风险因素导致的疾病,而一个积极参加身体活动的儿童更有可能成为一个积极参加身体活动的成年人。由于行为模式在儿童时期最易形成(Baranowski,Baranowski & Cullen,2003),因此,工作重点应为实施旨在增加儿童身体活动行为的干预措施,尤其是在国内医疗服务不足的地区,因为这些地区的儿童身体活动水平特别低(Robinson,Wadsworth,Webster & Bassett,2014),慢性病发病率很高(Sewell,Andreae,Luke & Safford,2011)。

维奇、巴格利、鲍尔和萨蒙(Veitch,Bagley,Ball & Salmon,2006)研究了社会经济地位低的儿童比社会经济地位高的儿童体力参与身体活动少的原因。这项研究考察了儿童在居住地周围获得参加身体活动机会的情况(Veitch et al.,2006)。具体来说,给孩子们一张显示学校周边地区的地图,让他们标出自己的居住地和上一周进行过身体活动的地方。结果表明,与城市内中等和高社会经济地位地区的儿童相比,生活在城市外围低社会经济地位社区的儿童需要走更远的路才能到达当地的公园。

社会文化因素对预测健康相关行为也很重要(Pate,Heath,Dowda & Trost,1996)。就参与身体活动而言,非裔美国儿童的参与率低于白人儿童的参与率(Martin et al.,2005)。与之相应的是,他们也更多地久坐不动。根据庄、沙尔玛、斯卡拉和埃文斯(Chuang,Sharma,Skala & Evans,2013)的研究,与西班牙裔或白人儿童相比,非裔美国学龄前儿童平均每天看电视的时间超过两小时,也更有可能使用电脑和玩电子游戏。研究发现,各年龄段的非裔美国女孩比其他亚群体的女孩更少参加身体活动(Trost et al.,2002)。例如,伊顿等人(Eaton et al.,2012)报告称,21%的非裔美国少女未达到疾病预防控制中心推荐的身体活动水平,另有26.7%的少女未参加任何身体活动。

学校体育教育的缺失

参与(或缺乏参与)身体活动是预防青少年超重或肥胖的主要因素。由于许多儿童和青少年久坐不动,因此,学校等场所拥有独特的机会来促进身体活动和围绕身体活动的健康行为。然而,尽管全美儿童的腰围在不断增大,学校却逐渐减少或取消了儿童在校活动的机会(如课间休息、体育课)。约翰斯顿、德尔瓦和奥玛丽(Johnston,Delva & O'Malley,2007)发现,8年级到12年级之间的体育课要求和学生参与率显著下降;87%的8年级学生被要求上体育课,只有20%的12年级学生被要求将体育课作为课程表的一部分。身体活动当然可以在学校环境之外进行,但它是确保所有儿童每天都参与身体活动的一种通用机制。展望未来,我们有必要更好地了解全国各地公立学校体育课的要求和内容减少的原因。

传播学分支学科中与体育相关的理论

健康促进模型和儿童健康信念模型

虽然有许多理论可以用来更好地理解体育与健康之间的交叉关系,但有几种理论似乎最适合用来理解参与身体活动和锻炼背后的动机,以及缺乏身体活动和锻炼的潜在影响因素。健康促进模型(HPM)最初由彭德提出(Pender, 1996; Pender, Murdaugh, & Parsons, 2005),旨在为"探索促使个人参与健康行为以增进健康的复杂的生物-心理-社会过程提供指导"(Pender, 1996, p. 51)。健康促进模型采用社会认知方法,将健康行为置于更大的社会语境中进行考量,确定了影响健康行为的三个领域:(a)个人的一般背景和特征;(b)与健康相关的因素;(c)特定行为因素(Pender et al., 2005)。一般背景因素是指与生俱来的个人特征,如人口统计学变量和过去的经验。健康相关因素与对健康的认识、感知和态度有关。特定行为因素综合了对特定行为的感知、以前的相关行为以及人际和情景因素(Pender, 1996; Pender et al., 2005)。简而言之,健康促进模型是一个综合模型,它将健康行为视为具有多个维度的因素。与体育和健康研究特别相关的是个人先天特征的影响,因为这些特征是参与或参加身体活动、锻炼和体育运动的驱动因素之一。

布什和伊安诺蒂(Bush & Iannotti, 1990)提出了对健康信念模型(HBM)的修正,发展出儿童健康信念模型(CHBM)。布什和伊安诺蒂(Bush & Iannotti, 1990)认为,儿童缺乏认知发展,依赖父母为他们做出健康决定,因此有必要开发这一模型,他们认为儿童的健康行为必须被置于个人和社会语境中,这一语境必须包括儿童的"信念、期望、动机和其他认知因素,人们还应认识到这些个人属性受到家庭、同伴和社会群体的影响"(p. 70)。作者确定的修正因素包括认知和情感变量,如健康控制点、自尊、健康风险承担、知识和自主性。作者进一步指出,他们所说的"准备因素"——动机、感知到的疾病威胁和感知到的健康治疗益处——可以预测健康行为。虽然有关营养等特定健康主题的知识是从媒体等外部来源学到的,但儿童的健康行为可以通过儿童健康信念模型等理论模型来预测。

在对儿童、体育与健康的研究中,研究人员使用健康促进模型或儿童健康信念模型发现了对儿童采取特定健康行为有影响的个人特征。例如,加西亚等人(Garcia et al.,1995)对399名青少年和学龄前儿童进行的调查发现了一些背景特征或因素,特别是性别在预测青少年锻炼行为方面起着重要作用。弗莱恩和谢莉(Frenn & Shelly,2003)的准实验性、前后期设计研究发现,他们的干预计划对青少年饮食摄入量和身体活动时间的影响因种族、性别和社会经济条件而异。他们指出,技术方法可用于促进健康行为,但也应考虑青少年的发展和社会环境。在考虑新媒体技术在体育与健康传播中的作用时,这一论点尤为重要。

社会认知理论

社会认知理论(Social cognitive theory,SCT)是连接培养理论和社会文化理论的桥梁。社会认知理论提供了一个视角,供人们理解认知、情感、行为或生物事件等个人因素是如何共同作用于个人行为并相互影响的(Bandura,1986)。该理论认为,对自我和他人的认知会受到各种因素的影响,如媒体接触、人口统计学变量以及对其他有影响力的个体的观察,就儿童而言,这些因素可能是父母、兄弟姐妹、老师或同伴。社会认知理论有助于我们更好地理解"符号性传播影响人类思想、情感和行动"的社会心理机制(Bandura,2009)。早期的大众传播理论认为,大众传播对行为的影响是单向的,例如,接触暴力媒体可能导致个人表现出更强的攻击性。然而,社会认知理论提出了三重互惠因果关系(Bandura,1986),解释了不同类型的决定因素——个人的、行为的和环境的,这些因素相互关联,共同作用,从而预测人类行为。因此,该理论允许引入各种可能影响个人知识、信念、态度和行动的因素。在体育与健康效果方面,社会认知理论允许对预测个人参与身体活动或体育运动的因素或与之相关的因素进行仔细研究,这也与健康效果直接相关。在许多方面,健康效果或健康行为会受到个人和社会层面诸多因素的影响,这意味着研究应更全面地了解人们参与身体活动和体育运动背后的动机。

连接体育学与传播学的研究

关于将体育与健康联系起来的新媒体技术的研究

在过去10年中,新媒体技术被更频繁地用于帮助儿童和成人跟踪他们的身体活动和饮食行为,作为运动和营养的资源帮助消费者战胜肥胖。马塞格里亚、博纳齐纳、萨卡里亚、帕格利亚里和品齐洛利（Marceglia, Bonacina, Zaccaria, Pagliari & Pinciroli, 2012）指出，iPad可以改变医疗保健的面貌，超越消费者的信息消费，进入医疗保健提供者的信息传播阶段。虽然有些与健康相关的应用程序不一定有实证支持，甚至不一定由医疗保健专业人员开发，但潘迪、哈桑、杜比和萨兰吉（Pandey, Hasan, Dubey & Sarangi, 2013）报告说，他们分析的提供有关癌症的信息的应用程序中，56%有科学数据支持。虽然这一比例仅占此类应用程序的五成多，但消费者对基于科学证据开发的应用程序的要求越来越高（Peterson, 2015）。这些早期研究结果表明，新媒体技术对整体健康和医疗保健实践的影响还处于起步阶段。比塞尔、科林、别、张和麦克勒摩尔（Bissell, Conlin, Bie, Zhang & McLemore, 2015）发现，与自由回忆食物摄入量相比，一款应用程序能让儿童更准确地报告他们的进食情况。作者还发现，研究中的儿童没有达到美国农业部建议的蔬菜和谷物摄入量，并且通过含糖饮料摄入了过多的空热量。虽然这项研究考察的是儿童的饮食行为，而不是他们的身体活动，但可以开发和使用类似的应用程序，帮助儿童更加了解自己的健康行为。未来的研究还可以利用知沟假说，通过社会经济地位、认知能力及其他个人因素来考察新技术的采用情况和成功与否。关于新媒体技术在改善儿童健康和/或身体活动方面的有效性的数据十分有限，尽管越来越多的研究开始关注积极视频游戏（AVG）在帮助儿童增加身体活动方面的作用（Marceglia et al., 2012; Carter, Burley, Nykjaer, & Cade, 2013）。

　　将新媒体技术作为改善健康状况或行为的一种手段，往往需要进行干预，因为如果新技术的益处不明确和/或使用新技术不容易或不直观，那么儿童和成人都不一定会坚持使用新技术。旨在改变行为的基于网络的干预措施可能对任何数量的学生都有益，因为美国的大多数教室——包括缺少相关服务地区的教室——现在都能访问互联网（Gray, Thomas, & Lewis, 2010）。此外，利用技术促进与健康有关的行为矫正的重要性已得到认可（Doshi, Patrick, Sallis & Calfas, 2003）。在过去的10年中，有几项研究讨论了利用计算机和网络干预来改变儿童和成人的身体活动水平（Baranowski et al., 2003）。基于互联网的干预措施可能是让个人参与更多身体活动、锻炼甚至是体育运动的更成功的方法之一，但方式略显温和。更重要的是，在学校环境中使用基于互联网的干预措施，并不取决于教师传递相关健康信息的能力，而是基于互联网的干预措施所传递的健康信息可以由健康专家提供和监督。虽然这方面的文献相对较少，但似乎有几项研究涉及使用基于网络的干预措施来改善身体活动行为（Baranowski et al.,2003)。虽然一项研究显示,网络干预后,身体活动行为明显增加(Barwais,Cuddihy,& Tomson,2013),但另外两项研究未报告有明显改善(Kosma,Cardinal & McCubbin,2005)。这三项研究存在一个共同的局限性,即研究人员未能确保参与者坚持登录在线程序。因此,有必要进行更多的研究,提高参与的依从度,以确定基于网络的身体活动干预是否有益。

近年来,积极视频游戏已成为一种高科技工具,用于改善缺乏身体活动和相关的健康问题。人们希望,如果看电视或玩传统非积极视频游戏的时间能被玩积极视频游戏取代,那么久坐不动的时间就会减少,身体活动就会增加(Biddiss & Irwin,2010)。许多研究都在探讨积极视频游戏能在多大程度上吸引儿童(Bailey & McInnis,2011;Biddiss & Irwin,2010;Bissell,Zhang & Meadows,2014)和诱发身体活动(Barnett,Cerin,& Baranowski,2011)。

在与缺乏运动和相关健康问题的斗争中,技术早已被认为是一把双刃剑。一方面,互联网、电脑和视频游戏被认为会助长年轻人久坐不动的生活方式(Bailey & McInnis,2011),但另一方面,积极视频游戏似乎又是一种提高身体参与度的新方法(Biddiss & Irwin,2010)。积极视频游戏被定义为"通过互动游戏提供身体活动或锻炼的视频游戏,这些游戏超越了简单的手部/手指动作"(Mears & Hansen,2009,p.26),它利用技术优势追踪玩家的身体位移或反应,以推动游戏进展。如果可以用玩积极视频游戏取代玩传统非积极视频游戏的时间,就可以减少久坐行为,增加运动量。同样,积极视频游戏的优势在于不受传统身体活动障碍的限制,如不安全的社区、交通不便和恶劣的天气(Biddiss & Irwin,2010)。因此,积极视频游戏被认为是一种可行的生活方式选择,因为非结构化的身体活动有助于维持减肥和健身效果(Biddiss & Irwin,2010)。更具体地说,它可以成为帮助儿童达到身体活动指南要求的有用工具(Simons,Vries,Jongert,& Verheijden,2014)。麦克勒摩尔等人(McLemore et al.,2015)发现,参与积极视频游戏的小学生在玩更积极的游戏(拳击和跑步)时,总体心率会提高,他们发现儿童喜欢玩积极视频游戏,即使他们表示游戏的运动部分让人很辛苦。张等人(Zhang et al.,2015)研究了非裔美国儿童在玩 Wii 体育游戏时的消耗和乐趣,观察到了显著的心率变化和高水平的乐趣。在玩 Wii 游戏的过程中,游戏者在享受游戏的同时,也在努力锻炼身体,这与之前声称对积极视频游戏有好感的研究结果一致(Barnett et al.,2011;Hansen & Sanders,2010)。这一发现也凸显了积极视频游戏作为一种激励非裔美国儿童参与身体活动的工具的潜力(Song,Peng,& Lee,2011)。

研究者、教育工作者、家长以及身体活动和体育运动的倡导者指明了参与身体、生活方式、情感、社会和认知等领域的活动的多种好处(Bailey,2006)。一些研究人员谈到了身体活动的作用及其对儿童尊重自己身体的影响,还有研究者指出,参与身体活动为个人提供了与他人见面和交流以及学习新社交技能的机会(Talbot,2001)。有几项研究(Biddle, Akande, Vlachopoulos, & Fox, 1996; Butcher, 1989; Virnig & McLeod, 1996)提到,参与体育运动与女性更积极的身体形象和更少的饮食紊乱报告有关。里奇曼和沙菲尔(Richman & Shaffer, 2000)在对220名大学女生的研究中发现,在上大学之前参加体育运动与较高的一般自尊和身体自尊水平有关,更频繁地参加体育运动和身体活动会带来最高的自尊水平。虽然参与体育运动与提高自尊之间存在正相关关系,但最近的数据表明,美国儿童参与体育运动的比例正在下降(Gaio, 2014)。

参与专门为儿童设计的与体育相关的项目

当然,全国各地并不缺少针对各种年龄段和运动能力的儿童的体育项目。虽然娱乐和竞技项目的数量在过去几年中有所增加,但体育健身行业协会(SFIA)注意到,不同运动项目和不同人群的参与率都有所下降:2007年,35%的6—12岁儿童每周至少参加3次体育活动(有组织或无组织);到2014年,这一数字降至27%。下降幅度最大的是垒球和棒球,但据体育健身行业协会观察,在过去5年中,参加体育运动的儿童明显减少了260万人。人数减少的原因包括各种因素——社会的、人际的和经济的。从家长担心儿童受伤到参与有组织的体育运动相关费用的增加,再到时间投入的增加,许多家长表示,尽管参与体育运动有积极的影响,但消极的结果超过了积极的结果(Aspen Institute Project Play, 2015)。

尽管全国范围内有组织的青少年体育活动有所减少,但一些较小的项目,如"奔跑的女孩"(Girls on the Run)(GOTR, 2015),不仅在让孩子们——此处指女孩——参与其中方面取得了一定的成功,还帮助她们了解参与身体活动和锻炼的价值。"奔跑的女孩"成立于1996年,旨在为青春期前的女孩提供方法、技能和自尊,帮助她们度过未来充满挑战的岁月。这个非营利组织为美国和加拿大的16.5万余名女孩提供服务,它找到了一种独特的方式,让女孩们在自尊心开始急剧下降、大多数女孩比以往任何时候都更缺乏安全感和自我意识的年龄段参与体育活动。马丁、瓦尔德伦、麦卡比和崔(Martin, Waldron, McCabe, & Choi, 2009)在对参加该项目的21名女孩的研究中注意到,在相关研究维度的前后测试中,每个参与者的整体体能水平、跑步自我概念和对肥胖症的恐惧都存在显著差异。这项研究的主要结论是,参加这个有组织的项目后,自我概念和自我认知的总体水平得到提高。其他基于社区的干预计划也在接受研究,这些项目意在将干预措施从学校扩展至社区,希望能提高不同人口群体参与身体活动的水平。

体育与健康的社区干预

在制定研究策略或干预措施时,有一种研究涉及社区和参与者的意见和参与,这种研究被称为基于社区的参与式研究(community-based participatory research,CBPR)。W. K. 凯罗格基金会(W. K. Kellogg Foundation)社区健康学者计划将基于社区的参与式研究定义如下:

> 基于社区的参与式研究是一种合作性研究方法,它公平地让所有合作伙伴参与研究过程,并承认每个合作伙伴带来的独特优势。基于社区的参与式研究以对社区具有重要意义的研究课题为起点,旨在将知识与行动相结合,促进社会变革,从而改善社区健康状况,缩小健康差距。(Faridi, Grunbaum, Gray, Franks, & Simoes, 2007, A70)

虽然以前没有社区投入的身体活动干预措施在郊区显示出了效果(Pangrazi, Beighle, Vehige, & Vack, 2003),但这些干预措施不一定适合服务水平低下的农村人群。在为社区制定身体活动干预措施时,使用基于社区的参与式研究模式是确保参与者和社区参与身体活动的一种方法。通过使用基于社区的参与式研究,身体活动干预措施更有可能满足特定参与者的独特需求。虽然运动科学领域很少让社区参与制定干预措施,但利用从社区获得的信息来指导干预措施并不是一个新概念(de Winter, Baerveldt, & Kooistra, 1999)。例如,十多年来,公共卫生研究一直在使用社区指导的干预措施,包括那些利用儿童意见的干预措施(de Winter et al. , 1999)。此外,让社区参与制定干预措施的研究也是为了促进社会正义和健康公平,特别是针对社会经济地位低的人群(Potvin, Cargo, McComber, Delormier, & Macaulay, 2003)。世界卫生组织(WHO)认为,社区参与干预措施的制定是一个重要的过程,"使人们和社区能够控制自己的健康及其决定因素"(Potvin et al. , 2003)。世界卫生组织认为,不应通过自上而下、专家主导的方法促进健康状况的改善,而应基于社区的参与和洞察力来改善(de Winter et al. , 1999)。这是因为,纳入被研究者意见的干预措施已被证明能提高成功的可能

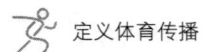 定义体育传播

性和可持续性(Hesketh et al.,2005)。在考虑体育在健康中的作用时,基于社区的参与式研究方法可能只是未来的研究所能选择的众多方向之一。

体育与传播子学科的未来研究方向

体育与健康领域的研究确实处于起步阶段,因此,未来的研究存在许多可能的方向,这将推动理论和应用方面的进步。一些研究发现了与身体活动相关的生理和心理影响方面的积极成果,其中包括以 Wii、其他游戏设备或新媒体技术为媒介的身体活动。在研究儿童长期参与身体活动、锻炼或体育运动的可能性时,研究结果也相当一致,并表明享受是其中的一个关键激励因素。儿童越喜欢某项活动,就越有可能坚持下去。迪西曼等人(Dishman et al.,2005)发现,感知到的乐趣是锻炼行为的另一个关键组成部分;对于学龄儿童和青少年来说,乐趣是影响他们分配给身体活动的时间的一个重要决定因素。这为今后体育与健康领域的研究提供了许多方向:继续研究有助于儿童积极参加身体活动的积极视频游戏,并对感知到的乐趣、感知到的消耗和实际消耗进行测量;继续研究儿童参与(或不参与)体育运动背后的动机,并确定儿童从青春期前进入青春期时体育运动保持率较低的相关因素。在这方面,最重要的是更好地了解与儿童健康素养和/或如何保持健康的知识有关的复杂因素。当然,参与体育运动是其中的一个关键因素,但如果不了解影响和塑造儿童健康行为决策的因素,就很难制定出旨在取得积极健康成果的干预方案。随着各种人群持续面临超重和肥胖症的风险,进一步研究体育在健康传播语境中的作用显得尤为重要和恰当。

虽然缺乏身体活动通常与个人超重和肥胖症有关,但过量的身体活动也会造成危害,包括通常所说的女运动员三联征(the female athlete triad)。美国运动医学会的研究者研究了能量消耗、能量可用性、月经功能和骨密度之间的关系,以确定哪些治疗方案能最成功地帮助患有这些疾病的年轻女性(Nattiv et al.,2007)。正如比塞尔和波尔特菲尔德(Bissell & Porterfield,2006)以及比塞尔(Bissell,2004)所发现的,饮食失调症状和相关心理问题在参加艺术技巧类体育项目的运动员中比在参加力量运动的运动员中更为普遍,但社会体质焦虑或身体形象扭曲等情绪问题在所有运动项目的运动员中越来越常见。年轻女运动员往往得不到适当的营养,这可能会导致她们在以后的生活中出现许多其他的身体和心理问题,因此,研究参与身体活动或运动能力对身体形象的作用仍然

是一个紧迫的问题。体育在健康传播中的交叉领域是未来研究的一个重点,因为随着体育在健康传播中发挥越来越重要的作用,相关问题还将不断演变。

2008 *Physical Activity Guidelines for Americans Vol 1*. (2008). Washington, DC: health. gov.

Ades, P. A. , Savage, P. D. , & Toth, M. J. (2009). High-calorie-expenditure exercise: A new approach to cardiac rehabilitation for overweight coronary patients. *Circulation*, 119(20), 2671-2678.

Aspen Institute: Project Play. (2015). *Sport for all: Play for life*. Retrieved June 29, 2016, from http://youthreport. projectplay. us.

Bailey, R. (2006). Physical education and sports in schools: A review of benefits and outcomes. *Journal of School Health*, 76(8), 397-401.

Bailey, B. W. , & McInnis, K. (2011). Energy cost of exergaming: A comparison of the energy cost of 6 forms of exergaming. *Archives of Pediatrics & Adolescent Medicine*, 165(7), 597-602.

Bandura, A. (1986). *Social foundations of thought and action: A social cognitive theory*. Englewood Cliffs, NJ: Prentice-Hall.

Bandura, A. (2009). Social cognitive theory of mass communication. In J. Bryant & M. B. Oliver (Eds.), *Media effects: Advances in theory and research* (pp. 94-124). New York: Routledge.

Baranowski, T. , Baranowski, J. C. , & Cullen, K. W. (2003). The Fun, Food, and Fitness Project (FFFP): The Baylor GEMS pilot study. *Ethnicity & Disease*, 13(1 Suppl 1), S30-39.

Barnett, A. , Cerin, E. , & Baranowski, T. (2011). Active video games for youth: A sys-tematic review. *Journal of Physical Activity and Health*, 8(5), 724-737.

Barwais, F. A. , Cuddihy, T. F. , & Tomson, L. M. (2013). Physical activity, sedentary behavior and total wellness changes among sedentary adults: A 4-week randomized control trial. *Health and Quality of Life Outcomes*, 11(1), 183.

Betancourt, J. R. , Green, A. R. , Carrillo, J. E. , & Ananeh-Firempong, O. (2003). Defining cultural competence: A practical framework for addressing racial/ethnic disparities in health and health care. *Public Health Reports*, 118, 293-302.

Biddiss, E. , & Irwin, J. (2010). Active video games to promote physical activity in children and youth: A systematic review. *Archives of Pediatrics & Adolescent Medicine*, 164(7), 664-672.

Biddle, S. , Akande, A. , Vlachopoulos, S. , & Fox, K. (1996). Towards the understanding of children's motivation for physical activity: Achievement goal orientations, beliefs about sport success, and sport emotion in Zimbabwean children. *Psychology and Health*, 12, 49-55.

Bissell, K. (2004). Sports model/sports mind: The relationship between entertainment and sports media exposure, sports participation and body image distortion in Division I female athletes.

Mass Communication & Society, 7, 453-474.

Bissell, K., Conlin, L., Bie, B., Zhang, X., & McLemore, D. (2015). *Let go of my iPad: Testing the effectiveness of new media technologies to measure children's food intake and health behaviors*. Paper presented to the Mass Communication & Society Division of the Association for Education in Journalism and Mass Communication. Annual meeting, August 7.

Bissell, K., & Porterfield, K. (2006). Who's got game? Exposure to entertainment and sports media and social physique anxiety in Division I female athletes. *Journal of Sport Media*, 1(1), 19-50.

Bissell, K., Zhang, C., & Meadows III, C. W. (2014). A Wii, a mii, and a new me? Testing the effectiveness of Wii exergames on children's enjoyment, engagement, and exertion in physical activity. *International Journal of Child Health and Human Development*, 7(1).

Borer, K. T. (2005). Physical activity in the prevention and amelioration of osteoporosis in women: Interaction of mechanical, hormonal and dietary factors. *Sports Medicine*, 35(9), 779-830.

Bush, P. J., & Iannotti, R. J. (1990). A children's health belief model. *Medical Care*, 28(1), 69-86.

Butcher, J. E. (1989). Adolescent girls' sex role development: Relationship with sports participation, self-esteem, and age at menarche. *Sex Roles*, 20(9/10), 575-593.

Carter, M. C., Burley, V. J., Nykjaer, C., & Cade, J. E. (2013). Adherence to a smartphone application for weight loss compared to website and paper diary: Pilot randomized controlled trial. *Journal of Internet Research*, 15(4), 32.

Centers for Disease Control and Prevention. (June 19, 2015). Prevalence of childhood obesity in the United States, 2011-2012. Division of Nutrition, Physical Activity, and Obesity. Retrieved June 29, 2016, from http://www.cdc.gov/obesity/data/childhood.html.

Centers for Disease Control and Prevention. (June 13, 2014). Youth risk behavior surveillance: United States, 2013. *Morbidity and Mortality Weekly Reports*, 63(4), 505-520.

Chuang, R. J., Sharma, S., Skala, K., & Evans, A. (2013). Ethnic differences in the home environment and physical activity behaviors among low-income, minority preschoolers in Texas. *American Journal of Health Promotion*, 27(4), 270-278.

Crespo, C. J., Smit, E., Troiano, R. P., Bartlett, S. J., Macera, C. A., and Andersen, R. A. (2001). Television watching, energy intake, and obesity in U. S. children: Results from the third National Health and Nutritional Examination Survey, 1988-1994. *Archives of Pediatrics and Adolescent Medicine*, 155, 360-365.

Croll, J. K., Neumark-Sztainer, D., Story, M., Wall, M., Perry, C., & Harnack, L. (2006). Adolescents involved in weight-related and power team sports have better eating patterns and nutrient intakes than non-sport involved adolescents. *Journal of the American Dietetic Association*, 106

(5),709-717.

de Winter, M., Baerveldt, C., & Kooistra, J. (1999). Enabling children: Participation as a new perspective on child-health promotion. *Child: Care, Health and Development*, 25(1), 15-23; discussion 23-25.

Dishman, R. K., Motl, R. W., Sallis, J. F., Dunn, A. L., Birnbaum, A. S., Welk, G. J., et al. (2005). Self-management strategies mediate self-efficacy and physical activity. *American Journal of Preventive Medicine*, 29, 10-18.

Doshi, A., Patrick, K., Sallis, J. F., & Calfas, K. (2003). Evaluation of physical activity websites for use of behavior change theories. *Annal of Behavioral Medicine*, 25(2), 105-111.

Eaton, D. K., Kann, L., Kinchen, S., Shanklin, S., Ross, J., Hawkins, J., et al. (2012). Youth risk behavior surveillance: United States, 2007. *Morbidity and Mortality Weekly Report. Surveillance Summaries (Washington, DC: 2002)*, 61(4), 1-162.

Fagard, R. H. (2001). Exercise characteristics and the blood pressure response to dynamic physical training. *Medicine & Science in Sports & Exercise*, 33(6 Suppl), S484-492; discussion S493-494.

Fakouri, T. H. I., Hughes, J. P., Brody, D. J., Kit, B. K., & Ogden, C. L. (2013). Physical activity and screen-time viewing among elementary school-aged children in the United States from 2009-2010. *Journal of American Medical Association Pediatrics*, 167(3), 223-229.

Faridi, Z., Grunbaum, J. A., Gray, B. S., Franks, A., & Simoes, E. (2007). Community-based participatory research: Necessary next steps. *Preventing Chronic Disease*, 4(3), A70.

Frenn, M., & Shelly, M. (2003). Diet and exercise in low-income culturally diverse middle school students. *Public Health Nursing*, 20(5), 361-368.

Gaio, M. (2014). Youth participation in team sports on the decline. *Athletic Business*. Retrieved June 29, 2016, from http://www.athleticbusiness.com/high-school/youth-participation-in-team-sports-on-the-decline.html.

Garcia, A. W., Broada, M. B., Frenn, M., Coviak, C., Pender, N., & Ronis, D. L. (1995). Gender and developmental differences in exercise beliefs among youth and prediction of their exercise behavior. *Journal of School Health*, 65(6), 213-219.

Girls on the Run. (2015). How Girls on the Run began. Retrieved June 29, 2016, from http://www.girlsontherun.org/Who-We-Are/Our-History.

Gray, L., Thomas, N., & Lewis, L. (2010). Teachers' use of educational technology in U.S. public schools: 2009. *National Center for Education Statistics*.

Hansen, L., & Sanders, S. (2010). Fifth grade students' experiences participating in active gaming in physical education: The persistence to game. *ICHPER-SD Journal of Research*, 5(2), 33-40.

Helmrich, S. P. , Ragland, D. R. , Leung, R. W. , & Paffenbarger, R. S. Jr. (1991). Physical activity and reduced occurrence of non-insulin-dependent diabetes mellitus. *New England Journal of Medicine*, 325(3), 147-152.

Hesketh, K. , Waters, E. , Green, J. , Salmon, L. , & Williams J. (2005). Healthy eating, activity and obesity prevention: A qualitative study of parent and child perceptions in Australia. *Health Promotion International*, 20(1), 19-26.

Johnston, L. D. , Delva, J. , & O'Malley, P. M. (2007). Sports participation and physical education in American secondary schools: Current levels and racial/ethnic and socioeconomic disparities. *American Journal of Preventative Medicine*, 33, 195-208.

Kosma, M. , Cardinal, B. J. , & McCubbin, J. A. (2005). A pilot study of a web-based physical activity motivational program for adults with physical activities. *Disability and Rehabilitation*, 27(23), 1435-1442.

Liu, J. H. , Jones, S. J. , Sun, H. , Probst, J. C. , Merchant, A. T. , & Cavicchia, P. (2012). Diet, physical activity, and sedentary behaviors as risk factors for childhood obesity: An urban and rural comparison. *Childhood Obesity*, 8(5), 440-448.

Manson, J. E. , Nathan, D. M. , Krolewski, A. S. , Stampfer, M. J. , Willett, W. C. , & Hennekens, C. H. (1992). A prospective study of exercise and incidence of diabetes among US male physicians. *Journal of the American Medical Association*, 268(1), 63-67.

Marceglia, S. , Bonacina, S. , Zaccaria, V. , Pagliari, C. , & Pinciroli, F. (2012). How might the iPad change healthcare? *Journal of the Royal Society of Medicine*, 105, 223-241.

Martin, J. J. , Kulinna, P. H. , McCaughtry, N. , Cothran, D. , Dake, J. , & Fahoome, G. F. (2005). The theory of planned behavior: Predicting physical activity and cardiorespiratory fitness in African American children. *Journal of Sport and Exercise Psychology*, 27(4), 456-469.

Martin, J. J. , Waldron, J. J. , McCabe, A. , & Choi, Y. S. (2009). The impact of "Girls on the Run" on self-concept and fat attitudes. *Journal of Clinical Sport Psychology*, 3, 127-138.

McLemore, D. , Conlin, L. , Bie, B. , Zhang, M. , Bissell, K. , & Parrott, S. (August 2015). *The mediating role of media use in an elementary school health intervention program*. Paper presented at the meeting of the Association for Education in Journalism and Mass Communication, San Francisco, CA.

Mears, D. , & Hansen, L. (2009). Technology in physical education: Article 5 in a 6-part series: Active gaming: Definitions, options and implementation. *Strategies*, 23(2), 26-29.

Morris, J. N. , & Crawford, M. D. (1958). Coronary heart disease and physical activity of work: Evidence of a national necropsy survey. *British Medical Journal*, 2(5111), 1485-1496.

Nattiv, A. , Loucks, A. B. , Manore, M. M. , Sanborn, C. F. , Sundgot-Borgen, J. , & Warren, M. P. (2007). American College of Sports Medicine position stand: The female athlete triad. *Medical*

Science and Sports Exercise, 39(10), 1867-1882.

Paffenbarger, R. S. Jr., Hyde, R. T., Wing, A. L., Lee, I. M., Jung, D. L., & Kampert, J. B. (1993). The association of changes in physical-activity level and other lifestyle characteristics with mortality among men. *New England Journal of Medicine*, 328(8), 538-545.

Paffenbarger, R. S. Jr., Hyde, R. T., Wing, A. L., & Hsieh, C. C. (1986). Physical activity, all-cause mortality, and longevity of college alumni. *New England Journal of Medicine*, 314(10), 605-613.

Pandey, A., Hasan, S., Dubey, D., & Sarangi, S. (2013). Smartphone apps as a source of cancer information: Changing trends in health information-seeking behavior. *Journal of Cancer Education*, 28(1), 138-142.

Pangrazi, R. P., Beighle, A., Vehige, T., & Vack, C. (2003). Impact of Promoting Lifestyle Activity for Youth (PLAY) on children's physical activity. *Journal of School Health*, 73(8), 317-321.

Pate, R. R., Heath, G. W., Dowda, M., & Trost, S. G. (1996). Associations between physical activity and other health behaviors in a representative sample of US adolescents. *American Journal of Public Health*, 86(11), 1577-1581.

Pender, N. J. (1996). *Health promotion in nursing practice* (3rd ed.). Stanford, CT: Appleton and Lange.

Pender, N. J., Murdaugh, C. L., & Parsons, M. A. (2005). *Health promotion in nursing practice* (5th ed.). Upper Saddle River, NJ: Prentice Hall.

Peterson, A. (September 17, 2015). Apps are making health claims but they may not have the science to back them up. *Washington Post*. Retrieved June 29, 2016, from https://www.washingtonpost.com/news/the-switch/wp/2015/09/17/apps-are-making-health-claims-but-they-may-not-have-the-science-to-back-them-up/.

Potvin, L., Cargo, M., McComber, A. M., Delormier, T., & Macaulay, A. C. (2003). Implementing participatory intervention and research in communities: Lessons from the Kahnawake Schools Diabetes Prevention Project in Canada. *Social Science & Medicine*, 56(6), 1295-1305.

Proctor, M. H., Moore, L. L., Gao, D., Cupples, L. A., Bradlee, M. L., Hood, M. Y., & Ellison, R. C. (2003). Television viewing and change in body fat from preschool to early adolescence: The Framingham Children's Study. *International Journal of Obesity*, 27, 827-833.

Ogden, C. L., Carroll, M. D., Kit, B. K., & Flegal, K. M. (2014). Prevalence of childhood and adult obesity in the United States, 2011-2012. *Journal of the American Medical Association*, 311, 806-814.

Richman, E. L., & Shaffer, D. R. (2000). "If you let me play sports": How might sport participation influence the self-esteem of adolescent females? *Psychology of Women Quarterly*, 24,

189-199.

Robinson, L. E. , Wadsworth, D. D. , Webster, E. K. , & Bassett, D. R. Jr. (2014). School reform: The role of physical education policy in physical activity of elementary school children in Alabama's Black Belt Region. *American Journal of Health Promotion*, 28(3 Suppl), S72-76.

Sewell, K. , Andreae, S. , Luke, E. , & Safford, M. M. (2011). Perceptions of and barriers to use of generic medications in a rural African American population, Alabama, 2011. *Preventing Chronic Disease*, 9, E142.

Simons, M. , Vries, S. I. D. , Jongert, T. , & Verheijden, M. W. (2014). Energy expenditure of three public and three home-based active video games in children. *Computers in Entertainment (CIE)*, 11(1), 3.

Song, H. , Peng, W. , & Lee, K. M. (2011). Promoting exercise self-efficacy with an exergame. *Journal of Health Communication*, 16(2), 148-162.

Talbot, M. (2001). The case for physical education. In G. Doll-Tepper & D. Scoretz (Eds.), *World Summit on Physical Education*. Berlin: ICSSPE.

Trost, S. G. , Kerr, L. M. , Ward, D. S. , & Pate, R. R. (2000). Physical activity and determinants of physical activity in obese and non-obese children. *International Journal of Obesity*, 25, 822-829.

Trost, S. G. , Pate, R. R. , Dowda, M. , Ward, D. S. , Felton, G. , & Saunders, R. (2002). Psychosocial correlates of physical activity in White and African-American girls. *Journal of Adolescent Health*, 31(3), 226-233.

U. S. Department of Health and Human Services. (1996). *Physical activity and health: A report of the Surgeon General*. Atlanta, GA: U. S. Department of Health and Human Services, Centers for Disease Control and Prevention, National Center for Chronic Disease Prevention and Health Promotion.

Veitch, J. , Bagley, S. , Ball, K. , & Salmon, J. (2006). Where do children usually play? A qualitative study of parents' perceptions of influences on children's active free-play. *Health & Place*, 12(4), 383-393.

Virnig, A. G. , & McLeod, C. R. (1996). Attitudes toward eating and exercise: A comparison of runners and triathletes. *Journal of Sport Behavior*, 1, 82-91.

Zhang, M. , Bie, B. , Conlin, L. , McLemore, D. , Bissell, K. , Lowrey, P. , & Parrott, S. (2015). *Active video game play in African American children: The effect of gender and BMI on exertion and enjoyment*. Paper presented to the Minorities and Communication Division at the Annual Meeting of the Association for Education in Journalism and Mass Communication, San Francisco, CA.

第三部分
体育的中介化研究方法

第十三章 体育作为国际传播

西蒙·李岑[①]

从小到大,笔者最喜欢的体育传播技术之一就是"视频手写板"(telestrator),该设备允许转播商和解说嘉宾在例如体育比赛转播中的即时回放的静止或运动图像上绘制草图。笔者第一次注意到这项技术是在20世纪80年代末和90年代初NBA比赛的电视转播中。观看魔术师约翰逊(Magic Johnson)的表演本身就是一种娱乐;然而,通过观看他富有想象力的传球的回放,可以更全面地欣赏约翰逊的比赛视角,并使这些比赛更加有趣。

虽然笔者在欧洲长大,但我观看的比赛与美国观众看到的是一样的:电视转播的体育赛事由一家制作公司全程拍摄,然后由该公司将转播权出售给其他转播商(有时是全球转播商)。然而,我听到的解说员的解说与美国的不同。比赛转播是在科佩尔-卡波蒂斯特里亚电视台(TV Koper-Capodistria)播出,该电视台位于斯洛文尼亚的科佩尔(Koper),这里当时是南斯拉夫的一部分。尽管考虑到电视台的地理位置,人们可能会想到,解说员讲的是意大利语而不是斯洛文尼亚语(斯洛文尼亚语是前南斯拉夫三种官方语言之一)。更为复杂的是,与比赛解说员塞尔吉奥·塔夫查尔(Sergio Tavčar)搭档的解说嘉宾是美国前教练丹·彼得森(Dan Peterson)。

让我重述一下:美国篮球比赛在南斯拉夫的一家电视台播出,由一个斯洛文尼亚人和一个美国人用意大利语解说。

这种民族、国家和语言的交织(在20世纪80年代末,甚至包括社会、经济和政治制度的交织)对美国的读者和体育迷来说可能很难理解。在美国,国旗

---

① 美国宾夕法尼亚州立大学传播学副教授。他于2011年在斯洛文尼亚卢布尔雅那大学获得博士学位。他的研究兴趣集中在国际语境中的体育、媒介与认同方面。

和国歌等国家的典型标志在中学阶段以前的体育比赛赛前就开始出现。大多数主要的职业联赛都被命名为"国家级",尽管它们包括来自加拿大的球队。这些联赛本身就表明了国家边界的相对性。例如,在2014-15赛季的公开夜场名单上,NBA球队有来自37个国家和地区的101名国际球员(占总数的22%)(NBA.com,2014)。这个联盟经常被称为美国职业体育"国际化"(internationalization)的典范——这或许是篮球运动具有全球吸引力的结果。然而,MLB拥有更多的国际运动员。美国人在NHL中实际上占少数(242名球员,仅占总数的25%;Quanthockey.com,2015),尽管联盟30支球队中,有23支球队的主场在美国。虽然美国职业体育——甚至校际体育——的球迷和消费者可能没有意识到这一点,但他们几乎每天都会接触国际运动员。

体育国际传播中的相关理论

上一节中提到的体育运动显然是通过大众传媒消费的。确定其影响是一项复杂的任务,因为媒体产品过多,消费者多种多样,他们的背景和经历不尽相同,接触媒体内容的次数也各不相同。总体而言,这种影响很少是强烈而直接的;相反,它会随着时间和媒体形式的发展而不断累积。

大众传媒影响消费者的方式之一是决定哪些话题和问题值得公众关注。媒体(尤其是新闻媒体)影响公共议程的能力被称为媒体的议程设置功能,描述这一过程的理论被称为议程设置理论(agenda-setting theory)。该理论的提出者将媒体对1968年总统竞选的报道与选民认为相关的政治议题进行了比较,发现大众媒体报道的议题与选民对各种竞选议题重要性的判断之间存在很强的相关性(McCombs & Shaw,1972)。因此,选民倾向于认同媒体对重要问题的综合定义——尽管这幅图景并不完美。

奥林匹克运动会也许是体育议程设置的理想范例,它是典型的"媒介事件"(media event),其举办的唯一目的就是吸引媒体报道。奥运会是"伪事件"(pseudo-event)(Boorstin,1961),如果没有媒体的记录,奥运会根本不会举行。这并没有降低奥运会的重要性;相反,这凸显出,如果媒体没有将奥运会打造成"地球上最大的表演秀"(Billings,2008),公众对奥运会的关注度不会如此之高。

议程设置功能并不能证明媒体内容与个人观点之间存在因果关系:媒体不会告诉人们是否应该思考某些事件,而是告诉人们该从什么角度思考这些事件(Cohen,1963)。因此,人们可能会支持,但也有极少数人无动于衷。此外,议程设置对那些尚未做出决定的人尤其有效。那些已经对某一重要问题形成看法的人往往会避免获取更多信息,这些信息可能会与他们的看法相左(McCombs & Shaw,1972)。

与议程设置相关但又有别于议程设置的是议程建构(agenda-building),它研究的是事件是如何产生的,以及为什么有些事件"能够引起决策者的注意和关注,有些事件却不能"(Cobb & Elder,1971,p.905)。这一理论也起源于政治学中的政策议程设置。机构议程中的"偏见来源"(sources of bias)(Cobb & Elder,1971,p.906)包括老项目(现有的和未解决的)、决策者、媒体本身以及发起议题的群体的地位。因此,除了现实世界中的事件外,常规、精英、所有权和利益集团也会影响媒体议程(Scheufele,2000)。

新闻报道中的"节拍"(beats)是前文提到的"老项目"的缩影,因为某些话题,如男子职业体育,会得到持续的报道,并抢占先机——相对于国际体育和女性体育(Gee & Leberman,2011)。关于所有权对议程建构的影响,奥运会的全球报道由国际奥委会(IOC)决定,国际奥委会成立了奥林匹克广播服务公司(OBS),负责夏季、冬季和青年奥运会的主场转播。奥林匹克广播服务公司制作每个场馆每个项目的视频转播,生成数千小时的所谓"国际信号",然后将其分发给全球数百家电视媒体播出。同样的还有一些北美职业联盟的电视网,例如 NBA 电视台(NBA TV)①、NFL 网络(NFL Network)②、NHL 网络(NHL Network)③、MLB 网络(MLB Network)④,以及一些大学体育联盟的电视网,如大 10 网络(Big Ten Network)⑤和太-12 网络(Pac-12 Networks)⑥,甚至个别球队都拥有或控制着自己的电视频道,如 YES 网络(YES Network)⑦、长角网络(Longhorn

---

① 一家覆盖全美国、以每日转播 NBA 比赛为特色的专业篮球频道。——译者注
② 一家隶属于 NFL,专门播出 NFL 赛事、集锦和新闻的专业美式橄榄球频道/网站。——译者注
③ 一家隶属于 NHL,专门播出 NHL 赛事、集锦、新闻和各种秀的专业冰球频道/网站。——译者注
④ 一家隶属于 MLB,专门播出 MLB 赛事、集锦、新闻的专业棒球频道/网站。——译者注
⑤ 一家与 NCAA 一级联盟,即大 10 联盟的各项体育比赛有着密切联系的专业体育频道/网站,主要播出包括宾夕法尼亚州立大学、密歇根大学、密歇根州立大学、伊利诺伊大学、印第安纳大学、艾奥瓦大学、威斯康星大学、明尼苏达大学、俄亥俄州立大学、西北大学、普渡大学、马里兰大学、内布拉斯加大学、罗格斯大学等大 10 联盟 14 所大学的 NCAA 赛事。——译者注
⑥ 一家与 NCAA 一级联盟,即太平洋 12 联盟的各项体育比赛有着密切联系的专业体育频道/网站,主要播出包括斯坦福大学、加州大学洛杉矶分校、南加州大学、加利福尼亚大学、亚利桑那大学、亚利桑那州立大学、华盛顿大学、华盛顿州立大学、俄勒冈大学、俄勒冈州立大学、犹他大学、科罗拉多大学等 12 所太平洋 12 联盟大学的 NCAA 赛事。——译者注
⑦ YES Network 是 MLB 球队纽约洋基队、NBA 球队新泽西篮网队和 WNBA 球队纽约自由队的主转播台,播出内容以这三支职业球队的赛事转播和动态报道为主。——译者注

Network)①、曼联电视台(Manchester United Television)②。这些公司绕过传统的新闻机构,监督新闻和内容的生成,控制体育节目从制作到发行的全过程。

如果说议程设置理论说明媒体成功地告诉了人们应该思考什么,那么,启动效应假说表明,大众传媒还通过让人们接触选定的刺激物,使某些问题比其他问题更突出,从而影响人们的行为以及对问题和个人的判断(Iyengar & Kinder,1987)。判断力通常会受到影响,人们在做决定时,媒体经常会左右他们的想法:如果一档新闻节目讨论了俄罗斯的生活水平或侵犯人权的行为,然后转到这个国家举办2014年冬奥会或2018年世界杯足球赛,观众就会认为俄罗斯不合适举办这些赛事。频繁出现或时间较长的内容会产生更强的效果,而且其效果会随着时间的推移而减弱(Higgins,Bargh,& Lombardi,1985)。

框架的概念与议程设置及其内容既有联系又有区别,它描述的是选择所感知的现实中的某些要素、排除其他要素,并组合强调它们之间联系的叙事以促进对问题做出特定解释的过程。这一过程分为四个阶段:问题定义、因果分析、道德判断和补救营销(Entman,1993)。后两个阶段并不一定使用有倾向性的措辞来说服听众;相反,它们似乎是定义和原因分析阶段的自然延续。相关事件可能是报告出来的——也可能是创造出来的——分析可能使用中性表达方式,但也可能是片面的和不完整的。这种选择和排除可能会引起对所提供信息的特定解释。人们常说体育运动饱受兴奋剂的"困扰"(plagued),这表明这一现象严重且传播迅速。根据与当前案例相关的因果分析和道德判断,使用兴奋剂可以被视为一种相对孤立的现象、一种例外,例如BALCO③丑闻,或一种常态,例如俄罗斯运动员涉嫌在国家支持下使用兴奋剂的案例。

框架是日常生活中围绕行为和事件的环境,这一概念源自欧文·戈夫曼(Erving Goffman,1974)。框架与刻板印象有些类似,后者是一种必要且不可避免的认知过程,只有当它们带有偏见时才会产生问题,"框架"是使传播成为可能的共同环境和解释方案。在日常传播中,个人往往会不经意而非有意地运用这些框架。

---

① Longhorn Network是以播出NCAA得州大学奥斯汀分校的各项体育赛事为主的电视和网络平台,年度播出的体育项目多达175项,其中的重头戏是NCAA男子美式橄榄球得州大学奥斯汀分校长角队的比赛转播。——译者注
② 一家隶属于英格兰曼彻斯特联队足球俱乐部的专业电视频道/网站,以播出曼联队男足和女足的历史纪录片、新闻和集锦为特色。——译者注
③ BALCO是指美国湾区实验室合作公司,该公司曾与多名全球顶级运动员有合作关系,包括前田径巨星玛丽安·琼斯和亨特夫妇,后因多名运动员爆出兴奋剂丑闻而声名狼藉。——译者注

大众媒体和新闻媒体是特别突出的框架制造者;它们可以改变社会现状,但更常见的是维护社会现状(Goffman,1974;Hofstetter,1976)。这种延续的冲动被描述为大众传媒的"结构性偏见"(structural bias),并归因于延续现有的媒体报道计划和追求高收视率(Hofstetter,1976)。

本章到此处为止介绍的理论都是针对个人主题和事件的。与国际传播和体育相关的另一个概念有着更为广泛的影响范围,它解释了电视对其观众的影响。电视从根本上有别于其他媒体:它无处不在、极易获取,而且由于观看电视不需要识字,所以不具有选择性。这些特点正是"培养理论"(cultivation theory)(Gerbner & Gross,1976)的原则。该理论认为,研究电视不应着眼于有针对性的具体事件,而应着眼于对人们看待自己生活的世界的方式所产生的累积性和总体性影响。

电视观看量,尤其是与阅读、学习和研究等其他扩展知识的活动相比,促使培养理论的作者将电视描述为"美国社会的中心文化武器"(central cultural arm of American society)(Gerbner & Gross,1976,p.175)。他们认为电视是一种独特的媒体,需要一种特殊的研究方法。它所传递的信息形成了一个连贯的系统,产生了美国文化的主流。因此,培养理论侧重于电视对大众思维和行动的累积性贡献,这些贡献具有压倒性的稳定化和同质化后果(Gerbner,1990)。培养理论是一种学习理论,它解释了人们如何通过电视获取知识。人们与电视"生活"的时间越长,电视对其观点、价值观和个人认同的影响就越大。

尽管"屏幕上的现实"(on-screen reality)看起来是真实世界的一面镜子,但事实并非如此。妇女、下层阶级、年轻人和老年人等群体的代表性明显不足,犯罪率高得不成比例,导致观众认为这个世界比实际情况更加暴力。观众看得越多,就越相信电视现实是真实的(Gerbner & Gross,1976)。在一些欧洲足球联赛进入美国电视荧屏之前,国际体育赛事并没有在《体育中心》①(*SportsCenter*)等专题节目中被播出或提及。因此,当球队赢得 MLB 或 NBA 全国冠军时,观众并不会质疑这些球队成为"世界"冠军的说法,因为他们中的大多数人根本不知道美国以外也有职业棒球和篮球比赛。

上一段提到的群体和类别,性别、国籍、年龄等,通常被人们用来对自己进

---

① 美国媒体 ESPN 的体育新闻节目,号称世界上影响力最大的体育新闻节目,目前已经成为一个专门的电视频道。——译者注

行心理组织。个人通常会形成两种主要认同:个人自我(personal self)和集体自我(collective self),包括他们认为自己所属群体的特征——信仰、态度和行为(Tajfel,1981)。这些群体可以是正式的,也可以是非正式的,划分范围从性别、国籍到种族、宗教,甚至是运动或意识形态归属。群体和类别可以用来区分自己和他人,也可以用来比较和评价自己和他人。社会认同理论认为,个人有积极评价自己的动机,以提高自我价值感。当群体成员身份与他们的自我定义相关时,他们就会主动寻求积极的社会认同(Tajfel & Tumer,1986)。因此,当他们喜欢的球队或国家队取得胜利后,他们就会产生满足感和积极情绪。在管理自己的社会认同时,个人不仅会认为自己与众不同,还会认为自己比别人更好或更差(Bryant & Cummins,2009)。这就导致了以群体身份认同为基础的球迷行为,从看似无害的"垃圾话"(trash talk)到破坏性行为,如斗殴甚至流氓行为。

社会认同是自我归类理论的核心,该理论认为,人们会形成一种个人认同感,这种认同感包含了他们所属群体的共同特征:因此,自我不是认知的基础,而是认知的产物(Turner,Hogg,Oakes,Riecher,& Wetherell,1987)。人们了解国家群体(和外群体)共同特征的一种方式是通过国际体育运动:来自特定国家的运动员通常被认为是在集体延续他们所在国家的政治制度,从而扩大了"他们"和"我们"之间的鸿沟。这种观点可能正确,也可能不正确,美国运动员在许多社会和政治问题上的不同观点就说明了这一点。我们没有理由认为其他国家的运动员在态度上就不那么多样化。

自我归类理论研究的是被认为属于不同社会类别的人之间的认知与互动。该理论有时也被称为"群体的社会认同",并且它预测社会类别的构建是为了确保类别之间的差异大于类别内部的差异。这使得这种分类得以保持。个人试图与外群体的规范和行为保持距离。此外,外群体成员通常被视为比内群体成员更具同质性:他们之间的个体差异消失了(Oakes,Haslam,& Turner,1992)。一位柏油脚跟队(Tar Heels)[①]球迷车上的保险杠贴纸上可能写着:"当杜克大学与基地组织比赛时,我会为他们欢呼。"显然,被憎恨的学校名称很容易改变,但对手的名称就不那么容易改变了。

[①] 本来是美国北卡罗来纳州人的别称,后来成为北卡罗来纳大学在其NCAA各项赛事中的队名。——译者注

第十三章 体育作为国际传播

提供体育与国际传播之间联系的研究

尽管有些人认为体育是一个独特的社会领域,但也可以使用传统的方法展开研究。上一节介绍的理论是在非常不同的语境中发展和首次使用的。为了研究作为国际传播的体育传播,学者和体育迷通常会转向"重大事件"(mega events),或如前所述的"媒介事件",譬如奥运会。数十年来,在美国,奥运会的转播权和电子版权一直归全国广播公司(NBC)旗下的NBC体育部所有。美国观众有可能接触大量的奥运内容:2012年夏季奥运会期间,NBC通过6个电视网络和1个网站,即NBCOlympics.com,提供了5535小时的奥运报道(Deitsch,2012)。尽管如此,观众和研究人员还是将注意力集中在NBC主频道黄金时段的电视转播上。这些转播吸引了大量观众(2012年伦敦奥运会每晚平均收视人数为3110万人;IOC,2012),这为讨论国际精英体育提供了大量机会。

探索体育媒体议程设置的一种方法是检查直播中讨论的话题,或者是讨论的对象和内容。2012年,尽管非美国运动员占奥运会运动员总数的95%,获得的奖牌占伦敦奥运会奖牌总数的89%,但非美国运动员获得了(NBC电视转播)黄金时段44%的提及率(Billings, Angelini, MacArthur Smith & Vincent, 2014)。过去20年中,夏季奥运会报道中的这种不平衡现象一直存在,非美国运动员在黄金时段的报道"高达"45%。在冬季奥运会上,"外国"运动员以占92%的参赛选手数量和占89%的奖牌获得者数量得到了58%的黄金时段提及率(Angelini, Billings & MacArthur, 2012; Billings, 2008)。这种"主队"(home team)的过度呈现在有关美国队在国际足联世界杯上的表现的报道中也可以看到(Billings & Tambosi, 2004)。

因此,美国转播商将美国队的竞技性表演作为(更)重要的公共议程,用不成比例的时间对其进行报道。当然,这样做的并非只有美国媒体:迈克尔·里尔(Michael Real,1989)对1984年洛杉矶夏季奥运会的国际报纸报道进行了开创性的研究,记录了从17%(墨西哥)到79%(美国)不等的"民族主义指数"(indexes of nationalism)。因此,以自我为中心的报道是各国媒体的普遍现象;它们的区别仅在于对国际报道的漠视程度。

体育报道不仅对国际运动员的报道较少,对他们采用的框架也不尽相同。对评估奥运选手的成功、失败、个性和身体素质所使用的描述词进行的研究表明,报道更倾向于从运动技能和经验的角度描述非美国运动员。反过来,关于美国运动员的讨论更多地涉及对承诺、专注、沉着、勇气、智慧与和谐的主观评价[后者描述了"运气"(luck)或"群星璀璨"(stars aligning)等概念的影响](Angelini et al. ,2012; Billings,2008; Billings et al. ,2014)。自 1996 年以来,研究者至少在三届奥运会中都观察到了上述每一种差异,这表明这种不平等的反复出现,即使不一定是故意的,也是广播电视话语中不可或缺的一部分。一组描述词并不一定更好或更差;相反,它们是不同的,美国运动员在有关他们的描述中得到了更多样化的细微介绍。

讨论的差异可能源于体育解说员对美国运动员更为熟悉;在奥运会等重大赛事之前的几个月里,他们有机会观摩美国运动员的训练。通常情况下,解说员会全年跟踪运动员参加职业比赛的情况,并经常与他们打成一片。而非美国籍运动员基本上不为 NBC 的解说员所知,除非他们碰巧经常参加国际(或美国)比赛。除了尤塞恩·博尔特(Usain Bolt)和玛丽亚·莎拉波娃(Maria Sharapova)之外,大多数国际运动员在登上世界上最著名的竞技舞台之前的几分钟,靠的仍然是奥运媒体服务机构或网络研究者编写的简介。这些简介会列出他们的运动简史(从而提供有关其经历的线索)和最佳表现(为其运动实力的评论提供信息)。限制与国际选手接触的另一个障碍是经常缺乏共同语言;在缺乏个人接触的情况下,解说员很难评估选手的投入和智力等特点。

虽然描述通常与个人有关,并导致累积性的讨论差异,但一些研究发现了解说员将国家刻板印象应用于个别竞争对手的实例。研究表明,来自日本的前棒球运动员野茂英雄(Hideo Nomo)和来自中国的前篮球运动员姚明(Yao Ming)被描述为"模范少数族裔"(model minorities),他们牺牲个人的安逸,努力工作,克服(运动和文化)逆境,在美国的球队中取得成功(Lavelle,2011; Mayeda,1999)。尽管人们可以赞同这种文化刻板印象,因为它涉及许多人认为值得称赞的个人品质,但在冷战期间,《体育画报》(Sports Illustrated)的报道中弥漫着负面的反苏联倾向。该杂志不赞成集体主义和共产主义的理想,将苏联运动员描绘成缺乏感情、神秘、只专注于获胜的人,并将苏联及其体育项目描绘成控制和压迫——所有这些观念都与当时人们对这个国家的负面态度吻合。有趣的是,当苏联在 20 世纪 80 年代末开始瓦解时,《体育画报》却倾向于将苏联运动员描述为被压迫体制束缚的群体,而不是毫无乐趣、机械化的为体制效力的人(Ellingson,2012)。围绕篮球运动员林书豪(Jeremy Lin)的讨论证明,媒体偏见和刻板印象至今仍然存在:尽管被称为"林疯狂"的病毒式支持浪潮有助于改变人们对这项运动中亚裔美国人的看法,但出现这一现象的前提条件是媒体对属于这一种族群体的男性在运动方面的期望值过低(Park,2014)。此外,林书豪从哈佛大学毕业时没有获得体育奖学金,以及他在纽约尼克斯队(New York Knicks)效力的最初几天睡在他哥哥的沙发上,这些事实很可能会延续而不是减轻人们对亚裔"数学好"和"模范少数族裔"牺牲自己、克服逆境的刻板印象。

全国性的报道会培养受众的认知偏见。在2006年都灵冬奥会上——美国运动员获得了11%的奖牌——一项调查询问观看过奥运会转播的美国人,美国获得了多少奖牌。在闭幕式结束后,参与者高估"他们"的国家赢得了27.7%的奖牌。随着时间的推移,准确率进一步下降:4周后,美国所获奖牌的估计比例上升到33.9%(Billings,2008)。重度受众①的评估实际上比普通受众的评估更为准确;这很可能是频繁接触奖牌榜的结果。尽管如此,美国的奥运转播还是打造了一种吸引人但不准确的本国优于世界其他国家的形象。

一般来说,媒体对奥运会的报道并不能全面准确地描绘世界(体育)的图景。最近的研究评估了奥运会期间电视消费对民族主义态度的影响。在一项针对3个大洲的6个国家的研究中(Billings et al.,2013),美国人在爱国主义(对共同文化遗产的自豪感)和自以为是(自认为优越于他人的傲慢态度)方面排名最高,在国际主义(被理解为全球公民意识)方面排名最低。所有这些指标都与2012年夏季奥运会的媒体消费呈正相关:观众收看的次数越多,他们在爱国主义和自以为是(以及国际主义)方面的得分就越高。

在本研究调查的受众中,美国人似乎最依赖电视作为信息来源,最终也最依赖电视作为动力来源:这是受众调查中唯一一个收视率的增加与所有被评估的民族化态度(可能与直觉相反的是包括国际主义)的增强呈正相关的指标。人们可能会得出"观看奥运会导致民族主义"的结论:培养理论认为,观看电视上的暴力节目会让人们相信世界比实际情况要危险得多(Gerbner & Gross,1976),因此,持续过多地观看美国运动员战胜外国对手的转播,会让人产生过多的体育优越感,这也是合情合理的。

然而,相关性并不等于因果关系。一项关于2014年冬奥会美国观众民族主义态度的研究(Billings,Brown,& Brown-Devlin,2014)证实,人们看电视越多,在爱国主义、民族主义、自以为是和国际主义量表上的得分就越高。然而,一项跨越时间的比较显示,除了对国际主义的态度外,在索契冬奥会举办前、举办时

---

① 指沉迷于体育赛事转播的受众。——译者注

和举办后并没有出现明显的差异:观看奥运会越多的人,其全球公民意识就越强。关注奥运会并不会使人成为民族主义者;相反,态度表达更强烈的人似乎更关注奥运会。与自我分类理论一致的是,他们观看得越多,外群体或"外国人"的同质性就越强。此外,一个人对民族化态度的感受越强烈,他(她)就会越积极地消费那些重申本群体优越性的节目来进行自我验证。

媒体采用民族化的叙事方式和主题(Maguire & Poulton,1999),可能导致报道偏颇和过于简单化,尤其是在与国际传播有关的问题上。在美国,NBC 追求美国和所有其他竞争者之间五五开的平衡(Billings,2008)。解说员吉姆·兰普利(Jim Lampley)将这种做法描述为"聪明的节目编排"(Billings,2009,p.16)。事实上,当本国有比赛时,人们更愿意观看体育比赛(Kuper & Szymanski,2009;Nüesch & Franck,2009)。尽管 NBC 禁止解说员在提到美国运动员时使用第一人称复数(Billings,2008),但整体对话,以及有偏差地选择报道的画面,都会对受众产生影响。因此,此类节目仅对电视网而言是"智能"的,它很可能见证了收视率的提高。与此同时,受众获得的知识是偏颇的、片面的和不完整的——对集体智慧和媒体素养的贡献微乎其微。

如果说奥运广播电视转播追求的是代表美国和不代表美国的评论平分秋色的话,那么推特则更加偏向爱国主义。在美国队参加的 2014 年国际足联世界杯比赛中,外国球队只获得了 22% 的评论,而占压倒性比例的 78% 的推文都指向了美国队。成功和失败的归因在美国和世界其他国家之间并无差别;但外国球员收到的关于外表、比赛中的情绪的评论以及其他杂项评论要少得多(Billings,Burch,& Zimmerman,2015)。在社交媒体上,熟悉度也会滋生评论,尤其是关于个性和身体的评论——这同样是主观的、不可测量的特征。推特可能是一个更加民主的传播平台,它改变了生产者的角色,但它并不是一个平等主义的论坛。在本书的第十八章,吉米·桑德森(Jimmy Sanderson)更详细地讨论了社交网络对体育迷、运动员和记者的作用。现在,我们只想补充一点,这是乔治·格伯纳(George Gerbner,1990)在互联网时代来临之际提出的观点,即新技术会扩大而不是转移电视信息的传播范围,事实证明他的观点非常准确。

体育与国际传播未来研究的方向

未来,广播电视和社交媒体与全球赛事和组织相关的内容、话语和效果将继续是体育与国际传播领域的主要研究方向。美国是全球流行文化特别高产和有影响力的生产者;虽然研究广播电视的学术研究能够覆盖不同文化,但对社交媒体和体育的研究大多局限于美国运动员以及美国体育联盟。其他大洲在这一领域的学术研究较少,南北差距上呈现出明显的鸿沟。大洋洲是一个例外,它在社交媒体研究(Hutchins & Rowe,2012,2013)和产业(The Economist,2015)方面都贡献了最先进的知识。鉴于目前在日益互联的世界中缺乏跨国学术研究,越来越短的信息和新的"新媒体"平台的影响及意义必将成为未来特别突出的研究方向。

本章介绍的几种理论源自政治传播,在本书第五章,戴维斯·霍克(Davis Houck)对体育的这一方面做了更多介绍。鉴于体育会影响人们对本国和外国的认知,并为培养理论提供线索,人们可能会思考体育传播是否会延伸到政治领域。以下内容逐字摘录自 SBNation.com 网站在 2012 年伦敦奥运会后发表的题为"伦敦最难忘的 15 个故事"一文:

> 美国在奖牌总数和金牌数上都独占鳌头,因为美国在所有方面都是世界第一。但是,如果没有美国女运动员,这一切都不可能实现。她们为我们带来了奥运会上最美好的美国时刻,赢得了 58 枚奖牌,其中包括 29 枚金牌,相形之下,男运动员获得了 45 枚奖牌。美国女人,太棒了。(Sharp,2012)

尽管承认女性对美国的成功作出了(不成比例的)贡献值得称赞,但关于美国相对世界其他国家具有统治地位的论断无论从内容还是风格上看都值得商榷。一位署名为托德·卡尔顿(Todd Carton)的读者发表评论说:"这篇报道太以美国为中心了。"网友 TheAVA 对此回应说:"我认为 7/15 能很好地代表其他国家的成就。"从某种角度来看,7/15 并不能很好地代表所获奖牌的 89.3%,这些奖牌是由总共 204 个参赛国家和地区中的 84 个国家获得的。在这些国家和地区中,令人信服的故事比比皆是:贝赫达德·萨利米(Behdad Salimi)在伦敦赢得举重金牌后不久,因公开抗议国家队教练员在训练中使用攻击性语言而被伊朗国家举重队停赛(Zee News,2014)。尽管一个关于美国篮球教练员施虐的类似的故事引起了公众和媒体的广泛反响,并登上了《纽约时报》(New York Times)的封面(Eder & Zernike,2013),但来自伊朗的举重运动员仍然不为美国观众所知。学者和专业人士必须想方设法让美国观众对他们产生兴趣,这样美国观众就会对这些内容有更多的需求。

未来的另一个研究方向与跨国解说有关。美国的体育赛事转播，包括最初的解说员解说，现在都可以通过流媒体传输到智能手机上，在全球范围内观看。在美国，英超联赛的收视率一直在上升，尽管——或者可能是因为——英国解说员（的解说）决定了英超联赛的收视率。过去的研究表明，比赛转播的全球流通与本地流通会影响制作实践（Silk，1999）。未来的研究可能会考察这种跨国播报对国内和国际受众的影响，以及受众对运动员、组织、体育和文化的认知。

全球社会在不断发展，自1990年以来出现了约35个新国家。体育是这些国家获得合法性的首要途径之一：巴勒斯坦尚未获得全面的国际认可，但其足球和篮球国家队已分别参加了2014年和2015年的亚洲锦标赛。随着时间的推移，这些新的社会——以及其他发展中国家和后殖民国家——将登上世界（体育）舞台，它们将面临一系列传播方面的变化与挑战。学术界需要研究这些现象及其对巩固社会的影响。

最后，全球化和世界体系中各国之间日益紧密的相互联系本身就是一个研究领域。随着越来越多的非美国籍运动员参加职业比赛和校际比赛，人际传播、群体传播和组织传播也发生了变化。后者很可能出现在读者的大学校队甚至课堂上，由德国品牌阿迪达斯（Adidas）赞助的体育部门的数量也在不断增加。与此同时，世界各地的院校开始寻求与美国大学建立以体育为主题的学术合作关系。并非所有的合作都涉及"职业主义"（professionalism）。相反，通过体育和体育传播可以弥合或消除文化差异，可以促进社会发展与和平，同样，它也可能导致通过体育实现的殖民化。解决这些问题将是学者们面临的重大挑战，他们必须警惕无意中传播文化主导地位和麻木不仁的态度：谚语说，通往地狱的道路是用善意铺成的。

自视频手写板还是个新鲜事物的年代以来，技术已经取得了长足的进步。世界越来越紧密地联系在一起，国际传播正发挥着前所未有的作用，规模也越来越庞大。25年前，只有一个美国人在南斯拉夫频道上说意大利语；2015年，我看到中国的学生通过ESPN Deportes[①]来收看NBA总决赛直播。体育提供了为数不多的定期和平机会，以不偏不倚的方式向人们介绍其他国家和文化。负责任的传播至关重要。

---

① ESPN在美国国内的西班牙语频道。——译者注

参考文献

Angelini, J. R., Billings, A. C., & MacArthur, P. J. (2012). The nationalistic revolution will be televised: The 2010 Vancouver Olympic Games on NBC. *International Journal of Sport Communication*, 5(2), 193-209.

Billings, A. C. (2008). *Olympic media: Inside the biggest show on television*. London: Routledge.

Billings, A. C. (2009). Conveying the Olympic message: NBC producer and sportscaster interviews regarding the role of identity. *Journal of Sports Media*, 4(1), 1-23.

Billings, A. C., Angelini, J. R., MacArthur, P. J., Smith, L. R., & Vincent, J. (2014). Fanfare for the American: NBC's prime-time broadcast of the 2012 London Olympiad. *Electronic News*, 8(2), 101-119.

Billings, A. C., Brown, K., & Brown-Devlin, N. (2014). Sports draped in the American flag: Impact of the 2014 Winter Olympic telecast on nationalized attitudes. *Mass Communication and Society*, 18(4), 377-398.

Billings, A. C., Brown, N. A., Brown, K. A., Guo, Q., Leeman, M. A., Ličen, S., Rowe, D. et al. (2013). From pride to smugness and the nationalism between: Olympic media consumption effects on nationalism across the globe. *Mass Communication and Society*, 16(6), 910-932.

Billings, A. C., Burch, L. M., & Zimmerman, M. H. (2015). Fragments of us, fragments of them: Social media, nationality and US perceptions of the 2014 FIFA World Cup. *Soccer & Society*, 16(5-6), 726-744.

Billings, A. C., & Tambosi, F. (2004). Portraying the United States vs portraying a champion: US network bias in the 2002 World Cup. *International Review for the Sociology of Sport*, 39(2), 157-165.

Boorstin, D. J. (1961). *The image: A guide to pseudo-events in America*. New York: Vintage.

Bryant, J. R., & Cummins, G. (2009). The effects of outcome of mediated and live sporting events of sports fans' self- and social identities. In H. L. Hundley & A. C. Billings (Eds.), *Examining identity in sports media* (pp. 217-238). Thousand Oaks, CA: Sage.

Cobb, R. W., & Elder, C. (1971). The politics of agenda-building: An alternative perspective for modern democratic theory. *Journal of Politics*, 33, 892-915.

Cohen, B. C. (1963). *The press and foreign policy*. Princeton, NJ: Princeton University Press.

Deitsch, R. (July 26, 2012). The Olympic television guide. *SI. com*. Retrieved from http://sportsillustrated.cnn.com/2012/olympics/2012/writers/richard_deitsch/07/16/olympics-NBCTV-preview/index.html.

The Economist (May 23, 2015). Kiwis as guinea pigs. *The Economist* (European edition), p. 58.

Eder, S. , & Zernike, K. (April 3, 2013). Rutgers leaders are faulted on abusive coach. *New York Times* (New York edition), p. A1.

Ellingson, N. (2012). *"Sports Illustrated" and the Cold War* (Unpublished undergraduate Honors thesis). Redlands, CA: University of Redlands. Retrieved June 29, 2016, from http://inspire. redlands. edu/cas_honors/25.

Entman, R. M. (1993). Framing: Toward clarication of a fractured paradigm. *Journal of Communication*, 43(4), 51-58.

Gee, B L. , & Leberman, S. I. (2011). Sports media decision making in France: How they choose what we get to see and read. *International Journal of Sport Communication*, 4(3), 321-343.

Gerbner, G. (1990). Epilogue: Advancing on the path of righteousness (maybe). In N. Signorielli & M. Morgan (Eds.), *Cultivation analysis: New directions in media effects research* (pp. 249-262). London: Sage.

Gerbner, G. , & Gross, L. (1976). Living with television: The violence prole. *Journal of Communication*, 26(2), 173-199.

Goffman, E. (1974). *Frame analysis: An essay on the organization of experience*. Boston, MA: Northeastern University Press.

Higgins, E. T. , Bargh, J. A. , & Lombardi, W. J. (1985). Nature of priming effects on categorization. *Journal of Experimental Psychology: Learning, Memory, and Cognition*, 11(1), 59-69.

Hofstetter, C. R. (1976). *Bias in the news*. Columbus, OH: Ohio State University Press.

Hutchins, B. , & Rowe, D. (2012). *Sport beyond television: The Internet, digital media and the rise of networked media sport*. London: Routledge.

Hutchins, B. , & Rowe, D. (2013). *Digital media sport: Technology, power and culture in the network society*. London: Routledge.

International Olympic Committee. (2012). *Marketing Report London 2012*. Retrieved June 29, 2016, from http://www. olympic. org/Documents/IOC_Marketing/London_2012/LR_IOC_MarketingReport_medium_res1. pdf.

Iyengar, S. , & Kinder, D. R. (1987). *News that matters: Television and American opinion*. Chicago, IL: University of Chicago Press.

Kuper, S. , & Szymanski, S. (2009). *Soccernomics: Why England loses, why Germany and Brazil win, and why the US, Japan, Australia, Turkey—and even Iraq—are destined to become the kings of the world's most popular sport*. New York: Nation Books.

Lavelle, K. L. (2011). "One of these things is not like the others": Linguistic representations of Yao Ming in NBA game commentary. *International Journal of Sport Communication*, 4(1),

50-69.

Maguire, J., & Poulton, E. K. (1999). European identity politics in Euro 96: Invented traditions and national habitus codes. *International Review for the Sociology of Sport*, 34(1), 17-29.

Mayeda, D. T. (1999). From model minority to economic threat. *Journal of Sport and Social Issues*, 23(2), 203-217.

McCombs, M. E., & Shaw, D. L. (1972). The agenda-setting function of mass media. *Public Opinion Quarterly*, 36(2), 176-187.

NBA. com (October 2014, 2014). Record 101 international players on opening day rosters. Retrieved June 29, 2016, from http://www.nba.com/2014/news/10/28/international-players-on-opening-day-rosters-2014-15/.

Nüesch, S., & Franck, E. (2009). The role of patriotism in explaining the TV audience of national team games: Evidence from four international tournaments. *Journal of Media Economics*, 22(1), 6-19.

Oakes, P. J., Haslam, S. A., & Turner, J. C. (1994). *Stereotyping and social reality*. Oxford: Blackwell.

Park, M. K. (2014). Race, hegemonic masculinity, and the "Linpossible!": An analysis of media representations of Jeremy Lin. *Communication & Sport*, 3(4), 367-389.

Quanthockey. com (July 30, 2015). Active NHL players totals by nationality: 2014-15 stats. Retrieved June 29, 2016, from http://www.quanthockey.com/nhl/nationalitytotals/active-nhl-players-2014-15-stats.html.

Real, M. (1989). *Super media: A cultural studies approach*. London: Sage.

Scheufele, D. A. (2000). Agenda-setting, priming, and framing revisited: Another look at cognitive effects of political communication. *Mass Communication and Society*, 3(2-3), 297-316.

Sharp, A. (August 13, 2012). 2012 Olympics in review: 15 most memorable stories from London. *SBNation. com*. Retrieved June 29, 2016, from http://www.sbnation.com/london-olympics-2012/2012/8/13/3233939/summer-games-best-moments-team-usa.

Silk, M. (1999). Local/global flows and altered production practices: Narrative constructions at the 1995 Canada cup of soccer. *International Review for the Sociology of Sport*, 34(2), 113-123.

Tajfel, H. (1981). *Human groups and social categories*. Cambridge: Cambridge University Press.

Tajfel, H., & Turner, J. C. (1986). The social identity theory of intergroup behaviour. In S. Worchel & W. G. Austin (Eds.), *Psychology of intergroup relations* (pp. 7-24). Chicago, IL: Nelson-Hall.

Turner, J. C., Hogg, M. A., Oakes, P. J., Riecher, S. D., & Wetherell, M. S. (1987). *Rediscovering the social group: A self-categorization theory*. Oxford: Blackwell.

Wallerstein, I. (1974). *The modern world system*. New York: Academic Press. Zee News (2014, September 26). Asian Games: Five facts about "world's strongest man" Behdad Salimi. Retrieved June 29, 2016, from http://zeenews.india.com/sports/2014-asian-games/asian-games-ve-facts-about-worlds-strongest-man-behdadsalimi_1476154.html.

第十四章 体育作为新闻镜头

史蒂夫·比安-艾梅[①]　艾琳·怀特塞德[②]　玛丽·哈丁[③]

俗话说,沉默是金。当涉及运动员不与媒体交谈时,沉默的代价是昂贵的。西雅图海鹰队(Seattle Seahawks)跑锋马肖恩·林奇(Marshawn Lynch)因在2014年11月的一场美式橄榄球赛后不与记者交谈,而被罚款5万美元(Hanzus,2014)。在同一赛季的超级碗媒体日上,林奇在与记者们长达5分钟的会面中说了29次"我在这里只是为了不被扣钱"(Stroud,2015)。考虑到超级碗几乎总是美国收视率最高的比赛,这个数字也就不难理解了:2015年有超过1.12亿人观看了NFL的冠军争夺战,在全年收视率最高的10个节目中,NFL比赛独占7席(Sandomir,2015)。体育联盟的发展在很大程度上依赖于持续有力的媒体报道,媒体报道在一定程度上是记者与联盟、球队和运动员之间紧密关系的产物(Genovese,2013;McChesney,1989;Rowe,1999)。因此,NFL以如此严厉的制裁来威胁林奇就不足为奇了。拒绝与媒体对话破坏了这种互利关系。

[①] 美国肯塔基大学媒体与传播学院助理教授。他于2016年在美国宾夕法尼亚州立大学获博士学位。他的研究兴趣是新闻与体育媒体中的种族和性别议题。他还是美国波因特研究所兼职教授,他在那里为新闻媒体和大学提供包容性语言和多样性培训。他曾是体育记者和财经记者。
[②] 美国田纳西大学新闻与媒体学院教授。她于2010年在美国宾夕法尼亚州立大学获得博士学位。她的研究兴趣是运用女性主义方法考察体育媒体与文化之间的关系。她有着丰富的业界经验,曾经在位于纽约的美国职业棒球大联盟工作,也曾在宾夕法尼亚州立大学运动部从事女子篮球和美式橄榄球传播推广工作。
[③] 美国宾夕法尼亚州立大学贝利萨里奥传播学院教授,院长。她于1998年在美国佐治亚大学获得博士学位。她是SSCI期刊《传播与体育》现任主编。她的研究兴趣集中在媒介体育的多样性、种族和职业化实践方面。

定义媒体、社会与体育之间的关系

被誉为"第四权力"(fourth estate)的新闻业,被描述为一种社会黏合剂,它也是一种正常运作时在民主中发挥关键作用的机构(Adam & Clark,2006)。其核心是,新闻业的有效实践为公民提供了一种共同语言,使他们对社会中的关键问题有了共同的理解,从而促进了有根据的和理性的辩论(Kovach & Rosenstiel,2007)。当一个充满活力和自由的新闻媒体同时参与监督政府的实践,并有效制衡民选官员潜在的滥用权力行为时,民主就能蓬勃发展(Adam & Clark,2006;Harcup,2009;Kovach & Rosenstiel,2007)。体育虽然通常被认为在新闻等级中占据着不太重要的位置,但对于构建社会和社群也非常重要;正如麦克切斯尼(McChesney,1989)在其体育新闻史中所写的那样,"报纸对体育的报道和推广可被视为对其所在城市的重要贡献"(p.57)。体育和体育媒体还共同促进公民的"一致性"(conformity),同时减少社会中的异议(Jenkins,2013,p.252)。

体育新闻的发展及其相关使命并没有与新闻的发展同步。更具体地说,体育新闻通常被想象为一个绝对非政治化的空间,其内容被认为是价值中立的(Rowe,2007)。这种共同的定义掩盖了社会价值观和规范是如何通过看似最为平淡的体育媒体内容产生的(Rowe,2007;Segrave,2000)。在评估该领域的发展和变化时,学者们注意到了体育与媒体的"共生关系"(symbiotic relationship)(McChesney,1989,p.49)。正如洛弗(Rowe,1999)所解释的,"媒体既是体育的经济动力,也是体育的文化动力,因为媒体提供(或吸引)了大部分资本,而这些资本反过来又创造和传播了图像和信息,从而产生了更多的资本和更多的体育运动,并呈螺旋式上升"(p.65)。例如,福克斯电视网(FOX)、哥伦比亚广播公司(CBS)、全国广播公司(NBC)和 ESPN 每年向 NFL 支付超过 10 亿美元的转播费(Ourand,2014)。这种投资产生了惊人的回报。例如,NBC 为超级碗期间的 30 秒广告向广告商收取了 440 万美元的费用(Sandomir,2015)。最终,NBC 和所有其他以营利为目的的媒体公司基本上都将体育受众卖给了广告商,这使得体育内容——以及密切关注体育内容的大量个人——成为一种利润丰厚的商品。正如吉诺维斯(Genovese,2013)所指出的,这些金融合作关系给体育记者带来了道德困境,提出了一个问题:当体育与媒体之间的商业联系不断加强时,体育记者在批评体育联盟和运动员的路上还能走多远?

第十四章 体育作为新闻镜头

这些关系甚至影响着最日常的工作。体育记者可能不得不限制报道范围,以提高成功的可能性。例如,为了获得"独家新闻"(scoops)和好的采访,记者需要接触训练、比赛、运动员、教练员、经纪人等(Boyle,2006a,2006b;Fatsis,2014;Genovese,2013;Rowe,2007)。记者"受到这些运动队对媒体访问的限制——违反这些限制可能会被赶出记者席"(Ellis,2013)。因此,一些记者可能不得不进行某种形式的自我审查,不报道可能会引起体育联盟和运动员争议的话题,以保留宝贵的报道权(Fatsis,2014;Guthrie,2015)。

体育与媒体利益日益交织在一起,我们不妨回顾一下新闻业在民主社会中的责任。不同学者列出了各种责任,但这些责任可以被归结为一些关键原则:记者必须独立,记者必须批判社会中的强势利益集团,记者必须忠于新闻消费者(Brooks,Kennedy,Moen & Ranly,2014;Kovach & Rosenstiel,2007)。然而,体育新闻与这些理想之间存在着明显的紧张关系。本章其余部分将探讨这种棘手的关系,以及研究者如何进一步分析体育新闻。

"企业文化"与伦理问题

体育媒介综合体说明了媒体公司的商业利益与为这些公司工作的记者之间的紧张关系(Genovese,2013;Wolter,2014)。吉诺维斯(Genovese,2013)将这种紧张关系解释为"记者受到企业文化的影响,以至于他们无法报道某些可能与企业利益相冲突的故事或立场,例如报道一家体育运动队的上座率下降,而该运动队和媒体同属一家母公司"(p.144)。他采访了一家地区体育网络的几位记者,该网络在市场上拥有两支运动队。一位记者解释了将硬新闻与企业利益相结合所带来的紧张关系和道德问题:

> (网络)是合法的新闻来源。但与此同时,(网络)有自己的议程。(网络的母公司)也有自己的议程。有很多事件我们会去报道,因为那些人在那里……我们把重点放在这一点上。而对于其他人,我们可能不会。这只是生意的本质,我的意思是,你必须与把你带到这里的人共舞,或者你必须安抚管理这里的人。我的意思是,是的,我们是一个提供新闻的场所,但我们也存在营销和与工作相关的公共关系。(p.151)

体育新闻对伦理问题的关注超出了记者为取悦公司老板而工作的范畴。哈丁、

217

钟和怀特塞德（Hardin, Zhong, & Whiteside, 2009）在对体育记者的调查中研究了行业道德规范。他们的研究结果显示，体育记者达成了共识——尽管这种看法略有不同——他们需要遵守一套不同于其他记者的道德规范。奥提斯和保利（Oates & Pauly, 2007）希望体育新闻将自身推向更高的道德标准，部分原因在于其范畴。体育新闻不仅仅是新闻的一个子集，还是内容的一个巨大驱动力。在澳大利亚，体育记者的人数超过了政治记者的人数（Zion, Spaaij, & Nicholson, 2011）。体育记者是社会的塑造者，应当遵守较高的道德标准（Rowe, 1999; Oates & Pauly, 2007）。

共生关系的转变

随着体育新闻格局的不断变化，体育记者必须与团队和联盟创立的媒体竞争，他们中的许多人都有机会接触关键信息来源。在记者寻求适应的过程中，创造替代性的体育媒体内容可能会成为更加突出的策略（Ellis, 2013）。其中一种策略可能是关注本地内容。例如，在2013年超级碗举办期间，SB Nation[①]报告其博客网络的访问量创下新高，这归功于其专注于制作本地内容和独特的视频，而不是与超级碗相关的项目（Warzel, 2013）。在12个最受欢迎的体育网站中，SB Nation和Deadspin[②]都是非传统的博客网站（Fisher, 2015）。其他网站可能侧重于通过调查性报道打造利基市场。

另类体育媒体公司的发展可能会开始挑战体育作为一个安全空间的能力，也就是说，体育是一个允许被视为非政治、非争议性，但仍然有趣、令人兴奋和团结的行业（McChesney, 1989）。体育并不被视为造成分裂的事物；相反，它将体育迷团结成一种"世俗宗教"（secular religion）（Rowe, 1999, p. 69），并经常被描述为将一个国家的民众团结起来支持自己国家的力量（Allison, 2000; Jenkins, 2013）。体育为许多体育迷创造了一个幻想的庇护所（Segrave, 2000）。当另类体育媒体将种族主义、性别歧视或阶级歧视等有争议的问题公之于众时，这种幻想的庇护所就会被打乱。因此，为了产生既令人兴奋又在现实生活中没有争议的内容，大多数体育记者为"他们的消费者提供赛事背景资料和介绍参

[①] 付费专业体育门户网站，由新闻集团前高管在2003年创办。其信息以专业性和独家报道为特色，在体育新闻业界有很高的认知度。——译者注
[②] 威尔·雷奇于2005年创办的体育专业博客，总部设在美国芝加哥。它每天发布各种体育故事，尤其是体育类奇闻逸事和视频，但各类谣言和假新闻所占的比例也不低。——译者注

赛者、分析选手表现的文章,还有源源不断的背景新闻和特写"(Andrews,2005,p.3),以满足体育迷"似乎永不满足的胃口"(Bellamy,2006,p.63)。奥提斯和保利(Oates & Pauly,2007)认为,这些故事虽然通常被认为是娱乐的一部分(Zion et al.,2011),"但即使体育报道没有为公民提供关键信息,也可能为他们提供文化叙事,框定并塑造他们对民主社会的群体认同和关系的理解"(p.336)。体育是一个非政治性空间这一公认的概念阻碍了对其相关言论的批评和评估。

调查体育新闻内容与实践：工具和理论

由于体育的道德标准有时过于苛刻,其主题也被一些人视为是"无聊的"(frivolous),因此,体育被称为新闻编辑室中更广泛意义上的"玩具部"(toy department)。然而,体育媒体在我们如何通过框架过程,即恩特曼(Entman,1993)所描述的新闻报道过程中所固有的信息选择、解释和强调的结果,对无数社会政治问题进行意义建构方面发挥着根本性的作用。例如,学者们早已注意到,体育媒体经常通过视觉美学或语言手段,从本质上以一种凸显女性特质的方式来展示女性运动员(Fink,2015;Wolter,2015)。还有人描述了体育期刊的一贯趋势,即通过将黑人运动员框定为天生的运动健将,将白人运动员框定为天生勤奋的工作者或智力天才,从而助长了主流的种族意识形态(Bigler & Jeffies,2008;Billings,2004)。识别和追踪框架一直是体育新闻学学术研究的一个重要部分,正如卡拉吉和罗福斯(Carragee & Roefs,2004)所指出的,这也是确定媒体在更大范围的公共意识形态斗争中所扮演角色的重要一步。

尽管许多框架研究的重点在于识别框架,但这只是构建框架研究计划四个部分中的一个。根据迪安吉洛(D'Angelo,2002)的说法,要充分了解框架的影响,学者们还必须调查产生这些框架的条件,探索个人根据框架进行协商和创造意义的方式。最后,还要研究这一过程如何影响公众舆论和政策结果。对框架进行有力的调查,可以更全面地了解框架在公共话语中的运作方式和效果。例如,凯瑟尔(Kaiser,2011)在追踪《1972年教育修正案》第九条最初30年的框架研究中,语境化了他所确定的框架与产生这些框架的社会环境。还有人探讨了个人如何回应性别化叙事和框架;例如,哈丁和怀特塞德(Hardin & Whiteside,2009)对女大学生进行了小组访谈,注意到参与者抵制以情感方式谈论性别平等概念。通过对这一意义生成过程的研究,作者为政策制定者和《1972年教育修正案》第九条的倡导者提供了思路,使他们能够找到让法律继续与年青一代产生共鸣的方法。

除了在社会意义创造过程中发挥作用以外,体育媒体公司还是地方、国家和国际议程的设置者(Denham,2004;Frederick,Burch,& Blaszka,2015)。议程设置是指,对媒体具有重要意义的事件和问题最终也会对公众具有重要意义(Kiousis,2011;McCombs,1997;McCombs &Shaw,1972)。从本质上讲,记者对某一问题的报道越突出,公众就越有可能将其视为重要问题。如果记者碍于强大的利益集团而忽视有争议的问题,那么公众利益就没有得到维护(Oates & Pauly,2007)。因此,体育记者不仅有能力影响体育产业,也有能力影响政治。

《体育画报》(Sports Illustrated)对20世纪90年代和21世纪初棒球界使用类固醇的报道具有里程碑意义。巴里·邦兹(Barry Bonds)、马克·麦奎尔(Mark McGwire)和萨米·索萨(Sammy Sosa)①等MLB球员创下了本垒打(home run)的纪录,但记者们并没有公开质疑球员是否使用了兴奋剂(Denham,2004)。2002年,《体育画报》的汤姆·维尔杜奇(Tom Verducci)撰文揭露了类固醇问题,美国全国围绕棒球的讨论发生了变化,因为这篇报道揭露了一个以前不为人知的问题(Denham,2004)。媒体的重复性在议程设置中发挥了巨大作用,因为"公众接收到的媒体信息的重复性"有助于巩固媒体所传达新闻的重要性(McCombs,Shaw,& Weaver,2014,p.790)。随着媒体对棒球比赛中类固醇使用的持续报道,美国国会就MLB如何解决兴奋剂问题举行了听证会。杂志上的一篇体育报道引发了连锁反应,一直传到国会山。《体育画报》的议程设置过程如下:

> 主流记者在知名杂志上报道了一篇具有煽动性的封面故事,并在杂志故事中引用消息来源和消息来源的论点,报纸上的文章则面向更广泛的读者群,有助于建立一个广泛的公共议程。政策制定者根据议程采取行动,不仅需要解决影响其自身感受的问题,还需要解决其选民认为重要的问题。(Denham,2004,p.54)

显著性在很大程度上影响着议程设置(Denham,2004,2014;Frederick,

---

① 巴里·邦兹、马克·麦奎尔和萨米·索萨都是20世纪90年代和21世纪初MLB的著名投手。1998赛季,出生于多米尼加共和国的芝加哥小熊队右外野手索萨单赛季击出66个本垒打,打破了罗杰·玛利斯的单赛季61个本垒打的纪录。但圣路易斯红雀队的麦奎尔在该赛季获得70个本垒打。2001赛季,旧金山巨人队的邦兹以73个本垒打打破了麦奎尔创下的纪录。但三名选手后来都被发现有服用兴奋剂的嫌疑。——译者注

Burch & Blaszka,2015)。记者们通常会密切关注竞争对手,并报道与竞争对手相同的故事(Denham,2014;Lowrey,2012;Shoemaker & Vos,2009)。因此,《体育画报》等刊物在报道类固醇新闻时,是最受欢迎的美国体育杂志(Denham,2004),《纽约时报》(Denham,2014;Yang,2003)在新闻界的影响力非常大,它们都是可见度很高的新闻来源。邓汉姆(Denham,2014)发现,在《纽约时报》于2012年开始报道赛马业使用兴奋剂的范围后不久,平面媒体和广播电视媒体都开始报道这一话题。媒体援引了《纽约时报》的报道,并在随后的报道中采用了与《纽约时报》报道类似的框架。

如今,我们看到博客和其他非传统形式的媒体可以影响新闻议程(Hutchins,2014;McCombs et al.,2014)。TMZ① 在2014年发布了一段当时的NFL球星雷·赖斯(Ray Rice)殴打其未婚妻的视频(Brinson,2014;Deitsch,2014;Fatsis,2014),这证明了"以数字为媒介的社会联系的边界越来越松散"(Hutchins,2014,p. 125)。这一事件从不为人知发展到成为主流体育媒体的头条新闻(Fatsis,2014)。非传统媒体日益强大的力量可能会给体育媒体读者带来巨大的好处。邓汉姆(Denham,2014)指出,《体育画报》之所以能够积极报道MLB的类固醇事件,原因之一是它与体育联盟没有经济上的联系。事实上,本节提到的其他媒体公司(《纽约时报》和TMZ)的记者似乎也享有报道体育新闻的极大自由,并因此通过调查性报道设置议程。

在考虑议程设置时,人们还必须考虑把关问题。每天都有无数的事件发生,但由于空间和注意力的限制,只有数量有限的报道和框架能真正被传播给公众。传统上,媒体把关人——记者和编辑——决定与公众分享哪些新闻(Shoemaker,1991;Shoemaker & Vos,2009)。最近,体育媒体的把关能力有所减弱,因为运动队和联盟不需要记者就能与广大受众分享信息(Coddington & Holton,2014)。运动队和联盟可以在社交媒体上分享突发新闻,按照自己的意愿塑造信息。事实上,运动员和体育在推特等社交媒体平台上直接传播,"重塑了体育迷与运动员之间的互动"(Frederick,Lim,Clavio,Pedersen,& Burch,2012;Kassing & Sanderson,2010)。运动员能够为自己的拥趸提供不容易获得的比赛见解,分享对某些话题的看法,甚至"反驳不利的媒体表述"(Kassing & Sanderson,2010,p. 113)。借由这种把关方式的转变,运动员可以重新塑造自己。从根本上说,运动员可以用自己的方式而不是记者的方式来描绘自己。自我形象

---

① 时代华纳旗下的一家名人八卦新闻网站,创办于2005年11月。——译者注

的塑造取决于运动员是否愿意直接与体育迷交流,以促进有力的互动参与;运动员这么做的意愿各不相同(Frederick et al.,2012)。

体育新闻学的未来研究方向

本章的写作正值体育新闻学在学术界越来越受欢迎的时期。在美国新闻学与大众传播教育协会(AEJMC)认证的院校中,有34个体育传播专业,比2007年的14个有所增加(Penn State,2012)。因此,了解教育工作者如何培养未来的媒体专业人员很重要。尽管法特希斯(Fatsis,2014)将体育新闻学描述为强调日常事务和渲染赛事,但体育新闻学同时在塑造公众对众多社会问题的意识方面发挥着重要作用。崭露头角的体育记者应该意识到他们在这方面所扮演的角色。对不断发展的传播学与体育学学科内的课程进行研究,可以提供重要的干预措施。毫无疑问,记者需要接受足够的技能培训才能进入这一行业,但他们的教育也应兼顾让他们了解他们的工作如何与建设社群,以及正在进行的关于将这些社群联系在一起的价值观的协商过程相平衡。

许多学者通过文本分析,包括基于框架概念的文本分析,批判了体育话语如何以明显或微妙的方式维护各种社会等级制度。除了帮助有抱负的体育记者了解他们在这一过程中所扮演的角色,研究人员应致力于了解内容(包括常见的框架)产生的条件。例如,麦克唐纳(McDonald,2005)在研究种族意识形态如何通过体育媒体传播时,注意到体育媒体内容维护白人特权的多种方式。虽然此类文本分析在展示社会规范的传播和固化方面至关重要,但她认为,研究者必须将重点转向了解这些意义系统是如何产生的。事实上,正如贝克和弗拉德(Becker & Vlad,2009,p.59)所写的,"新闻既是个人的产品,也是组织的产品"。因此,研究组织本身及其相关文化的特殊性是理解其生产内容的重要一环。我们同样认为,需要对文化、工作常规、道德规范和其他推动体育媒体生产的力量进行更多的研究。洛弗斯(Lowes,1999)提供了一个有用的起点:他的民族志研究揭示了体育新闻的生产方式,并对体育媒体生产的细微差别提供了见解。更多的研究,尤其是采用定性研究方法的研究,将业界专业人士的声音纳入其中,将为理解体育媒体文本提供重要的解释手段,体育媒体文本往往是研究人员的探究重点。然而,社会学研究只是方程式的一部分。回到政治经济学分析,将进一步展示体育与媒体之间的共生关系在当代体育媒体景观中的新表现形式。

洛弗斯(Lowes,1999)的研究考察了一家中等市场规模的报纸的工作场所。这样的研究是不寻常的,因为瓦尔-约尔根森和汉尼施(Wahl-Joergensen & Hanitzsch,2009)认为,新闻学者经常进行"上层研究"(studying up),即他们所说的在研究中优先考虑精英和大型媒体机构的做法。这样做忽视了新闻生产的可变性,造成了对新闻业"普遍化和权威性"的描述(p. 12)。在新闻与体育的研究中也存在类似的盲区。ESPN、《体育画报》和其他大型媒体机构都是该领域的巨头,但它们只代表了这个行业的一个层面。研究这些头部机构关注什么以及它们如何报道各种问题和个人固然重要,但就关键问题研究广泛的新闻机构将有助于形成一个更复杂的有关体育新闻实践和规范的图景。例如,学者们对体育新闻中的女性形象投入了大量的关注,在备受关注的体育媒体中,女性在很大程度上是不可见的,这一点已得到证实。毫无疑问,大型体育媒体机构为体育产业的其他部门定下了基调。然而,也有一些女性运动员确实得到了大量的和/或社会公正报道的内容(Antunovic & Hardin,2012;Billings et al. ,2014;Pedersen,2002;Wolter,2015;Whiteside & Rightler-McDaniels,2013)。综合分析和批评精英媒体组织和各种媒体机构的做法不仅可以说明女孩和女性体育在哪些方面得到了报道,在哪些方面没有得到报道,还可以说明这种报道体现可信性和合法性概念的必要条件。

然而,文本本身和内容背后的生产力量本身是不完整的。舒德森(Schudson,2000)认为,对这两个方面的关注导致了对受众的忽视,从而剥夺了个人在我们理解体育媒介消费时的能动性。受众研究是一个不断发展的研究流派,体育新闻学研究者在其发展过程中可以发挥重要作用,尤其是考虑到社交媒体在体育新闻中的突出地位。特别是,社交媒体正在改变新闻媒体与其消费者的关系(McCombs et al. ,2014),以及体育迷与运动员和运动队之间的关系(Frederick et al. ,2014;Hutchins,2014)。这种关系转变的结果可能会影响体育新闻的生产方式,包括内容的类型和广度,从而使这一研究切入点在未来发展中尤其富有成效。

总体而言,新闻业在促进充满活力的民主方面负有重要责任。体育新闻学也不能逃避这一责任。体育记者决定报道什么,以及他们报道问题的方式所具有的影响力超出了新闻网站体育版的范围。体育和体育媒体共同塑造着文化。因此,研究者必须继续对体育媒体内容和体育新闻实践进行批判。使用和进一步发展关键的传播学理论和研究方法,可以帮助研究者完成这项最重要的工作。

参考文献

Adam, G. S. , & Clark, R. P. (2006). Introduction: Reflections on journalism and the architecture of democracy. In G. S. Adam & R. P. Clark (Eds.), *Journalism: The democratic craft* (pp. xv-xix). New York: Oxford University Press.

Allison, L. (2000). Sport and nationalism. In J. Coakley & E. Dunning (Eds.), *Handbook of sports studies* (pp. 344-355). London: Sage.

Andrews, P. (2005). *Sports journalism: A practical introduction*. London: Sage.

Antunovic, D. , & Hardin, M. (2012). Activism in women's sports blogs: Fandom and feminist potential. *International Journal of Sport Communication*, 5(3), 305-322.

Bellamy Jr. , R. V. (2006). Sports media: A modern institution. In A. A. Raney & J. Bryant (Eds.), *Handbook of sports and media* (pp. 63-76). Mahwah, NJ: Lawrence Erlbaum.

Becker, L. B. , & Vlad, T. (2009). News organizations and routines. In K. Wahl-Jorgensen & T. Hanitzsch (Eds.), *The handbook of journalism studies* (pp. 59-72). New York: Routledge.

Bigler, M. , & Jeffries, J. L. (2008). "An amazing specimen": NFL draft experts' evaluations of black quarterbacks. *Journal of African American Studies*, 12(2), 120-141.

Billings, A. C. (2004). Depicting the quarterback in Black and White: A content analysis of college and professional football broadcast commentary. *Howard Journal of Communications*, 15(4), 201-210.

Billings, A. C. , Angelini, J. R. , MacArthur, P. J. , Bissell, K. , & Smith, L. R. (2014). (Re)Calling London: The gender frame agenda within NBC's primetime broadcast of the 2012 Olympiad. *Journalism & Mass Communication Quarterly*, 91(1), 38-58.

Boyle, R. (2006a). Running away from the circus. *British Journalism Review*, 17(3), 12-17.

Boyle, R. (2006b). *Sports journalism: Context and issues*. London: Sage.

Brinson, W. (September 25, 2014). ESPN suspends Bill Simmons for calling Roger Goodell "a liar". *CBS Sports*. Retrieved June 29, 2016, from http://www.cbssports.com/nfl/eye-on-football/24724124/espn-suspends-bill-simmons-for-calling-rogergoodell-a-liar.

Brooks, B. S. , Kennedy, G. , Moen, D. R. , & Ranly, D. (2014). The nature of news. In B. S. Brooks, G. Kennedy, D. R. Moen, & D. Ranly (Eds.), *News Reporting and Writing* (pp. 3-19). Boston, MA: Bedford/St. Martin's.

Carragee, K. M. , & Roefs, W. (2004). The neglect of power in recent framing research. *Journal of Communication*, 54(2), 214-233.

Coddington, M. , & Holton, A. E. (2014). When the gates swing open: Examining network gatekeeping in a social media setting. *Mass Communication and Society*, 17(2), 236-257.

D'Angelo, P. (2002). News framing as a multiparadigmatic research program: A response to

Entman. *Journal of Communication*, 52(4), 870-888.

Deitsch, R. (November 7, 2014). ESPN suspends Bill Simmons for criticism of Roger Goodell. *Sports Illustrated*. Retrieved June 29, 2016, from http://www.si.com/nfl/2014/09/24/espn-bill-simmons-roger-goodell-suspension.

Denham, B. E. (2004). Sports Illustrated, the mainstream press and the enactment of drug policy in Major League Baseball: A study in agenda-building theory. *Journalism*, 5(1), 51-68. doi: 10.1177/1464884904039554.

Denham, B. E. (2014). Intermedia attribute agenda setting in the *New York Times*: The case of animal abuse in U. S. horse racing. *Journalism & Mass Communication*, 91(1), 17-37. doi: 10.1177/1077699013514415.

Ellis, J. (April 11, 2013). My team, my publisher: The new world of competition between leagues and media in sports. *Nieman Lab*. Retrieved June 29, 2016, from http://www.niemanlab.org/2013/04/my-team-my-publisher-the-new-world-of-competitionbetween-leagues-and-media-in-sports/.

Entman, R. M. (1993). Framing: Toward clarification of a fractured paradigm. *Journal of Communication*, 43, 51-58.

Fatsis, S. (September 15, 2014). Giving up on Goodell: How the NFL lost the trust of its most loyal reporters. *Slate*. Retrieved June 29, 2016, from http://www.slate.com/articles/sports/sports_nut/2014/09/roger_goodell_and_the_nfl_thought_they_had_the_press_under_control_not_any.html.

Fink, J. S. (2015). Female athletes, women's sport, and the sport media commercial complex: Have we really "come a long way, baby"? *Sport Management Review*, 18(3), 331-342.

Fisher, E. (March 13, 2015). ESPN leads ComScore rankings for 12th-straight month with 74.7 unique visitors. *Sports Business Daily/Global Journal*. Retrieved June 29, 2016, from http://www.sportsbusinessdaily.com/Daily/Issues/2015/03/13/Media/ComScore.aspx.

Frederick, E. L., Burch, L. M., & Blaszka, M. (2015). A shift in set: Examining the presence of agenda setting on Twitter during the 2012 London Olympics. *Communication & Sport*, 3(3), 312-333. doi: 10.1177/2167479513508393.

Frederick, E., Lim, C. H., Clavio, G., Pedersen, P. M., & Burch, L. M. (2014). Choosing between the one-way or two-way street: An exploration of relationship promotion by professional athletes on Twitter. *Communication & Sport*, 2(1), 80-99.

Genovese, J. (2013). "You gotta appease the people who run this place": Corporate ownership and its influence on sports television production. *Electronic News*, 7(3), 141-159.

Guthrie, M. (July 1, 2015). ESPN wants Keith Olbermann to quit doing "Commentary". *The Hollywood Reporter*. Retrieved August 11, 2015 from http://www.hollywoodreporter.com/news/espn-wants-keith-olbermann-quit-806220.

Hanzus, D. (November 19, 2014). Marshawn Lynch fined $100K for avoiding media. *NFL. com*. Retrieved July 4, 2015 from http://www.nfl.com/news/story/0ap3000000430995/article/marshawn-lynch-fined-100k-for-avoiding-media.

Harcup, T. (2009). The journalist as objective reporter. In T. Harcup (Ed.), *Journalism: Principles and practice* (2nd ed., pp. 79-94). Thousand Oaks, CA: Sage.

Hardin, M., & Whiteside, E. E. (2009). The power of "small stories": Narratives and notions of gender equality in conversations about sport. *Sociology of Sport Journal*, 26(2), 255-276.

Hardin, M., Zhong, B., & Whiteside, E. (2009). Toy department of public-service journalism? The relationship between reporters' ethics and attitudes toward the profession. *International Journal of Sport Communication*, 2(3), 319-339.

Hutchins, B. (2014). Twitter: Follow the money and look beyond sports. *Communication & Sport*, 2(2), 122-126.

Jenkins, T. (2013). The militarization of American professional sports: How the sportswar intertext influences athletic ritual and sports media. *Journal of Sport & Social Issues*, 37(3), 245-260.

Kaiser, K. (2011). Gender dynamics in producing news on equality in sports: A dual longitudinal study of Title IX reporting by journalist gender. *International Journal of Sport Communication*, 4(3), 359-374.

Kassing, J. W., & Sanderson, J. (2010). Fan-athlete interaction and Twitter: Tweeting through the Giro—A case study. *International Journal of Sport Communication*, 3(1), 113-128.

Kiousis, S. (2011). Agenda-setting and attitudes: Exploring the impact of media salience on perceived salience and public attitude strength of U. S. presidential candidates from 1984 to 2004. *Journalism Studies*, 12(3), 359-374.

Kovach, B., & Rosenstiel, T. (2007). *The elements of journalism: What newspeople should know and the public should expect*. New York: Three Rivers Press.

Lowes, M. D. (1999). *Inside the sports pages: Work routines, professional ideologies, and the manufacture of sports news*. Toronto: University of Toronto Press.

Lowrey, W. (2012). Journalism innovation and the ecology of news production: Institutional tendencies. *Journalism & Communication Monographs*, 14(4), 214-287.

McChesney, R. W. (1989). Media made sport: A history of sports coverage in the United States. In L. Wenner (Ed.), *Media, Sports, & Society* (pp. 49-69). Newbury Park, CA: Sage.

McCombs, M. (1997). Building consensus: The news media's agenda-setting roles. *Political Communication*, 14(4), 433-443.

McCombs, M. E., & Shaw, D. L. (1972). The agenda-setting function of mass media. *Public Opinion Quarterly*, 36(2), 176-187.

McCombs, M. E., Shaw, D. L., & Weaver, D. H. (2014). New directions in agendasetting theory and research. *Mass Communication & Society*, 17(6), 781-802.

McDonald, M. (2005). Mapping Whiteness and sport: Introduction to the special issue. *Sociology of Sport Journal*, 22, 245-255.

Oates, T. P., & Pauly, J. (2007). Sports journalism as moral and ethical discourse. *Journal of Mass Media Ethics*, 22(4), 332-347.

Ourand, J. (November 3, 2014). With major media rights deals done, how will networks grow revenue? *Sports Business Daily/Global Journal*. Retrieved June 29, 2016, from http:// www. sportsbusinessdaily. com/Journal/Issues/2014/11/03/In-Depth/Networks-main. aspx.

Pedersen, P. M. (2002). Investigating interscholastic equity on the sports page: A content analysis of high school athletics newspaper. *Sociology of Sport Journal*, 19(4), 419-432.

Penn State (January 23, 2012). Schools across country increase focus on sports communication. Retrieved June 29, 2016, from http://news. psu. edu/story/152329/2012/01/23/schools-across-country-increase-focus-sports-communication.

Rowe, D. (1999). *Sport, culture and the media*. Buckingham: Open Court Press.

Rowe, D. (2007). Sports journalism: Still the "toy department" of the news media? *Journalism*, 8(4), 385-405.

Sandomir, R. (2015, January 31). A mere 112 million? The Super Bowl's audience is tough to gauge. *New York Times*, p. D2.

Schudson, M. (2000). The sociology of news production revisited (again). In J. Curran & M. Gurevitch (Eds.), *Mass Media and Society* (3rd ed., pp. 175-200). London: Edward Arnold.

Segrave, J. O. (2000). Sport as escape. *Journal of Sport & Social Issues*, 24(1), 61-77.

Shoemaker, P. J. (1991). *Communication concepts 3: Gatekeeping*. Newbury Park, CA: Sage.

Shoemaker, P. J., & Vos, T. P. (2009). *Gatekeeping theory*. Routledge: New York.

Stroud, R. (January 28, 2015). Marshawn Lynch repeats his stance. A lot. *Tampa Bay Times*, p. 1C.

Wahl-Jorgensen, K., & Hanitzsch, T. (2009). Introduction: On why and how we should do journalism studies. In K. Wahl-Jorgensen & T. Hanitzsch (Eds.), *The handbook of journalism studies* (pp. 3-16). New York: Routledge.

Warzel, C. (February 8, 2013). SB Nation sets all-time daily traffic record during the Super Bowl. *Adweek*. Retrieved June 29, 2016, from http://www. adweek. com/news/technology/sb-nation-sets-all-time-daily-traffic-record-during-super-bowl-147154.

Whiteside, E., & Rightler-McDaniels, J. L. (2013). Moving toward parity? Dominant gender ideology versus community journalism in high school basketball coverage. *Mass Communication and Society*, 16(6), 808-828.

Wolter, S. (2014). "It just makes good business sense": A media political economy analysis of *ESPNW*. *Journal of Sports Media*,9(2),73-96.

Wolter,S. (2015). A quantitative analysis of photographs and articles on *ESPNW*: Positive progress for female athletes. *Communication & Sport*,3(2),168-195.

Yang,J. (2003). Framing the NATO air strikes on Kosovo across countries: Comparison of Chinese and U. S. newspaper coverage. *Gazette*: *The International Journal for Communication Studies*,65(3),231-249.

Zion,L. ,Spaaij,R. ,& Nicholson,M. (2011). Sport media and journalism: An introduction. *Media International Australia*,140,80-83.

第十五章 体育作为受众研究

沃尔特·甘茨[①] 尼基·刘易斯[②]

体育是一门大生意。企业希望与体育联系起来,因为体育已经成为当代美国主流生活结构的一部分。媒体机构需要体育,因为它的内容能吸引大量的、有价值的且难以触及的受众。体育内容的版权费用急剧增加,对于绝大多数大学体育和职业体育来说,这些费用已经变得相当昂贵。NFL 目前是美国最有价值的联盟,每年从媒体交易中获得大约 70 亿美元的收入(Badenhausen,2011)。媒体机构以及为体育内容和活动提供广告或赞助的公司,都依靠观众收视率(和其他数据)来进行版权谈判、创建内容、编排节目并设计促销活动以吸引观众。由于有如此多的资金投入,利益相关者希望了解有关体育节目受众的一切情况,就像他们了解所有中介化内容的受众那样。其中包括观众的人口统计数据,媒体使用模式,对联赛、运动队及其赞助商的态度,与相关行为的联系(例如比赛上座率),以及赞助产品的购买,等等。

体育节目是无处不在的,一年中的每一天,人们都可以在不同的平台上看到体育节目。体育吸引了大量的观众,许多人每周都会观看几个小时的体育节目。几十年来,对媒介内容的使用和效果感兴趣或加以关注的学者研究体育节目的方式与他们研究大众媒体(如电影、报纸、广播、电视、有线电视、互联网、移

---

① 美国印第安纳大学媒体学院传播学教授,副院长。他于 1975 年在美国密歇根州立大学获得博士学位。他目前的研究兴趣集中在体育受众方面。
② 美国肯塔基大学传播与信息学院传播学副教授。她于 2015 年在美国印第安纳大学获得博士学位。她的研究方向集中于社会心理过程和大众媒体的影响,包括探索体育受众的爱好与他们的政治倾向之间的关系;对 NFL 中暴力判罚比赛的内容分析,以及对大规模健康宣传活动导致的网站参与度的检查。她曾担任辛辛那提几家电视台的体育节目制作人。

动技术)和媒介内容(如肥皂剧、新闻、娱乐节目中的暴力、流行音乐、广告、儿童节目、真人秀)的方式非常相似(Billings & Angelini, 2007; Bryant, Rockwell, & Owens, 1994; Raney & DePalma, 2006)。根据这些已有的根深蒂固的实践,学者们研究了接触体育内容的预测因素、相关因素和后果因素(Gantz & Wenner, 1991; Wenner & Gantz, 1989)。近年来,他们的研究包括曝光的社会维度、体育受众跨平台移动、与不同距离的人分享反应和创造原创内容的方式。

体育受众与所有其他内容的受众一样重要。他们被买卖、被觊觎、被引诱、被得意扬扬地吹捧并被关心和爱护。体育受众并不独立于其他受众:那些关注体育运动、比赛和研究的人也会受到家庭、同事和朋友的影响,并使用和浏览各种媒体平台和内容领域。然而,体育受众之所以突出,是因为比赛本身是现场直播,没有剧本,结果很重要;因为关注体育的人有一种既得利益,这种利益在他们的灵魂中回荡——这种利益越来越多地通过他们的钱包来体现。

总而言之,体育受众值得研究。本章将不关注体育受众的人口统计学,这些描述(例如女性受众在电视转播的 NFL 比赛中占了近一半的比例,或者女性在 NFL 电视观众中的比例大于女性足球观众)是有意义的,但这些数据最好由商业实体(如尼尔森公司①)来挖掘,它们有资源来描述观众的特征,并且其提供的数据的精确度是学术界无法比拟的——但遗憾的是,它们通常不会向那些没有帮忙买单的人发布详细的数据分析。相反,我们将专注于媒体学者在内容和平台方面的 4 个调查领域:1. 使用与满足方法;2. 情绪;3. 自我心理学理论;4. 受众接受研究。

与体育相关的受众视角与理论

使用与满足

使用与满足视角假设中介化内容的受众是积极的。基于需求、兴趣、心理预期和社会结果,受众选择和关注可能会使观看体验的价值最大化的媒体和内容,即使媒体上的许多内容具有逃避现实的性质(Katz & Foulkes, 1962; Katz, Blumler, & Gurevitch, 1974)。同时,这一理论认识到,并非所有的观看行为都经过了仔细考虑。观众并不总是掌控着遥控器,他们愿意关注别人选择的内容。

---

① 专业的收视率调查公司。——译者注

即便受习惯和消磨时间的兴趣所驱使的选择可能不是深思熟虑的,当观众只是寻求喘息时,几乎任何内容都够了。鲁宾(Rubin)抓住了这些差异,他将媒体取向描述为工具性的(目的性的,即内容中的信息很重要),或仪式化的(由习惯驱动,主要是为了打发时间和转移注意力,并不是内容为王)(Rubin,1984)。对广播问答节目和肥皂剧(Herzog,1940,1944)以及报纸(Berelson,1949)的研究记录了当罢工使媒体无法使用时,观众转向或错过媒体(报纸)的一系列原因。到了 20 世纪 70 年代和 80 年代,对具体用途和媒体使用类型进行的研究比比皆是(Greenberg,1974;Katz et al.,1974;Rubin,1979),这些研究通常集中在电视本身的使用上,电视是当时占主导地位的媒体。学者们还对他们的关注点进行了缩减或延伸,研究了特定的内容体裁(如新闻,Levy,1979;Gantz,1978;真人秀,Papacharissi & Mendelson,2012),跨内容体裁的比较(Gantz,Wang,Paul,& Potter,2006),当时的新兴技术和媒体(如录像机、互联网,Charney & Greenberg,2002;Cohen,Levy,& Golden,1988),以及特定人口统计学群体(Yang,Wu,Zhu,& Southwell,2004)。学者们(Elliott,1974;Swanson,1977)长期以来一直对使用与满足视角的缺陷感到遗憾,例如其中心概念没有明确的定义,受众并不总是积极的,研究者通常依赖于自我报告并假设用户能够准确地识别和阐述他们转向中介化内容的原因以及他们从这种观看中获得的结果。尽管有其局限性,使用与满足的观点仍然被广泛使用。每一种新的媒介传播技术和内容体裁,在大量的或有人口吸引力的受众中发展起来的时候,对使用与满足的评估就会显得更成熟,正如我们所记录的那样,体育也是如此。

大众媒介报道体育已经有 200 多年的历史(Bryant & Holt,2006),但学界并没有试图准确地定义中介化体育的学术研究范畴。尽管如此,人们对其开展研究的兴趣从 20 世纪 70 年代开始急剧攀升,这几乎与电视增加对体育和 NFL 的报道相吻合(考虑到学术发表的滞后性)。社会学家和心理学家将中介化体育视为文化的反映,或作为扩展与其学科相关的理论和原则的工具。传播学在当时也是一个相当新的、迅速扩展的领域,那些接受过传播学培训的人利用他们所受培训的理论、观点和方法,也进入这一领域的对话。

甘茨(Gantz,1981)似乎是第一个采用使用与满足方法来研究体育受众的学者,他的使用与满足理论清单中包含了其他人在研究娱乐电视时使用的项目,以及那些与体育内容和体育迷明显相关的项目。也就是说,与这一领域的其他学者一样,甘茨认为,除了受众通常转向电视娱乐和信息节目这一原因之外,观众转向中介化体育的原因和预期满足可能是体育所特有的。这些原因包括兴奋、发泄、为他们的一天增添激情、支持他们喜欢的运动员或运动队并借此机会多喝一两杯。尽管有其局限性(例如只有大学生这一小样本,没有衡量体育迷群的标准),但是甘茨的研究指出了一个主要的活跃受众群体,一个被与直播体育赛事相关的兴奋和激动所驱动的受众群体。对于这个受众群体而言,即将揭晓的比赛结果很重要,在某种程度上,也许对受众来说与赛场上的人一样重要。甘茨和文内尔接着进行了三项研究(Wenner & Gantz, 1989; Gantz & Wenner, 1991; Gantz & Wenner, 1995),使用了更大、更广泛的成人样本。他们的第一项研究集中在不同体育运动的动机和满足上,第二项和第三项研究分别关于性别和体育迷身份在中介化体育的观赛体验中扮演的角色。总的来说,这些研究能够记录不同体育项目中的潜在动机集群的共性和差异。因此,举例来说,虽然所有被评估的体育项目的受众都希望看到他们喜欢的运动员的表现,并且喜欢与未知结果相关的戏剧性,但"兴奋"并不是驱动棒球爱好者观看这项运动的动机。甘茨和文内尔还能够展示男性和女性体育受众,以及体育迷和非体育迷在接触和反馈电视体育节目时的共同点——同样,也有差异。不出所料的是,性别差异出现了,尽管主要是作为体育迷的功能存在差异。尽管数量较少,但作为体育迷的女性在观看体育节目时的热情和情感投入程度与男性不相上下。另外,非体育迷女性与众不同,因为她们对体育的兴趣最小,参与度最低,相应地,她们最有可能出于社交和消遣的目的观赏体育节目——也就是说,因为她们的朋友或家人正在观看,她们没有其他事情可做。

正如选择性地接触媒介上的信息或其他娱乐内容一样,并没有固定的神奇的特定数量的使用与满足研究——或其中一个潜在维度——与中介化体育相关。相反,使用与满足的研究数量和名称因研究而异,取决于研究者的兴趣与研究问题、资金和时间限制、对受访者疲劳的担忧,以及被研究的目标受众。因此,举例来说,文内尔和甘茨使用了14个体育动机进行研究,鲁宾(Rubin, 1983)在他对成人观看电视的研究中概括出27个动机,格林伯格(Greenberg, 1974)在研究儿童观看电视时概括了31个动机。尽管各研究之间存在明显差异(其中还包括不完全使用使用与满足理论的学术研究),雷尼(Raney, 2006)还是提炼出与体育消费相关的3组核心需求:情感需求(娱乐、压力、逃避和自尊);认知需求(学习和审美欣赏);以及行为和社会需求(释放、陪伴、团体归属、家庭和经济)。正如雷尼所指出的,最重要的动机是娱乐。观众观看体育节目以支持他们最喜爱的选手,并间接地体验胜利带来的情感成果。因此,总的来说,人们接触体育的经历是充满感情的,并在此基础上增加了认知和社会维度。在雷尼的研究之后的 10 年里,梦幻体育(fantasy sport)①的参与度急剧上升,这就是为什么相比于几年前的情况,经济因素可能成为更突出的动机之一。

体育景观的变化(例如新的体育项目和新兴媒体)导致了使用与满足学术研究的重新兴起。有这几个例子就够了:综合格斗(Mixed Martial Arts,MMA)被其快速增多的年轻男性迷群所关注,这主要是由于它具有原始竞争性的特点(Cheever,2009)。对 MMA 迷群的研究记录了观看动机与上座率和商品购买的关联,以及不同性别的迷群接触这项运动的差异。例如,女性更有可能高度认同单个选手和比赛进展,男性更有可能认同 MMA 这项运动(Brown, Devin & Billings,2013)。那些参与美式橄榄球梦幻体育的人是为了追求娱乐和逃避价值,它所提供的竞争、兴奋、监督以及社会互动——包括大量的"垃圾话"——伴随着受众的参与(Dwyer & Kim,2011; Farquhar & Meeds,2007)。斯宾达和哈利达克斯(Spinda & Haridakis,2008)确定了观众接触梦幻体育的另外两个动机与观赏真实球队的比赛无关。梦幻体育联赛的运动员、他们所属运动队的所有者和管理者喜欢参与这项运动是因为他们对自己的运动队有控制权,反之,当他们的运动队表现良好时,他们会有自尊心和成就感。梦幻体育爱好者似乎也比真实体育节目的受众更有动力,比林斯和瑞利(Billings & Ruihley,2013)发现,与那些仅仅关注体育运动的人相比,梦幻体育的玩家有着更高的娱乐、享受、社会互动和监督水平。

与体育相关的博客和推特催生了庞大的粉丝群和一些不同的动机集群,这是其内容的一种功能。弗雷德里克、克拉维奥、勃奇和齐默尔马(Frederick, Clavio, Burch & Zimmerman,2012)发现了一系列影响 MMA 博客使用的信息动机(即信息的收集、评估)。但与此同时,他们发现博客的使用具有竞争性:博主们喜欢展示知识和博客提供的论证机会。至少在那些关注加拿大美式橄榄球联赛的观众中,推特的使用以对新闻和比赛更新的兴趣为目的——也以它提供的互动为目的(Gibbs, O'Reilly & Brunette,2014)。

近年来,极少数的关于新兴体育和互动媒体的研究强调在传统媒体上关注主流体育运动的首要动机,并呼吁人们关注中介化体育社会维度日益强化的重要性。事实上,"积极的"体育受众现在通过各种平台消费和接触体育媒体,其中许多平台偏离了传统的电视观赏(也是该领域大多数使用与满足研究的基础)。体育消费者现在使用基于网络的程序和应用来获取更广泛的体育信息、

---

① 风靡世界的体育经纪人游戏。——译者注

随时随地接收比赛和伤病消息的更新、参与梦幻体育联赛及体育博彩。在这种新的媒介景观中，实际比赛的结果（主要由电视或广播播出）可以通过媒体形式获得。然而，对于许多观众来说，观看比赛以及关注真实运动队与梦幻体育运动队的结果只是如今参与体验的一部分，运动员、经理以及运动队的博客和推特账户提供了内部视角与准社会关系（Bowman & Cranmer, 2014），可能为体育迷增加价值——并提高跨平台的触及率。

目前尚不清楚的是，与使用这些新技术相关的动机的范畴和相对重要性（特别是在年轻受众中）是否与 30 多年来传统体育研究中所概述的动机有本质的不同。还有一个有趣的问题也在发挥作用：许多关于使用与满足的文献都集中在非此即彼的决定上（either-or decisions），即看电视或做其他事情；或是选择某个特定节目而不是其他节目的动机。有了第二块和第三块屏幕，决定就从排他性转变为包容性。用户可能会把第二或第三屏幕作为他们关注体育的首选屏幕——或者作为加强他们第一屏幕体验的手段。使用与满足理论的研究者需要分析用户使用每块屏幕的动机，并认识到使用一个平台来补充观看体验可能与使用同一平台作为关注体育赛事的主要（或唯一）工具的动机完全不同。因此，随着体育的发展以及媒体平台和受众的变化，我们预计体育媒介研究中的使用与满足理论将获得丰硕的成果。

情　绪

对于许多受众来说，接触体育内容的核心是情绪。情绪对所有的娱乐内容都很重要——对信息节目也可能如此。关于情绪在媒介体验中作用的研究，包括受众如何处理情绪及其后续影响，与所有年龄段的观众对媒体使用的普遍增多相吻合，并已经出现在各种内容类型中（例如政治、教育、娱乐；Nabi & Wirth, 2008）。尽管学者们还没有确定情绪的单一定义，但情绪被解释为短暂的心理状态，是对刺激物的评价性反应的结果（Ortony, Clore & Collins, 1998）。关于对中介化刺激的情绪反应的研究依赖三个隶属于娱乐理论范畴的理论观点（Vorderer, 2003）：兴奋转移（Zillmann, 1991）、情绪管理（Zillmann, 2000）和情感倾向（Bryant & Raney, 2000）。在这里，我们将对每一种观点进行简要描述（关于体育作为娱乐的综述，见本书中雷尼负责的章节）。

兴奋转移理论认为，来自一个刺激的兴奋会加强对另一个刺激的反应，无论其效价如何（Bryant & Miron, 2003）。20 世纪 60 年代末发展起来的一系列实验证明了兴奋转移对不同情绪（如愤怒、快乐）和不同类型内容的影响。例如，坎特、布莱恩特和兹尔曼(Cantor, Bryant & Zillmann, 1974)发现,接触高度激发性内容(积极或消极效价)的人对随后的幽默内容的评价比接触低度激发性内容的人的评价更有趣。人们接触情色内容后,也有类似的支持性结果(Cantor, Zillmann & Bryant, 1975)。因为观赏体育比赛可以是一种高度激发性的体验,兴奋转移理论有助于解释观众在观赏体育比赛时经历的强烈的和高峰情绪反应。悬念有助于建立兴奋感并能增强对体育的享受,甘恩、塔格尔、米特鲁克、库塞蒙特和兹尔曼(Gan, Tuggle, Mitrook, Coussement & Zillmann, 1997)发现,随着大学篮球比赛变得更有悬念,男性的乐趣也在增加。然而,对女性来说,情况并非如此。相反,女性认为存在很大悬念的比赛并不像悬念较小的比赛那样令人愉快,这一结果与甘茨和文内尔的发现相吻合,即对体育不感兴趣的女性也不太愿意关注有悬念的体育赛事(Gantz & Wenner, 1995)。这也与怀特塞德和哈丁(Whiteside & Hardin, 2011)得出的结论相吻合,即许多女性可能将观赏体育比赛视为工作——为了维持家庭关系——而不是休闲。从这个角度来看,悬念可能会减少生活中女性与男性相处的时间。除了受到与势均力敌的比赛和未知结果相关的悬念的影响外,受众的兴奋也可以被制作元素所操纵,如主观摄像机角度及与时间相关的内容(Cummins, Keene, & Nutting; 2012; Cummins, Wise & Nutting, 2012)。

情绪管理理论认为,人类有寻求快乐的动机,因此他们使用媒体来调节情绪。与"使用与满足"以及"选择性接触"的方法相一致(Raney, 2006),情绪管理涉及限制坏情绪和扩展好情绪的过程。它已被应用于音乐(Knobloch & Zillmann, 2002)、电影(Greenwood, 2010)和电脑游戏(Bowman & Tamborini, 2012, 2013)。这些研究的结果表明,个人选择娱乐内容时至少有一部分原因是基于心情。心情不好的人选择听欢快的音乐;心情愉快的人喜欢喜剧片或动作冒险片;游戏玩家选择能帮助他们修复负面情绪状态的任务。对于许多中介化体育受众而言,比赛结果会影响情绪。球迷们在他们的球队获胜时感觉良好,在他们的球队失败时感觉很糟糕(Sloan, 1979)。然而,在比赛结果不确定的情况下,体育受众只能希望他们选择的比赛能让他们保持或提升好的情绪——或者让坏情绪变成好情绪。对结果的预期在这里也起到作用,例如,完全在意料之中的失利可能不会导致坏心情,而历史性的意外获胜可能引发无法抑制的喜悦。同样地,完全符合预期的胜利可能也不会带来快乐,也许只能带来宽慰。与使用其他已知结果和情感参与度较低的中介化内容相比,观赏中介化体育比赛可能涉及更多风险。

情感倾向理论假设媒介观众与角色形成准社会关系,并对他们所认同的角色产生共鸣(Raney,2004)。因此,角色的行为和属性以及故事的结果影响着受众的情感体验。戏剧倾向理论提出,当受欢迎的角色成功而不受欢迎的角色失败时,观众的乐趣就会增加(Raney,2003;Weber,Tamborini,Lee & Stipp,2008;Zillmann & Cantor,1976)。体育受众倾向理论在此之后很快就被提出(Zillmann,Bryant & Sapolsky,1989),并遵循同样的推理方式和预期,因为体育迷有喜欢的运动队和运动员(英雄),厌恶他们喜爱的运动员的对手(恶棍)。当喜欢的运动队获胜或厌恶的运动队失败时,享受是最大化的。社会化和环境因素塑造了体育迷的偏好和忠诚度,这反过来又推动了对体育娱乐的接触。体育转播的方方面面(例如解说)也塑造了受众对他们即将观赏的比赛的态度(Knobloch-Westerwick,David,Eastin,Tamborini & Greenwood,2009)。最近对体育媒体故事(非比赛)的研究表明,观众确实对运动员产生了同情和认同(Kinally,Tuzunkan,Raney,Fitzgerald & Smith,2013;Lewis & Weaver,2015)。总而言之,中介化体育为受众提供了一个环境,使他们能够对这些内容中的运动员和运动队形成倾向。

自我心理学理论

所有用户都可以通过接触媒体来确定自己的身份、在群体中的地位以及自我感觉如何。社会比较理论(social comparison theory)(Festinger,1954)认为,个人天生就有减少自我不确定性的愿望,他们通过社会比较来实现这一愿望。社会认同理论(social identity theory)(Tajfel,1978)提出,群体成员身份在很大程度上有助于型构一个人的自我概念。个人偏爱自己所属的群体(内群体),贬低自己不属于的群体(外群体)。个人觉得他们的内群体比外群体好时,自尊心就会增强。媒介研究一直在探讨社会认同的作用:学者们研究了认同中介化人物对自尊的影响(Knobloch-Westerwick & Hastall,2010)。我们可以通过这些理论来理解中介化的体育体验。这里的大部分研究都是围绕着体育迷身份展开的。由于受众对他们所支持或反对的运动队有很大的投入,而且他们的自我认同与这些内群体有关,所以在这种情况下,自我认知被放大了。此外,在传统社交和社群活动减少的同时(也许是巧合),中介化体育消费却在增加。这可能会增强中介化体育在型构认同和自尊方面的作用(Branscombe & Wann,1991)。

恰尔蒂尼等学者(Cialdini et al.,1976)发现,体育受众通过光荣效应(basking in reflected glory，BIRG）①和失败效应（cutting off reflected failure，CORF）②来表达他们的社会认同并增强他们的自尊。在他们的经典研究中，社会认同和自尊是通过参与者使用的占有式和非占有式代词来衡量的。球迷们倾向于在胜利后称自己学校的球队为"我们"，在失败后称为"他们"。当球队成功时，他们会有效地认同球队，当球队失败时，他们会与之保持距离。光荣效应和失败效应的影响似乎被体育迷的认同程度所调节。万恩和布兰斯科姆（Wann & Branscombe，1990）发现，那些体育迷认同度高的人更有可能陷入光荣效应，更不可能陷入失败效应。或者说，那些体育迷认同度较低的人不太可能陷入光荣效应，而更有可能陷入失败效应。这两种策略都是为了维持一个人的自尊心。赫特、兹尔曼、埃里克森和肯尼迪（Hirt，Zillmann，Erickson & Kennedy，1992）也证明了比赛结果对体育迷自尊的影响。体育迷认为他们学校球队的成功和失败与他们自身相关，并预测当他们的球队获胜时会有更好的结果（例如获得约会）。

体育迷本身与作为其必然结果之一的团队认同已经根据中介化体育经验展开研究，两者都具有多维的结构（Gantz & Wenner，1995；Wann，2006）。体育受众在这两方面都存在差异。这里的差异影响了观赏模式以及对体育内容的情感和行为反应（Gantz & Wenner，1995）。人格因素和个体差异也产生影响。作为一种人格结构，寻求刺激（McDonald，2004）与观看体育运动的激烈性和刺激性息息相关。性别差异也在起作用：男性的体育迷认同感更强，一般会参与更多与体育迷有关的行为（Dietz-Uhler，Harrick，End & Jacquemotte，2000）。

接受研究

接受研究的基本前提是所有媒介文本（内容，包括节目）的多义性：文本可以有多种解码方式，从偏好式解码或主导式解码，即制作者对信息的预期解读，一直到对抗式解码，即受众以与预期解读截然相反的方式来解码文本（Hall，1980）。莫利（Morley，1980）通过电视新闻杂志《全国》（*Nationwide*），记录下对节目文本截然不同的解读：观众根据自己在英国社会中的地位对文本进行解码。在短时间内，其他学者也记录了对那些似乎支持现状的文本的对抗式解读，无论是英国肥皂剧（Hobson，1982）、流行的爱情小说（Radway，1986），还是

---

① 球队取得好成绩，不断获胜之后，球迷的认同感和自尊会得到提升，他们也会更加愿意追随球队。——译者注
② 球队战绩惨不忍睹，球迷的认同感和自尊会大幅度降低，他们会逐渐远离球队。——译者注

《女士》(Ms.)杂志(Steiner,1988)。

体育文本对赛场上的活动进行逐一报道。在这样做的过程中——在围绕着比赛和赛事的盛况和仪式中——体育文本提供了关于社会价值观的主导式解读。里尔关于超级碗的开创性研究(Real,1975)指出了体育赛事与神话和仪式;性别、种族和劳动;商业、劳动和管理;军国主义和民族主义等问题的关系。多年来,学者们对比赛和赛事的报道方式以及关于这些比赛的新闻报道进行了对抗式解码。邓肯(Duncan,2006)展现并论证了体育文本对女性的忽视。在跨媒介语境下,女性体育运动很少得到报道,女性体育解说员、记者和运动员在性方面被客观化,同时作为成熟的成年人被肆意贬低。还有人认为,体育文本对少数群体的报道有限且刻板,强化了少数群体运动员因天生体能条件而成功以及他们有犯罪和使用违禁药物倾向的偏见(Grainger, Newman & Andrews, 2006)。

自关注体育运动以来,体育受众就一直在大声疾呼。除了一些特定的体育项目(如网球和高尔夫球)以外,运动员和运动队都希望并鼓励观众——毕竟是家乡的体育迷——积极地为自己的运动队加油助威:在精彩的比赛和胜利后高兴地尖叫鼓掌,大喊大叫以震慑对手,并对做出不利于主队的判罚的裁判员发出嘘声(和其他喝倒彩声)。尽管我们将霍尔的观点从文本扩展到了非中介化刺激,但所有这些都反映了主导式解读。访谈节目以及最近的网站、博客和社交媒体(脸书和推特)使中介化的体育观众——体育迷——能够在体育赛事期间和之后放大自己的音量。甘茨、芬格赫特和纳多夫(Gantz, Fingerhut & Nadoroff, 2012)记录了中介化体育接触经验的社会维度。在他们的小型网络体育迷样本中,大多数人说他们在比赛期间打电话、发短信或登录社交网站,以分享他们在比赛过程中的喜悦、失望或愤怒。这样的传播方式反映了受众真正的活跃度和参与——但并不一定是对对抗式解码感兴趣或提供对抗式解码的受众。但有时,体育迷的贡献会对现状造成挑战,并反映接受研究的基本原则。在一项研究中,瓦茨(Watts,2008)记录了佛罗里达大学美式橄榄球球迷的在线活动。球迷们对他们的球队在球场上的表现不满,他们质疑大学美式橄榄球教练员有关上场时间的决定,抨击佛罗里达大学体育总监聘请的主教练,并要求解雇他,直到这一切真的发生。实质上,在整个留言板上,球迷们挑战了佛罗里达大学管理人员提供的主导式解码——在这种情况下,可能对该大学美式橄榄球项目的管理产生了影响。在2011年宾夕法尼亚州立大学的性虐待丑闻发生后,宾夕法尼亚州立大学的球迷也采取了类似的反管理立场,并导致其标志性教练乔·帕特诺(Joe Paterno)被解雇。许多球迷非但不支持他们的大学,反而站在帕特诺一边,他们在推特上辱骂和嘲弄学校的管理者对危机的反应(Brown, Billings & Brown, 2015)。由此可见,推特这样的社交媒体极大可能提高对体育主导性文本的对抗式解码的可见性。

未来体育与受众研究的方向

为了吸引观众收看体育节目,既得利益公司必须对观众、听众和用户进行例行测量。主要的电视网、联赛和广告赞助商通过对具有代表性的大样本进行定量调查,了解体育受众的人口构成、媒介使用模式、喜好和购买行为。由于资金短缺,研究重点和研究课题不同,体育传播学学者所依赖的研究方法更加多样,同时,他们聚焦更为狭窄的体育消费者群体。在其他论坛上,基于大学的研究者需要将他们的参与者群体扩大到在校学生之外。有了现成的在线调查小组,如质标(Qualtrics)和亚马逊旗下的土耳其机器人(Mechanical Turk),挖掘美国公众的数据变得更加容易。我们并不是要在这个论坛上喋喋不休地讨论如何触及人口统计学上更加多样化的体育受众样本,而是建议将与受众研究和体育相关的六种方法和调查领域结合起来。

第一,使用大数据。商业公司提供了大量量化的描述性研究,详细描述了国家和地区体育受众的明显特征。与这些供应商合作,研究运动队和明星运动员的表现,以及长期、赛季和短期预期对观众人数的影响。体育大联盟的决策越来越多地受到数据的驱动。我们应该采取同样的方法来评估全国、地区和地方收视率(跨平台)受预期和实际输赢、投注线、媒体报道以及争夺用户注意力的内容所影响的程度。

第二,超越数字。定性工作的特点是对用户生成的内容进行深入访谈和精细分析,可以充实体育观赛体验的本质。定性方法可以捕捉家庭成员或朋友是如何通过中介化体育体验进行协商和决策的,并记录在个人层面上观看体育比赛是如何融入日常社会生活的。这种方法还可以捕捉意义生成以及受众如何解释和理解中介化体育信息的方式。为了让体育迷参与进来(并引起关注和消费),大学、职业联盟及运动队经常赞助鼓励体育迷参与的网站和博客。瓦茨开展的接受研究(Watts, 2008)可以揭示体育迷对此类文本的解码程度,以及他们愿意对这些文本进行对抗式解码的程度。

第三,研究跨平台的用户体验。内容提供商了解消费者希望随时随地获取体育内容。有鉴于此,内容提供商利用不断扩大的移动和社交平台来接触用户。反过来,体育内容消费者也会在工作场合、家中、学校,以及通勤或外出途中访问这些平台,转而使用 ESPN 所说的"最佳可用屏幕"(best available screen)来关注体育(Billings,2015)。这些平台的大小、保真度、内容和互动性等选项各不相同。体育受众如何使用每个平台并将其融入他们所追求的整体体验中?

第四,关注体育观众中的少数群体。在 NFL 的比赛中,女性观众占将近一半,在其他主要体育项目的观众中,女性观众也占相当大的比例,但毕竟是少数。然而,女性在使用体育媒体时可能会受到与男性不同的环境限制,特别是在她们是子女或年迈父母的主要照顾者的时候。她们可能没有闲情逸致坐下来不受干扰地观赏整场比赛,或去酒吧花一整个下午或晚上消费体育(和啤酒)。她们的期望也可能不同:与男性不同的是,女性的狂热并不令人惊讶,她们可能需要证明自己确实是有见识的、充满激情的消费者,通过中介化体育获得体育带来的内在乐趣。女性如何应对这些限制和挑战预期?

第五,研究新兴体育运动。体育运动的景观正在发生变化,如果说有什么变化的话,那就是变得更加杂乱无章。为了吸引年轻观众,国际奥委会被要求在 2020 年东京夏季奥运会上增加攀岩、滑板和冲浪等运动项目。综合格斗吸引了大批粉丝,比赛定期播出。但是,作为一项新兴运动,可能没有比足球更好的例子了,至少在美国是这样。虽然还有很长的路要走,但足球终于进入了当代美国文化的主流。美国职业足球大联盟(Major League Soccer,MLS)比赛的上座率上升,重要比赛的收视率上升,美国媒体对美国和欧洲足球的报道也比以往任何时候都多。作为时代的标志,2015 年,NBC 体育频道与英格兰足球超级联赛签订了一份价值十亿美元的多年合约,该电视网希望此举能帮助他们设立一个新的体育周末早间栏目(Sandomir,2015)。总之,我们有一个近乎独一无二的机会来研究一项主要体育运动随着时间的推移被越来越多的人接受,以及这对其他体育属性和节目产生的影响。电视转播的足球比赛是否会像 NFL 的美式橄榄球比赛一样,成为一种预约观看现象?美国人能否接受欧洲联赛?球迷们是否会发现自己的内心深处还有空间去热衷于追随另一支或两支球队,或者他们的忠诚度是否会发生变化,对某一支球队的热情是否会减退?简而言之,观众对体育的热情有多大的弹性?

第六,关注年轻人。当今流行的体育运动要想保持相关性,就需要吸引年轻观众。数十年来,棒球一直是王者。但在 20 世纪 60 年代,随着职业美式橄榄球的崛起,棒球开始失去对体育迷的吸引力,如今它的观众也越来越老龄化。今天的体育运动正在与视频游戏竞争,现在又与电子竞技竞争,电子竞技的比赛和主要明星似乎与职业运动员一样吸引着人们的注意力和忠诚度。当今年轻人的兴趣将有助于形塑未来体育节目的景观。他们的兴趣是什么?在他们有意义的休闲活动中,传统体育和新兴体育在概念上是如何排列的?经过几十年对体育受众的研究,好消息和坏消息都是还有很多工作要做。

Badenhausen, K. (December 14, 2011). The NFL signs TV deals worth $27 billion. *Forbes*. Retrieved June 30, 2016, from http://www.forbes.com/sites/kurtbaden hausen/2011/12/14/the-nfl-signs-tv-deals-worth-26-billion/.

Berelson, B. (1949). What "missing the newspaper" means. In P. F. Lazarsfeld & F. N. Stanton (Eds.), *Communication Research 1948-1949* (pp. 111-129). New York: Harper.

Billings, A. C. (2015). Facilitating conversations through sport. In. J. McGuire, G. G, Armfield, & A. Earnheardt (Eds.), *ESPN effect: Exploring the leader in worldwide sports* (pp. 253-264). New York: Peter Lang AG.

Billings, A. C., & Angelini, J. R. (2007). Packaging the games for viewer consumption: Gender, ethnicity, and nationality in NBC's coverage of the 2004 Summer Olympics. *Communication Quarterly*, 55(1), 95-111.

Billings, A. C., & Ruihley, B. J. (2013). Why we watch, why we play: The relationship between fantasy sport and fanship motivations. *Mass Communication and Society*, 16(1), 5-25.

Bowman, N. D., & Cranmer, G. A. (2014). Socialmediasport: The fan as a (mediated) participant in spectator sports. In A. C. Billings & M. Hardin (Eds.), *Routledge handbook of sport and new media* (pp. 213-224). London: Routledge.

Bowman, N. D., & Tamborini, R. (2012). Task demand and mood repair: The intervention potential of computer games. *New Media & Society*, 14(8), 1339-1357.

Bowman, N. D., & Tamborini, R. (2013). "In the Mood to Game": Selective exposure and mood management processes in computer game play. *New Media & Society*, doi: 1461444813504274.

Branscombe, N. R., & Wann, D. L. (1991). The positive social and self-concept consequences of sports team identification. *Journal of Sport & Social Issues*, 15(2), 115-127.

Brown, N., Billings, A. C., & Brown, K. (2015). May no act of ours bring shame: Fan-enacted crisis communication surrounding the Penn State sex abuse scandal. *Communication & Sport*, 3(3), 288-311.

Brown, N., Devlin, M. B., & Billings, A. C. (2013). Fan identification gone extreme: Sports communication variables between fans and sport in the Ultimate Fighting Championship. *International Journal of Sport Communication*, 6, 19-32.

Bryant, J., & Holt, A. M. (2006). A historical overview of sports and media in the United States. In A. A. Raney & J. Bryant (Eds.), *Handbook of sports and media* (pp. 21-43). Mahwah, NJ: Lawrence Erlbaum Associates, Inc.

Bryant, J., & Miron, D. (2003). Excitation-transfer theory and three-factor theory of emotion. In J. Bryant, D. Roskos-Ewoldsen, & J. Cantor (Eds.), *Communication and emotion: Essays in honor of Dolf Zillmann* (pp. 31-59). Mahwah, NJ: Erlbaum.

Bryant, J., & Raney, A. (2000). Sports on the screen. In D. Zillmann & P. Vorderer (Eds.), *Media entertainment: The psychology of its appeal* (pp. 153-174). Mahwah, NJ: Lawrence Erlbaum Associates, Inc.

Bryant, J., Rockwell, S. C., & Owens, J. W. (1994). "Buzzer beaters" and "barn burners": The effects on enjoyment of watching the game go "down to the wire." *Journal of Sport & Social Issues*, 18(4), 326-339.

Cantor, J. R., Bryant, J., & Zillmann, D. (1974). Enhancement of humor appreciation by transferred excitation. *Journal of Personality and Social Psychology*, 30(6), 812-821.

Cantor, J. R., Zillmann, D., & Bryant, J. (1975). Enhancement of experienced sexual arousal in response to erotic stimuli through misattribution of unrelated residual excitation. *Journal of Personality and Social Psychology*, 35, 69-75.

Charney, T., & Greenberg, B. S. (2002). Uses and gratifications of the Internet. In C. A. Lin & D. J. Atkin (Eds.), *Communication technology and society: Audience adoption and uses* (pp. 379-407). New York: Hampton Press.

Cheever, N. (2009). The uses and gratifications of viewing mixed martial arts. *Journal of Sports Media*, 4(1), 25-53.

Cialdini, R. B., Borden, R. J., Thorne, A., Walker, M. R., Freeman, S., & Sloan, L. R. (1976). Basking in reflected glory: Three (football) field studies. *Journal of Personality and Social Psychology*, 34(3), 366.

Cohen, A. A., Levy, M. R., & Golden, K. (1988). Children's uses and gratifications of home VCRs: Evolution or revolution. *Communication Research*, 15(6), 772-780.

Cummins, R. G., Keene, J. R., & Nutting, B. H. (2012). The impact of subjective camera in sports on arousal and enjoyment. *Mass Communication and Society*, 15(1), 74-97.

Cummins, R. G., Wise, W. T., & Nutting, B. H. (2012). Excitation transfer effects between semantically related and temporally adjacent stimuli. *Media Psychology*, 15(4), 420-442.

Dietz-Uhler, B., Harrick, E. A., End, C., & Jacquemotte, L. (2000). Sex differences in sport fan behavior and reasons for being a sport fan. *Journal of Sport Behavior*, 23(3), 219-231.

Duncan, M. C. (2006). Gender warriors in sport: Women and the media. In A. A. Raney & J. Bryant (Eds.), *Handbook of sports and media* (pp. 231-252). Mahwah, NJ: Lawrence Erlbaum Associates, Inc.

Dwyer, B., & Kim, Y. (2011). For love or money: Developing and validating a motivational scale for fantasy football participation. *Journal of Sport Management*, 25(1), 70-83.

Elliott, P. (1974). Uses and gratifications research: A critique and a sociological alternative. In J. G. Blumler & E. Katz (Eds.), *The uses of mass communications: Current perspectives on gratifications research* (pp. 249-268). Beverly Hills, CA: Sage.

Farquhar, L. K., & Meeds, R. (2007). Types of fantasy sports users and their motivations. *Journal of Computer-Mediated Communication*, 12(4), 1208-1228.

Festinger, L. (1954). A theory of social comparison processes. *Human Relations*, 7(2), 117-140.

Frederick, E. L., Clavio, G. E., Burch, L. M., & Zimmerman, M. H. (2012). Characteristics of users of a mixed-martial-arts blog: A case study of demographics and usage trends. *International Journal of Sport Communication*, 5(1), 109-125.

Gan, S., Tuggle, C. A., Mitrook, M. A., Coussement, S. H., & Zillmann, D. (1997). The thrill of a close game: Who enjoys it and who doesn't? *Journal of Sport & Social Issues*, 21(1), 53-64.

Gantz, W. (1978). How uses and gratifications affect recall of television news. *Journalism Quarterly*, 55(4), 664-672, 681.

Gantz, W. (1981). An exploration of viewing motives and behaviors associated with television sports. *Journal of Broadcasting & Electronic Media*, 25(3), 263-275.

Gantz, W., Fingerhut, D., & Nadorff, G. (2012). The social dimension of sports fanship. In A. C. Earnheardt, P. M. Haridakis, & B. S. Hugenberg (Eds.), *Sports fans, identity, and socialization* (pp. 65-78). Lanham, MD: Lexington Books.

Gantz, W., & Wenner, L. A. (1991). Men, women, and sports: Audience experiences and effects. *Journal of Broadcasting & Electronic Media*, 35(2), 233-243.

Gantz, W., & Wenner, L. A. (1995). Fanship and television sports viewing experience. *Sociology of Sport Journal*, 12, 56-74.

Gantz, W., Wang, Z., Paul, B., & Potter, R. F. (2006). Sports versus all comers: Comparing TV sports fans with fans of other programming genres. *Journal of Broadcasting & Electronic Media*, 50(1), 95-118.

Gibbs, C., O'Reilly, N., & Brunette, M. (2014). Professional team sport and Twitter: Gratifications sought and obtained by followers. *International Journal of Sport Communication*, 7(2), 188-213.

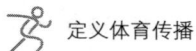 定义体育传播

Grainger, A. , Newman, J. I. , & Andrews, D. L. (2006). Sport, the media, and the construction of race. In A. A. Raney & J. Bryant (Eds.), *Handbook of sports and media* (pp. 447-468). Mahwah, NJ: Lawrence Erlbaum Associates, Inc.

Greenberg, B. S. (1974). Gratifications of television viewing and their correlates for British children. In J. G. Blumler & E. Katz (Eds.), *The uses of mass communications: Current perspectives on gratifications* (pp. 71-92). Beverly Hills, CA: Sage.

Greenwood, D. (2010). Of sad men and dark comedies: Mood and gender effects on entertainment media preferences. *Mass Communication and Society*, 13(3), 232-249.

Hall, S. (1980). Encoding/decoding. In S. Hall, D. Hobson, A. Lowe, & P. Ellis (Eds.), *Culture, media, language: Working papers in cultural studies, 1972-79* (pp. 128-138). London: Hutchison.

Herzog, H. (1940). Professor quiz: A gratification study. In P. F. Lazarsfeld & F. N. Stanton (Eds.), *Radio and the printed page* (pp. 64-93). New York: Duell, Sloan & Pearce.

Herzog, H. (1944). What do we really know about daytime serial listeners? In P. F. Lazarsfeld & F. N. Stanton (Eds.), *Radio research 1942-1943* (pp. 3-33). New York: Duell, Sloan & Pearce.

Hirt, E. R. , Zillmann, D. , Erickson, G. A. , & Kennedy, C. (1992). Costs and benefits of allegiance: Changes in fans' self-ascribed competencies after team victory versus defeat. *Journal of Personality and Social Psychology*, 63(5), 724-738.

Hobson, D. (1982). *Crossroads: The drama of a soap opera*. London: Methuen.

Katz, E. , Blumler, J. , & Gurevitch, M. (1974). Utilization of mass communication by the individual. In J. Blumler & E. Katz (Eds.), *The uses of mass communication: Current perspectives on gratifications research* (pp. 19-34). Beverly Hills, CA: Sage.

Katz, E. , & Foulkes, D. (1962). On the use of the mass media as "escape": Clarification of a concept. *Public Opinion Quarterly*, 26(3), 377-388.

Kinnally, W. , Tuzunkan, F. , Raney, A. A. , Fitzgerald, M. , & Smith, J. K. (2013). Using the schema-triggered affect model to examine disposition formation in the context of sports news. *Journal of Sports Media*, 8(1), 117-137.

Knobloch, S. , & Zillmann, D. (2002). Mood management via the digital jukebox. *Journal of Communication*, 52(2), 351-366.

Knobloch-Westerwick, S. , David, P. , Eastin, M. S. , Tamborini, R. , & Greenwood, D. (2009). Sports spectators' suspense: Affect and uncertainty in sports entertainment. *Journal of Communication*, 59(4), 750-767.

Knobloch-Westerwick, S. , & Hastall, M. R. (2010). Please your self: Social identity effects on selective exposure to news about in-and out-groups. *Journal of Communication*, 60(3), 515-535.

Levy, M. R. (1979). Watching TV news as para-social interaction. *Journal of Broadcasting &*

Electronic Media,23(1),69-80.

Lewis,N.,& Weaver,A. J. (2015). Emotional responses to social comparisons in reality television programming. *Journal of Media Psychology*,28,65-77.

McDonald,S. R. (2004). Sensation seeking and the consumption of televised sports. In L. J. Shrum (Ed.),*Psychology of entertainment media:Blurring the lines between entertainment and persuasion* (pp. 323-335). Mahwah,NJ:Lawrence Erlbaum Associates.

Morley,D. (1980). *The nationwide audience*. London:Film Institute.

Nabi,R. L.,& Wirth,W. (2008). Exploring the role of emotion in media effects:An introduction to the special issue. *Media Psychology*,11(1),1-6.

Ortony,A.,Clore,G. L.,& Collins,A. (1988). *The cognitive structure of emotions*. Cambridge:Cambridge University Press.

Papacharissi,Z.,& Mendelson,A. L. (2012). An exploratory study of reality appeal:Uses and gratifications of reality TV shows. *Journal of Broadcasting & Electronic Media*,51(2),355-370.

Radway,J. (1986). Identifying ideological seams:Mass culture,analytical method,and political practice. *Communication*,9(1),93-123.

Raney,A. A. (2003). Enjoyment of sports spectatorship. In J. Bryant,D. Roskos-Ewoldsen,& J. Cantor (Eds.),*Communication and emotion:Essays in honor of Dolf Zillmann* (pp. 397-416). Mahwah,NJ:Erlbaum.

Raney,A. A. (2004). Expanding disposition theory:Reconsidering character liking,moral evaluations,and enjoyment. *Communication Theory*,14,348-369.

Raney,A. A. (2006). Why we watch and enjoy mediated sports. In A. A. Raney & J. Bryant (Eds.),*Handbook of sports and media* (pp. 313-329). Mahwah,NJ:Lawrence Erlbaum Associates,Inc.

Raney,A. A.,& Depalma,A. J. (2006). The effect of viewing varying levels and contexts of violent sports programming on enjoyment,mood,and perceived violence. *Mass Communication & Society*,9(3),321-338.

Real,M. R. (1975). Super Bowl:Mythic spectacle. *Journal of Communication*,25(1),31-43.

Rubin,A. M. (1979). Television use by children and adolescents. *Human Communication Research*,5(2),109-120.

Rubin,A. M. (1983). Television uses and gratifications:The interactions of viewing patterns and motivations. *Journal of Broadcasting & Electronic Media*,27(1),37-51.

Rubin,A. M. (1984). Ritualized and instrumental television viewing. *Journal of Communication*,34(3),6777.

Sandomir,R. (August 11,2015). In NBC deal,English soccer proves a force in America. *New York Times*,pp. B8,B11.

Sloan, L. R. (1979). The function and impact of sports for fans: A review of theory and contemporary research. In J. H. Goldstein (Ed.), *Sports, games, and play: Social and psychological viewpoints* (pp. 219-262). New York: Erlbaum.

Spinda, J. S. W., & Haridakis, P. M. (2008). Exploring the motives of fantasy sports: A uses-and-gratifications approach. In LW. Hugenberg, P. M. Haridakis, & A. C. Earnheardt (Eds.), *Sports mania: Essays on fandom and the media in the 21st century* (pp. 187-202). Jefferson, NC: McFarland & Company.

Steiner, L. (1988). Oppositional decoding as an act of resistance. *Critical Studies in Media Communication*, 5(1), 1-15.

Swanson, D. L. (1977). The uses and misuses of uses and gratifications. *Human Communication Research*, 3(3), 214-221.

Tajfel, H. E. (1978). *Differentiation between social groups: Studies in the social psychology of intergroup relations*. New York: Academic Press.

Vorderer, P. (2003). Entertainment theory. In J. Bryant, D. R. Roskos-Ewoldsen, & J. Cantor (Eds.), *Communication and emotion: Essays in honor of Dolf Zillmann* (pp. 131-154). Mahwah, NJ: Erlbaum.

Wann, D. L. (2006). Understanding the positive social psychological benefits of sport team identification: The team identification-social psychological health model. *Group Dynamics: Theory, Research, and Practice*, 10(4), 272-296.

Wann, D. L., & Branscombe, N. R. (1990). Die-hard and fair-weather fans: Effects of identification on BIRGing and CORFing tendencies. *Journal of Sport & Social Issues*, 14(2), 103-117.

Watts, R. B. (2008). The Florida gator nation online. In L. W. Hugenberg, P. M. Haridakis, & A. C. Earnheardt (Eds.), *Sports mania: Essays on fandom and the media in the 21st century* (pp. 243-256). Jefferson, NC: McFarland & Company.

Weber, R., Tamborini, R., Lee, H. E., & Stipp, H. (2008). Soap opera exposure and enjoyment: A longitudinal test of disposition theory. *Media Psychology*, 11(4), 462-487.

Wenner, L. A., & Gantz, W. (1989). The audience experience with sports on television. In L. A. Wenner (Ed.), *Media, sports and society* (pp. 241-268). Newbury Park, CA: Sage.

Whiteside, E., & Hardin, M. (2011). Women (not) watching women: Leisure time, television, and implications for televised coverage of women's sports. *Communication, Culture & Critique*, 4, 122-143.

Yang, C., Wu, H., Zhu, M., & Southwell, B. G. (2004). Tuning in to fit in? Acculturation and media use among Chinese students in the United States. *Asian Journal of Communication*, 14(1), 81-94.

Zillmann, D. (1991). Television viewing and physiological arousal. In J. Bryant & D. Zillmann (Eds.), *Responding to the screen: Reception and reaction processes* (pp. 103-133). Hillsdale, NJ: Erlbaum.

Zillmann, D. (2000). Mood management in the context of selective exposure theory. *Communication Yearbook, 23,* 103-122.

Zillmann, D., Bryant, J., & Sapolsky, B. S. (1989). Enjoyment from sports spectatorship. In J. H. Goldstein (Ed.), *Sports, games, and play: Social and psychological viewpoints* (2nd ed., pp. 241-278). Hillsdale, NJ: Erlbaum.

Zillmann, D., & Cantor, J. R. (1976). A disposition theory of humor and mirth. In T. Chapman & H. Foot (Eds.), *Humor and laughter: Theory, research, and applications* (pp. 93-115). London: Wiley.

第十六章 体育作为娱乐研究

阿瑟·A.雷尼[①]

对一些人来说,本章的标题和重点可能看起来很奇怪。"体育就是娱乐,因此所有关于体育的研究都必然是娱乐研究。"在许多层面上,这个逻辑都是成立的。然而,正如本书所涉及的广度所证明的那样,体育不仅仅是娱乐。尽管如此,数十年间传播学者都在研究我们如何以及为什么会被中介化体育事件所娱乐。尽管这些问题已经从不同的角度被审视,但可以说关于这个主题的最大的系统研究是由媒介心理学家在娱乐理论(或者,对某些人来说是"娱乐心理学")这个子领域中产生的。在这一章中,笔者回顾并试图解释这些文献,为今后的研究提供可能的方向。

理解娱乐

首先,简要回顾娱乐理论的一些关键目标和宗旨可能会有所帮助。简而言之,娱乐理论包括一系列心理学观点、概念和理论,旨在描述、解释和(在一定程度上)预测媒介娱乐的选择、接受与效果。一般来说,娱乐[②]可被定义为"任何

[①] 美国布法罗大学传播学教授。他于1998年在亚拉巴马大学获得博士学位。他的研究兴趣包括与媒体选择和使用相关的心理过程及影响。

[②] 在本章中,"娱乐"一词指的是媒介娱乐。社会和认知心理学家以类似于媒体/娱乐心理学家的方式研究体育,依靠相同的实证方法来评估体育观众/受众的反应。然而,由此产生的工作的不同之处在于,媒介/娱乐心理承认、欣赏并寻求更好地了解体育转播/报道是如何构建由交付系统、评论、广告、相机角度选择、技术增强和一系列观众因素塑造的现实版本的。因此,尽管中介化和非中介化(或观看)体育的娱乐体验之间存在概念上的重叠,但本章将重点关注学术研究与媒介体育娱乐的结合。

旨在通过展示他人的幸运或不幸,以及通过展示他人和/或自我的特殊技能来取悦他人,并在较小程度上启迪他人的活动"(Zillmann & Bryant,1994,p. 438)。从这个视角可以明显看出体育是如何被普遍认为是一种娱乐内容的。但娱乐理论的主要目标不仅仅是对内容进行分类,而是探索人们的娱乐体验,或者用兹尔曼和布莱恩特(Zillmann & Bryant,1994)的话来说,探索"作为媒介效果的娱乐"(p. 437)。因此,在这个研究传统中,娱乐被进一步概念化为一个复杂的接受过程,涉及各种思想、情感和行为。这种观点承认,人类是决定什么是娱乐和什么不是娱乐的积极主体,也就是说,我们是在个人层面上感知和体验娱乐的。最终,该领域的学者(Bosshart & Macconi,1998;Vorderer,2001;Zillmann & Bryant,1994)将娱乐视为观看者的眼睛,这解释了为什么体育对不同人群的吸引力存在巨大差异。

有鉴于此,娱乐心理学的目标之一是了解是什么促使人们首先寻找特定的内容。体育娱乐学者通常把这种研究局限于娱乐的假定社会与心理功能,他们的研究通常属于更宽泛的使用与满足(Blumler & Katz,1974)和选择性接触(Zillmann & Bryant,1985)的研究传统。甘茨(Gantz)和刘易斯(Lewis)在本书第十五章中对观赏动机进行了更仔细的研究,但下文依然会讨论其中的一小部分。无论如何,理解人们为什么寻求某些媒体内容是娱乐研究的主要目标之一。

娱乐研究的另一个主要目标是更好地理解人们对内容的体验。如前所述,娱乐接受过程是多维的,涉及各种情感、认知和行为的表现形式。迄今为止,学术界最关注的是对内容的情感反应,特别是与享受(enjoyment)相关的积极情绪反应。各种与传播学有关的理论、研究观点和概念都解释或承认享受在娱乐体验中的核心地位。例如,情感倾向理论(Zillmann & Cantor,1976;Raney,2004),情绪管理(Zillmann,1988),唤醒理论和兴奋转移(Zillmann,1971,1996),选择性接触(Zillmann & Bryant,1985),使用与满足(Blumler & Katz,1974),寄生社会互动(Giles,2002;Horton & Wohl,1956),认同(Cohen,2001;Maccoby & Wilson,1957),传送(Green & Brock,2000;Green,Brock,& Kaufman,2004),叙事参与(Busselle & Bilandzic,2008),流动(Csikszentmihalyi & Csikszentmihalyi,1988;Sherry,2004),叙事/娱乐说服(Moyer-Gusé,2008;Slater & Rouner,2002),以及宣泄(Scheele & DuBois,2006)(仅举几例);其中有许多方法与体育内容研究相关。在这些方法中,媒介享受的体验通常以与愉悦(pleasure)相关的术语来定义,观众/用户通过激活边缘和交感神经系统的神经递质来感知愉悦。因此,作为一个关键的因变量,享受感通常被衡量为对媒介内容产生愉悦的情绪反应。

当然,许多娱乐形式——特别是体育——也涉及观众的某种程度的痛苦:你喜爱的球队失利,目睹球员受伤,你的主队表现低迷或被偷走胜利,同情运动员在输掉比赛后接受采访时受到的打击,忍受宿敌赢得比赛。此外,其他非享乐的考量因素——如欣赏人类的非凡成就或思考意义——也可能与娱乐的消费有关。这种复杂性凸显了娱乐体验的多维性,这让学者们承认享受本身最终是"一个复杂的结构,包括对生理学、情感和认知维度的参考"(Vorderer, Klimmt, & Ritterfeld, 2004, p.389)。然而,迄今为止,这些非享受的考量因素在研究体育内容的学者中得到的关注相对较少。无论如何,娱乐研究的一个主要目标是确定享受产生与变化的因素和条件。这些因素和条件包括来自观众/用户本身、他们的情景环境、媒介和内容的输入(或称"先决条件",Vorderer, Klimmt, & Ritterfeld, 2004)。研究体育的娱乐学者通常将注意力集中在与比赛、报道和观众有关的特定投入上;下文将对这些研究进行回顾。

体育作为一种独特的媒介娱乐类型

尽管娱乐理论旨在确定反映媒体观众/用户基本心理过程的反应模式,但事实是,由于上文提到的众多因素,如独特的情节、特定类型的叙事手段、传播/接受媒介、观赏环境等,娱乐体验存在巨大的差异。就体育研究而言,学者们历来承认体育内容有别于其他类型娱乐节目的因素。贝拉米(Bellamy, 2006)在区分体育与其他电视娱乐节目时,总结了其中的许多因素:(a)体育赛事通常是现场直播,有利于"实时"(real time)悬念的产生;(b)与当今大多数节目不同的是,体育是定期安排的,季季如此,年年如此,一般来说是在同一天和同一时间播出;(c)体育在语言和文化方面的障碍最小,使国际/全球体育电视体验成为现实;(d)由于体育在文化上是根深蒂固的,它以其他形式的节目无法企及的方式激发公民的自豪感,并促成庆祝活动的举办;(e)体育将广告和其他形式的促销活动无缝整合到比赛转播中,改变了内容和营销的关系。

此外——也许是与享受的讨论最相关的——对运动队和运动员喜爱之情的性质与对大多数其他形式媒体的截然不同。电视剧和电影的特许经营权来来去去,运动队(在大多数情况下)是永恒的,其忠诚度是与生俱来的。与大多数娱乐类型的偏好不同,体育运动的忠诚度通常是跨代的、地域因素决定的,并且不分种族/性别/阶级。因此,运动队和运动员令观众中产生了无可比拟的派别。对许多体育迷来说,这些归属感对寻求赛事和享受赛事的动机的影响不容低估。简而言之,体育迷对接收过程的影响是娱乐界少有的(如果有的话)。有鉴于此,我们现在将注意力转向探索这一过程的科学研究。

探索中介化体育享受

如前所述,激励这一领域的一个非常重要的问题是,享受——作为一种愉悦的情感反应——是如何从体育媒体观赛中获得的?考虑到这个问题,学者们几乎都对现场直播的体育赛事展开调查,通常在现场或实验室中使用实验或准实验的方法来收集证据,从而得出可能的答案。

体育观赏的倾向理论

有一种理论观点主导了研究的大部分内容:体育观赏的倾向理论(Zillmann, Bryant, & Sapolsky, 1989; Zillmann & Paulus, 1993)。根据该理论,享受的情感体验取决于观众对运动队和运动员的归属感——即情感倾向;这些倾向是沿着情感(或喜欢)的连续统一体被概念化的,从极度积极到漠不关心,再到极度消极。最终,享受被具体化为对参赛选手与比赛结果的情感倾向的强度和价值的产物。

更具体地说,该理论指出,观众越是喜欢胜利的运动队或越是不喜欢失败的运动队,享受就越多①。相反,观众越是不喜欢胜利的运动队或越是喜欢失败的运动队,享受就越少,也就是说失望或负面体验就越多。因此,当一个非常喜欢的运动队击败一个非常讨厌的运动队时,观赏中介化体育应该体验到最大的乐趣;当一个讨厌的运动队击败一个喜欢的运动队时,观众就会体验到最大的失望。各种体育项目都支持体育观赏的倾向理论(以及相关结构):职业美式橄榄球(Zillmann, Bryant, & Sapolsky, 1989)、大学美式橄榄球(Raney & Kinnally, 2009)、国际篮球(Zillmann, Bryant & Sapolsky, 1989)、大学篮球(Peterson & Raney, 2008)、职业棒球(Rainey, Larsen & Yost, 2009)、奥运会体操比赛(Reichart Smith, 2012)、国际足联世界杯足球赛(Knoll, Schramm & Schallhorn, 2014)、一级方程式赛车(Hartmann, Stuke & Daschmann, 2008)、网球(Tüzünkan,

---

① 为了简洁起见,笔者将使用"运动队"一词来指代所有参与者,尽管相同的接受流程也适用于个人体育的观赏。

2007），以及职业摔跤比赛（Lachlan & Tamborini，2008）。这些研究和类似的研究中，绝大多数最关注运动队隶属关系（以及一系列其他变量）和获胜之间的关系，少数研究也考察了失利和失望（Hall，2015；Kinnally，2012；Raney & Kinnally，2009；Rainey，Larsen & Yost，2009；Rainey，Yost & Larsen，2011）。

如上所述，享受是大多数倾向理论研究中的关键因变量。然而，学者们已经探讨了与之相关的情绪结构，体育迷一直反映的是在心爱的运动队获胜后会有更多的积极情绪（Knoll，Schramm & Schallhorn，2014），以及在心爱的运动队未能获胜后消极情绪的增加（Schwarz，Strack，Kommer & Wagner，1987）。

这些发现得到了生理学数据的进一步支持，这些数据反映了交感神经系统的唤醒，而交感神经系统在概念上也与情绪和享受有关（Vorderer，Klimmt & Ritterfeld，2004；Zillmann，1996）。例如，人们观看与运动队相关的比赛取胜和失败的照片会产生许多生理性唤醒的标志，如更强的皮肤电导反应和更弱的惊吓探头-P3 反射（Hillmann，Cuthbert，Bradley & Lang，2004）。同样，在一场有宿敌对阵的电视转播的世界杯足球赛结束后，男性球迷唾液样本中的睾酮水平上升（Bernhardt，Dabbs，Fielden，& Lutter，1998）。对于狂热的球迷来说，这种感觉甚至在比赛开始前就能体验到。万恩、施拉德和亚当森（Wann，Schrader & Adamson，1998）报告说，一些体育迷在重要比赛的前几天里会经历更多的焦虑。最终，压力会在比赛中变得巨大，甚至最忠实的球迷也会把目光从电视上移开，捂住眼睛和耳朵，甚至在短时间内关闭电视机（Eastman & Riggs，1994）。因此，我们所持有的情感倾向不仅能使我们享受体育，还能让我们与所爱的运动队感同身受。鉴于这一现实，同理心被认为是所有形式媒体享受的倾向理论公式的一个关键解释机制就不足为奇了（Zillmann，1994）。

如前所述，与基本倾向理论公式所暗示的相比，享受中介化体育更为复杂，并受到更多情境输入因素的影响。这些输入因素包括与正在进行的比赛和运动动作性质相关的因素与特征，实时的体育解说和其他技术问题，以及观众自身的因素。

享受与比赛

有些体育运动显然比其他运动更受人们喜爱。自 20 世纪 70 年代初以来，美国人最喜欢看的运动是美式橄榄球，篮球和棒球则年年屈居第二名和第三名（"Sports：Gallup Historical Trends，" n. d.）。一些实证研究考察了不同受众被各种体育运动吸引的程度和对其喜爱程度的差异。萨金特、兹尔曼和韦弗（Sargent, Zillmann & Weaver, 1998）发现，美国大学生对于对抗性运动，如美式橄榄球、棒球、篮球、足球、曲棍球、拳击等的评价明显高于对风格化运动（如体操、跳水、花样滑冰、游泳、网球）和机械化运动（如高尔夫球、赛车、钓鱼、射箭）的评价。也许与盖洛普的数据相吻合，研究人员发现，暴力的团队运动（包括美式橄榄球）被评为最刺激、最危险、最暴力、最令人愉快的运动。

这些数据似乎表明，美国人更喜欢暴力的体育运动①。事实上，在许多研究中，对暴力的认知与体育享受之间的关系是一致的。例如，在 16 场业余冰球比赛中，德纽伊和萨乔（DeNeui & Sachau, 1996）发现有两个变量可以可靠地、持续地预测享受：犯规次数和罚时。此外，布莱恩特、兹尔曼和雷尼（Bryant, Zillmann & Raney, 1998）发现，在所有电视转播的体育比赛中，暴力——而不是风险、艺术性和动作等特征——被评为最令人愉悦的内容特征。尽管有这些发现，但很少有研究直接比较暴力和非暴力比赛的乐趣。在这一领域的开创性研究中，布莱恩特和他的同事（Bryant, Comisky & Zillman, 1981）发现，在"粗野程度"（roughness）方面评分较高的 NFL 比赛比那些被评为不那么暴力的比赛更令人喜欢。戈德斯坦和阿姆斯（Goldstein & Arms, 1971）以及雷尼和德帕尔玛（Raney & Depalma, 2006）也发现暴力运动比非暴力运动更令人愉快[尽管公平地说，最近韦斯特曼和坦博里尼（Westerman & Tamborini, 2010）的研究没有重复这一发现]。此外，情感倾向也会影响我们对体育暴力的看法。一项研究发现，被看好的运动队赢得的比赛比输掉的比赛更暴力，那些认为整体暴力水平较高的体育迷比认为暴力水平较低的体育迷更喜欢体育（Raney & Kinnally, 2009）。总的来说，趋势是明确的：暴力，至少是以某种感知的形式与体育享受高度相关。

同样，对悬念的感知也会促进体育享受。作为戏剧性叙事的一个关键组成部分，悬念几十年来一直是娱乐研究者感兴趣的概念（Vorderer, Wulff & Friedrichsen, 1996）。一些体育学者研究了比赛特征对悬念和享受感知的影响方式。在最早的一项研究中，甘和她的同事（Gan, Tuggle, Mitrook, et al., 1997）将悬念与参加 NCAA 男子篮球锦标赛的球队之间的最后得分差异联系起来——得分越接近，对应的悬念越大。正如预测的那样，男性在观看最接近的，因而也是最具悬念的比赛时，享受程度最高。彼得森和雷尼（Peterson & Raney, 2008）复制并扩

---

① "体育暴力"一词在学术领域和迷群的对话中都是有争议的，本章的性质排除了对这个问题的全面讨论。有关该主题的更多信息，请参阅 Raney & Ellis, 2014。

展了这项研究,他们测试了一系列悬念度量指标——包括先前研究中使用的那些指标、领先优势易手的次数、平局次数以及比赛所在的轮次——如何预测享受。最终,对享受的预测最为强烈的悬念度量指标是比赛分数极其接近的累计时间(秒)。诺布洛克-威斯特维克和她的同事(Knobloch-Westerwick, David, Eastin, et al., 2009)强调了积极情绪和消极情绪变化的重要性,认为这是影响大学美式橄榄球比赛享受的悬念感知的另一个关键组成部分。此外,霍尔(Hall, 2015)的研究证明了悬念甚至可以缓解失利带来的打击,他提出,在支持的球队失利后,悬念与观赏愉悦程度的关联强度,反而超过球队获胜后的关联强度。因此,与暴力一样,对悬念的感知似乎与体育媒介的享受高度正相关。

享受与报道

如前所述,媒介心理学家将他们的研究与其他研究区分开来的一种方式是承认媒介文本/信息是对现实的建构性诠释。我们认为,这一事实在娱乐接受过程中非常重要。在体育媒介研究中,最明显地体现这一点的地方莫过于评论对享受的影响,尤其体现在体育解说员对暴力和悬念的认知上。

即使粗略地看一下宣传工作,也会发现网络依赖夸大甚至制造运动队之间的敌意来推销体育运动。不足为奇的是,这种语言也出现在比赛的解说词中,对比赛暴力和观赏性的认知产生了可衡量的影响。例如,在一项经典的研究中,参与者对包含实时转播解说的冰球比赛的评价比观看不带解说的相同比赛的评价更激烈、更暴力(Comisky, Bryant & Zillmann, 1977)。此外,研究人员在包含"正常"(normal)比赛的片段中添加了美化攻击性的评论,观众最终将其评价为比实际的粗暴比赛更粗暴。类似的研究结果还见于对篮球比赛(Sullivan, 1991)和足球比赛犯规(Beentjes, Van Oordt & Van Der Voort, 2002)的操纵性解说实验中。此外,布莱恩特和他的同事们(Bryant, Brown, Comisky & Zillmann, 1982)证明了体育解说如何影响对非接触性体育运动中的暴力的认知。研究人员制作了三段不同版本的网球比赛解说,在这些片段中,解说员将两位选手描述为事先没有关系、是最好的朋友或者是敌人。与观看其他两个版本的人相比,观看"作为敌人"版本(participants-as-enemies)的受众认为球员更有敌意、更紧张、更有竞争力;他们也表示更喜欢这场比赛。

对悬念的认知——继而是对享受的认知——也会受到体育解说的影响。欧文斯和布莱恩特(Owens & Bryant, 1998)揭示了主队的电台解说员如何提升支持主队的听众对悬念的认知程度。此外,布莱恩特、洛克威尔和欧文斯(Bryant, Rockwell & Owens, 1994)通过增加或减少解说员的播报,以及调整比赛的画面来操纵一场美式橄榄球比赛的悬念。不出所料,观看更具悬念版本的观众在享受比赛的同时,也对比赛结果产生了更多的焦虑。

除了解说之外,媒介的技术方面,如屏幕尺寸、图像质量、生动程度和摄像机角度的选择也会影响享受,特别是这些方面会影响内容的在场感和沉浸感(Kim & Biocca, 1997)。卡明斯(Cummins)在本书第十七章中讨论了其中的一些问题,但笔者要提到一项关于暂时搁置的(on-hold-for-now)3D体育电视体验的研究(Raney, Ellis & Janicke, 2012)。笔者和同事比较了各种体育赛事的2D和3D片段,发现3D片段的观众的注意力、在场感和享受感明显更强。未来的媒介技术能在多大程度上改变我们对"身临其境"(being there)的认知,以及在多大程度上影响娱乐接受体验,还有待进一步研究。

最后,现在欣赏体育运动的方式越来越多,不仅仅是观看或聆听比赛本身。数以百万计的体育观众在观看比赛时经常拿起他们的电脑、平板、智能手机以及其他设备;也就是说,他们在"第二屏幕"上观赏比赛(电视机通常仍然是"第一屏幕"或主要的观赏手段)。因此,媒体报道的影响(大概是对享受的影响)不仅来自比赛本身,也来自"第二屏幕"上的内容。有些受众只是用这些设备来了解正在观赏的比赛的运动员和运动队的统计数据;有些受众观看不同的摄像机角度或另一场比赛,又或是梦幻体育的统计。然而,许多体育迷通过使用脸书、阅后即焚(Snapchat)和推特等社交媒体网站的技术与他人联系。到目前为止,很少有研究探讨所有这些额外的媒体活动如何影响人们对"第一屏幕"上的比赛的喜爱程度。一个例外是研究人员对2014年国际足联世界杯期间美国男足在5场比赛期间发布的推特信息(即推文)进行了情感分析。不出所料,在美国球迷中,当美国队进球时,包含负面情绪(如愤怒、恐惧)的推文数量减少,而当他们的对手进球时,推文数量增加。正如研究者正确指出的,这些发现"与体育受众的倾向理论一致"(Yu & Wang, 2015, p. 399)。

享受与消费者

对中介化体育的享受也受到与观众/听众/用户有关的各种因素的影响。例如,几乎可以肯定,自称是体育迷的受众比其他人更喜欢体育。此外,性别差异早已人尽皆知,报告称女性比男性更喜欢风格化运动,男性比女性更喜欢格斗类运动(Sargent et al.,1998;McDaniel,2003)①。其他研究表明男性比女性更喜欢体育暴力,尽管兹尔曼(Zillmann,1995)发现暴力是与享受最相关的体育特征,不分男女。

就人格变量而言,在迈尔斯-布里格斯类型指标(Myers-Briggs Type Indicator)的感觉(S-N)维度上得分较高的人显示出对体育节目的偏好(Nolan & Patterson,1990),正如在寻求感觉方面得分较高的人一样(Krcmar & Green,1999;McDaniel,2003)。敌意特质得分高的人往往"特别喜欢体育暴力"(Bryant,1989,p.287),这与"对病态事件的好奇心"(Curiosity About Morbid Events)的表面特质得分高的人相似(McDaniel,Lim & Mahan,2007)。诚然,这些研究都没有对体育享受本身进行研究。但似乎可以合理地假设,在这些人格变量和体育享受之间也存在一些一致的关系模式。

最后,如上所述,学者们研究了消费娱乐的动机,包括满足众多社会需求和心理需求。通过媒体满足这些需求的过程可能会让人感到满足和愉悦,从而获得享受。因此,不同人群在感知需求方面的差异应该(而且确实)会影响一般的娱乐接收体验,特别是在体育方面。例如,有些人是出于审美考虑而消费体育的。事实上,史密斯(Smith,1988)指出,"精彩的体育表演可以与任何伟大的艺术作品相媲美"(p.58)。所以许多人经常说,他们在欣赏体育运动中的美感、优雅和非凡表现中找到了乐趣,这并不奇怪。还有一些人是出于社交原因消费体育:与家人、朋友共度时光,体验与更大的群体或事业相关联的归属感,在酒吧与陌生人交谈,以及提升自尊(Gantz,1981;Gantz & Wenner,1995;Melnick,1993)。因此,在观赏体育赛事时,享受可能会提高这些感知需求的满足程度。

未来体育娱乐研究的路径

娱乐景观与体育媒体世界的发展日新月异。因此,人们对研究娱乐心理学的兴趣也与日俱增。因此,体育娱乐研究的前景一片光明。最后,笔者提出未来可以探索的几条道路。

首先,如上所述,我们必须更好地理解新兴媒体技术和内容平台是如何改变娱乐体验的,这些新的传播语境使我们在许多方面对享受的基本理解产生了

---

① 似乎有理由预计,这些差异可能已经改变或不再存在,因为获得体育项目的机会大大增加,并且由于《1972年教育修正案》第九条而不断演变的青年体育参与方式可能在过去20年里改变了体育观赏习惯。因此,人们可能需要复制和更新这些研究。

疑问。例如,当体育迷观看比赛时在社交媒体上不断发帖,我们如何将享受概念化呢?它是"第一屏幕"和"第二屏幕"享受的总和吗?二者的区别是否在于其中一个可能会减弱人们对另一个的关注?它是二者的产物吗?我们怎样才能确定二者的相对权重呢?此外,对比赛的享受是否会受到针对用户所发布内容的无礼评论的影响呢?简而言之,新兴媒体技术只会使体育娱乐的接受体验变得更加复杂,未来娱乐心理学的一个目标是更好地理解这种复杂性。

新兴技术也为研究人员提供了分析受众的新工具。传统上看,这一领域的研究通常依赖于对娱乐体验的事后评估,并且通常是在实验室环境中进行的。然而,移动和可穿戴设备可能很快就会让研究人员有能力(在一定程度上)不受干扰地持续地在现场收集与享受有关的数据(例如心理生理、连续反应),以更好地了解观众在体育接受过程中遇到的过山车式的情感和认知体验。

其次,与此相关的是,今天我们比以往任何时候都掌握了更多关于体育运动、运动队和运动员的信息:体育场交易谈判、先进的数据统计、执法记录、政治观点、交易流言、会议室和更衣室里的激进言论。似乎可以合理地假设,这些信息中的一些(如果不是全部)会影响我们对运动队和运动员的态度,甚至可能影响我们对某项特定运动的喜爱程度。我们知道,这些倾向的强度和价值会影响我们的享受。因此,我们也鼓励学者们去探索关于运动队和运动员的大量个人和职业信息是如何影响我们的倾向以及最终影响我们对他们所进行比赛的享受的。

最后,过去十年我们见证了娱乐心理学的大量研究和理论创新,这让该领域突破了以快乐为中心的享受模式,涵盖了认知享受、欣赏、美满动机、内在需求满足、道德和适应性游戏等问题①。例如,几年前我提出了如何在体育观赏中探索道德因素(Raney,2011);霍尔(Hall,2015)最近思考了体育和欣赏的关系。研究者必须完成更多这样的研究。

在我看来,所有与体育娱乐研究相关的"低垂的智力果实"(low hanging intellectual fruit)都已被摘下,我们现在必须继续钻研学术研究中更为复杂的关系和互动。这将需要新的混合方法(例如将本文所述的研究类型与以观众为中心的文化研究相结合、致力于长期的纵向研究、追求跨文化的比较)、先进的分析工具以及跨学科合作。这样的研究将是困难的。但是如果体育研究要跟上整

---

① 有关此类工作的最新示例,请参阅2014年题为"扩大娱乐研究的界限"的《传播学刊》特刊(第64卷,第3期)[*Journal of Communication*(volume 64,issue 3)]。

个娱乐研究以及整个传播学科和学术界的智能进步,就必须完成这样的研究。这些研究对于确保体育媒介研究在更广泛的社会和文化对话中保持可信的、批判性的声音也是必要的。

参考文献

Beentjes,J. W. ,Van Oordt,M. ,& Van Der Voort,T. H. A. (2002). How television commentary affects children's judgments of soccer fouls. *Communication Research*,29(1),31-45.

Bellamy,Jr. ,R. V. (2006). Sports media:A modern institution. In A. A. Raney & J. Bryant (Eds.),*Handbook of sports and media*(pp. 66-79). Mahwah,NJ:Erlbaum.

Bernhardt,P. C. ,Dabbs,J. M. ,Fielden,J. A. ,& Lutter,C. D. (1998). Testosterone changes during vicarious experiences of winning and losing among fans at sporting events. *Physiology and Behaviors*,65(1),59-62.

Blumler,J. G. ,& Katz,E. (1974). *The uses of mass communications:Current perspectives on gratifications research*. Beverly Hills,CA:Sage.

Bosshart,L. ,& Macconi,I. (1998). Media entertainment. *Communication Research Trends*,18(3),3-38.

Bryant,J. (1989). Viewers' enjoyment of televised sports violence. In L. A. Wenner (Ed.),*Media,sports,and society*(pp. 270-289). Newbury Park,CA:Sage.

Bryant,J. ,Brown,D. ,Comisky,P. W. ,& Zillmann,D. (1982). Sports and spectators:Commentary and appreciation. *Journal of Communication*,32(1),109-119.

Bryant,J. ,Comisky,P. ,& Zillmann,D. (1981). The appeal of rough-and-tumble play in televised professional football. *Communication Quarterly*,29(4),256-262.

Bryant,J. ,Rockwell,S. C. ,& Owens,J. W. (1994). "Buzzer beaters" and "barn burners":The effects on enjoyment of watching the game go "down to the wire." *Journal of Sport & Social Issues*,18(4),326-339.

Bryant,J. ,Zillmann,D. ,& Raney,A. A. (1998). Violence and the enjoyment of mediated sport. In L. A. Wenner (Ed.),*MediaSport*(pp. 252-265). London:Routledge.

Busselle,R. ,& Bilandzic,H. (2008). Fictionality and perceived realism in experiencing stories:A model of narrative comprehension and engagement. *Communication Theory*,18,255-280.

Cohen,J. (2001). Defining identification:A theoretical look at the identification of audiences with media characters. *Mass Communication & Society*,4,245-264.

Comisky,P. ,Bryant,J. ,& Zillmann,D. (1977). Commentary as a substitute for action. *Journal of Communication*,27(3),150-153.

Csikszentmihalyi, M. , & Csikszentmihalyi, I. S. (1988). *Optimal experience: Psychological studies of flow in consciousness*. New York: Cambridge University Press.

DeNeui, D. L. , & Sachau, D. A. (1996). Spectator enjoyment of aggression in intercollegiate hockey games. *Journal of Sport and Social Issues*, 20(1), 69-77.

Eastman, S. T. , & Riggs, K. E. (1994). Televised sports and ritual: Fan experiences. *Sociology of Sport Journal*, 11(3), 149-174.

Gan, S-L. , Tuggle, C. A. , Mitrook, M. A. , Coussement, S. H. , & Zillmann, D. (1997). The thrill of a close game: Who enjoys it and who doesn't? *Journal of Sport & Social Issues*, 21(1), 53-64.

Gantz, W. (1981). An exploration of viewing motives and behaviors associated with television sports. *Journal of Broadcasting*, 25(3), 263-275.

Gantz, W. , & Wenner, L. A. (1995). Fanship and the television sports viewing experience. *Sociology of Sport Journal*, 12, 56-74.

Giles, D. C. (2002). Parasocial interaction: A review of the literature and a model for future research. *Media Psychology*, 4, 279-205.

Goldstein, J. H. , & Arms, R. L. (1971). Effects of observing athletic contests on hostility. *Sociometry*, 34, 83-90.

Green, M. C. , & Brock, T. C. (2000). The role of transportation in the persuasiveness of public narratives. *Journal of Personality and Social Psychology*, 79, 701.

Green, M. C. , Brock, T. C. , & Kaufman, G. F. (2004). Understanding media enjoyment: The role of transportation into narrative worlds. *Communication Theory*, 14, 311-327.

Hall, A. E. (2015). Entertainment-oriented gratifications of sports media: Contributors to suspense, hedonic enjoyment, and appreciation. *Journal of Broadcasting & Electronic Media*, 59(2), 259-277.

Hartmann, T. , Stuke, D. , & Daschmann, G. (2008). Positive parasocial relationships with drivers affect suspense in racing sport spectators. *Journal of Media Psychology*, 20(1), 24-34.

Hillmann, C. , Cuthbert, B. , Bradley, M. , & Lang, P. (2004). Motivated engagement to appetitive and aversive fanship cues: Psychophysiological responses of rival sports fans. *Journal of Sports & Exercise Psychology*, 26(2), 338-351.

Horton, D. , & Wohl, R. R. (1956). Mass communication and para-social interaction. *Psychiatry*, 19, 215-229.

Kim, T. , & Biocca, F. (1997). Telepresence via television: Two dimensions of telepresence may have different connections to memory and persuasion. *Journal of Computer Mediated Communication*, 3(2). Retrieved June 30, 2016, from http://onlinelibrary.wiley.com/doi/10.1111/j.1083-6101.1997.tb00073.x/full.

Kinnally, W. (2012). Examining the role of anticipation in outcome expectations and enjoyment of televised sports contests. *Media Psychology Review*, 4. Retrieved June 30, 2016, from http://mprcenter. org/review/expectations-sports-enjoyment/.

Knobloch-Westerwick, S. , David, P. , Eastin, M. , Tamborini, R. , & Greenwood, D. (2009). Sports spectators' suspense: Affect and uncertainty in sports entertainment. *Journal of Communication*, 59(4), 750-767.

Knoll, J. , Schramm, H. , & Schallhorn, C. (2014). Mood effects of televised sports events: The impact of FIFA World Cups on viewers' mood and judgments. *Communication & Sport*, 2(3), 242-260.

Krcmar, M. , & Greene, K. (1999). Predicting exposure to and uses of violent television. *Journal of Communication*, 49(3), 25-45.

Lachlan, K. , & Tamborini, R. (2008). The effect of perpetrator motive and dispositional attributes on enjoyment of television violence and attitudes toward victims. *Journal of Broadcasting & Electronic Media*, 51(1), 136-152.

Maccoby, E. E. , & Wilson, W. C. (1957). Identification and observational learning from films. *Journal of Abnormal Social Psychology*, 55, 76-87.

McDaniel, S. R. (2003). Reconsidering the relationship between sensation seeking and audience preferences for viewing televised sports. *Journal of Sport Management*, 17(1), 13-36.

McDaniel, S. R. , Lim, C. , & Mahan III, J. E. (2007). The role of gender and personality traits in response to ads using violent images to promote consumption of sports entertainment. *Journal of Business Research*, 60(6), 606-612.

Melnick, M. J. (1993). Searching for sociability in the stands: A theory of sports spectating. *Journal of Sports Management*, 7(1), 44-60.

Moyer-Gusé, E. (2008). Toward a theory of entertainment persuasion: Explaining the persuasive effects of entertainment-education messages. *Communication Theory*, 18, 407-425.

Nolan, L. L. , & Patterson, S. J. (1990). The active audience: Personality type as an indicator of TV program preference. *Journal of Social Behavior and Personality*, 5(6), 697-710.

Owens, J. B. , & Bryant, J. (July 1998). *The effects of a hometeam ("homer") announcer and color commentator on audience perceptions and enjoyment of a sports contest*. Paper presented at the annual meeting of the International Communication Association, Jerusalem, Israel.

Peterson, E. , & Raney, A. A. (2008). Exploring the complexity of suspense as a predictor of mediated sports enjoyment. *Journal of Broadcasting & Electronic Media*, 52(4), 544-562.

Rainey, D. W. , Larsen, J. , & Yost, J. H. (2009). Disappointment theory and disappointment among baseball fans. *Journal of Sport Behavior*, 32(3), 339-356.

Rainey, D. W. , Yost, J. H. , & Larsen, J. (2011). Disappointment theory and disappointment among football fans. *Journal of Sport Behavior*, 34(2), 175-187.

Raney, A. A. (2004). Expanding disposition theory: Reconsidering character liking, moral evaluations, and enjoyment. *Communication Theory*, 14, 348-369.

Raney, A. A. (2011). Fair ball: Exploring the relationship between media sports and viewer morality. In A. C. Billings (Ed.), *Sports media: Transformation, integration, consumption* (pp. 77-93). London: Routledge.

Raney, A. A., & Depalma, A. (2006). The effect of viewing varying levels of aggressive sports programming on enjoyment, mood, and perceived violence. *Mass Communication and Society*, 9, 321-338.

Raney, A. A., & Ellis, A. (2014). The enjoyment, appeal, and effects of mediated sports violence. In A. C. Billings & M. Hardin (Eds.), *Routledge handbook of sport and new media* (pp. 259-270). London: Routledge.

Raney, A. A. Ellis, A. J., & Janicke, S. H. (2012). The future of sports television? 3D TV and the sports reception experience. *Journal of Chengdu Sport University*, 38, 26-33.

Raney, A. A., & Kinnally, W. (2009). Examining perceived violence in and enjoyment of televised rivalry sports contests. *Mass Communication and Society*, 12(3), 311-331.

Reichart Smith, L. M. (2012). Winning isn't everything: The effect on nationalism bias on enjoyment of a mediated sporting event. *International Journal of Sport Communication*, 5(2), 176-192.

Sargent, S. L., Zillmann, D., & Weaver, J. B. (1998). The gender gap in the enjoyment of televised sports. *Journal of Sports & Social Issues*, 22(1), 46-64.

Scheele, B., & DuBois, F. (2006). Catharsis as a moral form of entertainment. In J. Bryant & P. Vorderer (Eds.), *Psychology of entertainment* (pp. 405-422). Mahwah, NJ: Lawrence Erlbaum Associates.

Schwarz, N., Strack, F., Kommer, D., & Wagner, D. (1987). Soccer, rooms, and the quality of your life: Mood effects on judgments of satisfaction with life in general and with specific domains. *European Journal of Social Psychology*, 17(1), 69-79.

Sherry, J. L. (2004). Flow and media enjoyment. *Communication Theory*, 14, 328-347.

Slater, M. D., & Rouner, D. (2002). Entertainment-education and elaboration likelihood: Understanding the processing of narrative persuasion. *Communication Theory*, 12, 173-191.

Smith, G. J. (1988). The noble sports fan. *Journal of Sport & Social Issues*, 12(1), 54-65.

Sports: Gallup Historical Trends (n. d.). *Gallup, Inc.* Retrieved June 30, 2016, from http://www.gallup.com/poll/4735/sports.aspx.

Sullivan, D. B. (1991). Commentary and viewer perception of player hostility: Adding punch to televised sport. *Journal of Broadcasting & Electronic Media*, 35(4), 487-504.

Tüzünkan, F. (2007). *The role of morality and physical attractiveness of athletes on disposition formation* (Unpublished doctoral dissertation). Florida State University.

Vorderer, P. (2001). It's all entertainment—sure. But what exactly is entertainment? Communication research, media psychology, and the explanation of entertainment experiences. *Poetics, 29*, 247-261.

Vorderer, P., Klimmt, C., & Ritterfeld, U. (2004). Enjoyment: At the heart of media entertainment. *Communication Theory, 14*(4), 388-408.

Vorderer, P., Wulff, H. J., & Friedrichsen, M. (1996). *Suspense: Conceptualizations, theoretical analyses, and empirical explorations*. Mahwah, NJ: Lawrence Erlbaum Associates.

Wann, D. L., Schrader, M. P., & Adamson, D. R. (1998). The cognitive and somatic anxiety of sport spectators. *Journal of Sport Behavior, 21*(3), 322-337.

Westerman, D., & Tamborini, R. (2010). Scriptedness and televised sports: Violent consumption and viewer enjoyment. *Journal of Language and Social Psychology, 29*(3), 321-337.

Yu, Y., & Wang, X. (2015). World Cup 2014 in the Twitter world: A big data analysis of sentiments in U. S. sports fans' tweets. *Computers in Human Behavior, 48*, 392-400.

Zillmann, D. (1971). Excitation transfer in communication-mediated aggressive behavior. *Journal of Experimental Social Psychology, 7*, 419-434.

Zillmann, D. (1988). Mood management: Using entertainment to full advantage. In L. Donohew, H. E. Sypher, & E. T. Higgins (Eds.), *Communication, social cognition, and affect* (pp. 147-171). Hillsdale, NJ: Lawrence Erlbaum Associates.

Zillmann, D. (1994). Mechanisms of emotional involvement with drama. *Poetics, 23*(1), 33-51.

Zillmann, D. (1995). Sports and the media. In J. Mester (Ed.), *Images of sport in the world* (pp. 423-444). Cologne: German Sports University.

Zillmann, D. (1996). Sequential dependencies in emotional experience and behavior. In R. D. Kavanaugh, B. Zimmerberg, & S. Fein (Eds.), *Emotion: Interdisciplinary perspectives* (pp. 243-272). Mahwah, NJ: Erlbaum.

Zillmann, D., & Bryant, J. (Eds.) (1985). *Selective exposure to communication*. Hillsdale, NJ: Erlbaum.

Zillmann, D., & Bryant, J. (1994). Entertainment as media effect. In J. Bryant & D. Zillmann (Eds.), *Media effects: Advances in theory and research* (pp. 437-461). Hillsdale, NJ: Lawrence Erlbaum Associates.

Zillmann, D., Bryant, J., & Sapolsky, B. (1989). Enjoyment from sports spectatorship. In J. H. Goldstein (Ed.), *Sports, games, and play: Social and psychological viewpoints* (2nd ed., pp. 241-278). Hillsdale, NJ: Lawrence Erlbaum Associates.

Zillmann, D., & Cantor, J. (1976). A disposition theory of humor and mirth. In A. J. Chapman & H. C. Foot (Eds.), *Humour and laughter: Theory, research and applications* (pp. 93-115). London: John Wiley & Sons.

Zillmann, D., & Paulus, P. B. (1993). Spectators: Reactions to sports events and effects on athletic performance. In R. N. Singer, M. Murphey, & L. K. Tennant (Eds.), *Handbook of research on sports psychology* (pp. 600-619). New York: Macmillan.

第十七章 体育作为转播研究

R. 格伦·卡明斯[①]

观看赛事转播与亲临现场观赛有天壤之别,这是显而易见的。独自在家观赛、在路上收听赛事、和朋友在酒吧看比赛,或是与数千人一起站在拥挤的体育场里观赛,语境差异为体育观众创造了独特的观赛体验(Eastman & Land, 1997; Hocking, 1982; Wenner & Gantz, 1998)。即使是那些在相同环境下观看比赛的人,似乎也目睹了不同的赛事,因为他们对竞争形成了相互冲突的认知(Hastorf & Cantril, 1954)。因此,无论是亲临现场还是收看中介化的体育比赛,都是一种客观的赛事监督行为,但对赛事的感知会受到语境的影响,并通过偏见进行过滤(Plessner & Haar, 2006; Wann & Branscombe, 1995)。

也就是说,体育转播与现场观赛的不同之处在于,竞赛不仅仅通过个人偏见进行过滤。体育节目是由"专业把关人和润色团队"(Comisky, Bryant, & Zillmann, 1977, p. 150)做出的无数制作决策的结果。莫里斯和奈达尔(Morris & Nydahl, 1985)对两种观众的对比———一种是现场观赛,另一种是在家里观赛。亲临现场的观众从一个有利的位置观看比赛,居家观赛的观众则通过不同视角观看比赛:广角镜头为观众提供了体育场环境和比赛场地的全貌,中景镜头让观众能够更加接近比赛过程,特写镜头可以生动地描绘运动员的运动细节。转播效果还通过这些元素进一步提升:屏幕上的图像提供了洞察或语境、引人入胜的音效、高保真度捕捉的比赛声音,以及现场解说员的持续陪伴。最后,人们经常可以通过即时回放来反复观看比赛。基于此,他们得出结论:"在电视上观

[①] 美国得克萨斯理工大学媒介与传播学院教授兼研究与资助副院长。他于 2005 年在美国亚拉巴马大学获得博士学位。他的研究兴趣包括体育传播与娱乐传播。

看比赛的戏剧性体验与亲临现场的戏剧性体验截然不同,二者几乎是不可比较的。"(p. 105)

仔细回顾体育转播呈现赛事时采取的具体而有意义的方式,是阐明体育转播如何"能够以各种方式强化戏剧张力"(Barnfield,2013,p. 326)。本章旨在确定体育转播制作中所应用的关键要素,并回顾、探讨这些制作实践如何改变了在家观赛用户的体验。

体育作为转播研究中的差异化

将体育作为转播研究进行审查的一个有用的起点是将这一探究脉络与本书中的其他章节区分开来,重点关注参与将体育比赛转化为远程观众消费产品的制作人员的行为。正如克拉克与克拉克(Clarke & Clarke,1982)所指出的,"通过媒体呈现体育涉及一个积极的再现过程:我们看到的不是事件,而是事件转变成的其他东西——媒介事件"(pp. 70-71)。体育作为转播研究强调这一积极转变的过程,其重点完全在于转播公司包装赛事方面的成果,而较少关注赛事本身的性质。

探讨这种转变的方法之一是简要了解体育比赛转播的演变过程,重点关注两个主题:第一,与当下丰富的可用资源形成对比的是,以前用于体育活动中介化的资源相当匮乏;第二,支撑电视体育节目制作的理念发生了相应的演变。就前者而言,用于转播美国第一场电视体育赛事的1台摄像机——NBC在1939年哥伦比亚大学和普林斯顿大学棒球比赛转播中沿三垒线放置的一台摄像机——与该电视台在报道2015年NFL超级碗比赛时使用的46台摄像机形成了鲜明对比(Bryant & Holt,1996;"Super Bowl XLIX,"2015)。体育中介化的技术在不断进步,转播商越来越多地依靠更具创新性的制作技术来消除观众因体育转播的重复性而产生的厌烦情绪(Clarke & Clarke,1982;Mullen & Mazzocco,2000)。

体育转播制作中蕴含的理念,以及透明度与刻意构建媒介事件之间的紧张关系,是这种技术演变的自然产物(Rowe,1999;Whannel,1992)。早期转播主要强调高效地呈现赛事以避免观众产生困惑,并通过透明的方式来捕捉动作:

> 电视摄像机被认为是一只看不见的眼睛,它从一个单一的、静止的位置"扫视"(sweeping)眼前的一切,模拟观众从一个特定的有利

位置观看比赛的体验。与所有现实主义形式一样,这种电视形式的关键在于让传播的基础设施隐形。(Rowe,1999,p. 155)

然而,巴恩菲尔德(Barnfield,2013)指出,任何认为当代体育转播仅仅是场上活动的编年史的观点都是错觉。相反,如今的体育转播都是精心策划的媒介事件,其特点是增加了叙事重点和对时空的视觉扭曲(Clarke & Clarke,1982; Gruneau,1989; Morris & Nydahl,1985)。

作为奇观的体育转播

在剖析这些媒介事件的本质时,学者们引入了"奇观"的概念,以阐明转播的构成要素、创作过程中的制作决策以及围绕转播的更广泛的历史、政治或社会语境(Farrell,1989; Gruneau,1989; Morris & Nydahl,1985; Real,1975; White, Silk,& Andrews,2008)。尽管这一概念已被广泛用于描述体育转播的许多方面,但回顾其历史渊源,就会发现奇观在这里的具体含义。法雷尔(Farrell, 1989)指出,奇观的概念可以追溯到亚里士多德的《诗学》,亚里士多德用奇观作为区分源于叙事元素的真正的戏剧,以及通过"舞台机械师"的工作对叙事进行技术修饰的一种手段(Aristotle,1961,p. 159)。亚里士多德将奇观定义为一种"戏剧的弱混合形式,一种依靠外部因素……来替代内在美学完整性的戏剧混合物"(p. 159)。根据这个定义,体育节目制作人就像现代的"舞台机械师",对体育转播制作资源有很大的控制权,但对比赛本身的性质几乎没有控制权,因此,他们的工作主要是对比赛的补充。

尽管这个对奇观的开创性定义将真正的戏剧与通过制作而努力进行美化的戏剧区分开来,但两者之间相互依存的关系体现了前文所说的透明地竞争,而非强化竞争之间的紧张关系。法雷尔(Farrell,1989)认为,当代奇观涉及"为了视觉呈现的目的而挪用'真实'物体,甚至是人"(p. 160)。他后来补充说:"在每一种情况下,表演的质量都与呈现的质量交织在一起。"(p. 164)因此,体育转播作为一种奇观,既为(相对不变的)比赛描述提供了空间,也为建立在运动能力展示之上的奇观装饰提供了帮助。这种关系得到了制作人员的默许,西尔克、斯莱克和埃米斯(Silk,Slack,& Amis,2000)的案例研究的重点就是探讨体育制作的常态。他们观察到一种二分法,即用"面包和黄油镜头"(bread and butter shots)来记录或记载比赛。当有机会时,导演会使用"肉汁镜头"(gravy shots,如特写、回放等)来增强电视转播的效果(p.10)。

在对体育奇观制作的讨论中,隐含的主要动机是为比赛注入更多戏剧性或刺激感(Barnfield,2013;Silk et al.,2000)。承认这一动机回避了这样一个问题:转播商能否创造出比赛所不具备的兴奋或戏剧张力?关于这个问题,各方观点不一。克拉克和克拉克(Clarke & Clarke,1982)简明扼要地指出:"即使事件本身不存在戏剧性,戏剧性也可以通过媒体对赛事的呈现和营造来构建。"(p.71)出于对大多数有组织的体育赛事普遍沉闷特性的洞察,转播商通过奇观装饰来增强戏剧性的努力日益突出。巴内特(Barnett,1990)认为,"许多体育运动,或者说大多数体育赛事本身并不令人兴奋,甚至无法产生持续的刺激"(pp.156-157)。同样,格鲁诺(Gruneau,1989)在研究体育节目制作流程的案例研究中也引用了一位节目监制的类似观点:

> 在大多数体育运动中,比赛是枯燥的。只有少数时刻是真正激动人心的,我认为,诀窍是用一些娱乐性时刻作为过渡,将一个激动人心的时刻与另一个激动人心的时刻连接起来……所以我们通过制作专题节目和特别节目来保持观众的兴趣。(p.144)

实证研究支持这一论断。里尔(Real,1975)在对1974年超级碗比赛的分析中指出,只有极小部分(3%)的转播展示了真正的比赛,最近的观察也印证了这一发现。彼得曼(Biderman,2010)对NFL一场赛事转播的非科学分析显示,该节目只有11分钟的比赛直播。有鉴于此,体育转播商为灌输娱乐价值所做的努力显然有其价值。然而,巴内特(Barnett,1990)认为,通过制作技术来增加兴奋感的努力是有限度的。"如果一场比赛很乏味,或者一场比赛在还剩15圈的时候就已经有人胜券在握了,那么即使是最精湛的摄影技术也无法在没有戏剧性的地方强行灌输戏剧性。"(p.156)总而言之,客观评价可能是,产生兴趣和兴奋的努力可能与事件的内在特性结合在一起,以一种额外的方式发挥作用,在没有兴奋点的时候创造一种兴奋感,或者在存在兴奋感时强化这种感觉(Fortunato,2001)。

体育转播中的"视觉刺激"

剖析制作人员在介导赛场内动作时所做出的努力的一个有用方法是区分体育转播的视觉维度和听觉维度。尽管有证据表明两者都很重要,但格里尔、哈丁和霍曼(Greer,Hardin,& Homan,2009)认为,"在一个因图像而被定义和记忆的媒介中,视觉的力量……怎么被加以强调都不为过"(p. 174)。回到先前关于在本质上兴奋点缺席的情况下能否产生兴奋认知的讨论,洛弗(Rowe,1999)认为视觉制作技术特别善于实现这一功能,视觉报道"在赛事激烈的情况下依靠比赛的视觉戏剧性,在比赛不令人兴奋时能快速产生一种势头"(p. 154)。

这种势头感是通过一系列视觉制作技术实现的。威廉姆斯(Williams,1977)对体育电视的视觉方面进行了最早的系统分析,记录了摄像机的数量和位置、镜头的数量和持续时间、增加的视觉图形等,结论是体育电视的报道是"万花筒式的视觉动态"(p. 136),他补充说,"转播即便是在运动暂停期间也保持了高能量水平"(p. 137)。几十年后,格里尔等(Greer et al. ,2009)使用了"视觉刺激"(visual excitementto)这个说法来统称这些尝试。他们将这一概念定义为"使用能够增强观众情感参与和视觉刺激的技术来制作赛事的结果"(p. 174)。

尽管克莱因和马丁(Krein & Martin,2006)掷地有声地指出,在体育转播中可以战略性地使用视觉效果来营造兴奋感,但令他们感慨的是,对此类技术的研究相对较少,因为此类研究会展示对居家观赛的受众的影响。事实上,对体育转播的定性研究谈到了通过视觉制作技术创造的"不可思议的转变",但没有探讨受众的反应(Morris & Nydahl,1985,p. 103)。此外,对许多有关体育内容视觉特征的学术研究的另一个批评是,这些研究往往没有明确说明视觉制作技术与受众反应的特定方面之间的理论机制。

为此,有一个研究方向系统探究了赛事的不同视角如何影响对比赛的评价或情感反应。卡明斯、基恩和纳汀(Cummins,Keene,& Nutting,2012)引用了"(远程)在场"的理论框架,研究了通过俯拍的主观摄像机展示的比赛如何创造一种身临其境之感,以及从客观、旁观视角呈现的赛事如何提升欣赏性和情绪反应。对这种新视角的反应取决于比赛的性质,因为使用主观摄像机只会增强受众对缺乏内在刺激感的比赛的认知。他们认为,通过制作技术引发情绪反应有一个实际的好处,即可以在沉闷的比赛期间保持刺激,并通过兴奋转移提升人们随后对更刺激的比赛的情绪反应(Cummins,Wise,& Nutting,2012)。

体育节目制作者通过视觉制作技术来激发观众的兴奋心理,这一论点也为学者们提供了一个载体,使他们能够从男性霸权理论视角来审视男性与女性在体育节目制作方面的性别差异。尽管本书的其他章节更全面地讨论了这些问题,但对制作资源的强调值得在此被加以简要讨论。克拉克和克拉克(Clarke & Clarke,1982)认为,由于体育竞赛的"自然"特点,体育转播文本特别适合强化父权价值观,从而压制关于性别等级的讨论。他们称:"体育运动为男尊女卑提供了无可争辩的证据和决定性的证词。男性在网球比赛中击败女性,踢足球胜过女性,跑得比女性更快,扔东西比女性扔得更远,这些都被加进了男性主导的自然目录中。"(pp.66-67)然而,有关体育转播制作中所使用的报道和制作资源的差异的研究突出表明,这些对体育的中介化描述并非自然而然的,而是在整个制作过程中经过深思熟虑的结果。"电视上'播出'的内容总是一个复杂选择过程的结果:报道什么,省略什么,重播什么,以及淡化什么。"(Gruneau,1989,p.134)

制作人员可支配的资源是有限的,在任何特定的体育运动中所使用的各种资源,都会隐含地体现出人们对其重要性的认知(Barnett,1990;Brookes,2002;Morris & Nydahl,1985)。基于这一论点,研究人员考察了男性与女性体育赛事转播中所反映的资源情况。例如,豪马克与阿姆斯特朗(Hallmark & Armstrong,1999)研究了大学男子篮球锦标赛与女子篮球锦标赛的电视转播中视觉特征的差异,发现女子比赛的转播具有较少的制作资源(如摄像机和图像)。此外,他们还报告了拍摄时间方面的报道性质差异,认为这对受众感知到的比赛兴奋度或激烈程度有影响。格里尔等(Greer et al.,2009)在研究2004年(雅典)奥运会男子田径与女子田径的电视转播所产生的视觉刺激时,也得出了类似的结果。随后对男子体育与女子体育所使用的制作资源或视觉框架设备的研究进一步探索了这种差异,结果各不相同(Smith,2014;Smith & Bissell,2012)。

除了对体育转播的具体视觉特性的研究之外,另外一个值得关注的问题是报道本身具有的更广泛的意义。福图纳托(Fortunato,2001)援引议程设置(McCombs & Reynolds,2009)作为理论框架,认为选择转播哪些赛事和忽略哪些赛事是让受众形成体育认知的第一步。根据这一逻辑,对某些体育项目的转播和排斥的系统性差异会对其感知的重要度产生影响。考察特定体育项目转播的时间分配差异,为讨论体育中的性别和种族问题提供了肥沃的土壤(Angelini,MacArthur,& Billings,2012;Billings,2008b;见本书第八章、第九章)。例如,比林斯(Billings,2008a)提供了一项纵向研究,考察了奥运会电视转播中分配给男子项目与女子项目的转播时长,以及对具体体育项目和比赛的主观与客观性质的更细致的衡量。尽管全球范围内的研究结果表明,得到重点关注的是男性运动员,但比林斯对纵向趋势的研究以及对特定运动项目时间分配的审视,对报道的性质有重要影响。

视觉刺激的最后一个组成部分是熟练使用编辑——特别是即时回放——来增强体育赛事的效果。伽马切(Gamache,2010)称即时回放是体育转播制作中最重要的技术革新。一方面,回放显然具有实用性,能够帮助比赛裁判做出准确的判断(Bordner,2015)。然而,瓦纳塔(Vannatta,2011)的分析表明了回放如何产生与实时观看形成对比的比赛解读。莫里斯和奈达尔(Morris & Nydahl,1985)在讨论应用于体育中介化的电视制作技术时认为,回放"使导演能够提出见解,这些见解不仅改变了我们对原始事件的理解,而且使我们能够成为真实时间和空间之外全新事件的接受者"(p. 102)。这一崇高的论断得到了其他人的支持,他们认为回放可以被策略性地用于加强与比赛事件相关的戏剧张力和悬念(Barnett,1990;Clarke & Clarke,1982),并扩大视觉报道的范围以弥合比赛在阶段性上的差异(Silk et al.,2000)。

这些论断是最近一项研究的主题,该研究探讨了在即时回放后观看沉闷的或刺激的大学美式橄榄球比赛的片段,然后再观看即时回放,会如何影响人们对比赛的认知。卡明斯和哈恩(Cummins & Hahn,2013)采用范例化理论作为理论框架,认为从不同角度有选择地重新呈现比赛事件代表了单一事件的竞争范例,可以改变受众对比赛的认知。他们认为,体育导演并不是随机地从众多摄像机提供的多个视角中选择,而是凭直觉选择能让观众更接近比赛过程并更生动地展现比赛事件的视角。他们的研究结果部分支持了这一论点,因为回放的使用增强了人们对沉闷赛事的暴力场面的认知。

体育解说的听觉维度

体育电视转播用以增强兴奋性或戏剧性的第二个维度是听觉维度,这主要是解说员的工作。巴恩菲尔德(Barnfield,2013)称解说是一种表演行为,因为制作人员协助创造了一个独特的媒介事件,以区分现场观众看到的赛事。关于在体育转播中的功能,解说员独特地体现了上述紧张关系,即仅仅为居家观众描述比赛,与以历史语境、个人经历或其他见解的形式增加娱乐价值之间的紧张关系(Brookes,2002;Morris & Nydahl,1985;Rowe,1999;Whannel,1992)。

解说员增加这种娱乐价值的方式之一是积极、持续地围绕事件构建叙事

(Rowe,1999;Sullivan,1991)。作为一个例子,怀特等(White et al.,2008)指出,通过对2003年小联盟世界系列赛①的报道,节目制作人明确规定了四个叙事主题或叙事手段。同样,布莱恩特、科米斯基和兹尔曼(Bryant, Comisky, & Zillmann,1977)对职业美式橄榄球转播中的解说进行了定量研究,评估了解说是否具有描述性、戏剧性或幽默性的功能。他们报告称,四分之一的直播解说提供了"戏剧性的修饰"(p.149),特别强调运动员为完成个人挑战而进行的自我斗争。后来,布莱恩特等(Bryant et al.,1982)证明,将竞争对手描述成凶猛的对手,而不是中立的对手或朋友的叙事,可以产生最大的转播乐趣。这种对赛场事件背景的强调通常是通过"解说顾问"来实现的,这与描述比赛的"解说员"形成了鲜明对比(Sullivan,2006,p.139)。

除了建构叙事之外,解说员还致力于增强受众对比赛事件的认知,使其看起来更令人兴奋或更具娱乐性,这与视觉制作技术类似。巴内特(Barnett,1990)认为,解说员的力量在于他(她)能够使观众对体育比赛形成认知,偶尔提供"比赛本身可能缺乏的点缀"(p.157)。解说的一个具体后果是可能造成一种错觉,即体育比赛比它看起来更暴力。例如,科米斯基等(Comisky et al.,1977)的开创性研究表明,对解说的操纵能够影响观众对比赛的认知。在他们的研究中,研究参与者观看了冰球比赛的电视录像,这些录像系统地改变了比赛的内在暴力程度以及强调比赛暴力程度的伴随性解说。与以往强调视觉效果至上的研究不同(Greer et al.,2009),他们的研究结果恰恰相反,即强调攻击性的正常比赛会使受众对比赛的暴力程度产生最高的评价。萨利文(Sullivan,1991)得出了类似的结论,表明解说词的影响大于视觉效果的影响。在他的研究中,观众观看了一段包含描述球员冲突的大学篮球比赛视频。这个片段与解说相搭配,后者系统地改变了对攻击性和责任归属的强调。萨利文报告说,观看带有戏剧性解说的参与者认为,在解说中被指责的球队更有敌意,这与视觉证据相矛盾。

到目前为止,对解说的讨论主要集中于旨在精心设计叙事或修饰比赛事件的有意行为上,但也有相当多的学者已经将解说作为一种隐性力量加以研究,这种力量反映并强化了文化价值观或主流意识形态,特别是关于性别和种族方面的(Billings,2008b;see Chapters 6-7)。研究这些问题的学者引用了戈夫曼(Goffman,1974)的框架概念,作为解释这种语言如何影响受众对运动员看法的

---

① 指职棒小联盟年度总决赛。——译者注

理论视角。例如,比林斯、哈隆和邓汉姆(Billings,Halone,& Denham,2002)研究了大学篮球比赛中对于男性运动员和女性运动员的描述词的性质,发现不仅有利于男性运动员的描述词频存在差异,而且在描述运动员的具体方式或框架上也存在差异。对男性运动员的描述更多是基于运动技能的,对女性运动员的评论则更多指向了与运动表现无关的特征,如外貌、个性或运动员的背景。

奥运会为探索解说如何因运动员的性别和国籍而有所不同提供了肥沃的土壤,因为它涵盖了男性运动和女性运动,而且它具有周期性,这允许对解说如何随时间变化进行纵向评估(Billings,2008a)。此外,奥运会是为数不多的转播大量女性运动员比赛内容的赛事之一。事实上,对体育亮点节目的纵向内容分析始终表明,女性在其他体育比赛中的报道一直很少(Cooky,Messner,& Musto,2015)。

对奥运报道进行系统研究的案例比比皆是。最近的一项调查研究了2012年伦敦奥运会一些特定赛事的解说,以了解解说根据运动员在性别和运动项目的不同而产生的不同表述(Billings et al.,2014)。类似的研究提供了相似的比较,重点是对特定体育运动的报道(例如沙滩排球,Smith & Bissell,2012),或是围绕女性运动的解说进行文本分析,而非将其直接与男性运动解说做比较(例如女子冰球,Poniatowski & Hardin,2012)。尽管简单的总结掩盖了这些学术研究所提供的丰富而具体的见解,但这些研究都表明,人们共同认识到了解说员推动形成有关运动员的刻板印象的力量。

制作人员经常使用的体育转播听觉部分的最后一个方面是:除了解说之外,观众还能听到什么?威廉姆斯(Williams,1977)承认在 NFL 转播中存在增强听觉的操作,指出"声音的混合和音量被高度操纵,特别是当人群噪声和现场声被用于'协调'直播现场时,从而刺激受众兴奋度,并在听觉层面传达身体接触的力量"(p.138)。虽然只有有限的证据探讨这种增强方式如何促进了体育转播,但最近的一项研究证明了人群反应在体育转播中的影响。卡明斯和龚(Cummins & Gong,2015)进行了一项研究,考察听众听到大学美式橄榄球广播片段的反应,这些片段包含人为增强的人群反应。与那些听到未编辑版本的听众相比,听到增强版本的听众认为比赛更加精彩。值得注意的是,这种效果只出现在本质上不那么令人兴奋的比赛事件中。因此,作者认为,这种奇观修饰形式只会在没有刺激的情况下产生刺激。

体育转播研究的未来

尽管人们对如何利用体育转播的视觉和听觉元素来加强转播效果达成了广泛共识,但仍有很多机会来推动这一研究的发展。也许最明显的后续研究路径是对新的制作技术的研究。如前所述,体育转播商不断努力采用新的制作技术(Mullen & Mazzocco,2000),对这些发展的性质和影响的探索将为后续的体育转播研究提供素材。此外,电子媒体环境的变化为转播体育的传播和消费创造了新模式(Hutchins & Rowe,2009),其中一些模式以过去不可能的方式赋权居家观赛的观众。

然而,有关体育转播制作的更多实质性问题仍然存在。其中一个问题是,相对于那些亲临现场观赛的人来说,居家观赛受众到底处于特权地位还是弱势地位。虽然一些学者强调中介化提供的独特优势(Morris & Nydahl,1985;Rowe,1999),但其他学者准确地指出,远程受众接收到的是不完整的、经过过滤的赛事视角。克拉克和克拉克(Clarke & Clarke,1982)认为,通过对赛事的现场直播产生的透明感是虚幻的:"我们永远无法看到整场比赛,我们看到的是经过向我们呈现比赛的这一过程过滤后的那些部分。"(p.73)巴内特(Barnett,1990)对中介化的受众身份提出了一个同样悲观的观点:"电视观众是体育节目制片人、导演和解说员的俘虏,声音和视觉既受到技术和资源的限制,也受制于转播车里的一个人①的奇思妙想。"(p.155)因此,居家观赛的受众在获得新视角的同时,也付出了一些代价,因为受众对比赛的看法仍受制于内容制作者。

体育转播技术的进步可能会部分解决这些问题。可定制的观看体验的可实现性,使观众在观看体育转播节目时可以发挥前所未有的主观能动性,以满足个人的独特需求(Sandomir,2010)。布鲁克斯(Brookes,2002)在深刻洞察体育转播的未来时,描绘了这样一幅观看场景:热情的、投入的体育迷使用先进的技术,通过选择摄像机的角度、音频频道等来定制观看体验。这样的场景越来越多地通过订阅式门户网站来提供,如 MLB.tv 或 NASCAR RaceView。因此,尽管巴内特早先断言,居家观赛的受众是内容制作者决策的"囚犯",但这些创新平台所提供的更多代理权部分地将他们从制作人员的决策中解放出来(Barnett,1990)。

---

① 指导播。——译者注。

最后,电视和网络技术的融合以及移动技术的日益普及,不仅对居家观赛的受众有影响,对那些在现场观赛的观众也产生了影响。大大小小的屏幕已经越来越多地成为赛场内体验的一部分。采用移动智能手机技术的一个结果是,观众——无论是亲临现场的还是中介化的——正在从内容消费者转变为内容生产者。例如,体育联盟和电视网已经对新的软件应用程序表示担忧,因为这些软件为在赛场内外直播比赛提供了可能性(Sandomir,2015)。这种技术为通过流媒体转播盗版内容提供了便利,威胁到了支撑体育转播的经济模式。此外,亲临现场的观众也可以利用移动技术录制和传播内容,媒体行业的企业家们已经开始开发将这种用户生成的体育内容货币化的模式(Quintana,2014)。

越来越多的屏幕出现在体育场环境中的另一个结果是,即使是非中介化的赛事消费也变得越来越中介化了。体育管理者正在努力提供基础设施来支持移动技术的应用以满足体育迷的需求,以此抗衡居家观赛的便利性(Hammond,2014)。此外,竞技场还配备了超大高清显示屏,可以回放与居家观赛类似的比赛事件(Branch,2009)。因此,这里讨论的制作技术、视觉修饰和其他增强体育竞技效果的手段并不限于居家观看的环境。与开篇强调的中介化观赛和现场观赛之间的明显区别相反,这两者已经越来越相似。

参考文献

Angelini, J. R., MacArthur, P. J., & Billings, A. C. (2012). What's the gendered story? Vancouver's prime time Olympic glory on NBC. *Journal of Broadcasting & Electronic Media*, 56, 261-279.

Aristotle. (1961). *Poetics* (F. Fergusson, Trans.). New York: Dramabooks.

Barnett, S. (1990). *Games and sets: The changing face of sport on television*. London: BFI Publishing.

Barnfield, A. (2013). Soccer, broadcasting, and narrative: On televising a live soccer match. *Communication & Sport*, 1, 326-341.

Biderman, D. (January 15, 2010). 11 minutes of action. *Wall Street Journal*. Retrieved July 1, 2016, from http://www.wsj.com/articles/SB10001424052748704281204575002852055561406.

Billings, A. C. (2008a). Clocking gender differences: Televised Olympic clock time in the 1996-2006 Summer and Winter Olympics. *Television & New Media*, 9, 429-441.

Billings, A. C. (2008b). *Olympic media: Inside the biggest show on television*. London: Routledge.

Billings, A. C., Angelini, J. R., MacArthur, P. J., Bissell, K., Smith, L. R., & Brown, N. A. (2014). Where the gender differences really reside: The "big five" sports featured in NBC's 2012 London primetime Olympic broadcast. *Communication Research Reports*, *31*, 141-153.

Billings, A. C., Halone, K. K., & Denham, B. E. (2002). "Man, that was a pretty shot": An analysis of gendered broadcast commentary surrounding the 2000 men's and women's NCAA Final Four basketball championships. *Mass Communication & Society*, *5*, 295-315.

Bordner, S. S. (2015). Call 'em as they are: What's wrong with blown calls and what to do about them. *Journal of the Philosophy of Sport*, *42*, 101-120.

Branch, J. (January 29, 2009). Promising fans in seats a view from the couch. *New York Times*. Retrieved July 1, 2016, from http://www.nytimes.com/2009/01/29/sports/football/29view.html?_r=0.

Brookes, R. (2002). *Representing sport*. London: Arnold.

Bryant, J., Brown, D., Comisky, P. W., & Zillmann, D. (1982). Sports and spectators: Commentary and appreciation. *Journal of Communication*, *32*(1), 109-119.

Bryant, J., Comisky, P., & Zillmann, D. (1977). Drama in sports commentary. *Journal of Communication*, *27*(3), 140-149.

Bryant, J., & Holt, A. (2006). A historical overview of sports and media in the United States. In A. A. Raney & J. Bryant (Eds.), *Handbook of sports and media* (pp. 21-43). Mahwah, NJ: Erlbaum.

Clarke, A., & Clarke, J. (1982). "Highlights and action replays": Ideology, sport and the media. In J. Hargreaves (Ed.), *Sport, culture and ideology* (pp. 62-88). London: Routledge.

Comisky, P., Bryant, J., & Zillmann, D. (1977). Commentary as a substitute for action. *Journal of Communication*, *27*(3), 150-153.

Cooky, C., Messner, M. A., & Musto, M. (2015). "It's dude time!": A quarter century of excluding women's sports in televised news and highlight shows. *Communication & Sport*. Advance online publication.

Cummins, R. G., & Gong, Z. (2015). Mediated intra-audience effects in the appreciation of broadcast sports. *Communication & Sport*. Advanced online publication.

Cummins, R. G., & Hahn, D. (2013). Re-presenting sport: How instant replay and perceived violence impact enjoyment of mediated sports. *Mass Communication & Society*, *16*, 787-807.

Cummins, R. G., Keene, J. R., & Nutting, B. H. (2012). Sports spectatorship, emotional arousal, and presence: The role of camera angle and fanship. *Mass Communication & Society*, *15*, 74-97.

Cummins, R. G., Wise, W. T., & Nutting, B. H. (2012). Excitation transfer between semantically related and temporally adjacent stimuli. *Media Psychology*, *15*, 420-442.

Eastman, S. T., & Land, A. M. (1997). The best of both worlds: Sports fans find good seats at the bar. *Journal of Sport & Social Issues*, *21*, 156-178.

Farrell, T. B. (1989). Media rhetoric as social drama: The Winter Olympics of 1984. *Critical Studies in Mass Communication*, *6*, 158-182.

Fortunato, J. A. (2001). The television framing methods of the National Basketball Association: An agenda-setting application. *New Jersey Journal of Communication*, *9*, 166-181.

Gamache, R. (2010). *A history of sports highlights: Replayed plays from Edison to ESPN*. Jefferson, NC: MacFarland.

Goffman, E. (1974). *Frame analysis: An essay on the organization of experience*. New York: Harper & Row.

Greer, J. D., Hardin, M., & Homan, C. (2009). "Naturally" less exciting? Visual production of men's and women's track and field coverage during the 2004 Olympics. *Journal of Broadcasting & Electronic Media*, *53*, 173-189.

Gruneau, R. (1989). Making spectacle: A case study in television sports production. In L. Wenner (Ed.), *Media, sports, & society* (pp. 134-154). London: Sage.

Hallmark, J. R., & Armstrong, R. N. (1999). Gender equity in televised sports: A comparative analysis of men's and women's NCAA Division I basketball championship broadcasts, 1991-1995. *Journal of Broadcasting & Electronic Media*, *43*, 222-235.

Hammond, T. (April 11, 2014). Sports stadiums go digital. *TechRepublic*. Retrieved July 1, 2016, from http://www.techrepublic.com/pictures/photos-sports-stadiums-go-digital/.

Hastorf, A. H., & Cantril, H. (1954). They saw a game: A case study. *Journal of Abnormal and Social Psychology*, *2*, 195-134.

Hocking, J. E. (1982). Sports and spectators: Intra-audience effects. *Journal of Communication*, *32*, 100-108.

Hutchins, B., & Rowe, D. (2009). From broadcast scarcity to digital plentitude: The changing dynamics of the media sport content economy. *Television & New Media*, *4*, 354-370.

Krein, M. A., & Martin, S. (2006). 60 seconds to air: Television sports production basics and research review. In A. A. Raney & J. Bryant (Eds.), *Handbook of sports and media* (pp. 265-276). Mahwah, NJ: Erlbaum.

McCombs, M., & Reynolds, A. (2009). How the news shapes our civic agenda. In J. Bryant & M. B. Oliver (Eds.), *Media effects: Advances in theory and research* (3rd ed., pp. 1-16). London: Routledge.

Morris, B. S., & Nydahl, J. (1985). Sports spectacle as drama: Image, language, and technology. *Journal of Popular Culture*, *18*, 101-110.

Mullen, L. J., & Mazzocco, D. W. (2000). Coaches, drama, and technology: Mediation of Super Bowl broadcasts from 1969 to 1997. *Critical Studies in Mass Communication*, *17*, 347-363.

Plessner, H. , & Haar, T. (2006). Sports performance judgements from a social cognitive perspective. *Psychology of Sport and Exercise*, 7, 555-575.

Poniatowski, K. , & Hardin, M. (2012). "The more things change, the more they…": Commentary during women's ice hockey at the 2010 Olympic Games. *Mass Communication & Society*, 15, 622-641.

Quintana, C. (December 2, 2014). Santa Fe startup's app makes taking sports video easy. *Santa Fe New Mexican*. Retrieved July 1, 2016, from http://www. santafenewmexican. com/news/business/santa-fe-startup-s-app-makes-taking-sports-video-easy/article _ 9658b7bf-f283-54b3-aa30-de2d277647de. html.

Real, M. (1975). Super Bowl: Mythic spectacle. *Journal of Communication*, 25, 31-43.

Rowe, D. (1999). *Sport, culture and the media: The unruly trinity*. Buckingham: Open University Press.

Sandomir, R. (October 30, 2010). Online World Series is no stand-in for broadcast. *New York Times*. Retrieved July 1, 2016, from http://www. nytimes. com/2010/10/30/sports/baseball/30sandomir. html.

Sandomir, R. (May 5, 2015). Periscope, a streaming Twitter app, steals the show on boxing's big night. *New York Times*. Retrieved July 1, 2016, from http://www. nytimes. com/2015/05/05/sports/periscope-a-streaming-twitter-app-steals-the-show-onboxings-big-night. html.

Silk, M. , Slack, T. , & Amis, J. (2000). Bread, butter, and gravy: An institutional approach to televised sport production. *Culture, Sport, Society*, 3, 1-21.

Smith, L. R. (2014). Up against the boards: An analysis of the visual production of the 2010 Olympic ice hockey games. *Communication & Sport*, 4(1), 62-81.

Smith, L. R. , & Bissell, K. L. (2012). Nice dig! An analysis of the verbal and visual coverage of men's and women's beach volleyball during the 2008 Olympic Games. *Communication & Sport*, 2, 48-64.

Sullivan, D. B. (1991). Commentary and viewer perception of player hostility: Adding punch to televised sports. *Journal of Broadcasting & Electronic Media*, 35, 487-504.

Sullivan, D. B. (2006). Broadcast television and the game of packaging sports. In A. Raney & J. Bryant (Eds.), *Handbook of sports and media* (pp. 131-145). Mahwah, NJ: Erlbaum.

Super Bowl XLIX Media Guide (August 1, 2015). Retrieved July 1, 2016, from http://nbcsportsgrouppressbox. com/super-bowl/.

Vannatta, S. (2011). Phenomenology and the question of instant replay: A crisis of the sciences? *Sport, Ethics, and Philosophy*, 5, 331-342.

Wann, D. L. , & Branscombe, N. R. (1995). Influence of identification with a team on objective knowledge and subjective beliefs. *International Journal of Sport Psychology*, 26, 551-567.

Wenner, L. A., & Gantz, W. (1998). Watching sports on television: Audience experience, gender, fanship, and marriage. In L. A. Wenner (Ed.), *MediaSport* (pp. 233-251). London: Routledge.

Whannel, G. (1992). *Fields in vision: Television sport and cultural transformation*. London: Routledge.

White, R. E., Silk, M. E., & Andrews, D. L. (2008). Revisiting the networked production of the 2003 Little League World Series: Narrative of American innocence. *International Journal of Media and Cultural Politics*, 4, 183-202.

Williams, B. R. (1977). The structure of televised football. *Journal of Communication*, 27(3), 133-139.

第十八章 体育作为社交媒体网络研究

吉米·桑德森[1]

社交媒体,或社交网络平台,如脸书(Facebook)、推特(Twitter)、照片墙(Instagram)、品趣思(Pinterest)和阅后即焚(Snapchat),已经快速在体育领域扩散(Billings, Qiao, Conlin, & Nie, 2015; Sanderson, 2011a; Smith & Sanderson, 2015),并被设计为促进社群形成、协作和分享的工具(Meraz, 2009)。鉴于体育是许多人际环境中的热门话题(见本书第九章和第十章),社交媒体技术迅速被各种体育利益相关者采用也就不足为奇了。这些利益相关者包括团队成员(如教练员、公共关系专家)、运动员、体育媒体人和体育迷。这些不同的利益相关者扩大社交媒体的使用范围,也对体育产业产生了各种各样的影响——其中既有积极影响,也有消极影响——每天的体育头条新闻中,有关社交媒体与体育的新闻并不鲜见。例如,2015年7月,俄亥俄州立大学美式橄榄球队四分卫卡代尔·琼斯(Cardale Jones)通过推特对#黑命贵(# BlackLivesMatter)话题进行了评论,这个标签是为了回应前一年发生的几起值得注意的非裔美国男性在警察暴力事件中被杀的案件(Rosenthal, 2015)。同样,2015年3月,蒙大拿州的一名高中摔跤选手因要求一名15岁的女孩通过阅后即焚向他发送裸体照片而被逮捕,并被指控性侵儿童(Devlin, 2015)。

在组织层面上,体育团队经常因社交媒体活动而产生公共关系问题。例如,2014年5月,巴尔的摩乌鸦队(Baltimore Ravens)[2]举行了一次新闻发布会,球员雷·赖斯(Ray Rice)谈到了对其未婚妻的家庭暴力和攻击指控。在发布

---

[1] 美国得克萨斯理工大学运动与体育管理系副教授。他于2012年在美国亚利桑那州立大学获得博士学位。他的研究兴趣集中在体育新媒体和体育社交媒体研究方面。
[2] NFL球队。——译者注

会上,赖斯不幸地犯了几个表达错误,比如说生活是关于"不要被打倒,要爬起来"(not getting knocked down, but getting back up),球队的推特账号逐字逐句地发了这条推文。结果,该组织在媒体上受到了严厉的批评(Yoder,2014),因为一些球迷认为这条推文等同于纵容家暴和攻击(Sanderson & Freberg,2016)。尽管社交媒体会产生负面的新闻,但它也可以为加强球迷参与提供机会;一些球队正在将社交媒体整合到他们的设施中,例如旧金山巨人队(San Francisco Giants)[①],2013年他们在主场AT&T公园提供了一个社交媒体咖啡馆。该咖啡馆配备了6台55英寸的电视,球迷可以在那里观看他们的社交媒体内容和巨人队员工策划的内容,并为他们的移动设备充电,同时观看棒球比赛(Heitner,2013)。

上述的例子只是社交媒体影响体育的一小部分。虽然这些事件是微观层面的,但更大的宏观层面的转变为传播学者提供了大量的机会来研究这个不断变化的体育景观。学者们研究的课题包括:运动员通过社交媒体更多地控制他们的自我展示(Kassing & Sanderson,2010; Lebel & Danylchuk,2012);学生运动员收到的关于社交媒体和社交媒体监控的信息(Browning & Sanderson,2012; Sanderson & Browning,2013);球迷如何使用社交媒体来构建和塑造关于体育故事的叙事(Burch, Frederick, & Pegoraro,2015)并管理社会认同威胁(Sanderson,2013a);以及体育组织使用社交媒体与体育迷互动的方式(Armstrong, Delia & Giardina,2014; Conlin, McLemore, & Rush,2014)。

本章通过以下方式探讨社交媒体和体育传播学研究:(a)研究文献中使用的几个重要理论;(b)回顾建立社交媒体和体育传播学文献的一些完整研究;(c)为这两个领域的交叉点提供未来的研究方向。社交媒体与体育传播学研究是一个充满活力的研究领域,但由于社交媒体总是在快速变化,在确保学术研究与技术发展同步方面存在一些问题。此外,这些文献并非没有缺陷(Wenner,2014),希望本章能够帮助在这一交叉领域工作的学者继续利用强大的理论基础开展研究(Hardin,2014),并在内容之外进行多样化的研究,考察社交媒体对体育利益相关者的影响(Sanderson,2014a)。

---

① MLB球队。——译者注

体育传播学与社交媒体的相关理论

学者们用各种理论来开展社交媒体与体育传播学的交叉研究。有几种理论特别突出,本文在此加以讨论:(a) 准社会互动;(b) 框架;(c) 自我呈现。

准社会互动

准社会互动(parasocial interaction,简称 PSI)是指受众对中介性人物的行为类似于实际的社会互动,但它是中介化的和单向度的,因此有所不同(Horton & Wohl,1956)。从虚构的人物到名流都是准社会互动的对象,包括运动员(Brown,Basil,& Bocarnea,2003)。在历史上,准社会互动发生在更加私密的场合,比如体育迷在观看体育赛事时直接向运动员发表评论,或者给运动员写信并希望运动员能做出回应。然而随着社交媒体的出现,准社会互动已经变得更加公开化,并包含了各种行为。在早期的研究中,卡兴和桑德森(Kassing & Sanderson,2009)研究了自行车运动员弗洛伊德·兰迪斯(Floyd Landis)的车迷是如何通过他的博客进行准社会互动的。兰迪斯在博客上记录了他在2006年环法自行车赛上的经历——因为兴奋剂指控而被剥夺冠军,随后又与这些指控作斗争。车迷们将他们所做的情感投资(例如,在开车时获取关于兰迪斯表现的最新信息)归于兰迪斯,并就兰迪斯如何提升自己的表现向他提出建议,将准社会互动从一个被动的现象转变为更加主动的现象。此外,随着运动员在社交媒体平台上变得更加活跃,准社会互动已经转变为一个社会-准社会的连续体,卡兴和桑德森(Kassing & Sanderson,2015)将其称为"环社会互动"(circum-social interaction),因为运动员有时会对体育迷做出回应,将这种互动转变得更加符合社会本质。弗雷德里克、里姆、克拉维奥、彼得森和伯奇(Frederick,Lim,Clavio,Pedersen,& Burch,2014)讨论了运动员如何通过他们在社交媒体上的信息传递,培养出准社会互动或社会互动。也就是说,一些运动员可能会通过向体育迷提问或回应体育迷向他们提出的问题而变得更加社会化,其他运动员可能将社交媒体用于进行更加单向度的交流。例如,桑德森(Sanderson,2013c)研究了美国职业棒球大联盟(MLB)、美国职业篮球联赛(NBA)、美国国家橄榄球联盟(NFL)和美国职业冰球联盟(NHL)的新秀运动员如何使用推特向球迷提问。桑德森注意到,运动员提的问题包括从餐厅推荐到产品反馈等,并认为这

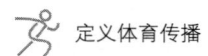 定义体育传播

些建议提升了球迷与运动员之间的认同感,进而加强了准社会互动。

运动员通过社交媒体与体育迷互动的能力得到广泛支持(Sanderson,2011a);但它不可避免地产生了一些负面结果。卡兴和桑德森(Kassing & Sanderson,2015)观察到体育迷通过社交媒体对运动员表达的仇恨和刻薄评论,并将这种行为概念化为"适应不良的准社会互动"(maladaptive parasocial interaction)(p.10)。这项研究扩展了准社会互动的概念,因为它通常被认为是一种积极的、支持性的行为。在此基础上,桑德森和特鲁阿克斯(Sanderson & Truax,2014)以亚拉巴马大学美式橄榄球队踢球手凯德·福斯特(Cade Foster)在2013赛季对阵奥本大学的比赛中踢丢了3个自由踢之后收到的推文为研究对象,研究了适应不良的准社会互动。他们发现,适应不良的准社会互动表现为:(a)贬低、(b)嘲笑、(c)讽刺、(d)威胁。这些威胁包括死亡威胁以及对福斯特及其家人的性暴力暗示,因此,研究人员建议体育部门和体育组织工作人员可能需要监测社交媒体上的适应不良的准社会互动,以减少当事人心理方面的后果。然而,体育迷仍在继续实施这种恼人的行为,尤其是针对大学美式橄榄球运动员,包括来自高中的新秀。虽然运动员会通过社交媒体受到球迷的负面评价,但他们遭到不利的新闻报道时,也可以利用社交媒体实现"翻盘"。例如,"球员论坛"(The Players Tribune)是一个由运动员自己撰写各种主题的文章的网站,它是一个高度文明的网站,观众可以直接听到运动员的声音。当运动员针对话题提出他们的观点和看法时,他们就会以对他们自己有意义的方式来构建故事和问题。这种能力也延伸到了体育迷那里,体育迷可以建立自己的体育新闻框架。例如,2014年,佛罗里达州立大学美式橄榄球队的四分卫贾米斯·温斯顿(Jameis Winston)被指控强奸了该校的一名学生,随后,球迷们在推特上为温斯顿辩护,反对这些指控(Levin,2014)。同样,体育迷通过个别地攻击那些看似塑造了运动员的负面形象的记者来参与这种行为。例如,2015年报道NHL球员帕特里克·凯恩(Patrick Kane)强奸指控的女记者们,收到了球迷向她们的个人推特账号发送的维护凯恩的信息,其中包括死亡威胁(Spies-Gans,2015)。

框 架

恩特曼(Entman,1993)认为,框架是"选择所感知现实的某些方面,使其在传播文本中更加突出,从而促进对所描述项目的特定问题的定义、因果解释、道德评价和/或治疗建议"(p.52)。框架在大众媒体中具有强大的影响力(Stefanik-Sidener,2013),运动员经常受到体育记者不利框架的影响(Sanderson,2010),

他们几乎没有能力反驳这些被认为是轻视的观点,因为他们的公开展示依赖于这些媒体人员。随着社交媒体的兴起,运动员现在有能力引入其他的叙事方式。例如,桑德森(Sanderson,2008)研究了波士顿红袜队(Boston Red Sox)①投手柯特·席林(Curt Schilling)如何利用自己的博客来反驳媒体关于他在 2004 年美联冠军系列赛(ALCS)中假装受伤的报道。席林能够以自己选择的方式攻击体育记者,并宣称自己的伤势属实。虽然运动员可以采取这种行为,但如果体育迷承担了这一任务,他们也可以从中受益。桑德森(Sanderson,2010)调查了职业高尔夫球手泰格·伍兹(Tiger Woods)的球迷如何利用其脸书页面对伍兹的不忠行为进行另类叙事,以反驳主流媒体对这一事件的描述。具体来说,球迷们将伍兹的行为归结为反映人类"犯错"倾向的私事,而主流媒体将伍兹描绘成一个有缺陷的人,放大了伍兹风流韵事的可疑细节。因此,当体育迷在不请自来的情况下引入替代性叙事来抵消感知到的负面框架时,运动员可能会从公共关系方面得到好处。

除了为运动员辩护,当更大范围的体育迷认同受到威胁时,体育迷也可以利用社交媒体来反击陷害。例如,伯奇、弗雷德里克和佩戈拉罗(Burch, Frederick & Pegoraro,2015)调查了球迷如何通过推特诬陷 2011 年温哥华骚乱,该事件发生在温哥华加人队(Vancorver Canucks)②在斯坦利杯决赛中输给波士顿棕熊队(Boston Bruins)③之后。他们注意到推特既是球迷的信息来源,也是塑造公众看法的机制。球迷们能够利用推特与骚乱者保持距离,并对骚乱者的行为表示遗憾和悔恨,这与主流媒体的诬陷形成了反差。因此,当球迷不同意媒体的报道时,社交媒体平台能够反驳媒体的描述,并强调球迷群体的积极方面。按照这一思路,布朗、布朗和比林斯的研究(Brown,Brown, & Billings,2015)以及布朗和比林斯的研究(Brown & Billings,2013)分析了面临丑闻的大学体育项目的体育迷如何利用推特加入球迷进行的危机传播,寻求减轻对体育项目的负面看法。通过社交媒体,体育迷现在可以参与体育新闻和问题的公共对话,这就为众多体育故事引入了多元声音(Chewning,2015)。社交媒体所提供的抵制媒体负面报道的能力也延伸到了自我呈现方面。通过社交媒体,运动员可以更好地控制自己的公众形象,并表达他们身份认同的各个方面,这些方面在大众媒体上是很少出现的。在某些情况下,这种自我呈现是更大的体育媒体进程的一

---

① MLB 球队。——译者注
② NHL 球队。——译者注
③ NHL 球队。——译者注

部分,如大学运动员招募。在这方面,弗雷德里克和克拉维奥(Frederick & Clavio,2015)研究了 ESPN 美式橄榄球前 300 名球员中前 10 名高中运动员的自我呈现,发现这些运动员以非常个人化和坦率的风格进行传播。虽然这种方式能引起一些球迷的共鸣,但也可能导致新生失去奖学金,因此,弗雷德里克和克拉维奥强调有必要对高中运动员进行积极的社交媒体教育。

自我呈现

社交媒体赋予运动员的能力之一,就是让他们能够更好地控制自己的公众形象。根据戈夫曼(Goffman,1959)的研究,自我呈现涉及一种身份表演,这种表演是适应性的,取决于一个人是在"前台"还是在"后台"表演。随着社交媒体的发展,运动员尤其能够在向公众展示自己的认同方面扮演更加积极的角色。虽然知名运动员在一定程度上仍然依赖于主流媒体机构的报道,但体育与社交媒体文献已经显示,运动员有突出自己认同中某些方面的能力,这些方面可能不会出现在主流媒体报道中(Lebel & Danylchuk,2014;Sanderson,2014b;Smith & Sanderson,2015;Weathers et al.,2014)。事实上,有些运动员总是会得到大量的媒体报道,例如泰格·伍兹、勒布朗·詹姆斯(LeBron James)和隆达·罗西(Ronda Rousey)[①],其他一些媒体关注度较低的运动员可以利用社交媒体来提升他们在受众中的知名度(Sanderson,2014b)。当然,有些运动员会根据他们的运动项目(例如,在没有职业运动队的市场中的大学美式橄榄球运动员)得到区域性媒体的大量报道,即便如此,社交媒体仍能使这些运动员与体育迷和其他受众建立联系,传统媒体可能无法做到这一点。

在较早的一项研究中,桑德森(Sanderson,2008)探讨了波士顿红袜队投手柯特·席林如何利用自己的博客来反驳媒体对他的描述,强调他的积极品质,比如是一个好队友,对自己的决定负责任。勒贝尔和达尼尔丘克(Lebel & Danylchuk,2012)通过对职业男女网球运动员的推特账户进行研究,发现男性运动员更倾向于以体育迷的身份展示自我,女性运动员更多地以品牌管理者的身份展示自我。在其他研究中,勒贝尔和达尼尔丘克(Lebel & Danylchuk,2014)发现,受众对那些在推特简介中突出自己运动员认同的运动员评价更高。

很多自我呈现研究都集中在推特上,但也有研究考察了其他平台上的自我呈现。史密斯和桑德森(Smith & Sanderson,2015)探讨了男女运动员如何通过

---

① 美国著名女性格斗运动员,在此之前是柔道运动员。——译者注

照片墙进行自我呈现,发现自我呈现往往符合性别规范(例如,女性运动员比男性运动员呈现更多的身体接触),但也存在值得注意的差异(例如,更多的女性运动员展示了与其运动相关的动作姿势)。因此,他们认为,社交媒体可以使运动员突破大众媒体描述中经常出现的"脚本";运动员能够更多地展示自己在运动之外的喜好和兴趣,这有助于促进与体育迷产生更大的认同,从而增强运动员和体育迷的准社会互动。

上述理论有助于体育和社交媒体学者研究社交媒体产生的一些影响。尽管如此,这些理论还远远不是已经使用和应该使用的仅有的理论(Sanderson,2013b)。应鼓励在这一领域工作的学者不仅要检验理论,还要创造理论。除了前面讨论的研究之外,还有其他几项涉及社交媒体对体育的影响和转变的研究值得被列出。

涉及体育传播学与社交媒体的研究

如前所述,社交媒体已经影响了体育的许多层面。在此特别值得一提的是体育媒体。具体而言,社交媒体改变了体育的生产和消费过程。随着推特在体育领域的逐渐普及,舒尔茨和谢弗的两项研究(Schultz & Sheffer,2010;Sheffer & Schultz,2010)对体育记者如何看待推特对其职业的影响进行了调查,结果发现,当时的记者主要使用推特提供评论和观点,而且存在年龄差异,年轻记者比年长记者更倾向于认为推特有价值,而后者认为推特是在其他平台上推广其工作的补充工具。从那时起,推特在体育报道中变得相当突出,推特上体育新闻的加速发展(Hutchins,2011)促使推特被许多体育记者视为工作的必需品(Reed,2013)。有趣的是,其他研究指出,体育记者在社交媒体上的行为可能与他们在其他主流媒体平台上的行为不同(Sanderson & Hambrick,2012)。桑德森和汉布里克(Sanderson & Hambrick,2012)研究了体育媒体工作者在宾夕法尼亚州立大学杰里·桑德斯基(Jerry Sandusky)丑闻发生后使用推特的情况,观察到这些人在推特上的行为,如咒骂、贬低推特用户和宣传竞争对手等,这些行为在报纸专栏或电视新闻中是不太可能出现的。在某种程度上,这种行为并不完全令人惊讶,因为桑德斯基一案是很情绪化的。桑德斯基在美式橄榄球传奇队主教练乔·帕特诺(Joe Paterno)手下担任助理教练员,他被指控性虐待儿童,甚至有些时候就在宾夕法尼亚州立大学校内。此案引发了巨大的争议,学生们团结起来为帕特诺辩护,但帕特诺最终被解雇,并在不久后去世。此外,鉴于桑德斯基行为的性质,许多记者对这一话题产生了切身感受,特别提到他们作为家长的身份影响了他们对案件的态度(Sanderson & Hambrick,2012)。尽管如此,当社交媒体介入时,新闻标准似乎仍有一些不一致的地方。更具体地说,某些行为在社交媒体上可能比在传统媒体上更容易被"接受"(如嘲笑体育迷、向读者推荐竞争对手的文章)。因此,许多记者都会在个人简介中注明免责声明,表明观点仅代表其个人,并不代表其雇主。然而,其中许多人在他们的个人简介中清楚地列出了他们的隶属关系,这种免责声明的合法性似乎值得怀疑。此外,社交媒体上的信息来源似乎不那么严格,但更具地域性。这就导致了"抢第一"与"保证真实"之间的冲突。未来,体育媒体行业(以及整个新闻行业)如何处理这些问题,将是体育传播学和社交媒体学者应该关注的一个重要领域。

社交媒体在影响体育媒体工作者的工作常规和职业道德的同时,也将他们置于与运动员和运动队的直接竞争中。例如,一些体育组织限制记者在比赛转播期间通过社交媒体传播内容,这让一些记者质疑自己是否有必要的权限来完成工作(Suggs Jr.,2015)。小萨格斯(Suggs Jr.,2016)调查了大学体育记者对球队绕过媒体,通过网站和社交媒体平台发布内容的工作合法性的看法。记者们指出他们的接触机会变少了,尽管记者与球队之间的关系没有受到直接威胁,但一些球队的公关人员正在试探性地对访问进行限制。虽然小萨格斯发现记者和球队之间的关系没有受到直接威胁,但人们担心,随着球队创造更多的媒体,他们将同时减少与主流媒体的接触,尤其是在预期会出现负面新闻的情况下。

运动队可能会与体育媒体成员重新协商界限,并在媒体制作中发挥更积极的作用。与此同时,他们也在努力管理运动员使用社交媒体的方式。这一点在大学体育中尤为明显,一些学生运动员被禁止在赛季中使用社交媒体,并且/或者受到内部人员或外部供应商的监控。桑德森和布朗宁(Sanderson & Browning,2013)调查了学生运动员收到的有关推特的信息,发现运动员收到的绝大多数信息都是负面的。运动员往往在事件发生后才被告知社交媒体的使用是有问题的。桑德森和布朗宁认为,大学体育部门需要更加积极主动地教育学生运动员,让他们了解社交媒体的正面影响和负面影响,而不是仅仅关注社交媒体账户的监控。此外,其他研究(Sanderson,2011b;Sanderson, Snyder, Hull, & Gramlich,2015)发现,针对学生运动员的社交媒体政策偏重于讨论社交媒体带来的负面结果,很少提及社交媒体的积极应用。这些研究人员认为,政策应该更加平衡,更多地讨论社交媒体的积极用途,因为这些政策的基调不太可能改变学生运动员的社交媒体行为。有趣的是,一些学生运动员实际上希望接受社交媒体教育,以便学习社交媒体的使用策略和积极用途(Sanderson, Browning, & Schmittel, 2015)。特别是,当学生运动员被限制使用社交媒体时,就会出现对(美国《宪法》)第一修正案影响的担忧(Paulson, 2012)。虽然颁布这些禁令的公立大学面临的风险可能更大,但研究人员可以在社交媒体、隐私和组织控制方面作出重要贡献,从而引导和影响公众对话,并有可能影响有关该主题的政策。

在体育组织人员利用社交媒体解决内部问题和外部问题的同时,对于那些历来被边缘化或只能从传统媒体渠道获得极少量媒体报道的体育项目而言,社交媒体为这些语境中的运动员和组织提供了增加媒体报道的机会。例如,范恩(Vann, 2014)观察了社交媒体如何使澳大利亚女子职业无挡板篮球运动超越传统体育媒体报道的限制。同样,麦卡锡(McCarthy, 2011)研究了体操爱好者如何利用博客、视频和其他在线技术来加强对这项运动的报道,并围绕体操创造了一个集体智慧体。因此,通过社交媒体,体育迷、运动员和体育组织人员可以创建信息库,以帮助报道量不足的体育项目获得更多关注。当然,其中也存在挑战,因为许多顶级体育项目(如美式橄榄球)在体育消费的金字塔顶端已然根深蒂固。尽管如此,社交媒体还是为代表性不足的体育项目及其体育迷提供了一个渠道,让他们在围绕体育项目生成内容、传播信息和报道方面发挥积极作用(McCarthy, 2011)。

前面讨论的研究有助于形成关于体育传播学和社交媒体的新兴研究体系。虽然取得了显著的进步,但仍有许多研究要开展,其中包括在体育和社交媒体学术研究中更加专注和有选择性。

未来的研究方向

随着社交媒体技术席卷体育界,体育传播学和社交媒体研究也相应增加。尽管该领域的文献仍处于被视作初级阶段的状态,但人们对这些文献提出了中肯的批评,其中一些将被在此论述。最主要的批评可能是针对推特的研究过多(Wenner, 2014)。一方面,沙奎尔·奥尼尔(Shaquille O'Neal)和兰斯·阿姆斯特朗(Lance Armstrong)等热门体育人物都是推特的早期使用者;因此,推特被认为是体育利益相关者的首选社交媒体平台(Browning & Sanderson, 2012; Kassing & Sanderson, 2015)。从这个意义上说,针对推特的研究在体育传播学和社交媒体学术研究中占据主导地位也就不足为奇了。另一方面,对脸书的研究文献较少,这一点令人惊讶,因为脸书的月活跃用户早已超过10亿名,令所有其他社交媒体平台相形见绌(Company Info,2015)。此外,学者们对照片墙、阅后即焚和品趣思等新兴平台的关注度也不高,这些平台在普通受众和体育受众中的人气都在不断增长。换句话说,对推特上的内容进行分析仍应受到欢迎,但近期的许多研究在很大程度上是在重复已有的研究结果,只是改变了既定的环境,对推动研究体系发展几乎没有什么帮助。在2014年6月的《传播与体育》(Communication & Sport)期刊上,主编劳伦斯·文内尔(Lawrence Wenner)组织了一个论坛,由著名学者对推特研究的未来提出批评并指明方向。由于篇幅所限,这里无法对这些研究进行广泛评述,我们鼓励读者回顾这些文章。从本质上来说,研究人员的目光应超越平台,更多地关注结构和问题,从而作出有意义的贡献。举例来说,与其说因为"没有研究考察过"棒球投手在推特上的自我呈现,所以需要对其进行研究,不如说考察运动员在社交媒体上自我呈现的更多功能会更有成效。在这种情况下,研究人员可能会通过经济因素(例如,运动员的存在促使用户访问这些网站,从而增加了网站做广告的可能性)或社交媒体上的自我呈现如何使运动员参与挑战体育权力结构的话题,或使运动员参与质疑体育文化意识形态的对话(Hutchins,2014;Rowe,2014)来研究自我呈现。

因此,本章最后就体育和社交媒体研究者可以开展的课题提出建议,以重振和加强相关研究的发展。其中一个引人注目的领域是运动员行动主义和宣传,以及组织和受众对此类行动的反应。施密特和桑德森(Schmittel & Sanderson,2015)调查了NFL球员在乔治·齐默尔曼(George Zimmerman)案宣判后发布的推文,并观察球员们如何利用推特表达对判决的蔑视,以及思考美国少数族裔社会的正义问题。与主流媒体采访相比,这种宣传似乎更有可能来自社交媒体[考虑到迈阿密热火队(Miami Heat)在勒布朗·詹姆斯的社交媒体账户上发布了一张身穿连帽衫的照片,以纪念齐默尔曼案中的受害者特雷冯·马丁(Trayvon Martin)]("Heat don hoodies,"2012)。当然,运动员可以,也确实通过主流媒体参与宣传和活动,但也许他们觉得通过社交媒体这样做更有力量。

然而,通过社交媒体参与行动主义活动很可能会引发体育迷的极端反应,他们可能不同意运动员参与社会正义活动,这使得运动队工作人员认为这些声明构成了公共关系事件而感到焦虑。因此,体育传播学和社交媒体学者可以探究这种宣传行为的"利害关系",以及言论自由、雇主规则和日益商品化的体育如何通过这种行为交织在一起。例如,桑德森、弗雷德里克和斯特克兹(Sanderson, Frederick, & Stocz, 2016)探讨了2014年11月30日圣路易斯公羊队(St. Louis Rams)①的5名球员在赛前热身时做出"举起双手"的手势后,球迷在脸书和推特上的反应。这一手势是对密苏里州弗格森市白人警察达伦·威尔逊(Darren Wilson)杀害非裔美国少年迈克尔·布朗(Michael Brown)这一事件的回应。研究者发现,球迷们利用脸书和推特提醒赞助商注意他们对运动员行为的不满,并呼吁对组织进行谴责和抵制。在这一案例中,公羊队和NFL均未对球员采取行动,但探索运动员参与行动主义和宣传话语所引发的讨论是未来研究的一个富矿领域。

此外,巴特沃斯(Butterworth, 2014)在批评新媒体和体育研究时指出,学者们有必要探讨体育利益相关者如何参与积极的公民活动以及对体育文化的批判性讨论。事实上,社交媒体平台可能是进行这些讨论的理想场所,因为传统上,主流媒体可能会抵制参与这些讨论。如何讨论美式橄榄球运动中的头部伤害以及在男性占主导地位的北美体育运动中越来越多的女性获得重要职位[例如,贝基·哈蒙(Becky Hammon)被NBA圣安东尼奥马刺队(San Antonio Spurs)聘为助理教练员,亚利桑那红雀队(Arizona Cardinals)聘请了NFL历史上第一位女性助理教练员詹·韦尔特(Jen Welter)]等话题,可以为体育文化和意识形态提供重要的启示,或许还可以引入挑战主流话语的叙事。

学者们可以在体育传播学和社交媒体方面开拓的另一个富有潜力的研究方向是青少年体育。梅斯纳和穆斯托(Messner & Musto, 2014)指出,目前缺乏对儿童与体育的研究,这正是社交媒体和体育传播学学术研究可以作出贡献的领域。考虑到2015年2月,Rivals(一家高中招生排名服务机构)开始对6年级学生的美式橄榄球前景进行排名。两名候选球员之一达伦·布赖登(Daron Bryden)立即在自己的推特账号上宣布了这一消息,并被各大新闻媒体放大了(Smith, 2015)。回到"利害关系是什么?",6年级学生被招生服务机构排名并通过社交媒体与球迷发生接触,会产生什么影响?不少体育迷对高中运动员进行信息轰炸,劝说他们去体育迷所在的学校就读(Steinberg, 2015),将这种关注指向6年级学生似乎存在问题,这是一个值得关注的研究领域。

总之,体育传播学和社交媒体的前景是光明的。虽然平台可能不断发生变化,但社交媒体的基本特征(如内容创建、连接和协作)似乎过于强大和诱人,至少

---

① NFL球队。——译者注

在短期内不会大规模消失。随着学者们对社交媒体展开更多的研究,并探讨其意义和影响,体育传播学和社交研究将蓬勃发展,成为学术界和公众的宝贵资源。

参考文献

Armstrong, C. G. , Delia, E. B. , & Giardina, M. (2014). Embracing the social in social media: An analysis of the social media marketing strategies of the Los Angeles Kings. *Communication & Sport*. Advance online publication. doi:10. 1177/2167479514532914.

Billings, A. C. , Qiao, F. , Conlin, L. , & Nie, T. (2015). Permanently desiring the temporary? Snapchat, social media, and the shifting motivations of sports fans. *Communication & Sport*. Advance online publication. doi 10. 11/2167479515588760.

Brown, N. A. , & Billings, A. C. (2013). Sports fans as crisis communicators on social media websites. *Public Relations Review*, 39, 74-81.

Brown, N. A. , Brown, K. A. , & Billings, A. C. (2015). "May no act of ours bring shame": Fan-enacted crisis communication surrounding the Penn State sex abuse scandal. *Communication & Sport*, 3, 288-311.

Brown, W. J. , Basil, M. D. , & Bocarnea, M. C. (2003). The influence of famous athletes on health beliefs and practices: Mark McGwire, child abuse prevention, and androstenedione. *Journal of Health Communication*, 8(1), 41-57.

Browning, B. , & Sanderson, J. (2012). The positives and negatives of Twitter: Exploring how student-athletes use Twitter and respond to critical tweets. *International Journal of Sport Communication*, 5(4), 503-521.

Burch, L. M. , Frederick, E. L. , & Pegoraro, A. (2015). Kissing in the carnage: An examination of framing on Twitter during the Vancouver riots. *Journal of Broadcasting & Electronic Media*, 59(3), 399-415.

Butterworth, M. L. (2014). Social media, sport, and democratic discourse. In A. C. Billings & M. Hardin (Eds.), *Routledge handbook of sport and new media* (pp. 32-42). New York: Routledge.

Chewning, L. V. (2015). Multiple voices and multiple media: Co-constructing BP's crisis response. *Public Relations Review*, 41, 72-79.

Company Info (September 30, 2015). Retrieved July 1, 2016, from http://newsroom. fb. com/company-info/.

Conlin, L. , McLemore, D. M. , & Rush, R. A. (2014). Pinterest and female sport fans: Gaining a foothold in the male-dominated sport world. *International Journal of Sport Communication*, 7, 357-376.

Devlin, V. (March 31, 2015). Documents detail drug, sex charges against Ronan wrestler. *Missoulian*. Retrieved July 1, 2016, from http://missoulian.com/news/local/documents-detail-drug-sex-charges-against-ronan-wrestler/article_9854b98d-f8b1-530a-8a90-2e3df6004fdb.html.

Entman, R. M. (1993). Framing: Toward clarification of a fractured paradigm. *Journal of Communication*, *43*, 51-58.

Frederick, E. L., & Clavio, G. (2015). Blurred lines: An examination of high school football recruits' self-presentation on Twitter. *International Journal of Sport Communication*, *8*, 330-344.

Frederick, E., Lim, C. H., Clavio, G., Pedersen, P. M., & Burch, L. M. (2014). Choosing between the one-way or two-way street: An exploration of relationship promotion by professional athletes on Twitter. *Communication & Sport*, *2*, 80-99.

Goffman, E. (1959). *The presentation of self in everyday life*. New York: Doubleday.

Hardin, M. (2014). Moving beyond description: Putting Twitter in (theoretical) context. *Communication & Sport*, *2*, 113-116.

Heat don hoodies after teen's death (March 24, 2012). *ESPN*. Retrieved July 1, 2016, from http://espn.go.com//nba/truehoop/miamiheat/story/_/id/7728618/miami-heat-don-hoodies-response-death-teen-trayvon-martin.

Heitner, D. (June 30, 2013). San Francisco Giants enhance reputation as digital leader with creation of social media café. *Forbes*. Retrieved July 1, 2016, from http://www.forbes/com/sites/darrenheitner/2013/06/30/san-francisco-giants-enhance-reputation-as-digital-leader-with-creation-of-social-media-cafe/.

Horton, D., & Wohl, R. R. (1956). Mass communication and para-social interaction. *Psychiatry*, *19*, 215-229.

Hutchins, B. (2011). The acceleration of sport media culture: Twitter, telepresence and online messaging. *Information, Communication & Society*, *14*, 237-257.

Hutchins, B. (2014). Twitter: Follow the money and look beyond sports. *Communication & Sport*, *2*, 122-126.

Kassing, J. W., & Sanderson, J. (2009). "You're the kind of guy that we all want for a drinking buddy": Expressions of parasocial interaction on Floydlandis.com. *Western Journal of Communication*, *73*, 182-203.

Kassing, J. W., & Sanderson, J. (2010). Tweeting through the Giro: A case study of fan-athlete interaction on Twitter. *International Journal of Sport Communication*, *3*, 113-128.

Kassing, J. W., & Sanderson, J. (2015). Playing in the new media game or riding the virtual bench: Confirming and disconfirming membership in the community of sport. *Journal of Sport & Social Issues*, *39*, 3-18.

Lebel, K., & Danylchuk, K. (2012). How tweet it is: A gendered analysis of professional tennis players' self-presentation on Twitter. *International Journal of Sport Communication*,5(4),461-480.

Lebel,K. ,& Danylchuk,K. E. (2014). Facing off on Twitter:A generation Y interpretation of professional athlete profile pictures. *International Journal of Sport Communication*,7,317-336.

Levin,J. (December 6,2014). It's about ethics in sports journalism:Florida State football fans are the new gamergate. *Slate*. Retrieved July 1,2016,from http://www. slate. com/articles/sports/sports_nut//2014/12/fsutwitter_florida_state_football_fans_are_ the_new_gamergate. html.

McCarthy,B. (2011). From shanfan to gymnastlike:How online fan texts are affecting access to gymnastics media coverage. *International Journal of Sport Communication*,4(3),265-283.

Meraz,S. (2009). Is there an elite hold? Traditional media to social media agenda setting influence in blog networks. *Journal of Computer-Mediated Communication*,14(3),682-707.

Messner,M. A. ,& Musto,M. (2014). Where are the kids? *Sociology of Sport Journal*,31,102-122.

Paulson,K. (April 15,2012). Column:Free speech sacks ban on college-athlete tweets. *USA Today*. Retrieved July 1,2016,from http://usatoday30. usatoday. com/news/opinion/forum/story/2012-04-15/twitter-social-media-college-sports-coaches-ban/54301178/1.

Reed,S. (2013). Social media's influence on American sport journalists' perception of gatekeeping. *International Journal of Sport Communication*,6(4),373-383.

Rosenthal,S. (July 23,2015). Cardale Jones gave an obnoxious Ohio State fan the Twitter knockout punch. [Web log post]. Retrieved July 1,2016,from http://www. sbnation. com/lookit/2015/7/23/9025119/do-not-tell-cardale-jones-to-stick-to-sports-ohio-state-fans.

Rowe,D. (2014). Following the followers:Sport researchers' labour lost in the Twittersphere? *Communication & Sport*,2,117-121.

Sanderson, J. (2008). The blog is serving its purpose:Self-presentation strategies on 38pitches. com. *Journal of Computer-Mediated Communication*,13(4),912-936.

Sanderson,J. (2010). Framing Tiger's troubles:Comparing traditional and social media. *International Journal of Sport Communication*,3(4),438-453.

Sanderson,J. (2011a). *It's a whole new ball game:How social media is changing sports*. New York:Hampton Press.

Sanderson,J. (2011b). To tweet or not to tweet … :Exploring Division I athletic departments social media policies. *International Journal of Sport Communication*,4,492-513.

Sanderson,J. (2013a). From loving the hero to despising the villain:Exploring sports fans social identity management on Facebook. *Mass Communication and Society*,16(4),487-509.

Sanderson,J. (2013b). Social media and sport communication:Abundant theoretical opportunities. In P. M. Pedersen (Ed.),*The Routledge handbook of sport communication* (pp. 56-65). New

York：Routledge.

Sanderson，J. （2013c）. Stepping into the （social media） game：Building athlete identity via Twitter. In R. Luppicini （Ed.），*Handbook of research on technoself：Identity in a technological society* （pp. 419-438）. New York：IGI Global.

Sanderson，J. （2014a）. What do we do with Twitter? *Communication and Sport*，*2*，127-131.

Sanderson，J. （2014b）. Just warming up：Logan Morrison，Twitter，athlete identity，and building the brand. In B. Brummett & A. W. Ishak （Eds.），*Sport and identity：New agendas in communication* （pp. 208-223）. New York：Routledge.

Sanderson，J.，& Browning，B. （2013）. Training versus monitoring：A qualitative examination of athletic department practices regarding student-athletes and Twitter. *Qualitative Research Reports in Communication*，*14*（1），105-111.

Sanderson，J.，Browning，B.，& Schmittel，A. （2015）. Education on the digital terrain：A case study exploring college athletes' perceptions of social media education. *International Journal of Sport Communication*，*8*，103-124.

Sanderson，J.，& Freberg，K. （2016）. When going silent may be more productive：Exploring fan resistance on Twitter to the Baltimore Ravens live-tweeting the Ray Rice press conference. In A. Hutchins & N. T. J. Tindall （Eds.），*Public relations and participatory culture：Fandom，social media，and community engagement* （pp. 230-242）. New York：Routledge.

Sanderson，J.，Frederick，E.，& Stocz，M. （2016）. When athlete activism clashes with group values：The "Boycott the St. Louis Rams" Facebook page and social identity threat management. *Mass Communication and Society*，*19*，301-322.

Sanderson，J.，& Hambrick M. E. （2012）. Covering the scandal in 140 characters：A case study of Twitter's role in coverage of the Penn State saga. *International Journal of Sport Communication*，*5*，384-402.

Sanderson，J.，Snyder，E.，Hull，D.，& Gramlich，K. （2015）. Social media policies within NCAA member institutions：Evolving technology and its impact on policy. *Journal of Issues in Intercollegiate Athletics*，*8*，50-73.

Sanderson，J.，& Truax，C. （2014）. "I hate you man!"：Exploring maladaptive parasocial interaction expressions to college athletes via Twitter. *Journal of Issues in Intercollegiate Athletics*，*7*，333-351.

Schmittel，A.，& Sanderson，J. （2015）. Talking about Trayvon in 140 characters：Exploring NFL players' tweets about the George Zimmerman verdict. *Journal of Sport & Social Issues*，*39*，332-345.

Schultz，B.，& Sheffer，M. L. （2010）. An exploratory study of how Twitter is affecting sports journalism. *International Journal of Sport Communication*，*3*（2），226-239.

Sheffer, M. L. , & Schultz, B. (2010). Paradigm shift of passing fad? Twitter and sports journalism. *International Journal of Sport Communication*, 3(4), 472-484.

Smith, C. (February 18, 2015). What do Rivals.com's 6th grade profiles mean for the recruiting industry? *USA Today*. Retrieved July 1, 2016, from http://usatodayhss.com/2015/rivals-com-is-now-officially-tracking-6th-grade-football-prospects.

Smith, L. R. , & Sanderson, J. (2015). I'm going to Instagram it! An analysis of athlete self-presentation on Instagram. *Journal of Broadcasting & Electronic Media*, 59(2), 342-358.

Spies-Gans, J. (September 25, 2015). Female reporters threatened with violence for reporting on Patrick Kane allegations. *Huffington Post*. Retrieved July 1, 2016, from http://www.huffingtonpost.com/entry/julie-dicaro-twitter-threats-patrick-kane_5605b532e4b0af3706dc5210.

Stefanik-Sidener, K. (2013). Nature, nurture, or that fast food hamburger: Media framing of diabetes in the *New York Times* from 2000-2010. *Health Communication*, 28(4), 351-358.

Steinberg, D. (April 7, 2015). Wisconsin fans hurl insults at Maryland recruit Diamond Stone. *Washington Post*. Retrieved July 1, 2016, from https://www.washingtonpost.com/news/dc-sports-bog/wp/2015/04/07/wisconsin-fans-hurl-insults-at-maryland-recruit-diamond-stone/.

Suggs Jr. , D. W. (2015). Valuing the media: Access and autonomy as functions of legitimacy for journalists. *International Journal of Sport Communication*, 8(1), 46-67.

Suggs, Jr. , D. W. (2016). Tensions in the press box: Understanding relationships among sports media and source organizations. *Communication & Sport*, 4, 261-281.

Vann, P. (2014) Changing the game: The role of social media in overcoming old media's attention deficit toward women's sport. *Journal of Broadcasting & Electronic Media*, 58, 438-455.

Weathers, M. , Sanderson, J. , Matthey, P. , Grevious, A. , Tehan, M. , & Warren, S. (2014). The tweet life of Erin and Kirk: A gendered analysis of sports broadcasters' self-presentation on Twitter. *Journal of Sports Media*, 9(2), 1-24.

Wenner, L. A. (2014). Much ado (or not) about Twitter? Assessing an emergent communication and sport research agenda. *Communication & Sport*, 2, 103-106.

Yoder, M. (May 23, 2014). It was not a good idea for the Ravens to live tweet Ray Rice's press conference. Retrieved July 1, 2016, from http://awfulannouncing.com/2014/it-was-not-a-good-idea-for-the-ravens-to-live-tweet-ray-rices-press-conference.html.

第十九章　体育与游戏研究：作为体育传播研究领域的电子游戏

尼古拉斯·D.鲍曼①　安迪·博彦②

体育媒介总是致力于拉近观众和屏幕上活动的距离(Bowman & Cranmer, 2014)。从面向急切的北美殖民地观众(主要还是英国人)的伦敦前线拳击报道到匹兹堡 KDKA 电台首次直播美国职业棒球大联盟(于 1921 年举行的一场匹兹堡海盗队对阵费城费城人队的比赛)，再到通过网络流媒体网站——NBCOlympics.com 直播 2008 年北京奥运会，体育媒介在为观众提供前所未有的观看比赛的机会方面取得了长足进步。社交媒体技术将这种接触延伸到了更衣室(Pegoraro, 2010；Frederick, Lim, Clavio, & Walsh, 2012；Bowman, 2013)。梦幻体育游戏给予体育迷些许与他们心仪的运动员和运动队相连接的机会——尽管是间接的(即没有行动控制)。

然而，在所有这些形式中，观众的参与本质上都是被动的：无论体育迷付出多少努力或赞美，都不会对他们喜爱(或鄙视)的运动员和运动队在场上的行动或表现产生影响。正是在这一点上，体育电子游戏——模拟有组织体育运动的电子游戏——在体育媒体中提供了一个独特的空间，因为它们提供了一种强烈的代入感、沉浸感和对屏幕上体育活动的参与感。

体育电子游戏非常受欢迎——在 2014 年 154 亿美元的数字游戏销售额

---

① 中文名为"包尼克"。美国得州科技大学媒体与传播学院副教授。他于 2010 年在美国密歇根州立大学获得博士学位。他的研究兴趣包括电子游戏、虚拟现实和增强现实技术的认知、行为、情感与社交需求等。

② 美国"无限关键"(Infinity Keys)公司首席执行官兼创始人，2024 年起担任"最后的网络"(Last Newwork)公司增长主管。他曾担任美国阿尔比恩学院传播学助理教授，2012 年在美国密歇根州立大学获得博士学位。他的研究兴趣主要包括规则系统模式对数字游戏和学习、体育观赏性以及传播过程的影响。

中,体育类游戏占13%以上(Entertainment Software Association,2015)——但无论是游戏学者还是体育传播学者,都没有对这一类型的游戏及其受众投入过多的关注。面对这种学术研究的匮乏,体育迷与运动队或体育之间建立的许多关系似乎都与他们的体育游戏有关,反之亦然。虽然确切的关系人们尚不清楚,但体育电子游戏似乎为研究一系列体育传播问题提供了一个有用的平台。因此,我们通过(a)体育游戏的类型学;(b)概述这些游戏的玩家构成;(c)提出将游戏作为体育传播学研究的出发点,来为游戏研究与体育传播学的交叉研究提供指导。

电子游戏是固有的(体育)竞技

在探讨不同类型的体育电子游戏之前,我们认为电子游戏与体育的核心竞争和挑战/技能要素十分吻合。电子游戏最好被理解为游戏性交互(ludic interfaces)(Huizinga,1938):人机交互,即人类玩家与受逻辑和规则系统约束的计算机输入互动。因此,电子游戏和体育的内容几乎是同构的。正如超级玛丽奥兄弟(Super Mario Bros.)要求玩家从左到右前进,同时避免与敌人接触,美式橄榄球比赛要求玩家将充气的皮囊从"北"向"南"推进,同时避开顽强的防守;马里奥和理查德·谢尔曼(Richard Sherman)都不得离开赛场,在关键时刻,两个"角色"都必须避开或遭遇敌人。因此,玩电子游戏时寻求的主要的满足感是挑战和竞争(Sherry,Lucas,Greenberg,& Lachlan, 2006),电子游戏还能培养自主性和能力(Tamborini,Bowman,Eden,Grizzard,& Organ,2010)。

最早获得商业成功的电子游戏之一也是第一款体育电子游戏——*PONG*。*PONG*是一款模拟乒乓球的游戏,于1972年底在酒吧和其他成人娱乐场所等公共场所推出。伴随着*PONG*的成功——*PONG*成为最早的体育家用电子游戏机之一——其他以体育为主题的电子游戏也开始进入市场。截至2014年,视频游戏产业在全球的销售额已达154亿美元。其中,超过13%的销售额来自游戏(Entertainment Software Association,2015),3款体育游戏——《麦登橄榄球15》(*Madden NFL 15*)、*NBA 2K15*和*FIFA 15*的平台总销售额分别排名第2位、第7位和第9位(Te,2015)。

体育电子游戏的类型学

将电子游戏理解为体育的内在追求,有助于突出游戏与体育在语义上的共同元素,同时解释了为什么许多电子游戏都是围绕模拟许多流行(和不太流行)的体育运动而开发的。下文将讨论几种比较流行的体育电子游戏。

赛车与驾驶游戏

在 PONG 流行的基础上,一些最早的体育运动模拟电子游戏试图复制人们熟悉的运动和行为,如驾驶。这些游戏得益于对个人已有竞赛心理模型的挖掘(类似的规则、目标等;Boyan & Sherry, 2011)。日本制造商太东(Taito)于 1974 年推出的《极速赛车》(Speed Race)引入了多项创新技术,包括使用真实的赛车方向盘、油门和刹车踏板、变速杆和转速表,帮助玩家沉浸在赛车体验中。这种自然映射控制器(McGloin, Farrar, & Krcmar, 2011; McGloin, Farrar, & Fishlock, 2015)利用了玩家与驾驶相关联的心理模型,再结合他们对赛车规则和目标(第一个完赛、不撞坏自己的车等)的固有知识,可以让玩家轻松获得游戏体验。自《极速赛车》问世以来的 40 多年里,其基本组成部分不断被仿效和发展,现代赛车游戏包括更逼真的画面、更复杂的控制界面(包括一些带有手动变速系统的游戏)和各种车型。赛车游戏仍然是体育游戏的主打产品之一,包括纳斯卡车赛(NASCAR)和其他相关赛事的许多授权游戏。

麦登与"四大"职业体育项目(加上 FIFA)

1988 年 6 月,艺电公司(Electronic Arts)创始人特里普·霍金斯(Trip Hawkins)发布了一款在电子游戏史上最具影响力的游戏。《约翰·麦登美式橄榄球》(John Madden Football)被球迷们简称为《麦登》,该游戏最初是作为第一款美式橄榄球模拟游戏发布的,每边各有 11 名球员(鉴于当时计算机处理能力的限制,这是一项了不起的壮举)。《麦登》的 11 对 11 玩法采用了真实的战术(基于麦登在担任 NFL 奥克兰突袭者队主教练期间的个人战术手册),并为该类型游戏的现实主义和代表性设定了标准。尽管《麦登》可能是源自美国"四大"职业体育项目——美式橄榄球、棒球、篮球和冰球的最成功的电子游戏系列,但艺电公司旗下的艺电体育(EA Sports)通过《三杀》系列[(Triple Play, 1996—2002 年,之后被《MVP 棒球》(MVP Baseball)取代,直到 2005 年特许合约终止]、

《NBA实况》(*NBA Live*)篮球游戏(1995年至今,包括早在1989年问世的一系列NBA游戏)和《NHL冰球》(*NHL Hockey*)系列(1991年至今)复制了《麦登》的成功。其他以"四大联盟"为题材的游戏也获得了好评和销售上的成功,如以大学体育为题材的游戏。然而,近年来,美国全国大学体育协会(NCAA)授权的游戏已经暂停,原因是NCAA与前球员之间存在诉讼,后者声称这些游戏不公平地使用了运动员的姓名和肖像,却没有给予补偿(Rovell,2013)——诉讼的结果是,大学生运动员与NCAA和艺电之间达成了6000万美元的和解协议(McGuire,2015)。

在"四大联盟"之外,还有世界上最受欢迎的体育实体——国际足球联合会(FIFA)。鉴于足球在世界范围内的受欢迎程度,《国际足联》(*FIFA*)系列游戏也是有史以来最受欢迎的体育电子游戏;在1993年至2010年,《国际足联》系列游戏的销量突破了1亿美元大关(Business Wire,2010),有些人(Badenhausen,2014)声称,《国际足联》系列游戏在美国出人意料的成功在一定程度上提高了美国人对足球的兴趣。

"另类"体育电子游戏名称

1995年,ESPN为首届极限运动会提供了资金和媒体支持,这或许与崇尚另类摇滚乐和法兰绒时装的X时代运动相契合(Pickert,2009)。与此同时,20世纪90年代出现了许多体育电子游戏,其中包括单板滑雪游戏(索尼PlayStation的《炫酷滑雪》(*Coolboarders*)和滑板游戏[托尼·霍克(Tony Hawk)在多个平台上发行的《职业滑板者》(*Pro Skater*)]以及其他"极限运动"类的游戏。托尼·霍克滑板游戏以捕捉街头滑板运动的精髓而著称,玩家可以在从购物中心到滑板公园的各种场所玩滑板,成为几名职业滑板选手中的一员。最初的托尼·霍克游戏是索尼PlayStation One上评分最高的游戏之一,因其捕捉到了"滑板运动的纯粹勇气和激进感觉"而备受赞誉(Perry,1999)。

职业与管理模拟

尽管上述一些游戏通常开发了职业生涯模式,玩家可以在多个赛季的比赛中掌管自己喜爱的运动员和运动队,但这些游戏的核心是体育运动本身的动作。也就是说,大多数体育电子游戏主要关注的是复制赛场上的动作。不过,也有一些特许经营游戏将流行体育元素与模拟和角色扮演等其他类型电子游戏的元素融合在一起。关于模拟类电子游戏,比较流行的有席德·梅尔(Sid

Meier)的《文明》(*Civilization*)和艺电的《模拟城市》(*Sim City*)。在这两款游戏(以及无数的克隆游戏)中,玩家作为一个实体的"首脑",负责做出战略决策,使实体发展壮大。

最早的体育模拟类游戏之一是《美式橄榄球经理》(*Football Manager*)(McFerran,2015)。《美式橄榄球经理》最初是一款棋盘游戏,后来迁移到计算机环境中,将更复杂的计算和概率模型外包给机器。与动作体育游戏不同,玩家并不实际控制场上比赛。相反,玩家要沉浸在主教练的角色中,在"实况"比赛中做出阵容决定和制订比赛计划,然后再对其进行调整——可能在比赛间隙对两者都做出修改(包括交易球员和放走球员)。通过这种方式,游戏会自动生成比赛结果,早期版本会滚动呈现"实时"比赛结果的文本,后期版本允许玩家使用逼真的图片实时观看比赛。此类模拟游戏允许玩家对所管理的职业体育运动进行前所未有的控制,让玩家可以控制从球员薪资、训练到特许经营权价格和合同谈判等一切事务(Spinda,2016)。

模拟元素已经进入更多以动作和赛场为导向的电子游戏中,如《麦登》系列和索尼娱乐公司的《MLB 秀》(*MLB:The Show*)系列。这些游戏的魅力被认为部分在于忠实复制了屏幕上的游戏玩法,并结合了奇幻的角色扮演元素,类似于著名的角色扮演电子游戏,如《塞尔达传说》(*The Legend of Zelda*)和《最终幻想》(*Final Fantasy*)系列:玩家控制自己的化身,代入式地体验模拟的奇幻环境——在这种情况下,玩家通过训练自己的球员,赢得首发位置,并通过自己名人堂式的表现在体育史上占据一席之地,尽管是通过数字方式。

街机体育游戏

虽然前两类游戏在表现体育运动时往往力求真实,但对许多玩家来说,电子游戏要做的是提供一种易于获得的消遣方式。也就是说,电子游戏的部分吸引力在于,它们可以提供某种体验的风味,而无须完全复制该体验的所有世俗元素——基于 Windows 的经典纸牌游戏的吸引力在于,电脑会为玩家洗牌、发牌、整理牌和算牌;许多体育主题电子游戏的吸引力在于,人们可以玩或模拟冰球或冰壶比赛,而无须穿上球衣、伸展身体并上冰比赛。游戏设计师,如波西(Posey,2013)解释说,成功的电子游戏的核心要素是通过突出活动中更具娱乐性的方面,同时过滤掉可能不那么令人兴奋的元素,从而提供真实的游戏体验。

对于体育纯粹主义者来说,《宿敌》(*Arch-Rivals*)(一款篮球游戏,灵感来源于 1988-90 赛季的 NBA 底特律活塞队,在游戏中,玩家可以互相殴打以捍卫自己的篮筐)和《NFL 闪电战》(*NFL Blitz*)(一款以传球为导向的美式橄榄球游戏,在游戏中,第一次进攻必须推进 30 码,防守者通常会用肘部和腿部攻击高速向前的持球者)等游戏可能会被视为反常现象,因为其只展示了体育的基本要素(甚至是有争议的要素)。例如,《NBA 果酱》(*NBA Jam*)系列游戏于 1993 年首次在中途岛公司(Midway)的街机上推出,随后被多个家用游戏机系统效仿。在该游戏中,玩家可以使用 NBA 许可证和球队(以及前总统——如果他们知道规则的话),在半场扣篮,连续投中三分球,直到篮网着火(解说员大喊"他火力全开"),以及在球场彩色区域投中价值高达 9 分的加分球。这类游戏大受欢迎。到 1994 年,《NBA 果酱》仅在街机上的收入就超过了 10 亿美元(Leone,n. d.)。

受体育启发的梦幻体育

许多电子游戏都借鉴了科幻小说和奇幻(不是基于统计的梦幻体育游戏)的传统——事实上,精灵、龙、外星人和瞬移(teleportation)都是当代电子游戏文化的主流。值得注意的是,对于体育电子游戏而言,这些奇幻概念中的许多概念也可以在那些借用流行体育"风味"的游戏中找到,这些游戏往往围绕常见的体育内容创造出天马行空的叙事和场景。对于本次讨论而言,重要的是,奇幻题材的游戏往往会发明自己的运动队、联盟和体育实体(甚至发明自己的体育项目),而不是借用已有的体育品牌。

1993 年 9 月,艺电体育发布了一款名为"变异美式橄榄球联盟"(*Mutant League Football*)的《麦登 93》游戏,并用怪物和妖精替代了当时更受欢迎的 NFL 球员——例如,用"骨头杰克逊"(Bones Jackson)替代了多才多艺的奥克兰突袭者队跑卫博·杰克逊(Bo Jackson),用"令人胆寒的冰"(Scary Ice)替代了旧金山 49 人队名人堂接球手杰里·莱斯(Jerry Rice)。游戏玩法基本遵循 NFL 的标准规则,但加入了一些梦幻元素,如散布在赛场上的地雷和火坑。赢得比赛的方式可以比较传统(得分超过对手),也可以比较恐怖(杀死对方足够多的队友,迫使对方放弃比赛)。

虽然许多体育梦幻游戏的动机可能是规避与职业联赛的正式授权协议和/或美化、扩展公认的有组织体育运动的严格规则,但对于其他类型的梦幻体育,如赛车游戏来说,这些协议并不那么重要。*F-Zero* 等游戏以未来派太空赛车为特色,竞争者在封闭的赛道上以火箭般的速度飞驰,把对手撞击到爆炸区,最终登上最高领奖台;《摇滚赛车》(*Rock & Roll Racing*)以食尸鬼和妖精为特色,在

20世纪70年代和80年代流行的摇滚音乐旋律中竞速。最后,任天堂(Nintendo)和"超级玛丽奥兄弟"系列中的角色还参加了赛车(《马里奥卡丁车》)、网球(《马里奥网球》)、篮球(《马里奥3对3篮球》)、棒球(《马里奥超级棒球》),甚至在模拟奥运会中挑战竞争对手的电子游戏产品和角色(《马里奥与索尼克在2008年北京夏季奥运会上》)。

自然映射与虚拟现实体育游戏

用户界面技术(如自然映射和感官沉浸技术)的进步带来了旨在唤起玩家强烈临场感的电子游戏体验(Skalski, Tamborini, Shelton, Buncher, & Lindmark, 2011; McGloin, Farrar, & Krcmar, 2010)。自然映射几乎从一开始就是体育电子游戏的一部分,《极速赛车》中的方向盘和刹车/油门踏板组合就是这种界面的一个很好的例子。在这里,控制系统与现实世界中的类似活动几乎完全对应。然而,利用人类自然感知系统的控制系统的进步(Biocca, 1997),使得游戏玩家可以在家中舒适地进行许多身体模拟运动。任天堂的《Wii 体育》(*Wii Sports*)虽然不是第一个利用这种技术的游戏,却是利用这种技术的游戏中在商业上和评论上最成功的游戏之一。该游戏于2006年11月首次发布,利用任天堂 Wii 的运动传感器控制器,玩家可以去打保龄球、网球、棒球(投球和击球)、高尔夫球或拳击,同时模仿每种运动的身体动作。

然而,许多自认为是体育游戏玩家的人可能并不认为《Wii 体育》(VGChartz.com,史上销量第一的电子游戏)等游戏是真正的体育游戏,因为这些游戏只是对体育运动的动作进行了模拟,而且没有知名体育品牌的授权或与之开展合作(Stein, Mitgutsch, & Consalvo, 2012)。对运动传感器和虚拟现实类体育游戏的研究(Pasch, Bianchi-Berthouze, van Dijk, & Nijholt, 2009)发现,以运动为基础的体育电子游戏的两个主要动机是挑战和竞争原因(成就),以及放松。作者还报告说,自然控制、动作模仿、本体感觉反馈(关于身体邻近部位的信息)和身体挑战等元素与提高这些游戏的沉浸感关系最大。值得注意的是,这些动机与这些游戏的运动内容都并不特别吻合——这也印证了斯坦因(Stein et al., 2012)的研究结果,即许多体育游戏玩家并不把基于运动的体育游戏视为"合法的"体育游戏。

与品牌合作的自然映射和虚拟现实体育游戏越来越受欢迎。艺电体育与泰格·伍兹(Tiger Woods)合作,将其作为 PGA 巡回赛特许经营的一部分,2012年发布的索尼 PlayStation 3 游戏捆绑了 PlayStation Move 系统——一种与 Wiimote 类似的运动跟踪控制器系统;2013 年发布的微软 X-Box 游戏与该系统的 Kinect 外围设备具有类似的运动跟踪兼容性。值得注意的是,动作捕捉和其他运动自然映射设备(Skalski et al.,2011)对 Wii 来说并不陌生:在 20 世纪 90 年代,世嘉创世(SEGA Genesis)开发了运动传感器和高尔夫控制器(TeeV,本质上是一个底部装有红外传感器的 26 英寸的高尔夫球杆)和棒球棒(击球手,24 英寸的泡沫和塑料球棒,连接至控制台),供家庭运动爱好者使用,而且两者与许多流行游戏兼容。

游戏技术的进步在很大程度上伴随着虚拟沉浸技术的进步——体育电子游戏通常被视为这些技术的试验场,这在很大程度上(正如本章前面部分提到的那样)是因为它们涉及人们熟悉的活动。作为 2015 年美国网球公开赛的一部分,头条赞助商美国运通(American Express)开发了一款头戴式显示器,让球迷体验玛丽亚·莎拉波娃(Maria Sharapova)每小时 100 英里(超过每小时 160 公里)的发球速度,并为他们提供虚拟回球的机会(Zaldivar,2015)。

谁在玩体育电子游戏?

正如本章前文所强调的,以体育为主题的电子游戏对电子游戏市场依然相当重要:它们是收入最高的电子游戏类型之一,每十款已发布的电子游戏作品中就有一款与体育有关,而且(虽然不是本章的重点)随着职业电子竞技的兴起,电子游戏已成为观赏性体育运动。然而,斯坦因等人(Stein et al.,2012)发现,与娱乐软件协会(ESA,2015)报告的更大范围的游戏玩家群体相比,体育游戏玩家往往更年轻,种族多样性较弱(主要是白种人),且以男性为主。游戏玩家的平均年龄为 35 岁,游戏玩家总数的 56% 为男性。造成这种差异的一个原因是,娱乐软件协会报告的数字没有考虑特定类型的人口统计数据。例如,尼尔森公司(Nielsen,2009)报告称,休闲游戏的玩家多为女性,她们自我认同为轻度电子游戏玩家,而其他类型游戏(如射击游戏和角色扮演游戏)的玩家多为男性,且玩游戏的时间较长。这些特定类型的人口细分在一定程度上复制了这些游戏的一些惯例,如以更多女性主角和主人公为特征的休闲游戏(Wohn,2011),与之形成对比的是大多数体育电子游戏,它们通常与男性运动员和联盟共享经营许可权。值得注意的是,随着越来越多的男性进入休闲游戏市场(Casual Games Association,2015),还有,艺电体育的 *FIFA 16* 等著名特许经营游戏开始将杰出的职业和业余女性运动员纳入其中,这些细分情况似乎正在发生变化(Eisenband,2015)。

不过,玩家参与游戏的方式应该引起体育传播学者的兴趣。斯坦因等人(Stein et al.,2012)的调查显示,93.5%的受访者自我认同为普通体育迷,76.4%的受访者能够指出他们支持哪支职业或业余运动队。这些数据表明,体育迷正在将他们的体育迷身份延伸到电子游戏领域,这也表明体育游戏玩家是体育迷群学者的理想研究对象。研究还发现,体育游戏玩家也是各种体育娱乐内容的受众:95%的受访者经常收看电视体育节目,81.4%的受访者在过去一年中作为观众观看过现场体育赛事,74.6%的受访者参加过体育活动。其中许多行为被认为是狂热体育迷的行为指标(DeSarbo & Madrigal,2011),表明体育游戏是体育迷的一个重要特征。康威(Conway,2010)在《职业足球进化 2008》(*Pro Evolution Soccer 2008*)(一款模拟经营风格的游戏)的玩家身上发现了这样的证据,玩家将游戏中的互动和游戏时间视为他们热爱足球的更大的球迷身份的一部分。

金和罗斯(Kim & Ross,2006)研究了体育游戏的用途和满足感,发现了7种主要的游戏动机:知识应用、对体育的认同、幻想、竞争、娱乐、社交互动和消遣——值得注意的是,这一清单提供了许多与体育游戏相关的独特满足感,雪莉等人(Sherry et al.,2006)的研究结果没有这些满足感。在后来的一项研究中,金、沃尔什和罗斯(Kim,Walsh & Ross,2008)证实,体育游戏玩家也有其他体育媒体消费行为,并倾向于与喜爱的球队建立更紧密的联系。但数据还表明,40 岁以上的体育游戏玩家与他们的孩子和家人一起玩游戏是一种亲情体验,这为电子游戏玩家提供了一个独特的群体,更像是传统的代际体育迷群。

体育游戏应用于体育传播学研究

研究电子游戏需要对其复杂性和特定功能有一定的了解,这样才能在研究中正确地使用它们,而在体育传播学研究中使用游戏可以为研究与体育传播常见变量相关的问题提供肥沃而友好的土壤。下面就举几个这样的例子。

迷群、认同与叙事

正如金和罗斯(Kim & Ross,2006)以及金等人(Kim,Walsh,& Ross,2008)所发现的,玩家参与体育电子游戏至少有一个原因是表达身份认同。玩体育游戏使游戏迷有机会强烈认同他们喜爱的运动员和运动队,因为游戏允许玩家完全控制运动员/运动队,无论是单独玩一次游戏,还是作为赛季或职业生涯游戏模拟的一部分(Conway,2010)。体育游戏玩家还可以在线参与比赛,与其他玩家(表面上还有他们喜爱的运动员和运动队)互动,同时在公共数字空间体现他们的迷群身份——较新的游戏甚至允许玩家通过社交媒体分享这些比赛的结果。体育游戏通常为玩家提供各种可定制的选项,例如创建球员和编辑现有球队,以及配置游戏,以显示喜爱的球员或球队的肖像。郭、克拉维奥、伊戈尔曼和金(Kwak,Clavio,Eagleman & Kim,2010)发现,参与这种定制的玩家花更多时间玩游戏,对游戏更满意,也更喜欢电子游戏。这些影响在多大程度上会转移到实际的体育属性中？对于营销人员和学者来说,这都是一个潜在的、有前景的研究方向。

还可以从球员与化身互动的角度来研究身份认同与迷群身份(Banks & Bowman,2016),以了解玩家与其屏幕上的运动员之间可能存在的不同类型的取向。例如,狂热的体育迷可能会以"虚拟化身即我"(Avatar-as-Me)(努力寻求与体育运动的个人联系感),或"虚拟化身即他人"(Avatar-as-Other)(努力寻求与屏幕上运动员的亲缘感)的取向接近这些头像。更进一步说,我们可以把这些不同的认同情景与众所周知的"沐浴于荣耀/摒弃失败"范式——"沐浴在荣誉中"(BIRGing)和"切断失败感"(CORFing)现象(Cialdini et al.,1976)相联系。通过这种现象,体育迷将自己与成功的事件联系在一起,并同不成功的事件分离开来。一个引人注目的研究方向可能是电子游戏玩家——特别是那些为了满足对自己喜爱的体育运动的高度认同感而玩游戏的玩家——可能会对自己的电子游戏表现(如与自己喜爱的运动员和运动队比赛的输赢)做出何种程度的反应,包括对体育迷身份的短期影响和长期影响。

迷群身份和身份认同还包括对体育赛事和其他语境的社会文化理解。克劳福德和戈斯林(Crawford & Gosling,2009)认为,以体育为主题的电子游戏的互动叙事弧线为玩家提供了一种认同感和对自身生活的社会理解,这甚至超越了电子游戏的范畴。虽然从表面上看,体育游戏似乎是对体育运动的模拟,但克劳福德和戈斯林(Crawford & Gosling,2009)认为,游戏中对叙事的开放式解读使其成为另一种叙事方式的有用场所,例如玩家在游戏中实现了一种社会幻想。这项研究提供了一种以受众使用为中心的方法,来研究玩体育电子游戏带来的满足感。巴埃戈(Baerg,2012)提供了另一种将游戏视为体育叙事的方法,他对 *NBA 2K12* 进行了文本分析,研究了游戏如何表现与历史的关系,发现游戏将历史表现为一个解释可能性而不是既定的事实的空间——例如,游戏允许玩家扮演过去的 NBA 传奇人物和球队,以此重温(也可能重写)NBA 的历史。

体育电子游戏也可能是向受众介绍较新的体育运动的有用工具。如前所述,《国际足联》等游戏在向玩家传授他们可能并不熟悉的体育运动方面可能特别有用,这反过来又会激发他们对这些体育运动的潜在兴趣。根据比林斯的研究(Billings,2008)和其他有关奥运会的研究,广播电视公司为激发玩家兴趣而采取的一种方法是借鉴好莱坞巨视剧的惯例——例如,将运动员塑造成主角和反面角色,从而将比赛塑造成娱乐媒介,而非体育媒介。鉴于电子游戏本质上是一种学习环境(Gee,2007),人们可以通过玩以某项运动为基础的电子游戏来了解该项运动的复杂性。

社会与少数群体的媒体描述

在研究大众传媒中代表性不足的人群时,体育电子游戏与真实的体育运动之间有着相同的独特语境。体育电子游戏是少数几个少数群体占主要角色的媒体场域之一(Williams,Consalvo,Caplan,& Yee,2009)。鉴于大众传媒对少数群体运动员的传统描述所产生的社会影响,人们通常在体育语境中对种族和性别表征展开研究。例如,研究表明,报纸对海斯曼奖(Heisman trophy)候选人的报道倾向于从黑人运动员的运动能力(无论其智力如何)和白人运动员的领导能力(无论其运动能力如何;Cranmer,Bowman,Chory,& Weber,2014)两方面来描述黑人运动员和白人运动员。这项研究通过一款体育电子游戏(NCAA Football,2013)得到了验证。结果显示,当玩家看到一篇关于黑人学生运动员的新闻报道时,与阅读关于白人学生运动员的报道时相比,他们更倾向于认为黑人运动员是持球者(Cranmer,Bowman,& Goldman,2017)。未来的研究可能会考虑将电子游戏作为观察体育报道框架中常见主题的记忆或再现的途径,也可能更广泛地考虑接触互动式少数群体形象会如何改变受众对这些问题的接受和影响。关于性别问题,电子游戏已经是一种因其对女性的负面刻板描述而饱受抨击的媒介(Sarkeesian,2013)。体育电子游戏不太可能包含很多女性形象——至少不是作为场上的参与者。有证据表明,在体育媒体中,女性往往被广泛地性化(Bernstein,2002),因此,理解电子游戏中的女性表征可能会对我们有所启发。

体育电子游戏与传播理论

除了本章已经讨论过的领域外,体育电子游戏还为体育传播学的学术研究提供了广阔的理论发展空间。或许在最广泛的层面上,学者们应该致力于了解体育电子游戏在文内尔(Wenner,1989)的媒介体育与社会关系交互模型中的位置。体育电子游戏为学者们提供了一个特别独特的机会,供其研究一种具有互动性的体育媒体形式:从设计上讲,电子游戏积极而直接地让玩家参与共同创作和体验屏幕内容的过程(Bowman,2016)。这种共同创作的互动内容对于如何通过体育传播学的视角来研究体育电子游戏有诸多影响。

电子游戏的互动性质为体育媒体的交易性质带来了独特的一面,即受众/玩家实际上是场上的参与者,能够在数字竞赛中展现自己(Tamborini & Skalski,2006)。这种从被动受众到主动参与者的转变在有关梦幻体育的文献中(Bowman et al.,2016)有所提及。这种从受众到积极(或互动)玩家的转变需要研究者在未来对迷群和体育迷认同等领域进行研究,包括玩家如何利用游戏来表达迷群身份(DeSarbo & Madrigal,2011),以及游戏如何影响迷群身份的形成(Wann,2006)。值得注意的是,许多电子游戏玩家表示,体验幻想是参与游戏的动机之一(Sherry et al.,2006)。在体育电子游戏中,这种动机的表现形式是操纵自己喜欢的球队并赢得比赛,即使自己的球队在现实中并不具备持续获胜的能力。另外,当玩家要对球队的表现负责时,经典的体育媒介理论——沐浴于荣耀与摒弃失败——可能会有新的含义(Cialdini et al.,1976;Wann,2006)。

电子游戏的一个特别有趣的因素是,它允许玩家长时间地控制非本民族文化的球队和球员(Gee,2007)。举例来说,在操控(或对抗)外国球队方面,可以研究与观看,当玩家主动参与游戏时,民族主义认同的形成会受到怎样的影响(Billings et al.,2013)。例如,在 *FIFA 16*(Eisenband,2015)中,美国女子国家足球队是600多支球队中最受欢迎的30支球队之一。这一事实表明,1亿多名游戏玩家对女性运动的接受程度要比人们最初想象的更高。

对在线体育游戏玩家的话语分析可以揭示体育迷之间令人信服的互动模式(Boyan,Westerman,& Daniel,2016),例如性别作为一种突出的、通常具有毒性的社会认同线索的出现(Ivory,Fox,Waddell,& Ivory,2014)——特别是考虑到性别和性角色在体育传播学研究中的核心作用(Lavelle,2015)。以体育实体本身——运动员、运动队、联盟和其他组织——为重点的研究工作可能会关注体育电子游戏作为体育展示的一部分所扮演的角色,既是一种营销手段,也是一种迷群体验。最后,正如在 NCAA 和相关电子游戏的案例中所体现的,经济、政治和社会资本问题也可以从再现和劳动力的视角被加以分析。

结论与未来的研究视角

当前的游戏研究和体育传播学研究都没有反映出体育电子游戏的突出地位和受欢迎程度。我们认为:(a)游戏学者倾向于认为体育游戏并不代表动作游戏和梦幻游戏这种典型的媒介;(b)体育传播学学者倾向于将电子游戏归类为一种娱乐技术,而不是体育媒介景观的真正组成部分。有鉴于此,本章旨在通过将体育电子游戏定义为体育媒介的代表,确定该类型中常见的不同类型的体育电子游戏,并为体育传播学学者提供一些实践和理论的出发点,从而融合各种观点。显然,对于某些人来说,体育游戏是体育迷、体育媒介以及与体育内容相关的效应的一个组成部分——我们期待着体育电子游戏能够晋升至体育传播学学术研究的"大联盟"。

Badenhausen, K. (2014, June 13). EA Sports' FIFA video game helps fuel interest in the World Cup. *Forbes. com*. Retrieved July 5, 2016, from http://www.forbes.com/sites/kurtbadenhausen/2014/07/13/ea-sports-fifa-video-game-helps-fuel-interest-in-the-world-cup/.

Baerg, A. (2012). Digital hoops history: NBA 2K12 and remediating basketball's past. *Communication and Sport*, *1*, 365-381.

Banks, N. D., & Bowman, N. D. (2016). Emotion, anthropomorphism, realism, control: Validation of a merged metric for player-avatar interaction (PAX). *Computers in Human Behavior*, *54*, 215-223. doi:10.1016/j.chb.2015.07.030.

Bernstein, A. (2002). Is it time for a victory lap? Changes in the media coverage of women in sport. *International Review for the Sociology of Sport*, *37*(3-4), 415-428. doi:10.1177/101269020203700301.

Billings, A. C. (2008). *Olympic media: Inside the biggest show on television*. New York: Routledge.

Biocca, F. (1997). The cyborg's dilemma: Progressive embodiment in virtual environments.

Journal of Computer-Mediated Communication, *3*(2). doi: 10. 1111/j. 10836101. 1997. tb00070. x. Retrieved July 5, 2016, from http://onlinelibrary. wiley. com/doi/10. 1111/j. 1083-6101. 1997. tb00070. x/abstract.

Bowman, N. D. (2013). Social media, spaghetti westerns, and modern spectator sports. In D. Coombs, & B. Batchelor, (Eds.), *American history through American sports* (Vol. 3, pp. 31-48). Santa Barbara, CA: Praeger.

Bowman, N. D. (2016). Video gaming as co-production. In R. Lind (Ed.), *Produsing 2. 0: The intersection of audiences and production in a digital world* (Vol. 2, pp. 107-123). New York: Peter Lang.

Bowman, N. D. , & Cranmer, G. (2014). SocialMediaSport: Theoretical implications for the reified relationship between spectator and performer. In A. Billings and M. Hardin (Eds.), *Handbook of sport and new media* (pp. 213-234). London: Routledge.

Bowman, N. D. , Spinda, J. S. W. , & Sanderson, J. (in press). *Fantasy sports: Perspectives from The fields*. Lanham, MD: Littleton.

Boyan, A. & Sherry, J. L. (2011). The challenge in creating games for education: Aligning mental models with game models. *Child Development Perspectives*, *5*(2), 82-87.

Boyan, A. , Westerman, D. K. , & Daniel, S. E. (in press). Rooting with your rivals: Social presence in fantasy sports. In N. D. Bowman, J. S. W. Spinda, & J. Sanderson. (Eds.), *Fantasy sports: Perspectives from the fields*. Lanham, MA: Lexington.

Business Wire. (2010, November 4). *EA Sports FIFA soccer franchise sales top* 100 *million units lifetime*. Retrieved July 5, 2016, from http://www. businesswire. com/news/home/20101104006782/en#. VeOS-PZViko.

Casual Games Association. (2015). *Smartphone & table gaming* 2013: *Games market segment report*. Retrieved July 5, 2016, from http://issuu. com/casualconnect/docs/cga_market_report_fall2013/5? e=2336319/6014071.

Cialdini, R. B. , Borden, R. J. , Thorne, A. , Walker, M. R. , Freeman, S. , & Sloan, L. R. (1976). Basking in reflected glory: Three (football) field studies. *Journal of Personality and Social Psychology*, *34*, 366-375.

Conway, S. (2010). "It's in the game" and above the game: An analysis of the users of sports videogames. *Convergence*, *16*, 334-354.

Cranmer, G. , Bowman, N. D. , Chory, R. , & Weber. K. (2014). Race as an antecedent condition in the framing of Heisman finalists. *Howard Journal of Communication*, *25*(2), 171-191.

Cranmer, G. A. , Bowman, N. D. , & Goldman, Z. W. (2013, June). "Big run, or smart gun": How racially-based sports frames influence subsequent audience behaviors and attitudes of audiences towards athletes. Paper presented at the Annual Meeting of the International Communication

Association, London.

Crawford, G. & Gosling, V. K. (2009). More than a game: Sports-themed video games and player narratives. *Sociology of Sport Journal*, 26, 50-66.

DeSarbo, W. S., & Madrigal, R. (2011). Examining the behavioral manifestations of fan avidity in sports marketing. *Journal of Modelling in Management*, 6(1), 79-99. doi: 10.1108/17465661111112511.

Eisenband, J. (November 25, 2015). U. S. women's team is big hit on 'FIFA 16'. *The Postgame. com*. Retrieved July 5, 2016, from http://www.thepostgame.com/futuresport/201511/uswnt-ea-sports-fifa-16-alex-morgan-heather-oreilly-becky-sauerbrunn.

Entertainment Software Association (2015). Essential facts about the computer and video game industry. *ESA. com*. Retrieved September 1, 2015, from http://www.theesa.com/wp-content/uploads/2015/04/ESA-Essential-Facts-2015.pdf.

Frederick, E. L., Lim, C. H., Clavio, G., & Walsh, P. (2012). Why we follow: An examination of parasocial interaction and fan motivations for following athlete archetypes on Twitter. *International Journal of Sport Communication*, 5, 481-502.

Gee, J. (2007). *What video games have to teach us about learning and literacy*. New York: Palgrave Macmillan.

Huizinga, J. (1938). *Homo ludens: Vom ursprung der kultur im spiel.* [Homo ludens: From the origin of culture in play.] Reinbek, Germany: Rowohlt Verlag.

Ivory, A. H., Fox, J., Waddell, T., & Ivory, J. D. (2014). Sex role stereotyping is hard to kill: A field experiment measuring social responses to user characteristics and behavior in an online multiplayer first-person shooter game. *Computers in Human Behavior*, 35, 148-156. doi: 10.1016/j.chb.2014.02.026.

Kim, Y. & Ross, S. D. (2006). An exploration of motives in sport video gaming. *International Journal of Sports Marketing & Sponsorship*, 8(1), 34.

Kim, Y., Walsh, P., & Ross, S. D. (2008). An examination of the psychological and consumptive behaviors of sport video gamers. *Sport Marketing Quarterly*, 17, 44-53.

Kwak, D. H., Clavio, G. E., Eagleman, A. N., & Kim, K. T. (2010). Exploring the antecedents and consequences of personalizing sport video game experiences. *Sport Marketing Quarterly*, 19, 217-225.

Lavelle, K. L. (2015). As Venus turns: A feminist soap opera analysis of Venus Vs. *Journal of Sports Media*, 10(2), 1-16. doi: 10.1353/jsm.2015.0010.

Leone, M. (n. d.). The rise, fall, and return of NBA Jam. *1up. com*. Retrieved July 5, 2016, from http://www.1up.com/features/rise-fall-return-nba-jam.

McFerran, D. (2015, 18 February). The great history of the football manager sim. *Redbull.*

com. Retrieved July 5, 2016, from http://www.redbull.com/us/en/games/stories/1331705823377/the-history-of-the-football-manager-sim.

McGloin, R., Farrar K., & Fishlock, J. (2015). Violent games and violent controllers: Investigating the use of realistic gun controllers on perceptions of realism, immersion, and outcome aggression. *Journal of Communication.* doi: 10. 1111/jcom. 12148.

McGloin, R., Farrar, K., & Krcmar, M. (2011). The impact of controller naturalness on spatial presence, gamer enjoyment, and perceived realism in a tennis simulation video game. *Presence: Teleoperators and Virtual Environments*, 20(4), 1-16.

McGuire, K. (2015, July 17). Judge approves $60 million settlement in NCAA, EA Sports lawsuit. *NBCSports. com*. Retrieved July 5, 2016, from http://college footballtalk.nbcsports.com/2015/07/17/judge-approves-60-million-settlement-in-ncaa-ea-sports-lawsuit/.

Nielsen. (2009, August). *Insights on casual games: Analysis of casual games for the PC*. Retrieved July 5, 2016, from http://www.nielsen.com/content/dam/corporate/us/en/newswire/uploads/2009/09/GamerReport.pdf.

Pasch, M., Bianchi-Berthouze, N., van Dijk, B., & Nijholt, A. (2009). Movement-based sports video games: Investigating motivation and game experience. *Entertainment Computing*, *1*, 49-61. doi: 10. 1016/j. entcom. 2009. 09. 004.

Pegoraro, A. (2010). Look who's talking—athletes on Twitter: A case study. *International Journal of Sport Communication*, *3*, 501-514.

Perry, D. (1999, October 19). Tony Hawk's Pro Skater. *IGN. com*. Retrieved July 5, 2016, from http://www.ign.com/articles/1999/10/20/tony-hawks-pro-skater-10.

Pickert, K. (2009, January 22). A brief history of the X Games. *Time. com*. Retrieved July 5, 2016, from http://content.time.com/time/nation/article/0,8599,1873166,00.html.

Posey, J. (2013, March). *Tastes like chicken: Authenticity in a totally fake world*. Presentation at the Game Developers Conference, San Francisco.

Rovell, D. (2013, September 26). EA Sports settles with ex-players. *ESPN. com*. Retrieved July 5, 2016, from http://espn.go.com/college-football/story/_/id/9728042/ea-sports-stop-producing-college-football-game.

Sarkeesian, A. (2013, March 7). Damsel in Distress: Part 1. *Tropes vs. Women in Video Games*. [*YouTube video series*]. Retrieved July 5, 2016, from https://www.youtube.com/watch? v = X6p5AZp7r_Q.

Sherry, J., Lucas, K., Greenberg, B., & Lachlan, K. (2006). Video game uses and gratifications as predictors of use and game preference. In P. Vorderer & J. Bryant (Eds.), *Playing video games: Motives, responses, and consequences* (pp. 213-224). Mahwah, NJ: Lawrence Erlbaum Associates Publishers.

Skalski, P., Tamborini, R., Shelton, A., Buncher, M., & Lindmark, P. (2011). Mapping the road to fun: Natural video game controllers, presence, and game enjoyment. *New Media & Society*, *13* (2), 224-242. doi: 10. 1177/1461444810370949.

Spinda, J. S. W. (2016). Simulations as fantasy sports. In Bowman, N. D., Spinda, J. S. W., & Sanderson, J. (Eds.), *Fantasy sports: Perspectives from the fields*. Lanham, MA: Lexington.

Stein, A., Mitgutsch, K., & Conslavo, M. (2012). Who are sports gamers? A large scale study of sports video game players. *Convergence: The International Journal of Research Into New Media Technologies*, 1-19. doi: 10. 1177/1354856512459840.

Tamborini, R., Bowman, N. D., Eden, A., Grizzard, M., & Organ, A. (2010). Defining media enjoyment as the satisfaction of intrinsic needs. *Journal of Communication*, *60*(4), 758-777.

Tamborini, R., & Skalski, P. (2006). The role of presence in the experience of electronic games. In P. Vorderer & J. Bryant (Eds.), *Playing video games: Motives, responses, and consequences* (pp. 225-240). Mahwah, NJ: Lawrence Erlbaum Associates Publishers.

Te, Z. (January 15, 2015). Most-sold games of 2014 include GTA V, Call of Duty, and Super Smash Bros. *Gamespot. com*. Retrieved July 5, 2016, from www. gamespot. com/articles/most-sold-games-of-2014-include-gta-v-call-of-duty/1100-6424680.

VGChartz. com. (n. d.). Game database, best selling video games, game sales, million sellers, top selling—VGChartz. *VGChartz. com*. Retrieved September 1, 2015, from http://www. vgchartz. com/gamedb/.

Wann, D. L. (2006). The causes and consequences of sport team identification. In A. A. Raney & J. Bryant (Eds.), *Handbook of sports and media* (pp. 331-352). New York: Routledge.

Wenner, L. A. (1989). Media, sports, and society: The research agenda. In L. A. Wenner (Ed.), *Media, sports, and society* (pp. 13-48). Newbury Park, CA: Sage Publications.

Williams, D., Consalvo, M., Caplan, S., & Yee, N. (2009). Looking for gender: Gender roles and behavior among online gamers. *Journal of Communication*, *59*, 700-725.

Wohn, D. Y. (2011). Gender and race representation in casual games. *Sex Roles*, *65*(3), 198-207.

Zaldivar, G. (2015, August 18). Amazing technology allows fans to play tennis with Maria Sharapova at 2015 US Open. *Forbes. com*. Retrieved July 5, 2016, from http:// www. forbes. com/sites/gabezaldivar/2015/08/18/amazing-technology-allows-fans-to-play-tennis-with-maria-sharapova-at-2015-us-open/.

第二十章　体育与广告

迈克尔·B. 德福林[①]

体育是一种不断扩大的商品,每年的消费量都在增加——从不断刷新纪录的电视收视率(如 2015 年女足世界杯决赛、2015 年 NBA 总决赛和第 49 届超级碗)以及体育组织和联盟创造的收入就可见一斑(Badenhausen,2015;Berkowitz,2015)。这种不断增长的体育消费率是一种前所未有的资本主义形式的缩影,体育的经济影响不容低估,尤其是与广告有关的影响。体育的价值有别于其他商品,因为它具有与广告相关的双重性。体育在利用广告推广其产品的同时,也为其他商品的营销提供了延伸。体育的多面性通过传统媒体(电视和广播)、数字媒体(在线和社交媒体)以及场内赞助、运动队/运动员代言,甚至体育场馆/赛事冠名权,为广告提供了无与伦比的机会。可以说,体育重大事件的电视观众可以通过 DVR 录像,使体育成为吸引广告商的一大亮点。此外,第二屏幕的使用为广告商提供了与观众互动的新渠道,从而在广告与体育之间建立了新的关系。

文内尔(Wenner)在 1989 年出版的开创性作品《媒介、体育与社会》(*Media, Sport, and Society*)中讨论了体育的交易价值,并邀请人们对主流范式和新兴范式进行研究。随着市场营销实践的不断发展,体育、媒介与社会之间的关系日益交织在一起,引起了学术界的兴趣和认可,广告与体育的研究也应如此。从过时的交易范式发展而来的关系营销理论承认组织与消费者之间存在更深层次的关系,这种关系会影响忠诚度、增加销售额并降低成本(Kim &

[①] 美国得克萨斯州立大学新闻与大众传播学院广告学副教授。他于 2013 年在美国亚拉巴马大学获得博士学位。他曾获得得克萨斯州立大学校长杰出研究奖和美国国家传播学院体育传播组新锐学者奖等奖项,他的研究兴趣集中在体育广告等领域。

Trail, 2011; Mullin, Hardy, & Sutton, 2007)。建立关系有赖于组织通过心理统计数据提供更深入的见解,以超越年龄、种族和性别的方式细分受众的能力。了解与关系营销相关的体育迷认同理论的前因后果,可以提供关键的见解,帮助组织与体育迷建立更深层次的关系。关系营销和体育迷认同方面的广告研究已经开展,为推进体育和广告的理论与实践提供了一个重要框架。

广告与体育的关系

体育营销包含一系列战略性营销传播策略,包括但不限于推广、宣传、销售、公共关系和广告。广告的作用仅限于通过媒体渠道传达任何有偿的、非个人的、有明确赞助的信息(Mullin et al.,2007),以创造知名度、传播利益、发展品牌声誉、改变态度和鼓励行为(Batra, Myers, & Aaker, 1996)。广告是美国资本主义不可分割的一部分,"要理解体育如何以及为何在配置全球消费资本主义中发挥作用,就必须承认体育的独特性"(Jackson, 2015, p. 491)。作为一种商品,体育依赖广告来推广产品,同时,满足广告需求的能力无疑使体育"成为跨国公司及其相关广告和促销手段的有力工具"(Jackson & Andrews, 2005, p. 8)。

体育商品广告

作为游戏的体育与作为商业的体育之间的界限并不总是如此模糊。早期的奥林匹克运动会可追溯到公元前776年,是贵族和城邦之间的竞技表演,是对古希腊奥林匹克诸神的献礼(Kyle, 2014)。然而,现代社会见证了体育作为游戏向体育作为商品的转变,在这种转变中,人们对品牌的敬意多于对神的敬意。正如菲尔·沙夫(Phil Schaaf, 2004)在《体育公司》(*Sports Inc.*)中提到的:

> 在巴比·鲁斯(Babe Ruth)的全盛时期,(纽约)洋基队的主要收入来源仅仅是门票和特许商品。今天,洋基队的主要收入来源是门票、全国电视合同、本地电视合同、有线电视套餐、广播报道权、高级座位选择权、特许权、停车费、许可收入、球队赞助、全球营销协议和在线收入。(p. 33)

2014年整个体育产业的产值约为4984亿美元(Plunket Research, 2015)。美国国家橄榄球联盟(NFL)2014年的收入为112亿美元(Kaplan, 2015),美国职业棒球大联盟（MLB）2014年的收入约为90亿美元（Brown，2014），美国职业篮球联赛（NBA）2014年的收入为48亿美元，美国全国大学体育协会（NCAA）2014年的收入接近10亿美元（Berkowitz，2015）。收入是由转播权、门票、许可经营权和商品以及赞助协议组合而成的，这支持了这样一种观点，即体育已过渡到成了一种捆绑式产品，有利于参与者、观众、赞助商和媒体公司，以实现商业目标（Shank，1999）。

战略营销努力将体育从娱乐消遣提升为今天的金融巨头，使广告成为体育媒体和体育宣传文化中不可或缺的一部分（Jackson，2015）。每个联盟和球队都试图通过识别吸引受众群体的特质并与球迷建立情感纽带，从而将自己与竞争对手区分开来，努力通过门票、商品销售和媒体费用获得收入（Mullin et al.，2007）。然后，体育与社会通过利用体育推广其他商品和服务，将受众资本化。

体育作为一种载体

体育运动通过提供利润丰厚的电视时间、赞助整合空间和令人印象深刻的代言，满足了广告的需求；这些广告机会为媒体广播公司、联盟、运动队和运动员带来了经济收入，而且，广告还在体育决策过程中产生了巨大的影响力，如安排播出时间（对于电视广播至关重要），决定运动员去哪个城市比赛，以及修改从经济上支持赞助商合同的条款。

电视宣传

电视网络支付高额费用购买体育赛事的转播权，是因为体育赛事能够吸引大量的观众，而且拥有对广告商有吸引力的重要的人口学统计数据。由于体育提供了高度可靠的观众，广告商在体育赛事转播期间通常会被要求支付更高的广告费，因而电视网络与广告商之间形成了一种互惠互利的关系。例如，2005年到2014年，仅超级碗就累计创造了价值21.9亿美元的网络广告销售额（Kantar Media，2015）。对2014年季后赛期间全国电视广告支出的简要调查显示，NFL、NCAA篮球"疯狂三月"、NBA、MLB、NCAA美式橄榄球碗赛和NHL的广告支出约为38亿美元（Kondolojy，2015）。奥运会等两年一次[①]的重大事件也会带来利润丰厚的广告机会。2010年温哥华冬奥会为广播和有线电视网络带来了8.09亿美元的广告收入，提供了4288分钟的广告时间（不包括网络促销

---

① 指夏季奥运会和冬季奥运会。——译者注

第二十章 体育与广告

广告)(Kantar Media,2014)。

电视网络也希望获得体育赛事的转播权,这主要是因为有机会推广电视网络的节目阵容。为简明扼要起见,本章只对体育与电视网络推广之间的关系进行了有限的论述,但比林斯(Billings,2006)对体育与电视推广进行了全面的综述。

赞 助

赞助可以被定义为"商业机构以现金或实物形式向体育财产提供帮助,以换取与体育财产相关的权利,从而获得商业和经济利益"(Tripodi,2001,p.96)。1990年,全球赞助支出仅为36亿美元,但到2014年,这一数值已大幅增至214亿美元——这还仅仅是北美地区单一市场的情况。单纯的体育赞助支出就占据了近70%的市场份额,2014年收入达144亿美元(IEG,2015)。自2010年以来,体育赞助支出平均每年增长4%(IEG,2015),表明这种做法不太可能停止。

与传统广告不同,体育赞助"使品牌能够展示给营销人员通常无法触及的大量受众"(Tripodi,2001,p.110),因为"体育作为一种企业营销工具,提供了更大的灵活性、更广的覆盖面以及更高水平的品牌和企业曝光率"(Pegoraro, Ayer, & O'Reilly,2010,p.1454)。研究表明,赞助可能比传统广告更有效,因为体育涉及认知过程(Harvey, Gray, & Despain,2006)和各种市场因素,如赞助商与赛事的一致性和品牌知名度,这些因素对产品联想与品牌评估产生积极影响(Johar & Pham,1999;Pham & Johar,2001)。赞助从情感层面吸引消费者,在赞助商和消费者已经重视的赛事之间建立联系(Crimmins & Horn,1996)。最终,研究得出结论,企业宣布赞助与其股东财富之间存在正相关关系,从而提升了这一做法的财务有效性(Clark, Cornwell & Pruitt,2009)。

赞助不仅影响体育商业,还可能影响运动员和组织的决策,因为与之相关的还有各种经济机会。2012年,由阿迪达斯赞助的德怀特·霍华德(Dwight Howard)不愿考虑交易到芝加哥公牛队,主要原因是芝加哥公牛队球星德里克·罗斯(Derrick Rose)的赞助商也是阿迪达斯,这损害了霍华德与阿迪达斯的现有合约。当被问及这一决定时,阿迪达斯的一位高管表示:

> 阿迪达斯根本不可能让自己的两位招牌球员在同一个市场的同

一支球队……罗斯是这个市场的代言人,有霍华德在,阿迪达斯不可能获得最大的效益。这对阿迪达斯没有任何作用。阿迪达斯需要罗斯和霍华德作为竞争市场的对手。(Wojnarowski,2011)

最近,赞助商的作用影响了2014年国际足联世界杯和巴西的足球场禁酒政策。自2003年以来,在巴西的足球比赛中销售啤酒一直是非法的;然而,在国际足联的压力下,巴西立法机构签署了一项法案,允许百威啤酒在世界杯期间于体育场内销售其产品。这当然使百威啤酒保住了"国际足联世界杯官方啤酒"的赞助商地位。安海斯-布希公司(Anheuser-Busch)购买了世界杯赞助商套餐,每年的赞助费从1000万美元到2500万美元不等(IEG Press Release,2010),这让许多人相信,这份利润丰厚的合同是国际足联向巴西政府施压,迫使其改变政策的基础。

总之,通过推广捆绑式体育产品,体育和广告共同受益,从而为推广其他品牌提供了空间。体育与广告的关系满足了这样一种说法,即我们是"一个发达世界,很少关注生存的迫切需要,消费主义本身似乎已成为一种目的……一种抽象的摆脱宿命的方式,以及为自己建立身份认同的手段"(Thrassou, Vrontis, Kartakoullis, & Kriemadis,2012,p. 290)。在超级中介化、市场竞争加剧和消费主义盛行的时代,体育与广告以及体育作为广告的二元性为研究和理论的进一步发展提供了契机。

与体育相关的理论

体育是在体育场馆、竞技场、大众媒体以及某种程度上的社交媒体中被消费的。媒介体育产品的激增加剧了对观众注意力的争夺,这表明有必要采取以价值为基础的整体营销传播方法,涵盖传统和现代营销理论,以便触及专业观众(Thrassou et al. ,2012)。注重人际关系和消费者洞察力的广告策略可以有效地吸引受众并留住体育迷。

首先,过时的市场营销理论,如4P(价格、产品、促销和地点;Stanton, Etzel, & Walker,1994),是重要的考虑因素,但未能解决体育捆绑营销的复杂问题。捆绑式体育产品在某种程度上是抽象的,因为它将有形资产和无形资产结合在一起,人们很难界定实际提供的是什么以及由谁提供。其次,产品通常在一个区域开发,在另一个区域传播(Masteralexis, Barr, & Hums,2008);然而,就体育而言,产品是在被消费的同时被整合起来的,然后通过提供评论和集锦的大众媒体渠道被多次使用。地点也是一个难题,因为体育运动是在一个区域进行的,但现场观众可以同时通过多个媒介渠道进行消费。最后,主要由于许多体育场馆的门票价格不断上涨(Mullin et al.,2007),体育迷之间的联系变得越来越疏远,这使得对体育营销的研究变得越来越重要,尤其是关于如何使交易对消费者和组织有利,以确保持续互惠的研究。正是由于这些外在变量,在研究体育广告及其在"建立、发展和维持成功的关系交换"(Morgan & Hunt,1994,p. 22)方面的能力时,应采用基于关系的理论和以认同为中心的理论。

关系营销理论

学者们主张从交易范式向消费者关系范式转变,后者更注重基于共同价值观和利益的合作与互动(Bee & Kahle,2006;Gladden & Sutton,2009)。关系营销的优势超过了交易模式,因为"它可以:a)提供一个平台来组织广泛的关系结构;b)为评估关系营销的有效性提供见解;c)诊断并解决关系中的问题"(Kim & Trail,2011,p. 57)。认识到体育捆绑产品的复杂性和机遇,就需要采取以关系为中心的方法,而不是以交易为中心的方法,以全面提高利润。

要解决体育产品的复杂性问题,就必须在品牌和潜在消费者之间建立一种双向关系,这种关系要超越表面的交易关系,"吸引、维护并在提供多种服务的组织中加强客户关系"(Berry,1983,p. 25)。关系营销并不贬低经济交易的重要性,而是通过发展消费者的心理依恋、提高产品熟悉度和降低消费者风险,强调长期维系客户和促进重复购买(Dwyer, Schurr, & Oh,1987;Bee & Kahle,2006;Kim & Trail,2011;Sheth & Parvatiyar,2000)。研究人员建议"体育组织应努力与其目标消费者建立这种更深层次的关系"(Bee & Kahle,2006,p. 103),以降低营销成本,并通过建立品牌和团队忠诚度来提高组织的销售额(Gladden & Funk,2001)。

在体育语境中,对品牌的忠诚和体育迷身份都可能从幼年开始确立,人们不太可能在长大后转而支持竞争对手(Beech & Chadwick,2007)。研究表明,心理影响可能先于消费(Hoyer & MacInnis,2007),"对消费者行为的预测和解释对于理解关系营销至关重要,态度提供了对这一现象的部分见解"(Bee & Kahle,2006,p. 104)。比和卡勒(Bee & Kahle,2006)的框架提出了一个模式,从消费者的遵从开始,然后向认同推进,最终达到内化。遵从是表面的,主要是交易性的,而认同是建立关系的关键,很可能是通过对运动队或运动员的吸引力建立的。最后,当个人行为与组织共享的价值观一致时,就会出现内化。以比和卡勒的框架为指导,可以整合以认同为中心的基本理论,从而更好地理解、预测和控制体育迷的行为。

体育迷认同理论

体育迷认同理论可作为关系营销的基础理论,为细分受众和创建战略传播材料提供有价值的见解。组织应通过战略性的整合营销策略,努力将组织的价值观与消费者的价值观相匹配(Bee & Kahle, 2006; Morgan & Hunt, 1994)。体育迷认同理论为完成这一任务提供了有用的启发式方法。体育迷认同已被成功地用作体育消费的预测指标(Devlin, Billings, & Brown, 2015),并被用于理解后续行为的结果。这为通过体育吸引受众和目标消费者的信息创造提供了有用的见解(Madrigal, 2001; Wann, Dolan, McGeorge, & Allison, 1994)。

体育迷认同被定义为"体育迷与运动队的心理联系程度,以及运动队的表现被视为与自身相关的程度"(Wann, 2006, p. 332),最终为体育迷提供一种归属感和对更大的社会结构的依恋(Wann & Branscombe, 1993)。这就形成了对运动队的情感所有权,导致运动队表现的内在化(Donavan, Carlson, & Zimmerman, 2005)。个人会强调哪些类别对其认同是重要的和相关的,这就促成了他们的组织承诺(Spears, Doosje, & Ellemers, 1999)、为群体付出努力的意愿以及保持成员身份的愿望(Reichers, 1985)。影响组织承诺的两个相关因素是群体感知的声望(Chatman, Bell, & Staw, 1986)和群体的独特性(Turner, 1985)。这两个因素叠加在一起,可能会产生最强烈的长期影响(Sutton, McDonald, Milne, & Cimperman, 1997),从而为广告信息的制作提供有益的启示,并为通过体育获得受众提供了范例。

体育迷认同也是通过接触体育运动后与他人互动培养出来的(Funk & James, 2001),这也解释了为什么陪伴是中介化体育消费的共同动机(Gantz & Wenner, 1991; Wann, Royalty, & Roberts, 2000),以及为什么反复接触体育会促进社会化进程。因此,理解促进互动的重要性成为关系营销实践者的一项重要基本原则。最后,突出体育迷和运动员之间的相似性有助于培养体育迷的认同感,因为运动员和运动队被视为个人社会认同的一部分(Wann, 1994)。这可能也是一个有用的启发式方法,有助于理解为什么赞助和代言不仅对营销人员有吸引力,也使体育迷更有可能购买运动队赞助商的产品,即使他们对产品的情感反应较弱(Madrigal,2000,2001)。

体育领域的重要理论发现

学者们概述了与体育和广告相关的关系营销理论的基本面。希思和帕瓦迪亚尔(Sheth & Parvatiyar,2000)概述了建立和维持互利关系的三个方面——过程、目的和参与。昂德伍德、邦德和巴尔(Underwood, Bond, & Baer,2001)指出,体育组织应制定战略,允许组织与体育迷之间进行互动,并突出历史、遗产、仪式和传统等价值观。比和卡勒(Bee & Kahle,2006)研究了消费者如何以及为何与体育建立和发展关系,提出了成为体育迷的三个层次:(a)服从、(b)认同和(c)内化。此外,比和卡勒还提出了影响体育-消费者关系形成的因素,指出参与、信任和共同价值观是调节因素。最后,金和特雷尔(Kim & Trail,2011)建立了一个概念框架,其中包括体育消费者-组织关系的一般构建、结果以及影响这种关系的调节变量。金和特雷尔(Kim & Trail,2011)的框架提出了5个不同的关系构建——信任、承诺、亲密关系、自我联系和互惠,认为关系营销会影响口碑营销、媒体消费、比赛上座率和商品购买的可能性。

对体育产业营销和现有赞助商的其他研究提出了一个框架,通过将关系语境、双方的互惠互利和关系强度这三大要素结合起来,帮助合作伙伴建立组织联系(Cousens, Babiak, & Bradish,2006)。同样,陶尔、加戈和迪利(Tower, Jago, & Deery,2006)研究了非营利体育领域的场馆与合作协会之间的关系,发现有效的关系侧重于实现单个合作伙伴无法单独实现的目标、促进创新和共享资源(知识与专业技能)。他们还发现,有助于建立有益伙伴关系的因素包括承诺、沟通与共同的文化风格。

总之,组织可以利用关系营销策略来取得相对于竞争对手的优势,重点是建立联系,而不是关注短期门票销售和眼前利益(Gladden & Sutton,2009)。这些研究成果为范式转变提供了大量证据。这表明,随着体育和广告业的不断发展,各组织应将重点放在建立关系上,而学界则应继续通过衡量关系营销的有效性来检验理论。

此外,体育迷认同方面的研究结果表明,认同度高的体育迷的反应比认同度低的体育迷的反应更强烈(Branscombe & Wann, 1992; Bizman & Yinon,

2002），这引发了预测行为，可以指导广告商的规划并向其提供他们非常需要的洞察力。研究表明，与低认同度体育迷相比，高认同度体育迷的现场观赛率（Fisher & Wakefield，1998；Wann & Branscombe，1993）与商品购买率（Andrew, Kim, O'Neal, Greenwell, & James, 2009; Fisher & Wakefield, 1998）更高。体育迷认同已被证明会影响其对赞助商的认可度、态度、满意度和了解（Gwinner & Swanson，2003；Madrigal，2000，2001）。认同度高的体育迷会从其他成员那里感受到更高水平的规范压力，从而产生更高的参与群体内行为的意愿。马德里加尔（Madrigal，2001）用这一原理解释了为什么高度认同的体育迷尽管情感反应较弱，但购买赞助商产品的意愿较高。研究还提出了考虑体育捆绑中现有变量的模型（Cornwell, Weeks & Roy, 2005），概述了营销专业人员在考虑体育迷参与时应采取的策略，如与赛事的一致性和品牌在市场中的突出地位（Johar & Pham, 1999; Pham & Johar, 2001）。有关体育赞助的全面回顾，请参见金妮的研究（Kinney，2006）。

未来研究

强调关系营销理论和体育迷认同理论在体育与广告领域的重要性，可能有助于指导未来的研究，特别是调查当代体育商品消费者的需求和愿望的研究。当务之急是通过细分并针对一个独特的群体——高度认同的体育迷——来发展市场研究。对体育迷的前因后果的了解应能指导客户策划人员为推广体育或利用体育作为广告商的载体提出见解。

利用关系理论和体育迷认同理论开展研究的话，各种语境中均存在大量的研究机会。其中一个最相关的领域就是数字和社交媒体。诺达（Knoda）公司首席执行官凯尔·罗杰斯（Kyle Rogers）认识到了这一多功能渠道的威力，他表示："我们能够在9天内为超级碗举办一场极具影响力的运动员代言活动，由于运动员与受众之间有着强大的情感联系，活动效果超出了我们的预期，带来了成千上万的新想法和追随者。"（Fidelman，2014，p.1）社交媒体营销使体育界有影响力的运动员和组织能够直接向数字平台上关注他们的体育迷销售产品，同时提供精确的数字分析，以提高战略信息的有效性和效率。从理论角度来看，这提供了一个结合社会交换理论（Homans，1958）来研究体育迷认同、关系营销的机会，有助于人们更好地理解如何通过增加品牌、体育迷和组织之间的社会互动来提升效益。

此外,社交媒体研究为收集体育相关网络的量化数据提供了机会。使用社交网络分析(Clavio,Burch,& Frederick,2012)的研究表明,网络和子网络的形成主要建立在体育迷与传统媒体之间。对第三方赞助商参与网络的机会进行研究,可以拓展这一研究方向。此外,关系营销方法还可以通过识别和了解这些网络的心理需求和社会行为来为组织创建战略性营销资源。

在营销研究中,可量化的大数据的重要性毋庸置疑,但对体育与广告之间关系的批判性分析也同样存在——主要涉及体育商品化及其对体育的影响,包括业余运动员(NCAA),青少年项目,如美国青少年足球组织(AYSO),以及全球性组织,如国际奥委会(IOC)和国际足联(FIFA)。本章所引用的研究主要关注提高体育广告效率和效果的直接方法和间接方法,但很少涉及体育商品化加剧所导致的不良做法和不良社会后果。

消费者文化如何影响NCAA等业余赛事,以及奥运会和世界杯等全球性赛事——不仅影响消费者,而且影响组织的决策——值得继续评估和批判。斯拉克和阿米斯(Slack & Amis,2004)似乎对学者们提出了警告,他们指出,"体育赞助最好的描述方式与一些更具批判性的管理学者对主流市场营销研究的描述方式相同——缺乏社会和历史语境、坚定的实证主义、理论发展水平较低、缺乏自我反思"(2004,p. 259),强调了研究有关体育从竞技向商业过渡的前因后果的重要性。需要进行批判性研究的领域包括企业赞助改变法律的能力(如2014年国际足联世界杯的情况),以及在女性体育运动中利用性吸引力而非运动能力来提高收视率和确保获得赞助(Hargreaves,1994)。

结 论

在大多数情况下,体育被视为一种娱乐形式,但其附属产品提供的资源使体育成为一种可转让的服务,使广告与体育的关系引人注目。体育提供了"文化、生活方式、地域、社会群体、国籍、社会经济阶层、政治取向、历史等方面的陈述"(Thrassou et al.,2012,p. 295),所有这些都反映在广告中。本章试图说明体育与广告的关系是交织的:其一,体育是一种具有经济价值的商品,值得人们越来越多地关注有效的营销实践;其二,体育是一种具有吸引力的服务,是通过赞助、代言或传统电视广告等方式合作宣传商品或服务的最佳机会。

有两种理论可用于指导研究和实践。关系营销理论无疑侧重于在企业与体育迷之间建立关系,从而使广告信息更加有效和高效。这一理论也可用于研究体育作为服务提供者的角色,并探讨场地、运动队甚至运动员之间的关系如何有利于希望接触体育迷的组织。体育迷认同理论作为关系营销的基础,有助于细分受众、确定核心价值和洞察力,为广告客户策划人员提供指导。对于希望与消费者建立持久关系的体育组织及其附带的合作伙伴来说,了解这一受众群体所提供的见解是非常有价值的。

Andrew, D. S., Kim, S., O'Neal, N., Greenwell, C., & James, J. D. (2009). The relationship between spectator motivations and media and merchandise consumption at a professional mixed martial arts event. *Sport Marketing Quarterly*, *18*, 199-209.

Badenhausen, K. (July 15, 2015). The world's 50 most valuable sports teams, 2015. *Forbes*. Retrieved July 5, 2016, from http://www.forbes.com/sites/kurtbadenhausen/2015/07/15/the-worlds-50-most-valuable-sports-teams-2015/.

Batra, R., Myers, J. G., & Aaker, D. A. (1996). *Advertising management* (5th edition). Englewood Cliffs, NJ: Prentice Hall.

Bee, C. C. & Kahle, L. R. (2006). Relationship marketing in sports: A functional approach. *Sport Marketing Quarterly*, *15*, 102-110.

Beech, J., & Chadwick, S. (2007). *The marketing of sport*. London: Pearson Education.

Berkowitz. S. (March 15, 2015). NCAA nearly topped $1 billion in revenue in 2014. *USA Today*. Retrieved July 5, 2016, from http://www.usatoday.com/story/sports/college/2015/03/11/ncaa-financial-statement-2014-1-billion-revenue/70161386/.

Berry, L. L. (1983). Relationship marketing. In L. L. Berry, L. K. Shostack, & G. D. Upah (Eds.), *Emerging perspectives on service marketing* (pp. 25-58). Chicago: American Marketing Association.

Billings, A. (2006). Utilizing televised sport to benefit prime-time lineups: Examining the effectiveness of sports promotion. In A. A. Raney & J. Bryant (Eds.), *Handbook of sports and media* (pp. 253-263). New York: Routledge.

Bizman, A., & Yinon, Y. (2002). Engaging in distance tactics among sports fans: Effects on self-esteem and emotional response. *Journal of Social Psychology*, *142*, 381-392.

Branscombe, N. R., & Wann, D. L. (1992). Physiological arousal and reactions to out group members during competitions that implicate an important social identity. *Aggressive Behavior*, *18*,

85-93.

Brown, M. (December 10, 2014). Major league baseball sees record $9 billion in revenues for 2014. *Forbes*. Retrieved July 5, 2016, from http://www.forbes.com/sites/maurybrown/2014/12/10/major-league-baseball-sees-record-9-billion-in-revenues-for-2014/.

Chatman, J. A., Bell, N. E., & Staw, B. M. (1986). The managed thought: The role of self-justification and impression management in organizational settings. In D. Giola & H. Sims (Eds.), *The thinking organization* (pp. 191-214). San Franciso, CA: Jossey Bass.

Clark, J. M., Cornwell, B. T., & Pruitt, S. W. (2009). The impact of title event sponsorship announcements on shareholder wealth. *Market Lett*, 20, 169-182.

Clavio, G., Burch, L. M., & Frederick, E. L. (2012). Networked fandom: Applying systems theory to sport Twitter analysis. *International Journal of Sport Communication*, 5, 522-538.

Cornwell, T. B., Weeks, C. S., & Roy, D. (2005). Sponsorship-linked marketing: Opening the Black Box. *Journal of Advertising*, 34(2), 21-42.

Cousens, L., Babiak, K., & Bradish, C. H. (2006). Beyond sponsorship: Re-framing corporate-sport relationships. *Sport Management Review*, 9, 1-23.

Crimmins, J., & Horn, M. (1996). Sponsorship: From managment ego trip to marketing success. *Journal of Advertising Research*, 36(4), 11-20.

Devlin, M., Billings, A., & Brown K. (July 26, 2015). Interwoven statesmanship and sports fandom: World Cup consumption antecedents through joint lenses of nationalism and fanship. *Communication & Sport*.

Donavan, D., Carlson, B. D., & Zimmerman, M. (2005). The influence of personality traits on sports fan identification. *Sport Marketing Quarterly*, 14(1), 31-42.

Dwyer, F. R., Schurr, P. H., & Oh, S. (1987). Developing buyer-seller relationships. *Journal of Marketing*, 51(2), 11-27.

Fidelman, M. (March 10, 2014). 5 ways the sports marketing industry is about to change forever. *Forbes*. Retrieved July 5, 2016, from http://www.forbes.com/sites/markfidelman/2014/03/11/5-ways-the-sports-marketing-industry-is-about-to-change-forever/.

Fisher, R. J., & Wakefield, K. (1998). Factors leading to group identification: A field study of winners and losers. *Psychology & Marketing*, 15, 23-40.

Funk, D. C., & James, J. D. (2001). The psychological continuum model: A conceptual framework for understanding an individual's psychological connection to sport. *Sport Management Review*, 4(2), 119-150.

Gantz, W., & Wenner, L. A. (1991). Men, women, and sports: Audience experiences and effects. *Journal of Broadcasting and Electronic Media*, 35, 233-242.

Gladden, J. M., & Funk, D. C. (2001). Understanding brand loyalty in professional sport: Examining the link between brand associations and brand loyalty. *International Journal of Sports Marketing and Sponsorship*, 3(1), 67-94.

Gladden, J. M., & Sutton, W. A. (2009). Marketing princioles applied to sport management. In H. P. Masteralexis, C. A. Barr, & M. A. Hums (Eds.), *Principles and practices of sport management* (pp. 42-59). Sudbury, MA: Jones and Barlett Publishers.

Gwinner, K. P., & Swanson, S. (2003). A model of fan identification: Antecedents and sponsorship outcomes. *Journal of Services Marketing*, 17(3), 275-292.

Hargreaves, J. (1994). *Sporting females*. London: Routledge.

Harvey, B., Gray, S., & Despain, G. (2006). Measuring the effectiveness of true sponsorship. *Journal of Advertising Research*, 46(4), 398-409.

Homans, G. C. (1958). Social behavior as exchange. *American Journal of Sociology*, 63(6), 597-606.

Hoyer, W. D., & MacInnis, D. J. (2007). *Consumer behavior* (4th edition). Boston: Houghton Mifflin Company.

IEG Press Release (June 3, 2010). FIFA secures $1.6 billion in World Cup sponsorship revenue. *IEG*. Retrieved July 5, 2016, from http://www.sponsorship.com/About-IEG/Press-Room/FIFA-Secures-$1-6-Billion-in-World-Cup-Sponsorship.aspx.

IEG (2015). Sponsorship spending report: Where the dollars are going and trends for 2015. *IEG Sponsorship Report*, 1-10.

Jackson, S. J. (2015). Assessing the sociology of sport: On media, advertising and the commodification of culture. *International Review for the Sociology of Sport*, 50(4-5), 490-495.

Jackson, S. J., & Andrews, D. L. (2005). *Sport, culture, and advertising: Identities, commodities, and the politics of representation*. New York: Routledge.

Johar, G. V. & Pham, M. T. (1999). Relatedness, prominence, and constructive sponsor identification. *Journal of Marketing Research*, 36(3), 299-312.

Kantar Media (January 14, 2015). Kantar Media report the Super Bowl Scores with $2.19 billion of ad spending during a decade of growing revenues. Retrieved July 5, 2016, from http://kantarmedia.us/press/super-bowl-scores-during-decade-growing-revenues.

Kantar Media (January 22, 2014). Kantar Media takes a historical look at winter Olympics ad spending. Retrieved July 5, 2016, from http://kantarmedia.us/press/kantar-media-takes-historical-look-winter-olympics-ad-spending.

Kaplan, D. (March 9, 2015). NFL projecting revenue increase of $1B over 2014. *Sports Business Journal*. Retrieved July 5, 2016, from http://www.sportsbusinessdaily.com/Journal/Issues/2015/03/09/Leagues-and-Governing-Bodies/NFL-revenue.aspx.

Kim, Y. K., & Trail, G. (2011). A conceptual framework for understanding relationships between sport consumers and sport organizations: A relationship quality approach. *Journal of Sport Management*, 25, 57-69.

Kinney, L. (2006). Sports sponsorship. In A. A. Raney and B. Jennings (Eds.), *Handbook of sports and media* (pp. 295-310). New York: Routledge.

Kondolojy, A. (March 9, 2015). March madness generates $7.5 billion in TV advertising since 2005. *TV by the Numbers*. Retrieved July 5, 2016, from http://tvbythenumbers.zap2it.com/2015/03/09/march-madness-generates-7-5-billion-in-tv-advertising-since-2005/372813/.

Kyle, D. G. (2014). *Sport and spectacle in the ancient world*. London: John Wiley and Sons.

Madrigal, R. (2000). The influence of social alliances with sports teams on intentions to purchase corporate sponsors' products. *Journal of Advertising*, 29(4), 13-24.

Madrigal, R. (2001). Social identity effects in a belief-attitude-intentions hierarchy: Implications for corporate sponsorship. *Psychology and Marketing*, 8(2), 145-165.

Masteralexis, L. P., Barr, C. A., & Hums, M. A. (2008). *Principles of practice of sport management* (3rd edition). Sudbury, MA: Jones and Bartlett.

Morgan R. M., & Hunt, S. D. (1994). The commitment-trust theory of relationship marketing. *Journal of Marketing*, 58(July), 20-38.

Mullin, B. J., Hardy, S., & Sutton, W. A. (2007). *Sport marketing*. Champaign, IL: Human Kinetics.

Pegoraro, A. L., Ayer, S. M., O'Reilly, N. J. (2010). Consumer consumption and advertising through sport. *American Behavioral Scientist*, 53(10), 1454-1475.

Pham, M. T. & Johar, G. V. (2001). Market prominence biases in sponsor identification: Processes and consequentiality. *Psychology & Marketing*, 18(2), 123-143.

Plunket Research (2015). Industry statistics sports & recreation business statistics analysis. *Plunket Research, LTD*. Retrieved July 5, 2016, from https://www.plunkettresearch.com/statistics/sports-industry/.

Reichers, A. E. (1985). A review and reconceptualization of organizational commitment. *Academy of Management Review*, 10, 465-476.

Schaaf, P. (2004). *Sports, Inc. : 100 years of sports business*. Amherst, NY: Prometheus Books.

Shank, M. D. (1999). *Sports marketing: A strategic perspective*. Upper Saddle River, NJ: Prentice-Hall.

Sheth, J. N., & Parvatiyar, A. (2000). *Handbook of relationship marketing*. Thousand Oaks, CA: Sage.

Slack, T., & Amis, J. (2004). Money for nothing and your cheques for free? A critical perspective on sport sponsorship. In T. Slack (Ed.), *The commercialisation of sport* (pp. 259-276). New York, NY: Routledge.

Spears, R., Doosje, B., & Ellemers, N. (1999). Commitment and the context of social perception. In R. S. N. Ellemers (Ed.), *Social identity* (pp. 59-83). Oxford: Blackwell.

Stanton, W. J., Etzel, M. J., & Walker, B. J. (1994). *Fundamentals of marketing* (10th ed.). New York: McGraw-Hill.

Sutton, W. A., McDonald, M. A., Milne, G. R., & Cimperman, J. (1997). Creating and fostering fan identification in professional sport. *Sport Marketing Quarterly*, 6(1), 15-22.

Thrassou, A., Vrontis, D., Kartakoullis, N. L., & Kriemadis, T. (2012). Contemporary marketing communications framework for football clubs. *Journal of Promotion Management*, 18, 278-305.

Tower, J., Jago, L., & Deery, M. (2006). Relationship marketing and partnerships in not-for-profit sport in Australia. *Sport Marketing Quarterly*, 15, 167-180.

Tripodi, J. A. (2001). Sponsorship: A confirmed weapon in the promotional armoury. *International Journal of Sports Marketing & Sponsorship*, 3(1), 95-114.

Turner, J. C. (1985). Social categorization and the self-concept: A social cognitive theory of group behavior. In E. J. Lawler (Ed.), *Advances in group processes* (Vol. II, pp. 77-122). Greenwich, CT: JAI Press.

Underwood, R., Bond, E., & Baer, R. (2001). Building service brands via social identity: Lessons from the sports marketplace. *Journal of Marketing Theory and Practice*, 9(1), 1-13.

Wann, D. L. (1994). The 'noble' sports fan: the relationships between team identification, self-esteem, and aggression. *Perceptual & Motor Skills*, 78(3), 864-866.

Wann, D. L (2006). The cause and consequences of sport team identification. In A. A. Raney & J. Bryant (Eds.), *Handbook of sports and media* (pp. 331-352). Mahwah, NJ: Routledge.

Wann, D. L., & Branscombe, N. R. (1993). Sports fans: Measuring degree of identification with their team. *International Journal of Sport Psychology*, 24(1), 1-17.

Wann, D. L., Dolan, T. J., McGeorge, K. K., & Allison, J. A. (1994). Relationships between spectator identification and spectators' perceptions of influence, spectators' emotions, and competition outcome. *Journal of Sport & Exercise Psychology*, 16(4), 347-364.

Wann, D. L., Royalty, J., & Roberts, A. (2000). The self-presentation of sport fans: Investigating the importance of team identification and self-esteem. *Journal of Sport Behavior*, 23, 198-206.

Wenner, L. A. (1989). Media, sport, and society: The research agenda. In L. A. Wenner (Ed.), *Media, sport, and society* (pp. 13-48). Minneapolis, MN: Sage Publications.

Wojnarowski, A. (December 11, 2011). Jordan's shadow hangs over new NBA season. *Yahoo Sports*. Retrieved July 5, 2016, from http://sports.yahoo.com/nba/news;_ylt=ApkZ3Hyk6_dMEeUjkBME6KG8vLYF? slug=aw-wojnarowski_michael_jordan_nba_2011-12_season_122411.

第二十一章 体育与公共关系

肯浓·A.布朗①　托马斯·E.伊萨克松②

人们对体育的关注与日俱增,体育公共关系的话题也随之不断升温。《经济学人》(The Economist)的一篇文章分享了世界上最受欢迎的体育运动的上座率数据("The Spectacle of Sports," 2014)。根据2013年平均每场比赛的球迷人数,NFL吸引了68401名球迷,超过了世界上任何其他的体育项目。如果以一个赛季的总上座率作为衡量标准,那么,MLB以7400万人次位居榜首。在美国电视界,超级碗经常成为历史上收视率最高的电视赛事(Brown,2014)。《福布斯》(Forbes)在2015年公布全球最有价值的50支运动队时,上榜运动队的平均价值为17.5亿美元(Badenhausen,2015)。无论采用哪种衡量标准,美国乃至全世界对体育的关注度都居高不下。

在这种环境下,公共关系和相关领域的学者们进行的体育研究的数量也在增加,这并不令人吃惊。早期的图书章节在讨论这一主题时,要么指出研究的匮乏是一个重要问题(Neupauer,2001),要么指出研究总量的相对限制(Isaacson,2010)。随着研究人员对各种主题的探索,这种情况终于发生了变化,各种主题包括对媒体关系等传统主题的新贡献(Clavio & Miloch,2008;Zhang et al.,2011),拓展了公共关系危机传播理论在体育问题上的应用(Brown & Billings,

---

① 美国亚拉巴马大学广告与公共关系学教授,传播与信息研究所所长,"超越体育计划"的联合主任。他于2012年在美国亚拉巴马大学获得博士学位。他的研究兴趣包括形象与声誉管理(尤其是体育领域的)以及大众传播中的少数群体招募。在其学术生涯中,他曾与多家体育和娱乐机构合作,包括国际奥委会、福克斯体育频道等。
② 美国北密歇根大学公共关系学副教授。他于2012年在美国密歇根州立大学获得博士学位。他的研究兴趣集中在体育公共关系,尤其是职业体育联盟的公共关系领域。

2013；Glantz，2013；Hambrick，Fredrick，& Sanderson，2013），以及与体育相关的全国性趋势话题，如企业社会责任（Babiak & Wolfe，2009；Walker & Kent，2009）。同时,体育公共关系研究也在特定的体育刊物上出现,比如《传播与体育》(*Communication and Sport*)（Brown，Brown，& Billings，2013；Hambrick et al.，2013）和《国际体育传播学刊》(*International Journal of Sport Communication*)（Meng & Pan，2013），其在公共关系和大众传播期刊中的地位也越来越突出（Brown，Billings，Mastro，& Devlin，2015；Coombs & Osborne，2012）。事实上,《公共关系评论》(*Public Relations Review*)在2008年出版了一期"公共关系与体育"特刊。在过去十年中,论文数量和传播渠道的增多为未来的研究探索提供了新的机遇。

尽管论文数量有所增加,但与其他体育传播学领域相比,体育公共关系的研究仍然很少。与体育公共关系研究课题相关的一个公认的挑战是缺乏对体育组织及其内部与外部利益相关者的广泛接触。因此,大量的案例研究和方便样本的使用已经成了收集数据的普遍方法,实证研究很少。然而,随着相关研究发表数量的增加,一些主题逐渐成为本章的核心：(1)公共关系在体育中的作用；(2)大学体育中体育信息的作用、功能和相关问题；(3)形象修复与危机传播；(4)企业社会责任。

公共关系在体育中的作用

大多数有关体育领域公共关系作用的研究都是关于公共关系与大众传媒之间的联系的。通常,这些研究通过两个视角来考察公共关系：(1)实践者和记者之间的相互依赖关系；(2)议程设置者的角色。虽然公共关系在社会中的作用已经被公共关系特定的理论所研究,比如卓越理论(excellence theory)（Grunig，1992）和权变理论(contingency theory)（Cancel，Cameron，Sallot，& Mitrook，1997），但这些理论很少被用于研究公共关系在体育中的作用。

斯托特、米勒和维尔米伦（Stoldt，Miller，& Vermillion，2009）发现,尽管体育公共关系专业人士的目标多种多样,但从访谈可知,一个显著的共同点是体育与媒体关系的重要性。霍尔、尼克尔斯、莫纳汉和泰勒（Hall，Nichols，Moynahan，& Taylor，2007）也强调媒体关系是体育公共关系的核心,并强调了4种作用：(a)撰写平面媒体的关系策略；(b)制作视觉媒体的关系策略；(c)准备并提供媒体推广策略(如新闻发布会、媒体参观)；(d)管理与媒体把关人之间的关系。

从媒体关系的视角来看,议程设置是研究这种关系的主要理论方法。例如,弗图纳托(Fortunato,2001)对NBA内部媒体关系作用的研究讨论了媒体和公共关系代表之间的相互依赖关系。通过对主要管理者的访谈,弗图纳托发现大众媒体、NBA公共关系实践者和联盟利益相关者之间的持续关系使公共关系人员成为联盟议程设置与构架的关键影响者。此外,他还认为,如果没有联盟的公关活动,对联盟的报道将大相径庭。

张等(Zhang et al.,2011)从定量的视角探讨了公共关系的议程设置作用,涉及美国全国女子篮球协会(WNBA)公共关系代表的媒体公关工作对受众的影响。他们的研究发现,媒体关系与比赛消费之间存在支持性联系,从业人员的议程设置工作对于推动体育迷消费至关重要。克拉维奥和米洛奇(Clavio & Miloch,2008)也通过议程设置研究了媒体-公关-利益相关者之间的关系,进一步解释了公共关系活动在为体育组织建立积极认知方面的作用,从而获得体育迷的支持。他们对一支冰球小联盟球队的研究结果强调了球队和媒体的"双赢局面",说明了媒体对提供报道的公共关系实践者的依赖性,以及实践者对媒体的依赖性,即通过已有的媒体渠道提供关于运动队的可信报道(Clavio & Miloch,2008)。

根据上述克拉维奥和米洛奇(Clavio & Miloch,2008)的发现,一些学者研究了公共关系在为组织建立正面声誉中的作用。对传播效应的研究发现公共关系需要促进体育组织——包括运动员——与体育迷(Batchelor & Formentin,2008;Summers & Morgan,2008)或社群(Mitrook,Parish,& Seltzer,2008)之间的关系。学者们也发现公共关系实践者忽视了基本的宣传策略,而更倾向于策略性的(Ruihley & Fall,2009;Summers & Morgan,2008)以及与市场和广告整合的方法(Batchelor & Formentin,2008;Summers & Morgan,2008)。

尽管已经有大量的研究致力于考察公共关系在体育中的作用,但这些研究的缺点之一是没有采用公共关系的具体理论。有两个显著的例外。米特鲁克等人(Mitrook et al.,2008)使用了适应性权变理论(Cancel et al.,1997)来研究奥兰多魔术队①在2001年建造新球馆的过程。通过对内部人员的10次访谈,研究者发现了球队与政府人员谈判过程中的9个共同主题,这些主题说明了魔术队在确定新球馆需求方面的挣扎。这些主题凸显了球队与其利益相关者之间发生冲突时,在顺应与积极争取之间的转变。

---

① NBA球队。——译者注

库姆斯与奥斯伯恩（Coombs & Osborne, 2012）通过关系管理（relationship management）（Ledingham, 2003）和卓越理论（Grunig, 1992）的视角，重点研究了阿斯顿维拉足球俱乐部（AVFC）①在被以纽约作为公司基地的同时拥有阿斯顿维拉队和克利夫兰布朗队②的老板兰迪·勒纳（Randy Lerner）收购后的公关工作。作为公共关系管理的"黄金标准"，两位作者使用了多种方法进行案例研究，包括对球迷的参与观察、对各种内外部利益相关者的深度访谈以及对球迷网站的监控，以深入了解俱乐部为消除美国资本拥有欧洲足球俱乐部的污名所做的努力。从关系管理的角度看，他们注意到阿斯顿维拉俱乐部采取了成功的措施，用透明度和参与度来培养信任感，从而加强了与社群的联系。从卓越理论的视角看，研究者将俱乐部的努力视为一种战略和管理职能，而不是体育公共关系中常用的宣传策略。

体育信息

在体育公共关系领域，体育信息——这个通常用来描述大学体育公共关系工作的术语（Davis, 1998）——在很长一段时间内吸引了学者们的注意力。大部分早期发表的研究都是描述性的（Hardin & McClung, 2002; Stoldt, Miller, & Comfort, 2001），并且已经在其他领域进行了总结（Isaacson, 2010）；因此，本文更聚焦最近的研究。此外，很多研究都是以公共关系理论或相关理论框架为基础的，这些理论框架可被应用于体育公共关系中的问题（Hardin & Whiteside, 2012; Pratt, 2013; Stoldt et al., 2009）。

普拉特（Pratt, 2013）和斯托特等人（Stoldt et al., 2013）进行的定性研究有助于提高对从业者概况的理解。普拉特（Pratt, 2013）采访了 NCAA 一级大学篮球项目的体育主管，了解他们对公共关系的看法。结果显示了以下主题：将公共关系作为整合营销传播来进行，与公众互动的方法与公共关系的双向对称模型相一致，形象管理是公共关系的本质，这一假设与格鲁尼格（Grunig, 1992）和戈夫曼（Goffman, 1959）的理论研究有联系。

发现双向对称公关实践的迹象值得注意，原因有二。第一，这与早先对体育公共关系类型的描述相矛盾，在早先的描述中，体育公共关系通常与新闻机

---

① 英超球队。——译者注
② NFL 球队。——译者注

构/宣传相联系。后续的定量研究应进一步检验这一点,努力得出更具普遍性的结果。如果得到证实,这将是体育公共关系研究取得进展的一个积极迹象。第二,这些结果是从体育公共关系从业者的老板们那里收集的。同样,如果在后续研究中得到证实,这将表明主流体育联盟的关键成员对体育公共关系工作的尊重程度有所提高。

同一作者团队发表的两篇论文探讨了影响在男性主导的体育信息领域工作的女性的问题(Whiteside & Hardin,2012;Hardin & Whiteside,2012)。第一篇论文利用调查研究和少量的后续访谈来确定女性在职务晋升中遇到的无形限制,并利用协商辞职的概念(即女性接受其存在的心理策略)来理解女性对无形限制的反应(Wrigley,2002)。第二篇论文将弗洛里希(Frohlich,2004)的"友好陷阱"(friendliness trap)——"一个用来描述女性凭借其女性特质在传播相关领域拥有优势的错误信念"(Hardin & Whiteside,2012,p. 309)——应用于焦点小组的结果分析,以更好地了解女性在该领域的经历。

形象修复与危机传播

大量研究致力于探索运动员和体育组织的形象修复与危机传播工作。体育形象修复与危机传播变得更加重要,因为体育遍及全球,对经济,有时甚至对政治都有重大影响,对陷入困境的运动员和组织的报道与讨论越来越多,体育迷的行动主义也在增强(Hopwood,2005;Brazeal,2008)。绝大多数关于体育形象修复与危机传播的研究都是通过贝诺伊特(Benoit,1995)的形象修复理论(IRT)展开讨论的。运动员形象修复研究有两个重要发现:(1)羞辱(道歉)策略本身或与其他策略相结合通常是"成功"的(通常通过以下三点实现:a. 产生积极的新闻报道;b. 在修辞研究和内容分析中产生积极的民意调查评价;c. 在实证研究中产生较高的形象量表得分);(2)寻求降低相关行为冒犯性的策略往往是不成功的。

无论是修辞性研究(Glantz,2013;Kennedy,2010;Meng & Pan,2013;Utsler & Epp,2013;Walsh & McAllister-Spooner,2011),还是实证研究(Brown,2016;Brown,Dickhaus,& Long,2012),大多数关于"羞辱策略"的研究都表明该策略在很大程度上是成功的。在研究发现该策略不成功的罕见情况下,有关回应及时性的理由通常是罪魁祸首(Brazeal,2013),还有回应背后的诚实(或缺乏诚实)(Smith,2013),以及回应背后的真诚(或缺乏真诚)(Brazeal,2008)。布朗

(Brown,2016)和布朗等人(Brown et al.,2012)发现,根据受众在运动员针对违规行为发表声明后的认知,与其他策略相比,羞辱策略作为一种独立策略更为成功。

在某些情况下,羞辱策略甚至有助于减轻运动员所面临的责任。例如,格兰茨(Glantz,2013)研究了普拉西克·布雷斯(Plaxico Burress)在夜总会意外开枪击中自己大腿后成功修复形象的尝试。布雷斯综合运用了羞辱、意外和挑衅(因其名流身份而将自己描绘成罪犯的目标)等手段。迈克尔·菲尔普斯(Michael Phelps)在其吸食大麻的照片浮出水面后,将自己的行为定性为"年少轻狂"(youthful indiscretion),从而成功地将羞辱和挫败感相结合(Walsh & McAllister-Spooner,2011)。

以前的修辞性研究证明了用来降低运动员或运动队行为攻击性的策略大多不成功,通常是在证据或以前的表态与声明相矛盾的情况下。例如,贝诺伊特和汉策尔(Benoit & Hanczor,1994)研究了花样滑冰运动员汤娅·哈丁(Tonya Harding)在冬奥会前攻击竞争对手南希·克里根(Nancy Kerrigan)后的形象修复尝试。哈丁使用了几种强化策略,强调了她的家庭价值观和对特奥会的贡献,并攻击了指控她的前夫杰夫·吉鲁利(Jeff Gillooly),但都没有成功。与此类似,棒球投手罗杰·克莱门斯(Roger Clemens)也曾试图攻击他的指控者,特别是他的前教练布莱恩·麦克纳米(Brian McNamee),以回应有关他使用兴奋剂的指控,但没有成功(Sanderson,2008)。然而,当指控者的可信度受到怀疑时,降低攻击性的策略可能会取得成功,例如杜克大学的冰球丑闻(Fortunato,2008)和科比·布莱恩特(Kobe Bryant)的性侵犯丑闻(Kennedy,2010)的相关公关策略。

关于形象修复理论策略的大量修辞学分析已被采用,包括但不限于本章前面讨论的策略;然而,形象修复与危机传播的实证研究较少。布朗(Brown,2016)、布朗团队的一系列研究(Brown et al.,2012;Brown et al.,2015)是以受众为导向的形象修复研究的范例,他们通过实验考察了受众在采用形象修复策略后对被告的反应和看法。此外,一些内容分析也通过传统(Len-Ríos,2010)和社交(Brown & Billings,2013;Hambrick et al.,2013)媒体渠道对形象修复策略进行了研究。布朗和比林斯(Brown & Billings,2013)以及布朗等人(Brown et al.,2013)的研究通过考察体育迷如何成为危机传播的臂膀,特别是有关其对社交媒体的使用,展示了危机传播研究的新方法。布朗和比林斯(Brown & Billings,2013)采用库姆斯(Coombs,2007)的声誉修复策略,研究了迈阿密大学的球迷在应对2011年NCAA的指控时使用的策略。结果发现,大多数球迷使用了"讨好"(ingratiation)(强调迈阿密球迷需要团结一致)和"提醒"(reminder)(赞扬迈阿密队以前的成功)作为对指控的回应。

布朗等人(Brown et al.,2013)研究了宾夕法尼亚州立大学丑闻中球迷发挥的危机公关作用,发现了类似的结果,即使用讨好和提醒策略,但大量使用替罪羊策略(scapegoating strategy),将责任归咎于深受爱戴的主教练乔·帕特诺(Joe Paterno)以外的人。

企业社会责任

鉴于各学科对企业社会责任(CSR)的关注度越来越高,研究企业社会责任在体育中所起作用的研究越来越多也就不足为奇了。特别是在美国的职业体育组织中,它们开展企业社会责任相关活动的速度非常快。巴比亚克和沃尔夫(Babiak & Wolfe,2009)描述了在1990年之前,四大职业体育联盟——NFL、MLB、NHL和NBA中,每个联盟只有5个或更少的职业体育组织拥有独立的基金会。不到20年后,几乎所有组织都成立了慈善基金会,以管理、参与各种社群活动,所有主要体育联盟都由联盟办公室负责管理整个联盟的活动。此外,还有许多由运动员个人成立慈善基金会的例子,如德里克·杰特①(Derek Jeter)的第二回合基金会、勒布朗·詹姆斯②(LeBron James)家庭基金会。

体育组织履行企业社会责任的基本前提与传统企业的并非完全不同。布拉迪什和克罗宁(Bradish & Cronin,2009)给出了如下定义:

> 企业社会责任可以被广泛理解为组织的责任,即遵守道德规范,对社会需求以及利益相关者负责。企业社会责任不是纯粹的慈善事业,而是一种整体的商业心态,类似于企业文化,在这种文化中,企业的"社会责任"义务可以而且实际上应该涵盖社会和经济利益。(p.692)

然而,在体育领域,值得注意的是,各个联盟的许多球队都参与了类似的企

---

① MLB纽约洋基队著名球星。——译者注
② NBA著名球星,曾带领三支不同的球队获得总冠军。——译者注

业社会责任活动。这些活动主要关注青年、教育、健康和社群(Sheth & Babiak,2010)。

与公共关系实践相关的企业社会责任研究一般分为两类:(1)已发表的研究侧重于体育组织参与企业社会责任活动的动机(Babiak & Wolfe,2009;Heinze,Soderstrom,& Zdroik,2014);(2)少数研究侧重于体育迷对企业社会责任活动的反应(Walker,Kent,& Jordan,2011;Walker & Kent,2009)。

巴比亚克和沃尔夫(Babiak & Wolfe,2009)通过深入访谈和查阅与四个不同职业体育组织相关的组织材料进行了定性研究,希望更好地了解影响企业社会责任活动的外部压力,以及能够提升企业社会责任意识的独特的内部资源。研究结果为未来的研究提供了思路(例如,赞助商与体育组织之间的企业社会责任活动,企业社会责任对运动队品牌和形象的影响,通过内部和外部媒体渠道宣传企业社会责任的能力)。

海因茨等人(Heinze et al.,2014)对底特律雄狮队进行了案例研究,探讨了该俱乐部如何改变其企业社会责任战略,以提高人们对其真实性的认知,并将其活动与社群需求更好地联系起来。未来以说服理论为基础,与利益相关方一起探讨此类变化影响的定量研究将提供一个合乎逻辑的延伸。

沃克等人(Walker et al.,2011)试图确定企业社会责任对声誉、购买决策和光顾率的影响在参与纳斯卡车赛(NASCAR)、男子职业高尔夫球巡回赛(PGA)和NHL的体育迷中是否存在差异。其中不包括基于特定理论的预测;相反,一个基本概念模型有助于探索企业社会责任对三个结果变量的影响。研究发现,企业社会责任信念对所有三个变量都有显著的统计学影响。进一步的分析表明,与纳斯卡车赛或男子职业高尔夫球巡回赛的消费者相比,NHL的消费者能够接受的结果变量百分比更高。

沃克和肯特(Walker & Kent,2009)通过调查两个不同比赛地点的NFL球迷,探讨了企业社会责任对企业声誉和顾客意向的影响。球队认同被列为一个潜在的调节变量。虽然球队认同通常被用于与球迷参与相关的体育研究中,但公共关系学者可能更熟悉运用公众情境理论(situational theory of publics)(Grunig & Hunt,1984)来进行区分。研究结果发现,企业社会责任对声誉、口碑意向和商品消费有明显的主效应,球队认同是一个调节变量。这项研究有助于更好地理解企业社会责任活动对体育迷的影响。

前两项研究的重要贡献在于对消费者的关注。在体育公共关系中,为了更好地理解公共关系与社群关系活动对组织的财务和长期成功的影响,有必要对这一关键目标受众进行更多的研究。这些研究应该延伸探索对社群成员和不参加比赛但支持运动队的临时体育迷的影响。由于使用的是比赛中的便利样本，因此可推广性是有限的。

未来的研究

尽管在过去的十年中，体育公共关系研究的发表数量有所增加，但这一领域在研究的深度和广度上仍然落后于其他战略传播领域，比如市场营销和广告（见本书第二十章）。从对体育公共关系研究的综述中，我们可以看出，这个领域的合法性在公共关系学者眼中正逐渐得到认可。同时，有一些领域和方法已经成熟到可以进行分析，有可能进一步提升这一领域的研究水平。

体育公共关系研究的一个显而易见的需求——也是公共关系研究的一个普遍需求——就是运用更多的实证研究。虽然案例研究法对于研究现实世界中的现象是必要的，但很难把研究结果推广到整体的体育环境中（Yin, 2003）。虽然实证研究，特别是实验研究失去了现实环境的优势，但研究结果并不孤立于某一事件，有可能解释体育和公共关系交叉领域的现象。

体育公共关系研究的另一个普遍问题是缺乏对现有公共关系理论的运用。卓越理论（Grunig, 1992）、关系管理（Ledingham, 2003）、权变理论（Cancel et al., 1997）和情境危机传播理论（Coombs, 2007）虽然在一般公共关系理论研究中很流行，但在体育公共关系研究中并未被经常使用。应用这些理论有助于提高体育公共关系研究的接受度。主流公共关系理论的应用也会让我们发现体育公共关系可以从自己的理论方法中获益。

在研究公共关系在体育中的作用时，根据格鲁尼格和亨特（Grunig & Hunt, 1984）提出的4种公共关系模式，学者们发现了一种从新闻机构/宣传和单向非对称的公共关系模式向更具战略性、整合性、双向对称的方法的转变。尽管这种转变主要发生在实践者身上，在某些情况下也发生在管理者身上，但还是应该通过研究体育公共关系实践者所创造的产出的有效性来检验这种方法是否真的存在。如果优秀的公共关系策略的目标是建立有意义的、互惠互利的关系（Grunig, 1992; Ledingham, 2003），那么未来的研究应该确定公共关系战略和战术在建立体育迷、社群和媒体之间的成功关系上的有效性。这种有效性的衡量标准不能仅仅通过对实践者和管理者的访谈来确定；未来的研究必须对利益相关者群体进行抽样调查，以确定实践者心目中的关系是否也存在于利益相关者心中。库姆斯和奥斯伯恩(Coombs & Osborne,2012)提供了一个很好的例子来说明未来调查公共关系在体育中的作用时需要的研究类型,他们使用了多种方法从两方面研究组织和利益相关者的关系。

显然,目前仍然缺乏将体育迷作为利益相关者群体进行调查的研究。虽然体育迷的参与度、认同度和忠诚度在其他学术领域已经得到充分的研究,但公共关系学者有必要从体育迷的角度来研究运动队/运动员与体育迷的关系,特别是关于危机传播领域的问题。该领域的大多数研究从以源头(运动队、运动员)为导向的角度进行形象修复(Benoit,2000)。增加对面向观众的视角的关注可以更好地分析观众的反应和结果。这可以从两方面着手。第一,虽然经验性形象修复研究已经将感知形象的变化作为一维变量进行测量(Brown,2016;Brown et al.,2015;Brown et al.,2012),但是未来的研究应该将形象作为多维度变量进行研究,包括解决控告者的可信度、对回应的接受度、行为的错误性和对行为的责任感等问题。其他行为结果,如行为意图和负面口碑也应该被测量。第二,更多学者应该效仿布朗和比林斯(Brown & Billings,2013)的做法,将调查体育迷作为危机传播的延伸。通过观察客户和其他利益相关者在危机时刻作为组织支持者的作用,这一领域可以转化为公共关系的其他领域,为体育公共关系学者提供在必要的调查领域发挥领导作用的机会。

社交媒体的作用已经在公共关系研究中被意识到,但令人惊讶的是,它并不是很多体育公共关系研究的重点。大多数致力于在体育中使用社交媒体的研究都被用来考察体育迷、记者和运动员在特定情况下如何使用渠道进行传播(见本书第十八章)。因为社交媒体极大地改变了组织与其利益相关者之间的传播方式,特别是在速度和信息量方面,未来的研究应该探讨运动队(和运动员)与利益相关者在社交媒体上创建的对话,以获得结果驱动的研究成果。此外,还应该研究体育组织中社交媒体的使用,以期开发出一种实用的理论方法来有效地使用社交媒体建立关系。

最后一个可以扩展的领域是企业社会责任活动如何影响组织-体育迷和组织-社群关系。虽然大多数体育领域的企业社会责任研究已经考察了组织参与企业社会责任活动的动机,但更多的研究应该致力于考察这些活动在改善或维护团队形象、增加积极的媒体报道以及维持组织与体育迷关系方面的有效性。

结 论

自从伊萨克松(Isaacson,2010)总结了致力于当时新兴的体育公共关系领域的研究以来,许多学者已经响应了他在该领域开展更多研究的最初呼吁。从那以后,在体育语境中进行的公共关系研究的数量急剧增加。然而,这方面的大部分研究都集中在从组织(或在极少数情况下,从运动员)的视角出发的公共关系活动,制定衡量公共关系策略效益的指标。这是典型研究潮流的开始,其中案例研究、修辞学分析和逸事证据——除了一些定性研究之外——被用于从源头一侧构建理论和启发最佳实践。为了使体育公共关系成为一个蒸蒸日上的研究领域,这一领域的学者必须展开实证研究,调查组织及其各种利益相关者群体之间的关系。这应该促使人们研究从业者正在使用的公共关系实践的有效性。无论是媒体关系、社群关系、危机传播,还是企业社会责任,都需要转移重点,全面考察公共关系工作的结果,以真正了解实践者是否在践行他们所宣扬的内容。

参 考 文 献

Babiak, K., & Wolfe, R. (2009). Determinants of corporate social responsibility in professional sport: Internal and external factors. *Journal of Sport Management*, 23, 717-742.

Badenhausen, K. (July 15, 2015). The world's 50 most valuable sports teams 2015. *Forbes*. Retrieved August 15, 2015, http://www.forbes.com/sites/kurtbadenhausen/2015/07/15/the-worlds-50-most-valuable-sports-teams-2015/#2715e4857a0b4a979e7b57fd.

Batchelor, B., & Formentin, M. (2008). Re-branding the NHL: Building the league through the "My NHL" integrated marketing campaign. *Public Relations Review*, 34(2), 156-160.

Benoit, W. (1995). *Accounts, excuses, and apologies: A theory of image restoration strategies*. Albany, NY: State University of New York Press.

Benoit, W. (2000). Another visit to the theory of image restoration strategies. *Communication Quarterly*, 48, 40-43.

Benoit, W., & Hanczor, R. (1994). The Tonya Harding controversy: An analysis of image restoration strategies. *Communication Quarterly*, 42, 416-433.

Bradish, C., & Cronin, J. J. (2009). Corporate social responsibility in sport. *Journal of Sport Management*, 23, 691-697.

Brazeal, L. (2008). The image repair strategies of Terrell Owens. *Public Relations Review*, *34*, 145-150.

Brazeal, L. (2013). Belated remorse: Serena Williams's image repair rhetoric at the 2009 U. S. Open. In J. R. Blaney, L. R. Lippert, and J. S. Smith (Eds.), *Repairing the athlete's image: Studies in sports image restoration* (pp. 239-252). Lanham, MD: Lexington.

Brown, K. (in press). Is apology the best policy?: An experimental examination of the effectiveness of image repair strategies during criminal and non-criminal athlete transgressions. *Communication and Sport*, *4*(1), 23-42.

Brown, K. A., Billings, A. C., Mastro, D., & Devlin, N. (2015). Changing the image repair equation: Impact of race and gender on sport-related transgressions. *Journalism & Mass Communication Quarterly*, *92*(2), 487-506.

Brown, K., Dickhaus, J., & Long, M. (2012). "The Decision" and LeBron James: An empirical examination of image repair in sports. *Journal of Sports Media*, *7*, 149-167.

Brown, M. (February 3, 2014). Super Bowl most-watched U. S. TV event of all time with 111. 5 million viewers. *Forbes*. Retrieved August 15, 2015, from http://www.forbes.com/sites/maurybrown/2014/02/03/super-bowl-most-watched-tv-event-of-all-time-with-111-5-million-viewers/#2715e4857a0b14499ef06f7d.

Brown, N. A., & Billings, A. C. (2013). Sports fans as crisis communicators on social media websites. *Public Relations Review*, *39*(1), 74-81.

Brown, N. A., Brown, K. A., & Billings, A. C. (2013). "May No Act of Ours Bring Shame": Fan-enacted crisis communication surrounding the Penn State sex abuse scandal. *Communication & Sport*. doi: 10. 1177/2167479513514387.

Cancel, A., Cameron, G., Sallot, L., & Mitrook, M. (1997). It depends: A contingency theory of accommodation in public relations. *Journal of Public Relations Research*, *9*, 31-63.

Clavio, G., & Miloch, K. (2008). Agenda-setting in minor league hockey: A strategic justification and practical guide. *International Journal of Sport Management and Marketing*, *5*, 151-161.

Coombs, W. (2007). *Ongoing crisis communication: Planning, managing and responding*. Thousand Oaks, CA: Sage.

Coombs, D. S., & Osborne, A. (2012). A case study of Aston Villa Football Club. *Journal of Public Relations Research*, *24*(3), 201-221.

Davis, H. M. (1998). Media relations. In L. P. Masteralexis, C. A. Barr, & M. A. Hums (Eds.), *Principles and practice of sport management* (pp. 356-379). Gaithersburg, MD: Aspen.

Fortunato, J. A. (2001). Public relations strategies for creating mass media content: A case study of the National Basketball Association. *Public Relations Review*, *26*(4), 481-497.

Fortunato, J. A. (2008). Restoring a reputation: The Duke University lacrosse scandal. *Public

Relations Review, *34*(2), 116-123.

Frohlich, R. (2004). Feminine and feminist values in communication professions: Exceptional skills and expertise or 'friendliness trap'? In M. de Bruin & K. Ross (Eds.), *Gender and newsroom cultures: Identities at work* (pp. 67-80). Cresskill, NJ: Hampton Press.

Glantz, M. (2013). Plaxico Burress takes his best shot. In J. R. Blaney, L. R. Lippert, & J. S. Smith (Eds.), *Repairing the athlete's image: Studies in sports image restoration* (pp. 187-202). Lanham, MD: Lexington.

Goffman, E. (1959). *The presentation of self in everyday life*. Garden City, NY: Doubleday & Co.

Grunig, J. E. (1992). Communication, public relations and effective organizations: An overview of the book. In J. E. Grunig (Ed.), *Excellence in public relations and communication management* (pp. 1-28). Hillsdale, NJ: Lawrence Erlbaum Associates.

Grunig, J. E., & Hunt, T. (1984). *Managing public relations*. New York: Holt, Rinehart, & Winston.

Hall, A., Nichols, W., Moynahan, P., & Taylor, J. (2007). *Media relations in sport*. Morgantown, WV: Fitness Information Technology.

Hambrick, M. E., Frederick, E. L., & Sanderson, J. (2013). From yellow to blue: Exploring Lance Armstrong's image repair strategies across traditional and social media. *Communication & Sport*. doi: 2167479513506982.

Hardin, R., & McClung, S. (2002). Collegiate sports information: A profile of the profession. *Public Relations Quarterly*, *47*(2), 35-39.

Hardin, M., & Whiteside, E. (2012). Consequences of being the "team mom": Women in sports information and the friendliness trap. *Journal of Sport Management*, *26*, 309-321.

Heinze, K. L., Soderstrom, S., & Zdroik, J. (2014). Toward strategic and authentic corporate social responsibility in professional sport: A case study of the Detroit Lions. *Journal of Sport Management*, *28*, 672-686.

Hopwood, M. K. (2005). Applying the public relations function to the business of sport. *International Journal of Sports Marketing & Sponsorship*, *6*(3), 174.

Isaacson, T. (2010). Sports public relations. In R. Heath (Ed.), *The SAGE handbook of public relations* (pp. 599-609). Thousand Oaks, CA: Sage.

Kennedy, J. (2010). Image reparation strategies in sports: Media analysis of Kobe Bryant and Barry Bonds. *The Elon Journal of Undergraduate Research in Communications*, *1*, 95-103.

Ledingham, J. (2003). Explicating relationship management as a general theory of public relations. *Journal of Public Relations Research*, *15*, 181-198.

Len-Ríos, M. E. (2010). Image repair strategies, local news portrayals and crisis stage: A case study of Duke University's lacrosse team crisis. *International Journal of Strategic Communication*, 4(4), 267-287.

Meng, J., & Pan, P. L. (2013). Revisiting image-restoration strategies: An integrated case study of three athlete sex scandals in sports news. *International Journal of Sport Communication*, 6(1), 87-100.

Mitrook, M. A., Parish, N. B., & Seltzer, T. (2008). From advocacy to accommodation: A case study of the Orlando Magic's public relations efforts to secure a new arena. *Public Relations Review*, 34(2), 161-168.

Neupauer, N. (2001). Sports information directing: A plea for helping an unknown field. In R. L. Heath (Ed.), *Handbook of public relations* (pp. 551-555). Thousand Oaks, CA: Sage.

Pratt, A. (2013). Integrated impression management in athletics: A qualitative study of how NCAA Division I athletic directors understand public relations. *International Journal of Sport Communication*, 6, 42-65.

Ruihley, B. J., & Fall, L. T. (2009). Assessment on and off the field: Examining athletic directors' perceptions of public relations in college athletics. *International Journal of Sport Communication*, 2(4), 398-410.

Sanderson, J. (2008). How do you prove a negative? Roger Clemens's image-repair strategies in response to the Mitchell Report. *International Journal of Sport Communication*, 1, 246-262.

Sheth, H., & Babiak, K. M. (2010). Beyond the game: Perceptions and practices of corporate social responsibility in the professional sport industry. *Journal of Business Ethics*, 91, 433-450.

Smith, J. (2013). Bad Newz Kennels: Michael Vick and dogfighting. In J. R. Blaney, L. R. Lippert, & J. S. Smith (Eds.), *Repairing the athlete's image: Studies in sports image restoration* (pp. 151-168). Lanham, MD: Lexington.

Stoldt, G., Miller, L., & Comfort, P. (2001, September). Through the eyes of athletics directors: Perceptions of sports information directors, and other public relations issues. *Sport Marketing Quarterly*, 10(3), 164-172.

Stoldt, G. C., Miller, L. K., & Vermillion, M. (2009). Public relations evaluation in sport: Views from the field. *International Journal of Sport Communication*, 2, 223-239.

Summers, J., & Morgan, M. J. (2008). More than just the media: Considering the role of public relations in the creation of sporting celebrity and the management of fan expectations. *Public Relations Review*, 34(2), 176-182.

The spectacle of sports. (June 5, 2014). *The Economist*. Retrieved August 15, 2015, from http://www.economist.com/blogs/graphicdetail/2014/06/daily-chart-2.

Utsler, M., & Epp, S. (2013). Image repair through TV: The strategies of McGwire, Rodriguez and Bonds. *Journal of Sports Media*, 8(1), 139-161.

Walker, M., & Kent, A. (2009). Do fans care? Assessing the influence of corporate social responsibility on consumer attitudes in the sport industry. *Journal of Sport Management*, *23*, 743-769.

Walker, M., Kent, A., & Jordan, J. S. (2011). An inter-sport comparison of fan reactions to CSR initiatives. *Journal of Contemporary Athletics*, *1*(5), 1-20.

Walsh, J., & McAllister-Spooner, S. (2011). Analysis of the image repair discourse in the Michael Phelps controversy. *Public Relations Review*, *37*, 157-162.

Whiteside, E., & Hardin, M. (2012). On being a "good sport" in the workplace: Women, the glass ceiling, and negotiated resignation in sports information. *International Journal of Sport Communication*, *5*, 51-68.

Wrigley, B. (2002). Glass ceiling? What glass ceiling? A qualitative study of how women view the glass ceiling in public relations and communications management. *Journal of Public Relations Research*, *14*(1), 27-55.

Yin, R. (2003). *Case study research: Design and methods*. Thousand Oaks, CA: Sage.

Zhang, J. J., Lam, E. T., Cianfrone, B. A., Zapalac, R. K., Holland, S., & Williamson, D. P. (2011). An importance-performance analysis of media activities associated with WNBA game consumption. *Sport Management Review*, *14*(1), 64-78.

译后记

最终能够看到这本书的出版还是令人欣慰的,不管其中经历了什么。记得主编安德鲁·比林斯教授把这本书推荐给我的时候,他还是《传播与体育》的副主编,期刊还没有进入 SSCI 序列。那时的乐视体育还是国内版权最多的体育新媒体,罗杰·费德勒还是这个星球上最出色的网球运动员,巴黎还没有获得 2024 年奥运会的主办权。时至今日,《传播与体育》已经成为 SSCI 传播类 Q1 刊物,比林斯在主编的位置上已经工作了快 5 年,满头白发。

初次见他是在 2011 年,我邀请他和阿瑟·雷尼作为主旨发言人参加国际体育传播高端论坛。那时的他刚刚从克莱姆森大学到亚拉巴马大学任教,在面对劳伦斯·文内尔和大卫·洛弗两位学界前辈时跟我一样拘谨,毕恭毕敬。那是《传播与体育》诞生前的一年零两个月,我们请到的几位嘉宾后来成为期刊的主创群体。再后来的事情很多人都知道。比林斯成为世界上最高产的体育传播学学者,雷尼在成为我的博士后合作导师之后连续中标重大科研项目,索性将主要研究方向转为娱乐传播和心理传播学。文内尔和洛弗先后获得了国际传播学会体育传播终身成就奖。第三个加入这个行列的,是我在奥克兰大学开展高级研究学者项目的合作导师托尼·布鲁斯。现在他们都已经退休了。那个时代就快要画上句号了,新时代无缝连接。

今天,体育传播学的学科发展势头迅猛到令人难以想象。以笔者视野所及,在进入 2020 年之后,如今每一年出版的体育传播类著作和论文集都超过 20 世纪 80 年代到 21 世纪前十年的总和,每一年发表的体育传播类期刊论文数以千计。学科已经细分到令人瞠目的程度。据估计,全球从事女

译后记

性主义体育传播研究和电子竞技传播研究的学者都数以百计。这种学科的跨越式发展很容易让人迷失，尤其当你刚刚进入这个学术领域，你不知道该读什么、从哪里入手。那么，作为亲历者之一，我不得不告诉你，这种大发展其实在某种程度上都与这本《定义体育传播》和包括《传播与体育》在内的专业学术期刊密不可分。《定义体育传播》是打破原有体育传播学学科壁垒和桎梏的启蒙书籍之一，它借鉴了21种方法论和研究路径，提供的是有关体育传播学研究的"元理论"和"元科学"。如果你不能仔细地研读它，那么你很难说已经真正进入了这个富有多样性、精彩纷呈、兼容并蓄的交叉学科。

我其实很幸运。20世纪80年代初，家里买了一台黑白电视机，我经常能看到电视屏幕出现"再见"（没错，那时所有频道都不是24小时播出的）。姑妈讥笑我说："这东西能当饭吃吗？"初中以后能偷空看看各种球类比赛成为我为数不多的爱好，有时甚至只能是奢望。母亲问我："这能成为今后的职业吗？"这两个早期问题，我可能要用一生的时间来回答："能。"在我申请国际传播与体育协会副主席（当然没有当选）的自荐语中，我提到了自己最大的幸运就是从未离开过媒体和体育。从我离开学校进入电视台工作的第一天，到我重回学校深造，读研、读博、出国做博士后，再到高校任教，世界各地访学，我从来没有离开过它们，它们还大概率将伴随我的整个人生。当然，它们也一直善待我。我的职业荣誉感几乎都来源于此。无论教学还是科研，抑或是社会服务，我得到的，永远比我付出的更多。所以我能做的，就是不断学习，来回馈这种幸运。

对这本书作出贡献的大都是我到北京外国语大学国际新闻与传播学院任教之后的博士生和硕士生。他们对我很包容，陪着我一起去实现那个若有如无的CISCD梦想。我必须点出他们的名字：博士生陈昌杰负责了第一章的初译，博士生尚希萌负责第二章，已经毕业的王星晨博士接管了第四到第七章，博士生陈新进负责第八章和第十七章，后来赴北大读博的肖键接下了第十一章和第十六章，武汉商学院体育学院的杨茜博士承担起了前言和第十九到二十一章的工作。此外，还有黄智琪、李百加、赵轶、周梦雨同学参与了部分工作，我在此一并表示感谢。

这本书的英文版自出版以来，我已经至少引用了其中不下5篇论文。在此之后，迈克尔·巴特沃斯主编的《传播与体育》（德古伊特出版社，2021

年版)和保罗·彼得森主编的《劳特里奇体育传播手册》(劳特里奇出版社,2024年第2版)还在延续这种对学科本质的探索。开卷有益,如果各位能够在今后的研究中受到这本书的哪怕些许启发,那么我们的翻译工作和个中付出的艰辛就没有白费。

魏伟

2024年11月15日

图书在版编目(CIP)数据

定义体育传播／（美）安德鲁·C.比林斯主编；魏伟主译. --北京：中国传媒大学出版社，2025.5

（国际体育传播译丛）.

ISBN 978-7-5657-3926-2

Ⅰ.G80-05

中国国家版本馆 CIP 数据核字第 2025KH1927 号

Defining Sport Communication, 1st Edition / by Andrew C. Billings

© 2017 Taylor & Francis

Authorized translation from the English language edition published by Routledge, a member of the Taylor & Francis Group, LLC. All rights reserved.

本书原版由 Taylor & Francis 出版集团旗下 Routledge 出版公司出版，并经其授权翻译出版。版权所有，侵权必究。

Communication University of China Press is authorized to publish and distribute the exclusively the Chinese (simplified characters) language edition. This edition is authorized for sale throughout Mainland of China. No part of the publication may be reproduced or distributed by any means, or stored in a database or retrieval system, without the prior written permission of the publisher.

本书中文简体翻译版授权由中国传媒大学出版社独家出版并仅限在中国大陆地区销售。未经出版者书面许可，不得以任何方式复制或发行本书的任何部分。

Copies of this book sold without a Taylor & Francis sticker on the cover are unauthorized and illegal.

本书封面贴有 Taylor & Francis 公司防伪标签，无标签者不得销售。

著作权合同登记号　图字:01-2022-5955

定义体育传播
DINGYI TIYU CHUANBO

主　　编	[美]安德鲁·C.比林斯
主　　译	魏　伟
责任编辑	沈　悦
封面设计	风得信设计·阿东
责任印制	李志鹏

出版发行	中国传媒大学出版社			
社　　址	北京市朝阳区定福庄东街1号	邮　编	100024
电　　话	86-10-65450528　65450532	传　真	65779405
网　　址	http://cucp.cuc.edu.cn		
经　　销	全国新华书店		
印　　刷	唐山玺诚印务有限公司		
开　　本	710mm×1000mm　1/16		
印　　张	25		
字　　数	450 千字		
版　　次	2025 年 7 月第 1 版		
印　　次	2025 年 7 月第 1 次印刷		
书　　号	ISBN 978-7-5657-3926-2	定　价	128.00 元

本社法律顾问:北京嘉润律师事务所　郭建平